Les Entrepreneurs

Titre original : Innovation and Entrepreneurship
Practice and Principles
(Harper & Row, New York)

Collection *Pluriel*
dirigée par Georges Liébert

PETER DRUCKER

Les Entrepreneurs

Traduit de l'américain
par Patrice Hoffmann

L'EXPANSION / HACHETTE / J.-C. LATTÈS

Préface

LE BON DOCTEUR DRUCKER PAR JEAN-LOUIS SERVAN-SCHREIBER

« Peter Drucker, le pape du management. » Les Français aiment les étiquettes et en usent jusqu'au cliché. Mais celle-ci, qui implique le dogmatisme (l'infaillibilité pontificale n'est-elle pas un dogme ?), convient particulièrement mal à ce pragmatique souriant. Car les idées qu'il expose ici ne lui sont venues que de l'observation du réel.

Peter Drucker ne serait-il pas plutôt le Freud du management ? Il a déjà en commun, avec le docteur des âmes qu'il a rencontré dans son enfance, d'être viennois, lettré, et thérapeute (d'entreprises).

C'est, en effet, au chevet des plus grandes firmes de son temps, dont la General Motors, que lui sont venues ses intuitions puis ses analyses.

Sigmund nous a rappelé avec force le rôle central de notre sexualité. Peter en fait autant avec la recherche déculpabilisée du profit et sa seule source authentique : le client.

Comme Freud, Drucker nous reconnecte avec notre passé, pour nous aider à mieux vivre le présent. Sa vaste culture nous offre, par ces exemples puisés dans l'histoire des entreprises depuis cent cinquante ans, un enseignement essentiel : ne pas croire que tout ce qui se passe aujourd'hui est nouveau. Souvent, les situations auxquelles nous sommes confrontés se sont déjà produites. Le rappel des solutions trouvées alors peut nous éviter de réinventer, constamment, l'économie.

Le créateur de la psychanalyse avait compris qu'entre le corps et l'intellect se place la zone si peu explorée de l'affectivité, source de nos énergies, déprimes, impulsions et blocages. De même dans ce livre, Peter Drucker explore ce qui n'est ni l'économie, science du fonctionnement des ensembles, ni le management, cette physiologie de l'entreprise. Entre les deux, il y a ce que les Français savent le moins bien penser : le marché, les opportunités, l'innovation.

De façon concrète, vivante, directement applicable, *Les Entrepreneurs* nous apprend à réfléchir à ce qui ne nous a pas été enseigné et qui, pourtant, détermine le succès ou l'échec de notre action.

Que ce livre tombe à pic est peu dire. En pleine crise d'identité, l'appareil productif français aurait bien besoin du divan. Son système de valeurs s'est en quelques années éparpillé. Qui ose encore affirmer que notre prospérité découle de la planification, de la redistribution, de l'État-Providence, des grandes filières et des nationalisations ? Même plus les socialistes.

De tous bords, en revanche, on répète presque en litanies que le salut viendra de l'entreprise, et des entrepeneurs. Mais comment fait-on concrètement ? Ce livre apporte de vraies réponses.

Bien qu'il puise ses exemples dans tous les pays avancés, il se concentre sur ce qui nous intéresse le plus aujourd'hui, la nouvelle société d'entrepreneur, que sont devenus les États-Unis des années 80.

Le phénomène est saisissant : il s'y crée, chaque année, six cent mille entreprises. Il nous suffirait seulement du même nombre d'emplois pour supprimer, en trois ans, le chômage.

L'ordonnance du docteur Drucker dans son introduction à l'édition française est lapidaire : ou la France doit aussi devenir un pays d'entrepreneurs, ou elle subira le sort de la Grande-Bretagne.

La recette est heureusement accessible. Remettre l'économie sur ses pieds à partir du microcosme qu'est l'entreprise, dont l'étoile polaire est le client. Voici plus de trente ans que Peter Drucker le dit. Il a plus que jamais une chance réelle d'être entendu.

Pour ma part, c'est l'idée la plus forte de la riche brassée de réflexions de bon sens que contient *Les Entrepreneurs*. La plupart des dirigeants se concentrent plus sur le produit que sur le client. Tout le reste en découle.

Vous verrez qu'à plusieurs reprises, en lisant ces pages, vous vous direz : « J'aimerais bien que Drucker vienne, ne serait-ce qu'une journée, chez nous, pour nous aider à réfléchir. » J'ai eu, personnellement, une fois ce plaisir. Les conséquences bénéfiques pour mon groupe ont duré des années.

Mais, pour un lecteur attentif et motivé, l'essentiel de sa sagesse est là dans ce livre. Faites-le lire à vos collègues et collaborateurs, puis prenez une journée tranquille, ensemble, pour en discuter. Vous verrez qu'il se passera des choses.

Jean-Louis Servan-Schreiber

Avant-propos

Quand l'édition française de ce livre paraîtra, d'ici à quelques mois, l'économie d'entrepreneurs connaîtra peut-être son premier printemps en France ; les bourgeons ne demandent en effet qu'à s'ouvrir. Il sera bien temps, car les opportunités d'innovation sont considérables. L'économie traverse une période de formidable mutation structurelle qui mobilise de très grandes capacités d'innovation. Mais nous nous trouvons également au cœur d'une période de transition démographique de toute première importance. A la date de sortie de ce livre, le nombre de jeunes Européens entrant dans la population active devrait déjà rapidement diminuer. Mais parallèlement, le nombre de jeunes ayant bénéficié d'un enseignement beaucoup plus long et d'un niveau plus élevé que celui de leurs aînés ne cesse de croître, et de croître rapidement. Il reste encore à affronter le principal problème démographique des vingt prochaines années : comment subvenir aux besoins d'une population âgée en rapide expansion ? L'ensemble de ces mutations démographiques crée le besoin et les conditions favorables à l'esprit d'entreprise.

Aucun autre grand pays n'a autant besoin d'une économie d'entrepreneurs que la France, tant sur le plan économique que social ou même psychologique. Faute de savoir créer les conditions favorables à l'apparition d'une économie d'entrepreneurs, la France se verra contrainte à sacrifier son avenir sur l'autel du passé, tout particulièrement sous la pression de l'évolution démographique. Elle risquera de se laisser distancer, et de répéter les graves erreurs commises par la Grande-Bretagne au cours des trente dernières années.

Pourtant, aucune autre grande nation n'est aussi bien préparée et équipée que la France pour la mise en œuvre d'une économie d'entrepreneurs, tant du point de vue des ressources humaines que des connaissances indispensables.

I

Tous mes amis français, dans les entreprises, les universités et au gouvernement, mettent l'accent sur le besoin d'esprit d'entreprise dans le domaine des techniques de pointe. Ils ont bien évidemment raison. Aucun pays ne peut plus prétendre rester parmi les plus grands s'il ne participe pas pleinement aux grandes évolutions technologiques de notre époque, que ce soit dans le domaine de l'information, des télécommunications, de la bio-technologie et de tant d'autres. Malgré cela, croire comme le font les Européens (mais pas seulement eux) que l'on pourra disposer d'un secteur de haute technologie en pleine expansion sans assurer le développement d'une économie d'entrepreneurs profitant à l'ensemble des autres entreprises paraît totalement illusoire. Cela fait penser au sommet d'une montagne dont il manquerait la base.

Une première raison est qu'une économie ou une société qui n'est pas préparée à l'esprit d'entreprise ne disposera ni des ressources humaines ni des moyens financiers essentiels. Les gens les plus indispensables à la mise en œuvre de la haute technologie (et pas seulement les techniciens, mais les cadres, les commerciaux, les comptables, les directeurs d'usine), et les capitaux nécessaires à son développement pourront facilement trouver d'autres emplois intéressants. Dans une économie dépourvue d'esprit d'entreprise, les personnes et les capitaux choisiront les emplois et les investissements qui paraissent les plus sûrs. Ils préféreront les grands noms et les établissements réputés — même s'il est prouvé aujourd'hui que leur prétendue fiabilité mérite d'être mise en doute et s'ils n'offrent plus les mêmes opportunités qu'au cours des vingt dernières années. Si tous les jeunes gens ambitieux de haut niveau ne recherchent pas systématiquement les nouvelles et petites entreprises dynamiques, porteuses d'innovation (comme c'est le cas aux Etats-Unis depuis dix ou quinze ans), la haute technologie flétrira sur place, privée de ses ressources vitales et en dépit de tout le soutien de l'État et de l'opinion publique.

Seule une économie d'entrepreneurs florissante pourra, en outre, créer les conditions politiques nécessaires à la réussite de la haute technologie. Faute de quoi, l'État et l'opinion publique deviendront hostiles à toute forme de nouveauté, y compris les techniques de pointe. Ils seront forcés de consacrer toutes leurs ressources à soutenir ce qui existe déjà et venir au secours des géants en difficulté. Tout ce qui viendra concurrencer de près ou de loin les géants du passé apparaîtra comme une menace qu'il s'agira de repousser. Dans le meilleur des cas, on lui fermera l'accès au crédit et aux capitaux.

En matière d'emploi, la haute technologie reste néanmoins le bâtisseur de l'avenir et non du présent. Aux États-Unis par exemple, les techniques de pointe n'ont pas créé plus d'emplois que les vieilles industries traditionnelles au cours des douze dernières années : les charbonnages, la sidérurgie, l'automobile et le caoutchouc ont perdu quelque 6 millions d'emplois. L'économie américaine a cependant créé plus de 20 millions d'emplois pendant la même période, la population active au travail passant de 85 millions en 1973 à 106 millions en 1985. C'est une progression aussi importante qui a permis aux États-Unis de détenir, après le Japon, le *plus faible* taux de chômage de tous les grands pays industrialisés. Cette progression a permis au revenu des ménages d'augmenter d'année en année, malgré l'inflation et malgré la perte de nombreux emplois dans les industries les mieux payées telles que la sidérurgie ou l'automobile. Cette progression a empêché les hommes politiques et l'opinion publique, face à la poussée brutale du chômage en 1981 et 1982, de prendre des mesures qui auraient frappé sinon détruit les nouvelles entreprises et tout particulièrement les entreprises de haute technologie.

Ce sont des entreprises ne faisant pas ou peu appel aux techniques de pointe qui créent le plus grand nombre d'emplois et le plus rapidement. La France a donc besoin d'un développement de l'esprit d'entreprise en marge et au-delà de la haute technologie, afin de créer le climat politique sans lequel tout devient une menace et un problème.

Cet ouvrage examine le cas des entreprises de pointe, tout particulièrement dans le chapitre 9 consacré aux nouvelles connaissances comme sources d'innovation. Mais il accorde tout autant d'intérêt à l'innovation et l'esprit d'entreprise dans les autres secteurs, qu'il s'agisse de la production, de l'innovation sociale ou des services. Ils ont en effet tous la même importance.

L'esprit d'entreprise est examiné aussi bien dans le cadre de l'entreprise existante qu'au sein d'une société nouvellement créée. Il est tout à fait inexact, comme on l'entend souvent dire, que l'entreprise existante soit incapable d'innover. Il y a bien trop d'exemples du contraire et dans tous les grands pays. Mais l'innovation et l'esprit d'entreprise dans l'entreprise existante — grande ou petite — exigent néanmoins des efforts, des politiques et des structures spécifiques. Le respect de ces spécificités fera de l'entreprise existante, tout particulièrement si elle est de taille moyenne, un terrain idéal pour l'innovation et l'esprit d'entreprise.

II

L'innovation et l'esprit d'entreprise, dont ce livre examine le rôle dans l'économie de marché, sont tout aussi indispensables au secteur public. L'État-Providence, qui commença avec Bismarck dans les années 1880, a aujourd'hui cent ans. C'est une réalisation essentielle que personne ne songe à supprimer. Mais même ses plus ardents partisans sont forcés de reconnaître que l'État-Providence n'est plus « l'avenir ». L'innovation audacieuse est aussi indispensable aux services publics du secteur de la santé, de l'éducation, des universités et de l'administration que la haute technologie est nécessaire à l'économie en général.

La prééminence en matière d'innovation sociale est, à bien des égards, une vieille tradition européenne. La réussite de Napoléon dans le domaine de l'innovation sociale fut encore plus importante que son action de chef militaire. Ce livre rappelle également comment Wilhelm von Humboldt, en créant la nouvelle université berlinoise en 1809, instaura, en toute connaissance de cause, la seule solution allemande à la crise politique du début du XIXe siècle, le « Rechtstaat », dirigé par une administration essentiellement apolitique qui conservait néanmoins deux grands espaces de « libéralisme » authentique, l'université et l'économie.

Si l'innovation et l'esprit d'entreprise dans le domaine

social, culturel et politique n'occupent qu'une petite partie de ce livre, je les considère néanmoins comme absolument essentiels.

III

Les exemples historiques d'innovation et d'esprit d'entreprise cités dans ce livre sont souvent des exemples européens, tout particulièrement en ce qui concerne la période antérieure à la Première Guerre mondiale : c'est le cas du Crédit immobilier des frères Pereire qui inaugura les pratiques bancaires et financières modernes dès 1857. La plupart des exemples figurant dans cet ouvrage restent néanmoins américains. Je préfère en effet tirer mes références de mon expérience personnelle de consultant. Parce que je suis américain et parce que je réside aux États-Unis, au moins la moitié des exemples présentés ici prennent pour cadre l'Amérique du Nord (l'autre moitié se répartissant de façon à peu près égale entre l'Europe de l'Ouest, le Japon et l'Amérique latine).

Mais si mes exemples sont américains, les notions qu'ils servent à illustrer sont universelles. Je suis persuadé que chaque lecteur français pourra facilement les appliquer au contexte français, les différences n'étant pas si grandes.

L'innovation et l'esprit d'entreprise sont aujourd'hui nécessairement axés sur le marché mondial. Ils doivent être mis en œuvre en tenant compte de ce cadre mondial même si le produit ou le service issu de cette innovation n'est destiné qu'à des marchés locaux ou nationaux. L'économie est devenue une économie planétaire, ne serait-ce que du point de vue de la vision et de l'information qui est la sienne. Je crois donc que les exemples, comme les règles, les politiques et les pratiques de l'innovation et de l'esprit d'entreprise sont universels dans leur application. Ce livre fut écrit en Amérique par un Américain (bien que d'origine et de formation européennes). Ce qu'il cherche à mettre en œuvre devrait néanmoins paraître tout aussi accessible, pertinent et applicable au contexte du lecteur français.

Cet ouvrage présente l'innovation et l'esprit d'entreprise comme une pratique et une discipline. Il ne débat pas de la psychologie et des traits de caractère des entrepreneurs, mais étudie leur action et leurs comportements. S'il a recours à des exemples, c'est avant tout pour illustrer un point précis, une règle, un avertissement, et non pas établir un catalogue de réussites. Il est donc différent, tant du point de vue de l'intention que de la réalisation, d'un grand nombre de livres et d'articles publiés aujourd'hui sur l'innovation et l'esprit d'entreprise, dont il mesure comme eux le rôle capital. Il analyse l'émergence d'une véritable économie d'entrepreneurs aux États-Unis durant les dix à quinze dernières années comme l'événement le plus important et le plus prometteur de l'histoire économique et sociale récente. Mais si la plupart des débats actuels abordent l'esprit d'entreprise comme quelque chose de légèrement mystérieux — un « don », un « talent », une « inspiration », un « éclair de génie », « un art » —, cet ouvrage définit l'innovation et l'esprit d'entreprise comme une intention délibérée, une tâche qui doit être organisée de façon systématique et qui fait partie intégrante du travail de dirigeant.

Il s'agit d'un livre pratique, et non d'un manuel d'utilisation. Il étudie les tenants et les aboutissants de l'innovation et de l'esprit d'entreprise appliqués aux politiques et aux décisions, aux opportunités et aux risques, aux structures et aux stratégies, aux choix de recrutement, de rémunération et de gratification.

Le présent ouvrage analyse l'innovation et l'esprit d'entreprise en trois parties principales :

— La pratique de l'innovation
— La pratique de l'esprit d'entreprise
— Les stratégies de l'entrepreneur

Chacune de ces parties est un « aspect » de l'innovation et de l'esprit d'entreprise plutôt qu'une « étape ». La première partie définit l'innovation comme une discipline et une intention délibérée. Elle montre tout d'abord où et comment l'entrepreneur recherche des opportunités d'innovation, avant d'étudier les règles à suivre pour introduire une innovation dans une affaire ou un service.

« La pratique de l'esprit d'entreprise » s'intéresse à l'institution qui sert de véhicule à l'innovation et examine le « management d'entrepreneur »

— dans une entreprise existante
— dans une institution de service public
— dans une nouvelle entreprise.

Quelles sont les politiques et les pratiques qui permettent à une institution, société privée ou service public, de réussir dans son rôle d'entrepreneur ? Comment organiser et recruter en allant dans le sens de l'esprit d'entreprise ? Quels sont les obstacles rencontrés, les difficultés, les pièges, les erreurs courantes ? Cette partie s'achève sur une analyse du rôle et des décisions des entrepreneurs.

La troisième partie, consacrée aux « stratégies de l'entrepreneur », étudie comment introduire avec succès une innovation sur le marché. Le test pour une innovation n'est pas sa nouveauté, son caractère scientifique ou sa perspicacité, mais sa réussite sur le marché.

Ces trois parties sont accompagnées d'une introduction qui relie l'innovation et l'esprit d'entreprise au fonctionnement de l'économie, et d'une conclusion qui les relie au fonctionnement de la société.

L'esprit d'entreprise n'est ni une « science » ni un « art », mais une pratique. Celle-ci se fonde naturellement sur un corpus de connaissances que ce livre tente de présenter d'une façon organisée. Mais comme pour toutes les pratiques, la médecine ou l'ingénierie par exemple, la connaissance de l'esprit d'entreprise est un moyen pour atteindre une fin. Ce qui représente la connaissance dans une pratique est, en vérité, largement défini par les fins recherchées, c'est-à-dire par la pratique elle-même. C'est pourquoi un livre tel que celui-ci doit s'appuyer sur de longues années de pratique.

Mon travail sur l'innovation et l'esprit d'entreprise a commencé il y a trente ans, au milieu des années 50. Pendant deux années, un petit groupe s'est réuni un soir par semaine sous ma direction à la Graduate Business School de l'université de New York pour participer à un séminaire sur l'innovation et l'esprit d'entreprise. Dans ce groupe se trouvaient des gens qui démarraient leur première entreprise, pour la plupart avec succès. S'y trouvaient également des cadres en milieu de carrière qui représentaient une grande variété d'institutions bien établies et souvent importantes : deux grands hôpitaux, I.B.M. et General Electric, une ou deux des plus grandes banques, une maison de courtage, des éditeurs de livres et de magazines, des sociétés pharmaceutiques, une organisation mondiale de bienfaisance, l'archevêché catholique de New York, l'Église presbytérienne, etc.

Pendant deux années, les concepts et les idées élaborés au cours de ce séminaire furent vérifiés semaine après semaine sur leur lieu de travail et dans leur propre entreprise. Depuis plus de vingt ans, ma propre pratique de consultant m'a conduit à vérifier, démontrer, raffiner et amender ces notions en collaboration avec de multiples organismes : entreprises « de haute technologie » telles que des sociétés pharmaceutiques et informatiques, des entreprises « non technologiques » comme les sociétés d'assurance, des banques américaines ou européennes opérant à l'échelle mondiale, des entreprises individuelles nouvellement créées, des grossistes régionaux dans les matériaux de construction, des multinationales japonaises, mais également un grand nombre d'entreprises « non commerciales » — plusieurs grands syndicats, d'importantes associations comme les Girl-Scouts of the U.S.A. ou C.A.R.E., l'organisation internationale de secours et d'aide au développement, un certain nombre d'hôpitaux, d'universités, de laboratoires, et d'institutions religieuses de multiples confessions.

Parce que ce livre distille les fruits de nombreuses années d'observation, d'étude et de pratique, je fus en mesure d'utiliser de véritables « mini-études de cas » qui fournissent autant d'exemples et d'illustrations des bonnes pratiques et des bonnes politiques mais aussi des mauvaises. Chaque fois qu'est donné le nom d'une entreprise au cours de cet ouvrage, elle n'a soit jamais fait partie de mes clients (I.B.M. par exemple) et son cas est tombé dans le domaine public, soit l'entreprise a elle-même dévoilé l'histoire en question. Dans le cas contraire, les organismes avec lesquels j'ai travaillé restent anonymes. C'est ainsi que j'ai toujours procédé dans mes ouvrages de management. Mais les cas étudiés renvoient à des faits véritables qui concernent de vraies entreprises.

C'est seulement au cours des dernières années que les chercheurs en management ont commencé à accorder toute leur attention à l'innovation et à l'esprit d'entreprise. J'ai cependant étudié ces deux aspects dans tous mes livres de management : *La pratique de la direction des entreprises*, Éditions d'Organisation, 1957; *Bien connaître votre affaire et réussir*, Éditions d'Organisation, 1968; *Management : Tasks Responsabi-*

lities, Practices, 1973 ; *L'entreprise face à la crise mondiale,* Interéditions, 1981 ; mon livre le plus connu sur les questions sociales et philosophiques, *The Age of Discontinuity,* 1969, examinait également le rôle des entrepreneurs dans la société et l'économie.

Mais voici aujourd'hui mon premier livre — et, à ma connaissance, *le* premier livre —, qui tente de présenter ce sujet dans son intégralité et sous une forme systématique. C'est certainement plus un « premier » livre qu'un « dernier mot » sur un sujet aussi essentiel. J'ose néanmoins espérer qu'il sera accueilli comme un ouvrage fécond.

Claremont (Californie), Noël 1984.

Introduction

L'ÉCONOMIE D'ENTREPRENEUR

I

Depuis le milieu des années 70, des formules telles que « la croissance zéro », la « désindustrialisation de l'Amérique » ou la « stagnation économique à long terme de Kondratieff » sont devenues populaires et présentées comme de véritables axiomes. Mais les faits et les chiffres font mentir chacun de ces slogans. Ce qui se passe aux États-Unis est tout à fait différent : il s'agit d'un changement en profondeur d'une économie de *management* à une économie d'*entrepreneurs*.

Entre 1965 et 1985, le nombre d'Américains de plus de seize ans — qui figurent dans la population active selon les conventions des statistiques américaines — a augmenté de deux cinquièmes, passant de 129 à 180 millions d'individus. Toutefois, le nombre de personnes occupant un emploi rémunéré au cours de la même période a progressé de 50 %, passant de 71 à 106 millions. La croissance de la population active fut plus rapide dans la deuxième décennie de cette période (1974-1984), qui vit l'ensemble des emplois de l'économie américaine progresser de 24 millions.

Jamais les États-Unis n'ont créé autant d'emplois en temps de paix, que ce soit en pourcentage ou en valeur absolue. Et pourtant, la décennie commencée avec le « choc pétrolier » de l'automne 1973 fut une période de fortes turbulences, de « crises de l'énergie », de quasi-effondrement des industries manufacturières traditionnelles, marquée par deux récessions d'envergure.

L'évolution américaine est unique. Aucun autre pays n'a encore rien connu de comparable. Au cours de la période 1970-1984, l'Europe de l'Ouest a *perdu* entre 3 et 4 millions d'emplois. En 1979, l'Europe de l'Ouest avait encore 20 millions d'emplois de plus que les États-Unis. En 1984, elle en avait près de 10 millions de moins. Même le Japon a fait beaucoup moins bien que les États-Unis en matière de créations d'emplois. Entre 1970 et 1982, le nombre d'emplois n'a progressé que de 10 % au Japon, soit moins de la moitié qu'aux États-Unis.

Mais les résultats des États-Unis dans le domaine de la création d'emplois au cours des années 70 et au début des années 80 ont également contredit toutes les prévisions faites par les experts d'il y a vingt-cinq ans. A cette époque, la plupart des analystes du marché du travail pensaient que l'économie serait incapable, même à son rythme de croissance le plus élevé, de fournir des emplois à tous les rejetons du « baby-boom ». Les premières cohortes de « bébés du baby-boom » étant nées en 1949-1950, elles devaient entrer sur le marché du travail au cours des années 70 et au début des années 80. L'économie américaine dut en réalité en absorber deux fois plus. Car personne n'avait même imaginé, en 1970, que les femmes mariées se précipiteraient sur le marché du travail dès le milieu de la décennie. Le résultat aujourd'hui, au milieu des années 80, est qu'une femme mariée sur deux ayant de jeunes enfants occupe un emploi rémunéré, contre seulement une sur cinq en 1970 L'économie américaine leur a trouvé des emplois, à elles aussi, et dans de nombreux cas, à des postes bien supérieurs aux emplois occupés antérieurement par des femmes.

Et pourtant, « chacun sait » que les années 70 et le début des années 80 furent des périodes de « non-croissance », de stagnation et de déclin, de « désindustrialisation de l'Amérique ». Car « chacun » se réfère encore aux secteurs de croissance des vingt-cinq années qui ont suivi la Seconde Guerre mondiale et qui ont pris fin autour de 1970.

Pendant cette période, le dynamisme économique de l'Amérique se concentrait sur des institutions déjà importantes et qui le devenaient encore plus : les cinq cents plus grandes entreprises du pays classées par le magazine *Fortune*, les gouvernements à l'échelon local, fédéral et des États, les grandes et les méga-universités, les grandes écoles secondaires regroupées comptant chacune six mille élèves ou plus, les grands hôpitaux en plein développement. Ces grandes institutions ont créé pratiquement tous les nouveaux emplois offerts par l'économie américaine dans le quart de siècle qui a suivi la

Seconde Guerre mondiale. Et à chaque récession qui eut lieu pendant cette période, les suppressions d'emplois et le chômage touchèrent particulièrement les petites unités et, naturellement, surtout les petites entreprises.

Mais depuis des années 60, la création d'emplois et la croissance de l'emploi aux États-Unis se sont déplacées vers un nouveau secteur. Les anciens secteurs créateurs d'emplois ont en réalité *perdu* des emplois au cours des vingt dernières années. Le nombre d'emplois stables (hors chômage dû à la récession) dans les cinq cents plus grandes entreprises classées par le magazine *Fortune* a, d'année en année, régulièrement diminué depuis 1970, lentement tout d'abord, puis à un rythme des plus vifs depuis 1977-1978. En 1984, les cinq cents entreprises du classement *Fortune* avaient perdu entre 4 et 6 millions d'emplois stables. Aux États-Unis, le secteur public emploie aujourd'hui moins de gens qu'il y a dix ou quinze ans, ne serait-ce que sous l'effet de la chute du nombre des enseignants et des effectifs scolaires consécutive à l'effondrement de la natalité du début des années 60. Les universités ont continué à croître jusqu'en 1980 mais enregistrent une baisse de l'emploi depuis cette date. Et même le nombre d'emplois dans les hôpitaux a cessé d'augmenter au début des années 80. En d'autres termes, ce n'est pas 35 mais quelque 40 millions de nouveaux emplois que nous avons créés, puisque nous devions compenser une diminution d'au moins 5 millions d'emplois stables dans les organismes traditionnellement créateurs d'emplois. La plupart de ces nouveaux emplois ont dû être créés par de petites et moyennes unités, et naturellement, avant tout par de petites et moyennes entreprises. Un grand nombre d'entre elles, pour ne pas dire la majorité, étaient de *nouvelles entreprises* qui n'existaient pas vingt ans plus tôt. D'après *The Economist,* six cent mille nouvelles entreprises se créent à l'heure actuelle chaque année aux États-Unis, soit quelque sept fois plus que lors des périodes de forte expansion des années 50 et 60.

II

« Ah, disent-ils tous sans hésiter, la haute technologie ! » Tout n'est pourtant pas aussi simple. Sur les 43 millions d'emplois créés depuis 1965, les entreprises « de haute technologie » ne représentent pas plus de 5 à 6 millions. Elles n'ont donc pas apporté plus d'emplois que les industries traditionnelles en ont perdu. Tous les emplois supplémentaires disponibles sur le marché ont été créés ailleurs. En outre, pas plus d'une ou deux entreprises nouvellement créées sur cent — soit dix mille par an — peuvent être considérées comme « de haute technologie », même dans l'acception la plus large du terme.

Il est vrai que nous avons abordé les premières phases d'une transformation considérable des techniques, qui dépassera de loin les prévisions les plus folles de tous les « futurologues » d'aujourd'hui. Trois cents ans de technologie ont pris fin après la Seconde Guerre mondiale. Les trois siècles précédents se référaient à un modèle technologique de type mécanique qui décrivait les phénomènes se déroulant à l'intérieur d'une étoile comme le soleil par exemple. Ces trois siècles débutèrent quand un physicien français presque inconnu, Denis Papin, imagina la machine à vapeur aux alentours de 1680. Ils s'achevèrent lorsque nous avons reproduit dans une explosion nucléaire les phénomènes qui ont lieu à l'intérieur d'une étoile. Trois siècles de progrès technique ont en effet apporté — comme c'est le cas dans les processus mécaniques — plus de vitesse, de plus hautes températures et de plus grandes pressions. Depuis la fin de la Seconde Guerre mondiale, c'est le processus biologique, c'est-à-dire ce qui passe à l'intérieur d'un organisme vivant, qui nous sert de modèle technologique. Et les phénomènes qui se produisent dans un organisme ne s'organisent pas autour de l'énergie au sens que les physiciens donnent à ce terme, mais autour de la notion d'information.

Il n'y a aucun doute sur le fait que les entreprises « de pointe » (ordinateurs, télécommunications, robots d'ateliers, bureautique informatisée, génie génétique, biotechnologie) représentent un phénomène d'une importance *qualitative* considérable. La haute technologie fait sensation et s'étale à la une des journaux. Elle répand un état d'esprit favorable à l'esprit d'entreprise et à l'innovation, et entretient une certaine réceptivité à leur endroit. Le désir exprimé par tant de jeunes gens hautement qualifiés d'aller travailler pour de petits employeurs anonymes plutôt que de chercher à se placer dans une banque multinationale ou chez un exportateur mondial de matériel électrique trouve certainement son origine dans la mystique des « nouvelles technologies » — même si une majorité écrasante d'entre eux travaillent pour des employeurs qui utilisent des techniques extrêmement courantes. Les entreprises « de pointe » ont sans doute aussi stimulé la transformation étonnante du marché des capitaux. Le capital-risque, encore quasiment inexistant au milieu des années 60, est en effet devenu presque excédentaire au milieu des années 80. Les techniques de pointe sont donc devenues ce que les logiciens appelaient le *ratio cognoscendi*, la raison pour laquelle nous percevons et comprenons un phénomène, plus que l'explication de son apparition et l'origine de son existence.

Nous avons déjà remarqué combien la haute technologie était encore limitée sur le plan quantitatif, puisqu'elle ne représente guère plus d'un huitième des emplois nouvellement créés et que son impact sur la création de nouveaux emplois ne sera pas beaucoup plus important dans un proche avenir. Entre aujourd'hui et l'an 2000, les entreprises de pointe ne représenteront vraisemblablement pas plus d'un emploi sur six qui pourront être créés par l'économie américaine. Si, comme le pensent la plupart des gens, ces techniques de pointe étaient vraiment le secteur entrepreneur de l'économie américaine, nous serions en fait confrontés à une période de « croissance zéro » et à une stagnation à long terme au creux d'un « cycle de Kondratieff ».

L'économiste russe Nikolaï Kondratieff fut exécuté sur les ordres de Staline au milieu des années 30 parce que son modèle économétrique laissait prévoir — avec raison, comme l'Histoire l'a montré — que la collectivisation de l'agriculture russe conduirait à une chute brutale de la production agricole. On lui doit d'avoir découvert le cycle économique de cinquante ans qui porte son nom, à partir de la dynamique inhérente au progrès technique. Kondratieff affirmait qu'un vaste essor de progrès technique atteignait son point culminant tous les cinquante ans. Pendant les vingt dernières années de ce cycle, les « industries de croissance » de la dernière phase de progrès technique semblent fonctionner exceptionnellement bien. Mais ce qui apparaît comme des bénéfices records constitue en vérité le remboursement du capital à présent inutile dans des industries qui ont cessé de croître. Ceci ne dure jamais plus de vingt ans. Survient alors une « crise », habituellement annoncée par diverses manifestations de « panique », suivie de vingt années de stagnation pendant lesquelles les nouvelles techniques naissantes ne peuvent procurer assez d'emplois pour réamorcer la croissance économique. Personne, et l'État moins que tout autre, ne peut véritablement agir sur ce phénomène [1].

Les industries qui ont alimenté la longue phase d'expansion économique après la Seconde Guerre mondiale correspondent parfaitement au cycle de Kondratieff : automobile, acier caoutchouc, matériel électrique, électronique de consommation, téléphone, mais également pétrole [2].

Sur le plan technologique, toutes ces industries remontaient au dernier quart du XIXe siècle, ou au plus tard à la Première Guerre mondiale. Aucune n'avait connu de découverte marquante depuis les années 20, que ce soit du point de vue technique ou dans le domaine du management. Au début de la croissance économique de l'après-guerre, toutes étaient des industries en pleine maturité, capables de se développer et de créer des emplois avec relativement peu d'investissements nouveaux en capital. Ceci permet d'expliquer pourquoi elles pouvaient verser des salaires en progression vertigineuse et financer des avantages sociaux tout en affichant des bénéfices records. Comme l'avait prédit Kondratieff, ces signes de robustesse étaient pourtant aussi trompeurs que les bonnes joues rouges de certains tuberculeux. Ces industries étaient rongées de l'intérieur. Elles n'ont pas connu la stagnation et le déclin progressif. Elles se sont au contraire effondrées dès les premiers coups portés par les chocs pétroliers de 1973 et 1979, se retrouvant au bord de la faillite quelques années seulement après une période de bénéfices records. Il devint vite manifeste

1. Le cycle long de Kondratieff fut introduit en Occident par l'économiste austro-américain Joseph Schumpeter, dans son ouvrage monumental *Business cycles* (1939). Le disciple de Kondratieff le plus réputé, le plus sérieux et le plus important de notre époque est le chercheur du Massachusetts Institute of Technology Jay Forrester. Il est également le plus sérieux et le plus éclairé des prophètes de la « stagnation à long terme ».

2. Le pétrole, contrairement à l'opinion couramment admise, fut le premier secteur confronté au déclin. Il cessa en fait d'être une industrie de croissance aux alentours de 1950. Depuis cette date, l'unité supplémentaire de pétrole nécessaire à une nouvelle unité de production n'a cessé de fléchir (lentement d'abord puis fortement à partir de 1973), dans les industries manufacturières comme dans le secteur des transports, du chauffage ou de l'air conditionné.

qu'elles ne retrouveraient pas avant longtemps — et probablement jamais — leurs niveaux d'emploi antérieurs.

Les industries « de pointe » reflètent également très bien le modèle de Kondratieff. Comme celui-ci l'avait prédit, ces industries n'ont pas encore pu créer plus d'emplois que ceux perdus par les anciennes. Toutes les projections indiquent qu'elles ne feront guère mieux pendant les années à venir, et ce jusqu'à la fin du siècle. Malgré la véritable explosion du marché des ordinateurs, par exemple, la manipulation des données et le traitement de l'information sous toutes ses formes [1] ne devraient pas procurer autant d'emplois à l'économie américaine que l'acier et la construction automobile sont presque certains d'en perdre de la fin des années 80 au début des années 90.

La théorie de Kondratieff ne parvient néanmoins absolument pas à expliquer les 40 millions d'emplois effectivement créés par l'économie américaine. L'Europe de l'Ouest a certes bien suivi le scénario de Kondratieff. Mais pas les États-Unis, et peut-être pas non plus le Japon. Aux États-Unis, quelque chose est venu démanteler les prévisions de Kondratieff. Quelque chose d'incompatible avec la théorie de la stagnation à long terme s'est produit.

Il ne semble pas non plus que nous ayons simplement retardé le cycle de Kondratieff, car l'économie américaine aura besoin de créer beaucoup moins d'emplois au cours des vingt prochaines années que ce ne fut le cas lors des vingt dernières. La croissance économique reposera donc beaucoup moins sur la création d'emplois. Jusqu'à la fin du siècle — et en fait jusqu'en 2010 —, le nombre de nouveaux arrivants sur le marché du travail américain pourra être inférieur de près d'un tiers à son niveau des années où les enfants du « baby-boom » arrivèrent à l'âge adulte (approximativement entre 1965 et 1980). Depuis l'effondrement de la natalité des années 1960-1961, les cohortes statistiques de naissances ont été inférieures de 30 % à leurs niveaux des années du « baby-boom ». Compte tenu de la participation des femmes de moins de cinquante ans déjà égale à celle des hommes sur le marché du travail, l'augmentation du nombre de femmes à la recherche d'un emploi rémunéré sera dorénavant limitée à un rythme de

1. Conception et fabrication du matériel et des logiciels informatiques, production, vente et services

croissance naturel, ce qui signifie qu'elle sera également en baisse d'environ 30 %.

La situation actuelle et l'avenir promis aux industries manufacturières traditionnelles nous forcent à considérer la théorie de Kondratieff comme une hypothèse sérieuse, si ce n'est comme l'explication la plus satisfaisante qui soit à notre disposition. Kondratieff mérite également toute notre considération au regard de l'incapacité des industries de pointe à compenser la stagnation des « industries de croissance » du passé. En dépit de l'importance qualitative considérable des industries de haute technologie, du regard qu'elles portent sur l'avenir et de leur effet d'entraînement, elles appartiennent, sur le plan quantitatif, plus à demain qu'à aujourd'hui, tout particulièrement en ce qui concerne la création d'emplois. Elles fabriquent l'avenir bien plus que le présent.

En revanche, en tant qu'auteur d'une théorie servant à comprendre le comportement de l'économie américaine et à prévoir sa direction, Kondratieff se trouve réfuté et discrédité, puisqu'il ne permet pas d'expliquer les 40 millions d'emplois créés par l'économie américaine au cours d'une « longue stagnation de type Kondratieff ».

Je ne veux pas laisser croire qu'il n'existe ni problèmes ni dangers économiques. Tout au contraire, la transformation essentielle des fondements technologiques de notre économie telle que nous en faisons l'expérience dans ce dernier quart de siècle pose assurément d'énormes problèmes économiques, sociaux et politiques. Nous nous trouvons également au cœur d'une crise politique majeure, la crise d'une éclatante réussite du xxe siècle, l'État-Providence, avec les menaces qui accompagnent un déficit incontrôlé — et semble-t-il incontrôlable — fortement inflationniste. La situation de pays en voie d'industrialisation rapide tels que le Brésil ou le Mexique, en position d'équilibre entre un véritable décollage économique et le risque d'un effondrement catastrophique, représente à l'évidence une menace grave pour l'économie internationale, capable de provoquer une crise mondiale prolongée, comparable à celle des années 30. Il existe également le risque effrayant d'une escalade de la course aux armements. Mais il y a au moins une crainte qui circule aujourd'hui et qui semble plus être le fruit de l'imagination qu'un réel danger, du moins en ce qui concerne les États-Unis : c'est celui d'une stagnation de type Kondratieff. Nous disposons en effet d'une nouvelle arme : l'économie d'entrepreneurs.

Il est encore trop tôt pour dire si l'économie d'entrepreneurs restera un phénomène avant tout américain ou s'il atteindra également les autres pays industrialisés. Nous avons de bonnes raisons de penser qu'elle fait aussi son apparition au Japon, mais sous une forme unique et spécifiquement japonaise. Personne ne peut encore dire si ce passage à une économie de l'esprit d'entreprise se produira en Europe de l'Ouest, qui a dix à quinze ans de retard sur les États-Unis au plan démographique, le « baby-boom » et la chute de la natalité en Europe s'étant tout deux produits après les États-Unis. L'allongement du temps de scolarité est, de même, intervenu quelque dix années après les États-Unis et le Japon, et commence à peine en Grande-Bretagne. Si, comme c'est probable, la démographie est un des facteurs responsables de l'apparition de l'économie d'entrepreneurs aux États-Unis, l'Europe devrait donc connaître une évolution comparable autour des années 1990-1995. Ceci n'est toutefois que pure spéculation et l'économie d'entrepreneurs reste à ce jour un phénomène purement américain.

III

D'où viennent tous ces nouveaux emplois ? De partout et de nulle part, c'est-à-dire qu'ils n'ont pas d'origine unique.

Le magazine *INC.*, édité à Boston (Massachusetts), publie chaque année une liste des cent entreprises américaines cotées en bourse, de plus de cinq et de moins de quinze ans, qui ont le rythme de croissance le plus élevé. Limitée aux entreprises cotées en bourse, cette liste avantage donc largement les industries « de pointe » qui trouvent facilement des souscripteurs et des capitaux sur les places boursières ou sur le marché hors-cote. La haute technologie est à la mode. Les autres entreprises nouvellement créées ne peuvent généralement entrer en bourse qu'après de longues années de maturation et de profits, souvent bien après cinq ans d'existence. Malgré cela, un quart seulement des « 100 INC. » sont des entreprises de pointe. Les années passent et les trois quarts restants demeurent obstinément des entreprises traditionnelles.

En 1982 par exemple, la liste des « 100 INC. » comprenait cinq chaînes de restaurants, deux fabricants de vêtements féminins et vingt entreprises liées au secteur de la santé, contre seulement vingt à trente entreprises de haute technologie. Et tandis qu'en 1982 la presse américaine ne parlait plus que de la « désindustrialisation de l'Amérique », la moitié des « 100 INC. » étaient des entreprises manufacturières contre un tiers seulement de sociétés de service. Même si « tout un chacun savait » en 1982 que les industries du « Frost Belt [1] » étaient condamnées et que la seule région de croissance possible était celle du « Sun Belt », un tiers seulement des « 100 INC. » se trouvait dans ledit « Sun Belt ». New York possédait autant de jeunes entreprises en pleine expansion et cotées en bourse que la Californie ou le Texas. Et certains États du Nord-Est comme la Pennsylvanie, le New Jersey et le Massachusetts, censés « agoniser » s'ils n'étaient pas déjà morts, en avaient autant que la Californie, le Texas ou New York. Enfoui sous les neiges du nord des États-Unis, l'État du Minnesota en comptait sept.

En 1983, les entreprises classées numéro un et deux sur une autre liste du magazine *INC.* — qui répertorie les cinq cents jeunes entreprises non cotées en bourse les plus performantes en matière de croissance — étaient respectivement une entreprise de B.T.P. du Nord-Ouest (au cours d'une année censée être exceptionnellement mauvaise pour le bâtiment) et un fabricant californien d'équipement de culture physique à la maison.

Une enquête auprès des professionnels du capital-risque aboutit au même schéma. Les industries de haute technologie occupent généralement encore moins de place dans leurs portefeuilles. Celui d'un des investisseurs les plus prospères en placement de capital-risque comprend plusieurs industries de pointe : un nouveau fabricant de « progiciels », une société de technologie médicale récemment créée, etc. Mais les valeurs les plus rentables de ce portefeuille, la nouvelle entreprise qui

1. « Frost Belt » : la région dite de la « ceinture glaciaire » (États du Nord-Est et du Centre-Est), siège des industries manufacturières traditionnelles, par opposition à la « ceinture du soleil » (États du Sud et de l'Ouest) où se sont installées la plupart des industries de pointe. (N.d.T.)

affiche le rythme de croissance le plus élevé en matière de recettes et de rentabilité pour la période 1981-1983, ne saurait être plus banale et moins au fait des techniques de pointe, puisqu'il s'agit d'une chaîne de salons de coiffure pour hommes. En termes de croissance des ventes et de la rentabilité, elle est suivie de près par une chaîne de cabinets dentaires, puis par un fabricant d'outillage et une société financière qui loue du matériel à de petites entreprises.

Parmi toutes les entreprises que je connais personnellement, celle qui a créé le plus d'emplois entre 1979 et 1984 — et qui a le plus développé ses recettes et ses bénéfices — est une société de services financiers. En l'espace de cinq ans, elle a créé deux mille emplois nouveaux dont la plupart sont extrêmement bien rémunérés. Bien qu'elle soit accréditée à la Bourse de New York, cette société ne réalise qu'un huitième de son chiffre d'affaires en valeurs mobilières. Le reste provient de ses rentes, obligations exonérées, société d'investissement, fonds de placement, certificats d'hypothèque, sociétés offshore et de toute une série de placements similaires proposés à celui que cette entreprise appelle « l'investisseur avisé » : membre d'une profession libérale, aisé mais pas vraiment « riche », patron de P.M.E. ou exploitant agricole, dans une petite ville ou la banlieue d'une grande cité, qui gagne plus d'argent qu'il n'en dépense et cherche donc à placer son épargne, suffisamment intelligent néanmoins pour ne pas compter sur ses placements pour devenir riche.

La source d'information la plus révélatrice au sujet des secteurs de croissance de l'économie américaine me paraît être une étude portant sur les cent entreprises « moyennes » les plus performantes en matière de croissance. Par « entreprises moyennes », on suppose des recettes comprises entre 25 millions et 1 milliard de dollars. Cette étude fut réalisée entre 1981 et 1983 pour l'American Business Conference par deux associés de la société de conseil McKinsey & Company [1].

En termes de ventes et de bénéfices réalisés, la croissance de ces entreprises moyennes fut trois fois supérieure à celle des cinq cents entreprises du classement de *Fortune*. Celles-ci ont perdu des emplois de façon régulière depuis 1970 tandis que les cent entreprises moyennes ont embauché trois fois plus que le

1. Étude publiée à l'automne 1983 sous le titre « Lessons from America's Mid-sized Growth Companies » dans la revue *McKinsey Quaterly*.

taux de création d'emplois pour l'ensemble des États-Unis. Même lorsque les emplois dans l'industrie américaine ont fléchi de près de 2 % au moment de la récession de 1981-1982, ces cent entreprises moyennes ont augmenté leur embauche d'un point entier. Ces entreprises couvrent tout l'éventail économique du pays. On y trouve évidemment des entreprises de pointe mais aussi des sociétés de services financiers, comme par exemple la société new-yorkaise de courtage et d'investissement Donaldson, Lufkin & Jenrette. Une des affaires les plus performantes du classement est un fabricant-distributeur de meubles de salon, une autre fabrique et commercialise des beignets. Viennent ensuite une entreprise de céramique chinoise de luxe, un fabricant d'instruments à écrire et un autre de papier peint. Une entreprise s'est développée en éditant des journaux locaux pour les services de marketing, une autre en fabricant du fil de tissage pour l'industrie textile, etc. Et là où « chacun sait » que la croissance des État-Unis repose uniquement sur les services, plus de la moitié de ces entreprises moyennes sont en fait des industries manufacturières.

La réalité est encore plus complexe puisque le « secteur de croissance » de l'économie américaine au cours des dix dernières années, s'il n'inclut jamais le secteur public, n'en inclut pas moins un nombre croissant d'établissements importants que l'on ne considère habituellement pas comme des entreprises commerciales, bien qu'un certain nombre en ait aujourd'hui adopté le statut. C'est dans le domaine de la santé qu'on en trouve les exemples les plus flagrants. L'appareil hospitalier américain connaît actuellement bien des difficultés, et des « chaînes » d'établissements hospitaliers se sont rapidement développées. Ce sont des organismes à but lucratif mais aussi (et de plus en plus fréquemment) à but non lucratif. Les services de santé qui ont un rythme de croissance encore plus rapide sont les centres « indépendants » tels que les cliniques spécialisées pour les patients en phase terminale, les laboratoires médicaux et de diagnostic, les maternités et les centres chirurgicaux indépendants, les cliniques psychiatriques « ouvertes », ou les centres de soins et de diagnostic en gériatrie.

Le nombre d'écoles publiques diminue sur la quasi-totalité du territoire américain. Cependant, un grand nombre de nouveaux établissements scolaires sans but lucratif, mais privés, se développe en dépit de la baisse du nombre total d'enfants en âge scolaire due à la chute de la natalité des années 60. Dans la petite ville californienne où je vis, une garderie d'enfants, fondée en coopérative de quartier vers 1980 par quelques mères pour leurs propres enfants, est devenue en 1984 une école de deux cents élèves qui assure les quatre premières années de l'enseignement primaire. Une école chrétienne fondée il y a quelques années par l'Église baptiste locale est en train de reprendre à la commune de Claremont une école secondaire construite il y a quinze ans qui reste vide depuis cinq années par manque d'élèves. L'éducation permanente sous toutes ses formes est en pleine expansion : programmes de formation pour les dirigeants d'entreprise en milieu de carrière, cours de mise à jour des connaissances pour médecins, ingénieurs, jusristes ou kinésithérapeutes, etc. Même pendant la récession particulièrement sévère de 1982-1983, ces activités n'ont enregistré qu'un recul de courte durée.

Un autre domaine privilégié d'exercice de l'esprit d'entreprise concerne le développement du « quatrième secteur ». Il s'agit de l'association privé-public dans laquelle des organismes publics, États ou municipalités, déterminent les critères d'exécution et fournissent le financement, mais passent un contrat de sous-traitance avec une entreprise privée qui assure le service en question — protection sinistres/incendies, ramassage des ordures ménagères, transports en commun. Ce contrat se fait sur la base d'un appel d'offres qui garantit à la fois un meilleur service et des coûts nettement moins élevés. La ville de Lincoln dans le Nebraska fait figure de pionnière en la matière depuis l'élection d'Helen Boosalis aux élections municipales de 1975. Il s'agit là d'un succès remarquable quand on sait comment cette même ville de Lincoln, guidée par le Parti populiste et William Jennings Bryan, nous lança cent ans plus tôt sur la voie de l'appropriation des services publics par les municipalités. Des travaux d'avant-garde ont été faits en ce domaine au Texas — à San Antonio et Houston — ainsi que dans la ville de Minneapolis, grâce au Hubert Humphrey Institute de l'université du Minnesota. Toujours à Minneapolis, Control Data Corporation, un des tout premiers fabricants d'ordinateurs, participe à ce type d'association privé-public dans le domaine de l'enseignement par exemple, et même dans l'administration et la réhabilitation de prisonniers. De même, s'il existe encore une seule chance de sauver l'avenir des services postaux (car il y a certainement une limite à la bonne volonté du public qui consent à subventionner toujours davantage et à payer des tarifs de plus en plus élevés pour un service qui va en s'amenuisant), ce pourrait être de sous-traiter son service de première classe (ou ce qu'il en restera dans dix ans) avec le « quatrième secteur », en organisant des appels d'offre.

IV

Toutes ces entreprises en plein développement ont-elles quoi que ce soit de commun si ce n'est leur rythme de croissance et le peu de cas qu'elles font de la stagnation de Kondratieff? Toutes appliquent en fait de « nouvelles technologies », toutes font appel à de nouvelles applications du savoir au travail de l'homme (n'est-ce pas, après tout, la définition même de la « technologie »). Mais technologie ne signifie pas électronique, génétique ou nouveaux matériaux. La « nouvelle technologie », c'est le management de l'esprit d'entreprise.

Il faut saisir cela pour comprendre l'étonnante croissance de l'emploi dans l'économie américaine des vingt, et plus encore des dix dernières années. Cette explication paraît même conciliable avec la théorie de Kondratieff. Les États-Unis, et dans une certaine mesure le Japon, se trouvent dans ce qu'on pourrait appeler un « cycle de Kondratieff atypique ».

Depuis la démonstration de Joseph Schumpeter en 1939, nous savons que ce qui s'est réellement passé aux États-Unis et en Allemagne entre 1873 et la Première Guerre mondiale ne correspond pas à un cycle de Kondratieff. Le premier cycle de Kondratieff, fondé sur l'expansion du chemin de fer, prit fin avec le krach de la Bourse de Vienne de 1873, qui provoqua une crise mondiale des places financières et déclencha une grave récession. La Grande-Bretagne et la France sont véritablement entrées dans une longue période de stagnation économique pendant laquelle les débuts des nouvelles technologies (acier, produits chimiques, matériel électrique, téléphone, et pour finir les automobiles) ne purent créer assez d'emplois pour compenser la stagnation des vieilles industries telles que le chemin de fer, le charbon ou le textile.

Mais ce ne fut pas le cas aux États-Unis ou en Allemagne

ni même en Autriche en dépit du traumatisme créé par le krach de la Bourse de Vienne dont la politique autrichienne ne s'est jamais tout à fait remise. Ces pays furent gravement secoués dans un premier temps. Mais cinq ans plus tard, ils étaient sortis de la récession et se développaient à nouveau — et rapidement. Sur le plan technique, ces pays se trouvaient dans une situation comparable à celle de la France ou la Grande-Bretagne, enfoncées dans la récession. Un facteur, et un seul, explique leur comportement économique différent : le rôle de l'entrepreneur. En Allemagne par exemple, le seul phénomène économique vraiment capital des années 1870-1914 est certainement la création de la Banque universelle (la première, la Deutsche Bank, fut fondée en 1870 par Georg Siemens [1]). Sa mission spécifique était de trouver et de financer des entrepreneurs, puis de leur imposer un management organisé et discipliné. Dans l'histoire économique des États-Unis, certains banquiers d'affaires tels que J.P. Morgan de New York ont joué un rôle similaire.

Un phénomène tout à fait comparable semble être en train de se produire aux États-Unis, et, dans une certaine mesure, peut-être également au Japon.

Les industries de pointe sont en fait le seul secteur qui ne participe pas à cette nouvelle « technologie » qu'est le « management de l'esprit d'entreprise ». Les entrepreneurs des industries de pointe de la Silicon Valley fonctionnent encore selon le modèle du XIXe siècle. Ils croient encore à la maxime de Benjamin Franklin : « Inventez un meilleur piège à souris et le monde entier frappera à votre porte. » Ils ne se sont pas encore demandé ce qui rend un piège à souris « meilleur » que les autres. Et pour qui ? Il existe bien sûr de nombreuses exceptions. Elles sont autant d'exemples d'entreprises « de pointe » qui savent gérer l'innovation et l'esprit d'entreprise.

On trouve donc également des exceptions au XIXe siècle. Il y eut l'Allemand Werner qui a fondé et développé l'entreprise qui porte encore son nom. Il y eut aussi l'Américain George Westinghouse — grand inventeur mais aussi grand entrepreneur — qui laissa deux entreprises derrière lui qui portent également son nom, une affaire qui domine le marché des transports et un des plus puissants constructeurs de matériel électrique.

1. Sur Georg Siemens et la Banque universelle, voir chapitre 9.

Mais pour l'entrepreneur d'une industrie de pointe, l'archétype semble encore être Thomas Edison, l'inventeur le plus couronné de succès du XIXe siècle qui fit accéder l'invention au rang d'une authentique discipline que nous appelons aujourd'hui la recherche. Sa véritable ambition était en fait de créer des entreprises et de devenir un magnat de l'industrie. Edison géra pourtant tellement mal ses affaires qu'il dut être écarté de chacune d'elles pour les préserver de la ruine.

Un grand nombre, pour ne pas dire la plupart, des entreprises « de pointe » sont encore gérées, ou plus exactement mal gérées, à la manière d'Edison.

Cela permet tout d'abord d'expliquer pourquoi les industries de pointe suivent le schéma traditionnel enthousiasme/expansion rapide/secousse soudaine/effondrement, qui vous projette de la misère à la fortune, puis de nouveau à la mendicité en l'espace de cinq ans. La plupart des affaires de la Silicon Valley — comme la plupart des nouvelles entreprises de biotechnologie — restent plus l'œuvre d'inventeurs que d'innovateurs, et davantage celle de spéculateurs que d'entrepreneurs. Cela explique sans doute aussi pourquoi les entreprises de pointe sont jusqu'ici restées conformes aux prédictions de Kondratieff, incapables de créer assez d'emplois pour relancer l'ensemble de l'économie.

Alors que la « basse technologie », celle qu'utilise l'esprit d'entreprise systématique, organisé, volontaire, permet de le faire.

V

De tous les grands économistes modernes, Joseph Schumpeter fut le seul à s'intéresser à l'esprit d'entreprise et à son impact sur l'économie. Tous les économistes connaissent l'importance du rôle joué par l'entrepreneur. Mais ils considèrent l'esprit d'entreprise comme un phénomène « méta-économique », qui influence profondément et façonne même la vie économique sans en faire réellement partie. Ces économistes adoptent la même attitude vis-à-vis de la technologie. Ils n'ont par conséquent aucun moyen d'expliquer l'apparition de l'esprit d'entreprise telle qu'elle s'est produite au XIXe siècle et semble se répéter aujourd'hui, ni de comprendre pourquoi un tel phénomène se limite à un seul pays ou à une seule culture. Les phénomènes qui expliquent pourquoi l'esprit d'entreprise devient efficace ne sont sans doute pas eux-mêmes des faits économiques. Les véritables causes tiennent probablement aux changements de valeurs, d'optiques et d'attitudes, aux changements démographiques, institutionnels (la création des banques d'affaires en Allemagne et aux États-Unis vers 1870 par exemple), et peut-être également aux changements en matière d'éducation.

Il est certainement arrivé quelque chose à un grand nombre de jeunes Américains au cours des vingt ou vingt-cinq dernières années qui a changé leur attitude, leurs valeurs et leur ambition. Quelque chose qui ne fut absolument pas prévu — et qu'on ne pouvait en aucun cas prévoir en observant les jeunes de la fin des années 60. Comment expliquer par exemple qu'un si grand nombre de gens soient tout à coup prêts à travailler comme des fous, des années durant, et à prendre d'énormes risques plutôt que de choisir la sécurité d'une grande institution ? Et que sont devenus les jeunes qui, nous disait-on il y a quinze ans, tournaient le dos aux valeurs matérialistes, à l'argent, aux biens de consommation et à la réussite dans la société, et devaient ramener les États-Unis au « naturel » authentique et pastoral ? Quelles qu'en soient les raisons, elles ne collent pas avec toutes les prédictions sur la « nouvelle génération », celles qu'ont avancées les devins des trente dernières années, tels que David Riesman (*The Lonely Crowd*), William H. Whyte (*The Organisation Man*), Charles Reich (*The Greening of America*) ou Herbert Marcuse[1]. L'apparition d'une « économie d'entrepreneurs » est autant un fait culturel et psychologique qu'un événement économique et technologique. Mais les effets, quelles qu'en soient les causes, sont avant tout économiques.

Le support de ce changement profond d'attitude, de valeurs, et par-dessus tout de comportement est une « technologie ». On l'appelle « management ». L'apparition d'une économie d'entrepreneurs aux États-Unis est devenue possible grâce à de nouvelles applications du management :

1. Ces livres ont été traduits en français : *La Foule solitaire* (Arthaud), *L'Homme et l'organisation* (Plon) et *Le Regain américain* (Robert Laffont).

— aux nouvelles entreprises, commerciales ou non, quand la plupart des gens considéraient jusqu'à maintenant le management applicable aux seules entreprises déjà existantes ;

— aux petites entreprises, quand presque tout le monde croyait, il y a encore quelques années, le management réservé aux grosses affaires ;

— aux entreprises non commerciales, dans le domaine de la santé, de l'éducation, etc., dont la plupart des responsables entendent encore « business » quand on leur parle de « management » ;

— aux activités qui n'étaient tout simplement pas considérées comme des « entreprises », tels les restaurants de quartier ;

— et par-dessus tout, à l'innovation systématique, c'est-à-dire à la recherche et l'exploitation des nouvelles opportunités qui permettent de satisfaire les exigences et les besoins des êtres humains.

En tant que « savoir utile » (« *technê* »), le management date de la même époque que les autres grands domaines de la connaissance sur lesquels reposent nos industries de pointe, que ce soit l'électronique, la physique des solides, la génétique ou l'immunologie. Les racines du management remontent aux alentours de la Première Guerre mondiale et ses premières pousses sont apparues au milieu des années 20. Mais le management est un « savoir utile », tout comme la médecine ou l'ingénierie, et devait donc évoluer en une pratique avant de devenir une discipline. A la fin des années 30, seules quelques entreprises, surtout commerciales, pratiquaient le « management » aux États-Unis : la société Du Pont et son demi-frère, General Motors, mais également un grand détaillant, Sears & Roebuck ; de l'autre côté de l'Atlantique, on trouvait Siemens en Allemagne et Marks & Spencer en Angleterre. Mais c'est pendant et juste après la Seconde Guerre mondiale que le management devint une discipline [1].

1. Mes premiers livres consacrés au management (une enquête sur General Motors, *Concept of the Corporation*, 1946, et *Practice of Management*, 1954) étaient en fait les premières tentatives de présentation organisée du management comme un corpus systématique de connaissance, c'est-à-dire une « discipline ».

L'ensemble des pays développés a connu les débuts d'un véritable essor du management à partir de 1955[1].

La technique sociale que nous appelons « management » fut présentée pour la première fois au grand public, et aux managers eux-mêmes, il y a environ quarante ans. Elle s'est vite affirmée comme une « discipline » à part entière et non comme la méthode aléatoire pratiquée par quelques isolés qui avaient la foi. Ces quarante années de management jouèrent un rôle aussi essentiel, et peut-être même nettement plus important, que toutes les révolutions scientifiques du moment.

Ce n'est peut-être ni le seul ni le principal responsable du fait que chaque pays développé soit devenu, depuis la fin de la Seconde Guerre mondiale, une société composée d'organisations. Ce n'est peut-être ni le seul ni le principal responsable du fait que la grande majorité des habitants des sociétés développées (et l'écrasante majorité des gens instruits) travaillent aujourd'hui en tant qu'employés dans des entreprises — y compris les « patrons » eux-mêmes qui sont de plus en plus souvent directeurs, c'est-à-dire employés, et non pas propriétaires. Mais sans l'apparition de la discipline systématique qu'est le management, nous n'aurions certainement pas pu organiser ce qui est aujourd'hui une réalité sociale dans chaque pays développé, à savoir une société d'organisations et d'employés.

Nous avons certainement encore beaucoup à apprendre au sujet du management, et par-dessus tout, au sujet du management des travailleurs intellectuels. Mais nous en connaissons actuellement assez bien les fondements. Ce qui tenait encore du culte ésotérique il y a seulement quarante ans — l'époque où nombre de dirigeants, même de grandes sociétés, ne savaient pas encore qu'ils pratiquaient le « management » — est devenu aujourd'hui tout à fait courant.

Il y a peu de temps encore, l'idée dominante voulait que le management soit limité aux affaires, et par affaires, les gens concernés désignaient les grosses affaires. Quand elle invitait des directeurs de P.M.E. à ses « Cours de management à

1. Qui atteint aujourd'hui même la Chine communiste. Une des premières mesures du gouvernement chinois après la chute de la « bande des quatre » fut de créer une « Agence de la direction d'entreprise » directement responsable devant le Premier ministre, puis d'importer une business school des États-Unis.

l'intention des présidents », au début des années 70, l'American Management Association s'entendait encore répondre « le management ?... ce n'est pas pour moi... c'est seulement pour les grandes entreprises ». Les gestionnaires des hôpitaux américains rejetaient tout ce qui pouvait parler de management jusqu'en 1970-1975 : « nous sommes des responsables de la gestion hospitalière et pas des hommes d'affaires », déclaraient-ils. (Dans les universités, les enseignants disent encore la même chose, tout en se plaignant de la mauvaise gestion de leur établissement.)

Cette tendance, qui consista à créer pendant vingt-cinq ans des structures de plus en plus grandes à tous les niveaux de la vie sociale (entreprises, syndicats, hôpitaux, écoles, universités...), avait de multiples origines. Un facteur déterminant fut certainement de croire que nous pouvions gérer de grosses structures sans savoir réellement en diriger de petites. Cela est tout à fait comparable à l'engouement pour les très grandes écoles secondaires de renom : « l'enseignement, disait-on, exige une administration véritablement professionnelle que seuls peuvent assurer les grands établissements ».

Nous avons renversé cette tendance au cours des dix ou quinze dernières années. La tendance actuelle ressemble plus à une « désinstitutionnalisation » de l'Amérique du Nord qu'à un mouvement de « désindustrialisation ». Depuis les années 30, c'est-à-dire depuis cinquante ans, un grand nombre de gens (pour ne pas dire tout le monde) aux États-Unis, comme en Europe de l'Ouest, croyait qu'il n'y avait pas de meilleur endroit que l'hôpital pour quelqu'un en mauvaise santé, et plus encore pour quelqu'un de gravement malade. « Plus vite le patient est à l'hôpital et mieux nous pouvons le soigner », professaient d'un commun accord les médecins et leurs patients. Depuis quelques années, nous allons dans la direction inverse. On pense de plus en plus que les patients ont tout à gagner à rester le moins possible dans les hôpitaux et d'en sortir au plus vite. Ce renversement n'a sans doute pas grand-chose à voir avec les questions de santé ou de management. Qu'elle soit durable ou éphémère, c'est une réaction contre le sacro-saint pouvoir du centralisme, de la planification et de l'État qui durait depuis les années 1920-1930 et avait atteint son paroxysme aux États-Unis pendant les années 60 avec les gouvernements Kennedy et Johnson. Nous n'aurions toutefois pas pu nous engager sur la voie de la « désinstitutionnalisation » du secteur de la santé si nous n'avions pas atteint le degré de compétence et de confiance nécessaire pour diriger de petites entreprises, commerciales ou non, et en l'occurrence, pour diriger de petits centres médicaux.

Nous finissons par comprendre que le management est sans doute encore plus indispensable et plus efficace à l'échelle d'une petite entreprise qu'il ne l'est pour les grandes structures « managées ». Nous réalisons aujourd'hui que le management a un aussi grand rôle à jouer dans la jeune affaire de l'entrepreneur qu'auprès de l'entreprise plus ancienne, stable et encadrée

Pour prendre un exemple, les comptoirs vendant des hamburgers existent depuis le XIXe siècle aux États-Unis et sont devenus des points de vente installés à chaque coin de rue des grandes villes américaines après la Seconde Guerre mondiale. Dans le cas des McDonald's Hamburgers (qui sont une des plus grandes réussites des vingt-cinq dernières années), on a appliqué des méthodes de management à ce qui avait toujours été une activité de type familial, organisée un peu au petit bonheur. McDonald's a tout d'abord conçu le produit final ; il a ensuite redéfini la conception de tout le processus de fabrication, puis il a repensé — et souvent inventé — les machines et les instruments qui permettraient d'obtenir une production identique, minutée et automatisée de chaque portion de viande, d'oignons, de petits pains et de frites ; McDonald's analysa pour finir l'attente du client, définie en fonction de la qualité et de la prévisibilité du produit, de la vitesse du service, de la propreté irréprochable et du bon accueil ; il définit des normes pour chacune de ces opérations, forma le personnel nécessaire et indexa les rémunérations sur le respect de ces normes.

Tout ceci constitue le management, et même une de ses formes plutôt élaborée.

Le management est la nouvelle technologie qui — mieux qu'aucune science ou invention particulière — a fait passer l'économie américaine au stade de l'économie d'entrepreneurs, et qui est en train de faire de l'Amérique une société d'entrepreneurs. Il y a peut-être encore plus à faire aux États-Unis (et dans l'ensemble des sociétés développées) pour l'innovation sociale dans le domaine de l'éducation, de la santé, de l'État et de la politique, que dans le monde des affaires et de l'économie. Répétons une fois de plus que l'esprit d'entreprise dont nous avons tant besoin dans la société demande avant tout l'application des concepts fondamentaux du management aux nouveaux problèmes et aux nouvelles opportunités.

Cela signifie que le temps est venu de faire pour l'innovation et l'esprit d'entreprise ce que nous avons fait pour le management en général il y a quarante ans : élaborer une pratique, des principes et une discipline.

PREMIÈRE PARTIE

LA PRATIQUE DE L'INNOVATION

L'innovation est l'instrument spécifique des entrepreneurs, le moyen d'utiliser le changement comme une opportunité ouverte sur une affaire ou un service différent. Elle peut être présentée comme une discipline, elle peut s'apprendre et se pratiquer. Les entrepreneurs doivent chercher les sources d'innovation, les changements et les indices qui signalent les innovations qui peuvent réussir. Ils doivent connaître et appliquer les principes qui permettent à ces innovations de réussir.

Chapitre 1

L'ESPRIT D'ENTREPRISE COMME SYSTÈME

« L'entrepreneur, écrivait l'économiste français Jean-Baptiste Say au début du siècle dernier, déplace les ressources économiques d'un niveau de productivité et de rendement donné vers un niveau supérieur. » La définition de Say ne nous dit cependant pas qui est cet « entrepreneur ». Say a créé ce terme il y a près de deux siècles, et la plus grande confusion règne depuis lors, entre la définition de « l'entrepreneur » et celle de « l'esprit d'entreprise ».

Aux États-Unis par exemple, on définit souvent « l'entrepreneur » comme celui qui crée *sa petite entreprise.* Les cours sur « l'esprit d'entreprise » qui font aujourd'hui florès dans les business schools américaines sont bien les descendants en ligne directe, souvent très peu différents, des cours proposés trente ans plus tôt pour créer *sa petite entreprise.*

Mais les petites entreprises nouvellement créées ne sont pas toutes animées par des « entrepreneurs », ni représentatives d'un « esprit d'entreprise ».

Le couple qui ouvre une nouvelle épicerie fine ou un nouveau restaurant mexicain dans une banlieue américaine prend certainement quelques risques. Mais sont-ils pour autant des « entrepreneurs » ? Ce qu'ils font a déjà été fait mille fois avant eux. Ils misent sur le succès grandissant de la restauration dans cette région, mais ne satisfont ni ne créent aucune demande nouvelle de consommation. De ce point de vue, on ne saurait les considérer comme des entrepreneurs, même s'ils créent bien une nouvelle entreprise.

La société McDonald's Hamburgers, à l'inverse, fit œuvre d'entrepreneur. Elle n'a certes rien inventé. Son produit final correspondait exactement à ce que n'importe quel restaurant américain digne de ce nom offrait depuis des années. Mais l'application de concepts et de techniques de management (se demander quelle est l'attente du consommateur, par exemple), la standardisation de la production, la conception du processus et des outils de fabrication, l'expérimentation fondée sur l'analyse du travail requis et la définition des normes nécessaires ont permis à McDonald's de faire progresser la productivité de façon considérable, et de créer à la fois un nouveau marché et un nouveau client. C'est cela « l'esprit d'entreprise ».

La petite fonderie en pleine expansion créée il y a quelques années par un couple du Middle West fit également œuvre d'entrepreneur. Il s'agissait de traiter thermiquement des pièces à composants ferreux appelées à répondre à de très hautes spécifications (les essieux des bulldozers qui nivellent le terrain et creusent les tranchées pour le passage d'un gazoduc à travers l'Alaska, par exemple). Les techniques nécessaires sont bien connues et l'entreprise en question fait peu de choses qui n'aient déjà été faites. Mais cette fonderie est avant tout parvenue à systématiser l'information technique, et peut aujourd'hui faire entrer les spécifications requises dans l'ordinateur pour obtenir un listing des opérations à suivre. Ses dirigeants ont ensuite pu systématiser le processus de fabrication. Peu d'instructions s'appliquent à plus d'une demi-douzaine de pièces de la même dimension, de la même composition métallique, du même poids et des mêmes spécifications. Ces pièces sortent néanmoins en continu et non pas en fournées successives, grâce aux machines informatisées et aux fours qui se règlent automatiquement. Ce type de pièces de précision avait généralement un taux de défaut de fabrication compris entre 30 et 40 %, mais 90 % des pièces de cette nouvelle fonderie sont « bonnes » en sortie de chaîne. Les coûts sont inférieurs des deux tiers à ceux des concurrents les moins chers (des chantiers navals coréens), bien que la fonderie du Middle West paye aux taux pleins salaires et allocations qui sont négociés avec les syndicats américains. Ce qui tient de « l'esprit d'entreprise » dans cette affaire n'est pas qu'elle soit nouvelle et encore petite (quoique en pleine expansion). C'est d'avoir pu fabriquer ce type de pièces séparément ; c'est que la demande ait augmenté jusqu'à faire de ce genre de production un véritable créneau ; c'est que la technique, et particulièrement la technique informatique, rende aujourd'hui possible de passer d'un « art » à un processus scientifique.

Toutes les petites entreprises nouvellement créées ont certainement de nombreux points communs. Mais il ne suffit pas d'être nouveau et petit pour faire œuvre d'entrepreneur. Les entrepreneurs représentent en fait une minorité parmi les nouvelles entreprises, une minorité qui crée quelque chose de nouveau, de différent, qui provoque un changement, une mutation des valeurs.

Une entreprise n'a pas non plus besoin d'être nouvelle et petite pour faire œuvre d'entrepreneur. L'esprit d'entreprise se pratique en effet dans des entreprises grandes, et souvent anciennes. General Electric (G.E.), par exemple, est une des plus grandes entreprises mondiales qui existent depuis plus de cent ans. Elle a une longue tradition de création d'entreprises novatrices à partir de zéro jusqu'à les transformer en industries d'importance non négligeable. L'esprit d'entreprise de General Electric ne s'est, de plus, pas confiné aux entreprises manufacturières. Son bras financier, la General Electric Credit Corporation, a largement contribué au bouleversement qui est en train de transformer le système financier américain, et qui s'étend rapidement à la Grande-Bretagne et à l'Europe de l'Ouest. G.E. Credit Corporation contourna la « ligne Maginot » du monde financier au cours des années 60, quand elle découvrit qu'on pouvait utiliser des billets à ordre dans des opérations de face à face entre les entreprises pour financer l'industrie. Elle cassa ainsi le monopole traditionnel des banques sur les prêts commerciaux.

Le grand détaillant britannique Marks & Spencer a probablement été plus entrepreneur et innovateur que quiconque en Europe de l'Ouest au cours des cinquante dernières années. Il a certainement plus influencé l'économie et plus encore la société britannique que tous les autres acteurs du changement en Grande-Bretagne, et probablement plus que tous les gouvernements et toutes les lois de ce pays.

Ici encore, General Electric et Marks & Spencer ont beaucoup de points communs avec de grandes entreprises de renom qui n'ont absolument aucun « esprit d'entreprise ». Ce qui en fait des « entrepreneurs » ne dépend pas de la taille ou du taux d'expansion.

Pour finir, notons que l'esprit d'entreprise ne se limite en aucun cas à l'ensemble des unités économiques. Une « Histoire de l'esprit d'entreprise » ne saurait trouver de meilleur exemple que la création et le développement de l'Université et, en particulier, de l'Université américaine moderne. L'Université moderne telle que nous la connaissons fut imaginé en 1809 par un diplomate, fonctionnaire de l'État allemand, Wilhelm von Humboldt, qui créa l'université de Berlin dans un double but clairement défini : reprendre l'avantage intellectuel et scientifique aux Français pour le redonner aux Allemands; récupérer les énergies libérées au cours de la Révolution française et les retourner contre les Français eux-mêmes, et contre Napoléon en particulier. Soixante ans plus tard, à savoir vers 1870, au moment où l'Université allemande était au plus haut, l'idée d'Humboldt d'utiliser l'Université comme un facteur de changement était récupérée de l'autre côté de l'Atlantique. A la fin de la guerre de Sécession américaine, les vieux « collèges » de la période coloniale disparaissaient, frappés d'obsolescence : en 1870, les États-Unis avaient moitié moins d'étudiants qu'en 1830, tandis que la population avait presque triplé au cours de la même période. Mais dans les trente années qui ont suivi, un grande nombre de présidents d'universités américaines[1] ont bâti la nouvelle « Université américaine ». Après la Première Guerre mondiale, cette Université résolument nouvelle et distinctement américaine eut tôt fait de redonner la prépondérance mondiale aux États-Unis en matière d'enseignement et de recherche, tout comme l'avait fait l'université d'Humboldt pour l'Allemagne un siècle plus tôt.

Après la Seconde Guerre mondiale, une nouvelle génération d'entrepreneurs académiques ont encore innové en construisant de nouvelles université privées et métropolitaines : Pace University, Fairleigh-Dickinson, et le New York Institute of Technology dans la région de New York, Northeastern University à Boston, Santa Clara et Golden Gate sur la côte Ouest, etc. Ces établissements ont représenté un important secteur d'expansion de l'enseignement supérieur américain au cours des trente dernières années. Du point de vue de leurs programmes, ces nouvelles universités ne semblent, pour la plupart, pas très différentes des anciennes institutions. Elles ont cependant été conçues pour un marché nouveau et

1. A ce sujet, voir le chapitre de mon livre *Management · Task Responsabilities and Practices* consacré à l'Université américaine.

différent : pour des personnes en milieu de carrière plutôt que pour des étudiants fraîchement sortis de l'enseignement secondaire; pour des étudiants des grandes métropoles qui se rendent à l'université à n'importe quelle heure du jour et de la nuit, plutôt que pour des étudiants résidant à plein temps sur le campus universitaire; et pour des étudiants d'origines extrêmement diverses, et même hétérogènes, et non plus pour le prototype de l'étudiant américain traditionnel. Ces universités constituèrent une réponse à un changement important du marché, à un changement de statut du diplôme universitaire (qui passait des classes supérieures aux classes moyennes), et à un changement radical de la signification même du fait « d'aller à l'Université ». Elles sont un exemple de réalisation de l'esprit d'entreprise.

L'histoire du monde hospitalier pourrait de même servir à illustrer un livre sur l'esprit d'entreprise. Partant des premières formes de l'hôpital moderne, apparues à la fin du XVIIIe siècle à Vienne et à Édimbourg, il faudrait évoquer les différents types d'hôpitaux locaux dans l'Amérique du XIXe siècle, les célèbres centres spécialisés du début du XXe siècle, la Clinique Mayo ou la Fondation Menninger, jusqu'à l'apparition après la Seconde Guerre mondiale de l'hôpital comme centre de soins. Aujourd'hui, de nouveaux entrepreneurs travaillent activement à la création de centres de traitements spécialisés (cliniques de chirurgie ambulatoire, maternités ou centres psychiatriques indépendants), où l'accent n'est plus mis sur le fait de soigner les patients mais sur la satisfaction de « besoins » spécialisés.

Les établissements non commerciaux fournisseurs de services ne font pas tous œuvre d'entrepreneur, tant s'en faut. Et la minorité véritablement « entreprenante » présente toutes les caractéristiques et connaît tous les problèmes des entreprises de services [1]. Ce qui en fait des entrepreneurs est quelque chose de différent et de spécifique.

Si les Anglo-Saxons identifient l'esprit d'entreprise aux petites affaires nouvellement créées, les Allemands l'associent à l'idée de pouvoir et de propriété, ce qui est encore plus trompeur. Le *Unternehmer,* traduction allemande littérale de

1. A ce sujet, voir les chapitres 11 à 14, « Performance in the service institution » de mon livre *Management : Tasks, Responsabilities an Practices,* ainsi que le chapitre 14 du présent ouvrage.

« l'entrepreneur » de Jean-Baptiste Say, est la personne qui à la fois possède et dirige son entreprise. Ce terme est avant tout utilisé pour établir une distinction entre le « patron » qui possède également l'entreprise et le « directeur » ainsi que l'ensemble des employés.

Ce n'est toutefois pas la propriété que visait la première tentative d'organisation systématique de l'esprit d'entreprise, à savoir la création d'une banque d'entreprise française par les frères Pereire en 1852 (le Crédit mobilier), perfectionnée en 1870 par Georg Siemens avec la Deutsche Bank, et reprise outre-Atlantique presque à la même période par le jeune J. P. Morgan[1].

Le rôle d'entrepreneur qui incombait au banquier consistait à mobiliser *l'argent des autres* pour le redistribuer dans des secteurs à plus forte productivité présentant un rendement supérieur. Les premiers banquiers, comme les Rothschild par exemple, devinrent propriétaires. A chaque fois qu'ils construisaient une nouvelle ligne de chemin de fer, ils la finançaient avec leur argent. Le banquier d'affaires, à l'inverse, ne souhaite jamais devenir propriétaire. Il a gagné son argent en vendant au public les parts des entreprises dont il avait financé le démarrage et en empruntant à ce même public l'argent nécessaire pour financer de nouvelles entreprises.

L'entrepreneur n'est pas non plus un « capitaliste », bien qu'il ait besoin de capital comme toute forme d'activité économique (et de beaucoup d'activités non marchandes). Il n'est pas non plus un « investisseur ». Il prend des risques, naturellement, comme toute personne qui s'engage dans une quelconque forme d'activité économique. L'essence de toute activité économique est l'engagement de ressources présentes dans la perspective d'un résultat futur, ce qui suppose risque et incertitude. L'entrepreneur n'est pas non plus un employeur. Il peut être et il est souvent un employé, ou quelqu'un qui travaille seul, et entièrement par lui-même.

« L'esprit d'entreprise » n'est donc pas une caractéristique propre à un individu ou à une institution. Ce n'est pas un « trait de caractère » — en plus de vingt ans de carrière, je n'ai pas rencontré une seule personnalité d'entrepreneur. J'ai en revanche vu des individus de personnalité et de tempérament

1. Sur les banques d'entreprises, voir « Georg Siemens et la Deutsche Bank » dans *Management*.

les plus divers réussir parfaitement dans leur démarche d'entrepreneur. Ceux qui ont besoin de certitudes risquent fort de ne pas être de très bons entrepreneurs. Mais ceux-là ne risquent guère de briller dans une foule d'autres activités, que ce soit en politique, à des postes de commandement dans l'armée ou comme capitaine d'un paquebot. Dans tous ces domaines comme dans beaucoup d'autres, des décisions doivent être prises, et la nature de toute décision repose dans l'incertitude.

Tous ceux qui peuvent faire face à une prise de décision quelconque ont la possibilité de devenir des entrepreneurs et de se conduire en entrepreneur. L'esprit d'entreprise est un comportement et non un trait de caractère. Ses fondements sont d'ordre conceptuel et théorique plutôt qu'intuitifs.

II

Toute pratique s'appuie sur une théorie, même si le praticien n'en a pas lui-même conscience. L'esprit d'entreprise s'appuie sur une théorie de l'économie et de la société. Cette théorie considère le changement comme quelque chose de normal, et même d'extrêmement sain. Elle estime que la plus grande tâche de la société — et de l'économie — consiste à faire quelque chose de différent, plutôt que de faire mieux ce qui a déjà été fait. C'est, pour l'essentiel, ce que voulait dire J.-B. Say il y a deux cents ans, quand il a inventé le terme d'*entrepreneur*. Ce terme voulait être un manifeste et une déclaration de dissidence : l'entrepreneur bouleverse et désorganise. Il accomplit, selon la formule de Schumpeter, une œuvre de « destruction créatrice ».

Jean-Baptiste Say était un admirateur d'Adam Smith. Il fut le traducteur français de sa *Richesse des nations* (1776) et se consacra inlassablement à la diffusion des idées et des conceptions politiques d'Adam Smith. Mais sa propre contribution à la pensée économique, le concept d'entrepreneur et d'esprit d'entreprise, est indépendante de l'économie classique. Elle est même incompatible avec la doctrine classique qui optimise ce qui existe déjà. C'est également ce qu'ont cherché à faire tous les grands courants de la théorie économique jusqu'à nos jours, qu'il s'agisse des keynésiens, des friedmaniens et des économistes de l'offre. La doctrine classique s'attache à tirer le maximum des ressources existantes et cherche à instaurer une situation d'équilibre. Elle ne peut s'occuper de l'entrepreneur, et le relègue aux frontières imprécises du domaine des « facteurs externes » avec le climat et le temps, l'État et la politique, la peste et la guerre, mais aussi la technologie. L'économiste traditionnel, en dehors de toute notion d'écoles et autres formes en « isme », ne nie bien sûr pas l'existence et l'importance de ces facteurs externes. Mais ils n'appartiennent pas au même monde, ils ne rentrent pas dans son modèle, ses équations et ses prédictions. Et bien que Karl Marx fît preuve de la plus grande acuité aux questions technologiques — il fut le premier et reste un des meilleurs historiens des techniques —, il ne put faire entrer l'entrepreneur et l'esprit d'entreprise dans son système économique. Pour Marx, *tout* changement économique au-delà de l'optimisation des ressources existantes est le résultat d'une modification des rapports de pouvoir et de propriété, c'est-à-dire d'un changement « politique », qui a lieu à l'extérieur du système économique proprement dit.

Le premier grand économiste a revenir à Jean-Baptiste Say fut Joseph Schumpeter. Dans sa fameuse *Theorie der Wirtschaftlichen Entwicklung* (Théorie de l'évolution économique) publiée en 1911, Schumpeter rompit avec l'économie traditionnelle, de façon encore plus radicale que ne le fit John Maynard Keynes vingt ans plus tard. Il énonça l'hypothèse selon laquelle c'est le déséquilibre dynamique créé par l'innovation de l'entrepreneur, et non l'équilibre et l'optimisation, qui constitue la « norme » d'une économie en bonne santé et la réalité centrale de la théorie et de la pratique économique.

Jean-Baptiste Say s'intéressait avant tout aux questions économiques. Cependant, seules les ressources doivent être de nature « économique » pour satisfaire à sa définition. L'emploi qui est fait de ces ressources ne doit pas nécessairement être « économique » au sens traditionnel du mot. L'enseignement ne figure généralement pas parmi les activités dites économiques, et les critères économiques ne sont certainement pas les mieux adaptés pour juger de la « productivité » de l'enseignement (bien que personne ne voie d'autres critères susceptibles de convenir). Les ressources de l'enseignement sont, quant à elles, bien de nature économique. Elles sont même identiques à celles employées pour les activités les plus ouvertement économiques qui soient, comme la production et la vente de savon par exemple. Les ressources nécessaires à toutes les formes d'activité sociale des êtres humains sont identiques et sont des ressources économiques : le capital, c'est-à-dire des ressources écartées de la consommation courante et affectées à des réalisations ultérieures ; des ressources physiques, qu'il s'agisse de la terre, de la semence de maïs, du cuivre, d'une salle de classe ou d'un lit d'hôpital ; de la main-d'œuvre, un encadrement et du temps. L'esprit d'entreprise ne se limite donc en aucun cas à la sphère économique bien que le terme en soit directement issu. Il se rapporte à toutes les activités humaines de type « social » par opposition aux activités dites « existentielles ». Nous savons également que l'esprit d'entreprise ne varie guère avec la sphère d'activité concernée. Qu'il exerce dans l'enseignement ou dans le secteur de la santé, deux domaines extrêmement féconds en la matière, l'entrepreneur fait à peu près la même chose, emploie les mêmes outils, rencontre les mêmes problèmes que l'entrepreneur à la tête d'une affaire ou d'un syndicat.

L'entrepreneur perçoit le changement comme la norme habituelle et comme un signe de bonne santé. Il n'introduit pas forcément lui-même le changement, ce n'est même généralement pas son rôle. La réalité qui définit l'entrepreneur et l'esprit d'entreprise est tout autre : *l'entrepreneur va chercher le changement, il sait agir sur lui et l'exploiter comme une opportunité.*

III

L'esprit d'entreprise, croit-on le plus souvent, implique une grande part de risque. Les pertes sont en effet des plus élevées, et les chances de réussite ou même de survie particulièrement faibles, dans des secteurs aussi visibles de l'innovation que la haute technologie, micro-ordinateurs ou génie génétique par exemple.

Pourquoi devrait-il en être ainsi ? L'entrepreneur, par définition, déplace les ressources de secteurs à faible rendement et à basse productivité vers des secteurs offrant un rendement et une productivité supérieurs. Naturellement, il y a un risque : l'entrepreneur peut ne pas réussir. Mais s'il réussit ne serait-ce que modérément, les gains doivent aisément compenser les risques pris. L'esprit d'entreprise devrait donc paraître beaucoup moins risqué que l'optimisation. Rien n'est plus risqué que l'optimisation des ressources dans des secteurs où l'innovation constitue la voie rentable et adéquate, c'est-à-dire où il existe déjà des opportunités d'innovation. Loin d'être la voie la plus hasardeuse, l'esprit d'entreprise devrait, au contraire, être la moins risquée sur le plan théorique.

Il existe en effet un grand nombre d'affaires d'entrepreneurs dont le rythme de croissance moyen est si élevé qu'il peut faire mentir l'idée universelle selon laquelle l'innovation et l'esprit d'entreprise sont synonymes de hauts risques.

Aux États-Unis, Bell Lab est le secteur innovateur de Bell Telephone System. Depuis plus de soixante-dix ans, Bell Lab enregistre réussite sur réussite. Cela va de la conception du premier standard téléphonique en 1911 jusqu'à la fibre optique vers 1980, en passant par l'invention du transistor et du semi-conducteur, sans oublier tout le travail théorique et technique sur les ordinateurs. L'exemple de Bell Lab démontre que même dans le domaine des techniques de pointe, l'innovation et l'esprit d'entreprise font courir très peu de risques.

Dans un secteur de pointe à évolution très rapide comme l'informatique, en concurrence avec les grands professionnels de l'électricité et de l'électronique, I.B.M. n'a jusqu'ici pas connu un seul échec important. Il en est de même, dans un secteur à peine plus banal, pour la chaîne britannique de grands magasins Marks & Spencer, le plus grand entrepreneur au monde dans le domaine de la distribution. Premier producteur mondial de produits de marque et de biens de consommation conditionnés, Procter & Gamble a quasiment effectué un parcours sans faute en matière d'innovation. Dans le domaine des technologies « moyennes », la société 3M de Saint Paul dans l'État du Minnesota a créé quelque cent nouvelles affaires ou gammes de produits importantes dans les soixante dernières années. La proportion des réussites de ses nouvelles entreprises fut de quatre sur cinq. Ce n'est là qu'un petit échantillon représentatif des entrepreneurs qui réussissent à innover en prenant peu de risques. Ces exemples sont bien trop nombreux pour que les succès de l'esprit d'entreprise à moindre risque ne soient que le fait du hasard, simple accident ou bienfait des dieux.

Il existe également nombre d'entrepreneurs individuels dont le rythme moyen de création d'entreprise est suffisamment élevé pour réfuter le consensus général selon lequel l'esprit d'entreprise est porteur de risques importants.

L'esprit d'entreprise est avant tout une affaire « risquée » parce que les prétendus « entrepreneurs » sont rares à savoir ce qu'ils font. Ils manquent de méthode et enfreignent certaines règles élémentaires pourtant bien connues. C'est tout particulièrement le cas des industries de pointe. L'esprit d'entreprise et l'innovation sont à l'évidence intrinsèquement plus difficiles et plus risqués que l'innovation fondée sur l'économie et les structures de marché, sur la démographie, ou même sur quelque chose d'aussi vague et impalpable que la *Weltanschauung* qui repose sur l'état d'esprit et les modes de perception [1]. Les exemples d'I.B.M. et de Bell Lab prouvent que, même dans les industries de pointe, l'esprit d'entreprise n'est pas forcément générateur de « hauts risques ». Il doit néanmoins être organisé de façon systématique. Il doit être managé. Surtout, il doit se fonder sur une *innovation pleinement motivée.*

1. Sur ces questions, voir le chapitre 9.

Chapitre 2

LES SEPT SOURCES DE L'INNOVATION SYSTÉMATIQUE

Les entrepreneurs innovent. L'innovation est l'instrument spécifique de l'esprit d'entreprise. C'est l'action qui consiste à ouvrir de nouvelles possibilités aux ressources pour pouvoir créer des richesses. L'innovation est bien créatrice de « ressources ». Avant qu'un élément de la nature n'existe en tant que « ressource », l'homme doit lui trouver une utilisation. Il lui attribue par là même une valeur économique. Avant cette étape, chaque plante n'est que mauvaise herbe et tout minerai n'est qu'une roche parmi d'autres. Il n'y a guère plus de cent ans, les composés minéraux du pétrole qui suintaient de certains sols, ou la bauxite, qui sert à la préparation de l'aluminium, n'étaient pas des ressources. Tous deux étaient au contraire considérés comme des agents nuisibles qui rendaient la terre improductive. La moisissure de pénicilline était une « peste » et non pas une ressource. Les bactériologistes se donnaient beaucoup de mal pour empêcher que leurs cultures ne soient contaminées par elle. Il fallut attendre 1920 pour qu'un médecin anglais, Alexandre Fleming, découvre que cette peste était en fait l'agent bactéricide que cherchaient tous les biologistes. La moisissure de pénicilline devint alors une ressource précieuse.

Ceci s'applique tout aussi justement aux domaines économiques et sociaux. Une économie n'a pas de ressource plus grande que son « pouvoir d'achat ». Mais celui-ci est créé par l'innovation de l'entrepreneur.

Un fermier américain n'avait virtuellement aucun pouvoir d'achat au début du XIXe siècle. Il ne pouvait donc pas acheter le matériel agricole. Le marché proposait des dizaines de moissonneuses, mais il ne pouvait pas les acheter, aussi indispensables qu'elles lui aient été. Jusqu'au jour où un des nombreux fabricants de moissonneuses, Cyrus McCormick, inventa l'achat à tempérament. Ce système permettait à l'agriculteur de payer sa moissonneuse avec ses revenus à venir plutôt qu'avec l'argent épargné par le passé. Il disposa tout à coup du pouvoir d'achat nécessaire pour financer son équipement agricole.

Toute variation de la capacité de production de richesse à partir des ressources déjà existantes constitue également une innovation.

Détacher la remorque d'un camion, lui enlever ses roues et la placer dans un bateau n'a pas exigé l'emploi de techniques véritablement nouvelles. Cette « innovation » s'appelle un conteneur et ne doit rien au progrès technologique. Elle est née d'une nouvelle perception du rôle des cargos, devenus de véritables dispositifs de manœuvre des marchandises plus que de simples bateaux. L'important était de réduire au minimum le temps passé au port. Cette innovation d'aspect si banal a permis de quadrupler la productivité des cargos transocéaniques et a sans doute sauvé l'industrie des transports maritimes. La formidable expansion du commerce mondial au cours des quarante dernières années (qui constitue la croissance la plus rapide jamais enregistrée par un secteur économique) n'aurait pas été possible sans une telle innovation.

Plus que la pédagogie, la formation systématique des professeurs dans des écoles spécialisées ou la foi populaire dans les vertus de l'éducation, c'est le livre de classe qui a réellement permis de généraliser la scolarité. On doit sans doute cette toute petite innovation au grand réformateur tchèque Johann Amos Comenius qui conçut et employa les premiers abécédaires latins au milieu du XVIIe siècle. Sans livre de classe, même un excellent professeur ne peut enseigner à plus d'un ou deux enfants à la fois ; grâce à lui, même un enseignant très moyen peut faire rentrer quelques connaissances dans la tête de trente ou trente-cinq élèves.

Ces exemples montrent que l'innovation n'a pas besoin d'être d'ordre technique, et n'a même pas besoin d'être quelque chose de « matériel ». Peu d'innovations ont eu autant d'impact que certaines innovations sociales telles que les journaux ou les assurances. L'achat à tempérament a littéralement transformé les économies. Partout où le crédit fut introduit, l'économie qui reposait sur l'offre s'est mise à dépendre de la demande, quel que soit le niveau de production de l'économie en question. Cela explique pourquoi l'achat à crédit est la première chose que supprime un gouvernement marxiste quand il arrive au pouvoir, comme ce fut le cas en Tchécoslovaquie en 1948 ou à Cuba en 1959. L'hôpital tel que nous le connaissons sous sa forme moderne est une innovation sociale du siècle des Lumières qui a plus fait avancer la santé publique que bien des progrès de la médecine. Le management, ce « savoir utile » qui permet pour la première fois à l'homme de faire travailler de façon productive des personnes de qualification et de discipline très différentes au sein d'une « organisation », est une innovation de ce siècle. Le management a transformé la société moderne en quelque chose d'entièrement neuf, pour lequel nous ne disposons par ailleurs d'aucune théorie sociale ou politique : une société d'entreprises et d'organisations multiples.

Les ouvrages d'histoire économique présentent August Borsig comme le premier homme ayant créé des locomotives à vapeur en Allemagne. La plus grande innovation de Borsig — obtenue malgré l'opposition acharnée des corporations, des enseignants et des bureaucrates de l'État — fut en réalité ce qui reste aujourd'hui le système d'organisation de l'usine et le pilier de la puissance industrielle de l'Allemagne : le « *Meister* » (maître), ouvrier hautement qualifié et très respecté qui dirige l'atelier avec une autonomie considérable; et le « *Lehrling System* » (apprentissage) qui associe la formation pratique sur le lieu de travail (« *Lehre* ») avec l'enseignement théorique dispensé en classe (« *Ausbildung* »). De même, la double invention de la forme moderne de gouvernement par Machiavel dans *Le Prince* (1513) et de l'État-nation quelque soixante ans plus tard par un de ses premiers disciples, Jean Bodin, a certainement eu une influence plus durable que la plupart des nouvelles techniques.

L'exemple le plus intéressant en matière d'innovation sociale reste le Japon moderne.

Les Occidentaux ont toujours sous-estimé le Japon depuis l'époque où ce pays s'est ouvert au monde moderne (1867), malgré sa victoire contre la Chine en 1894, puis contre la Russie en 1905, malgré Pearl Harbor, et malgré son accession rapide au rang de superpuissance économique et de concurrent le plus implacable dans les années 70 et 80. La tendance dominante qui consiste à croire que l'innovation s'applique aux choses matérielles et s'appuie sur la science et les techniques en est peut-être bien la première raison. D'où la certitude, répandue au Japon comme en Occident, que les Japonais ne sont pas des innovateurs mais des imitateurs. Et ceci parce que les Japonais n'ont, dans l'ensemble, pas introduit d'innovation technique ou scientifique de tout premier plan. Leur réussite se fonde en réalité sur l'innovation sociale.

Le Japon s'est, à contrecœur, ouvert au reste du monde en 1867, à l'époque de la restauration Meiji. Il souhaitait ainsi éviter le destin de l'Inde et de la Chine au XIXe siècle, éviter d'être conquis, colonisé et « occidentalisé ». Fidèle à l'esprit du judo, le but poursuivi était d'utiliser les armes occidentales pour tenir l'Occident en respect, et de pouvoir ainsi rester japonais.

Cela signifie que développer l'innovation sociale (au travers d'institutions telles que l'école, l'Université, le service public, les banques, les relations sociales) fut nettement plus critique et plus difficile que de construire des locomotives à vapeur ou le télégraphe. Une locomotive qui conduit un train de Londres à Liverpool pourra sans exiger de modifications en conduire un autre de Tokyo à Osaka. Les institutions sociales devaient être fondamentalement « japonaises » mais aussi « modernes ». Elles devaient, en outre, servir une économie « occidentale » et extrêmement technique. On peut importer des techniques à des coûts modérés et avec un minimum de risques culturels. Les institutions, au contraire, doivent trouver des racines culturelles pour pouvoir se développer. C'est ainsi que les Japonais ont décidé, il y a un siècle, de concentrer leurs ressources sur l'innovation sociale, et choisirent d'imiter, d'importer et d'adapter les innovations techniques. La réussite fut spectaculaire. Une telle politique reste peut-être encore la plus adaptée à leur situation. Nous verrons en effet au cours du chapitre 17 combien ce qu'on appelle parfois non sans facétie l'imitation créative est une stratégie d'entrepreneur parfaitement respectable et souvent couronnée de succès.

Même si les Japonais doivent aujourd'hui dépasser le stade de l'imitation/importation/adaptation des techniques étrangères et passer à celui de l'authentique innovation technique, il serait peut-être prudent de ne pas non plus les sous-estimer en ce domaine. La recherche scientifique est en soi une « innovation sociale » assez récente. Chaque fois que cela s'est avéré nécessaire, les Japonais ont toujours fait montre des plus grandes capacités en matière d'innovation sociale. Ils ont, avant toute autre chose, fait la preuve d'aptitudes hors du commun dans le domaine des stratégies d'entrepreneur.

L'innovation est un terme économique ou social plus que technique. La formule de Jean-Baptiste Say à propos de l'esprit d'entreprise permet également de définir l'innovation comme un déplacement du niveau de rendement des ressources. Un économiste moderne pourrait la définir en fonction non plus de l'offre mais de la demande. L'innovation correspondrait en ce cas à un changement de la satisfaction et de la valeur tirées des ressources par le consommateur.

Je soutiens que trouver la plus adéquate de ces deux définitions dépend de chaque cas particulier et non pas d'un modèle théorique. Le passage des aciéries intégrées aux « mini-aciéries », qui partent des ferrailles et non du minerai de fer pour obtenir le produit fini (poutre ou tube, et non l'acier brut qui doit encore être traité), s'analyse mieux par rapport à l'offre. Le produit final, l'emploi terminal et le consommateur ne font qu'un, bien que les coûts soient nettement inférieurs. Cette définition par rapport à l'offre s'adapte sans doute également au conteneur. Mais des produits aussi techniques, si ce n'est plus, que les cassettes audio et vidéo s'analysent mieux en fonction de la valeur et de la satisfaction procurées au consommateur. Il en va de même pour certaines innovations sociales telles que le magazine d'information élaboré dans les années 20 par Henri Luce de *Time, Life et Fortune*, ou les fonds de placement apparus à la fin des années 70 et au début des années 80.

Nous ne pouvons pas encore élaborer une théorie de l'innovation. Nous en savons quand même assez pour dire quand, où et comment aborder les opportunités d'innovation d'une façon systématique, et comment juger leurs chances de succès ou leurs risques d'échec. Nous en savons assez pour dessiner les contours d'une *pratique de l'innovation.*

Que l'une des plus grandes réalisations du XIXe siècle soit d'avoir « inventé l'invention » est presque devenu un cliché pour historiens des techniques. Avant les années 1880, « l'invention » restait encore quelque chose de mystérieux et les ouvrages du début du XIXe siècle font fréquemment allusion à « l'éclair de génie ». « L'inventeur » était un personnage miromantique, mi-ridicule, qui bricolait en solitaire dans son grenier. Au début de la Seconde Guerre mondiale, « l'invention » est devenue « recherche », à savoir une activité systématique, répondant à un but précis, planifiée et organisée à un haut niveau de précision et de définition des résultats recherchés et susceptibles d'être obtenus.

Quelque chose de comparable doit aujourd'hui être fait à l'égard de l'innovation. Les entrepreneurs devront apprendre à *pratiquer l'innovation systématique.*

Les entrepreneurs qui réussissent n'attendent pas d'être « inspirés par la muse » qui leur soufflera une idée de génie. Ils se mettent au travail. Ils ne cherchent pas le « gros coup » qui « sèmera la révolution dans l'industrie » et permettra de créer une entreprise multimilliardaire. Ils ne cherchent pas à devenir riches du jour au lendemain. Ceux qui démarrent en voyant trop grand et trop vite filent droit vers l'échec. Ils sont quasiment assurés de faire ce qu'il ne faut pas. Une innovation qui paraît par trop grandiose se réduit souvent à un exercice de virtuosité technique. Certaine innovation d'aspect modeste, dénuée de prétentions intellectuelles (un hamburger de chez McDonald's, par exemple), peut devenir une entreprise géante extraordinairement rentable. Il en va de même pour les innovations des secteurs non marchands ou des services publics.

Quelle que soit leur motivation personnelle (argent, pouvoir, curiosité, désir de gloire et de reconnaissance), les entrepreneurs qui réussissent tentent de créer de la valeur et d'apporter leur contribution. Il reste que les entrepreneurs couronnés de succès visent haut. Ils ne se satisfont pas d'améliorer ce qui existe déjà ou de le modifier. Ils tentent de créer des valeurs et des satisfactions nouvelles et différentes. Ils essayent de transformer un « matériau » en une « ressource », ou de combiner les ressources existantes selon une disposition nouvelle et plus productive.

C'est le changement qui ouvre toujours la voie de la nouveauté et de la différence. *L'innovation systématique repose donc sur la recherche motivée et organisée du changement et sur l'analyse systématique de perspectives ainsi ouvertes pour l'innovation économique et sociale.*

Ce changement a le plus souvent déjà eu lieu ou est en train de se produire. La grande majorité des innovations réussies *exploitent le changement.* Certaines innovations, telles que l'aéroplane des frères Wright, constituent en elles-mêmes une véritable mutation. Ce sont là des exceptions qui restent extrêmement rares. La plupart des innovations paraissent plus banales et se contentent de tirer profit d'un changement qui a déjà eu lieu. L'innovation est donc une discipline de diagnostic qui sert de fondement à l'esprit d'entreprise. C'est une exploration systématique des espaces de changement qui ouvrent des perspectives à l'entrepreneur.

L'innovation systématique suppose le contrôle de *sept sources* d'innovation.

Les quatre premières se situent au sein même de l'entreprise, qu'elle appartienne au secteur commercial, public, industriel ou à celui des services. Elles apparaîtront donc avant tout aux membres de cette entreprise. Ce sont essentiellement des symptômes. Ce sont des indicateurs extrêmement fiables des changements qui se sont déjà produits ou qui peuvent facilement avoir lieu. Ces quatre sources d'innovation sont :

1. L'*imprévu :* la réussite, l'échec, l'événement extérieur inattendus.

2. La *contradiction,* entre la réalité telle qu'elle est et telle qu'elle « devrait être » ou telle qu'on l'imagine.

3. L'innovation qui se fonde sur les *besoins structurels.*

4. Le *changement* qui bouleverse la structure de l'industrie ou du marché et prend tout le monde au dépourvu.

Le second groupe de sources d'innovation concerne les changements qui ont lieu à l'extérieur de l'entreprise ou de l'industrie.

5. Les *changements démographiques.*

6. Les *changements de perception, d'état d'esprit et de signification*

7. Les *nouvelles connaissances,* scientifiques ou non.

Ces sept sources d'innovation se chevauchent bien souvent et les frontières qui les séparent n'apparaissent pas nettement. On peut les comparer à sept fenêtres, situées chacune sur une façade différente du même immeuble. Ce que l'on voit d'une fenêtre peut également être observé des fenêtres situées de chaque côté. Mais la perspective offerte au centre de chacune d'entre elles est unique et différente des autres.

Chaque source d'innovation exige une analyse distincte, car chacune a des caractéristiques qui lui sont propres. Aucune d'entre elles n'est plus importante ou plus productive qu'une autre. Les grandes innovations peuvent venir d'une analyse des signes annonciateurs de changement (par exemple, le succès imprévu de ce qui semblait n'être qu'une évolution négligeable des prix ou de la production). Mais elles peuvent également provenir de l'application massive de nouvelles connaissances issues d'une grande découverte scientifique.

L'ordre dans lequel ces différentes sources seront examinées n'est toutefois pas arbitraire. Elles sont classées par ordre décroissant de fiabilité et de prévisibilité. Contrairement à ce qui est généralement admis, les nouvelles connaissances — particulièrement dans le domaine scientifique — ne sont en effet ni les sources les plus fiables ni les plus prévisibles dont nous disposions pour évaluer les chances de succès d'une innovation. Malgré tout l'éclat, tout le caractère ostensible et important de l'innovation scientifique, c'est en réalité la forme la moins fiable et la moins prévisible. A l'inverse, l'analyse discrète et on ne peut plus banale des signes de changement, tels que le succès ou l'échec imprévu, présente assez peu de risques et laisse peu de place à l'incertitude. Les innovations qui en sont issues offrent habituellement le plus court délai entre le démarrage d'une affaire et l'obtention de résultats mesurables, qu'ils consacrent l'échec ou la réussite.

Chapitre 3

PREMIÈRE SOURCE : L'IMPRÉVU

I

La réussite imprévue

Aucun autre domaine n'est plus riche en perspectives d'innovation que celui de la réussite imprévue. Aucun autre espace ouvert à l'innovation ne paraît moins risqué et moins difficile à réaliser. Malgré cela, la réussite imprévue est un domaine presque totalement négligé, que les dirigeants ont même tendance à rejeter.

Pour prendre un exemple, un président d'un des plus grands magasins de New York, M. J. Macy, m'a confessé, il a plus de trente ans : « Nous ne savons pas comment ralentir la croissance des ventes d'appareils ménagers. — Pourquoi voulez-vous y mettre un frein, lui ai-je demandé, interloqué, vous font-ils perdre de l'argent ? — Au contraire, répondit-il, les marges bénéficiaires sont plus élevées que pour l'habillement. Il n'y a pas d'articles retournés et pratiquement pas de vols. — Les acheteurs d'appareils ménagers font-ils fuir les clients des rayons de mode ? — Pas du tout. Là où nous vendions avant tout de l'électroménager à des clients venus acheter des vêtements, nous vendons aujourd'hui des articles de mode aux gens venus acheter de l'électroménager. Le problème, ajouta le président, c'est que dans des établissements comme le nôtre, il est normal et même sain que les articles de mode représentent 70 % des ventes. Celles des appareils ménagers ont tellement progressé qu'elles représentent aujourd'hui les trois cinquièmes de l'ensemble des ventes.

C'est une situation anormale. Nous avons tout essayé pour faire remonter l'habillement à un pourcentage normal, mais rien ne marche. La seule chose qui nous reste à faire est de diminuer les ventes d'électroménager pour les remettre à la place qui est la leur. »

Pendant plus de vingt ans, le grand magasin Macy's New York continua d'aller à la dérive. On trouva toutes sortes de raisons pour expliquer l'incapacité de Macy's à exploiter sa position de leader sur la place de New York : le dépérissement du centre ville, les difficultés économiques d'un établissement prétendument « trop grand », etc. La vérité est qu'après l'arrivée d'une nouvelle direction en 1970 qui renversa la tendance et accepta la véritable place des appareils ménagers, Macy's retrouva vite son rythme de croissance, en dépit de la désertification du centre ville, des coûts élevés de la main-d'œuvre et de son gigantisme.

Au moment même où Macy's refusait un succès imprévu, un autre grand magasin, Bloomingsdale's, sut tirer profit d'un tel succès et s'en servit pour devenir le numéro 2 sur la place de New York. C'était encore plus un magasin de mode que Macy's, qui n'avait jamais dépassé la quatrième place. Quand l'électroménager commenca à grimper au début des années 50, Bloomingsdale's sauta sur l'occasion. Comprenant que quelque chose d'imprévu était en train de se produire, il chercha à l'analyser, et se fit une nouvelle place sur le marché grâce à son rayon ménager. Il changea également l'orientation de ses ventes pour atteindre un nouveau client, dont l'apparition était simplement signalée par le boom des appareils ménagers. Macy's est resté le numéro 1 des ventes en volume, mais Bloomingsdale's est devenu le magasin chic de New York. Quant à ceux qui se battaient pour ce titre il y a trente ans, les numéros 2 de la mode de 1950, comme Best par exemple, ils ont totalement disparu. (Pour d'autres exemples, voir le chapitre 15.)

On dira que l'histoire de Macy's est un cas « extrême ». Ce qui n'est toutefois pas très courant, c'est que son président avait conscience de ce qu'il faisait. Beaucoup trop de dirigeants font exactement la même chose sans avoir conscience de leur aveuglement. Il n'est jamais facile pour une direction d'accepter une réussite imprévue. Cela exige de la détermination, des stratégies spécifiques, cela suppose que l'on accepte de regarder la réalité en face et de dire « nous avons eu tort ! »

Nous avons tous tendance à penser que ce qui existe depuis assez longtemps devient quelque chose de « normal » et de « permanent ». Cela permet d'expliquer pourquoi les dirigeants ont du mal à accepter une réussite imprévue. Nous refusons tout ce qui vient contredire ce que l'on finissait par considérer comme une loi de la nature, nous le jugeons malsain et bien évidemment anormal.

Cela permet par exemple d'expliquer pourquoi une des plus grandes entreprises sidérurgiques américaines a rejeté les « mini-aciéries » vers 1970. La direction savait que ses propres aciéries vieillissaient vite et avaient besoin de plusieurs milliards de dollars d'investissement pour être modernisées. Elle savait aussi qu'elle ne disposait pas des capitaux nécessaires. La solution était un nouveau type d'aciéries, plus petites, que l'on appelait des « mini-aciéries ».

Cette société acheta une de ces mini-aciéries presque par accident. Elle se développa rapidement et commença à dégager des bénéfices. Certains jeunes cadres proposèrent donc d'utiliser les fonds disponibles à l'investissement pour acheter de nouvelles mini-aciéries et en construire d'autres. En l'espace de quelques années, les mini-aciéries auraient donné à la société une capacité de production de plusieurs milliers de tonnes d'acier grâce à l'emploi de techniques nouvelles, à la diminution des coûts de main-d'œuvre et à la localisation des marchés. La direction, indignée, opposa son veto et alla jusqu'à évincer tous les cadres associés à cette proposition dans les années qui suivirent. « La fabrication dans des aciéries intégrées est la seule qui convient, déclarèrent les dirigeants. Tout le reste n'est que poudre aux yeux, apparence trompeuse, malsaine et éphémère. » Est-il nécessaire de préciser que dix ans plus tard, les seuls secteurs sidérurgiques américains encore en bonne santé qui connaissent un rythme de croissance raisonnable sont précisément les « mini-aciéries » ?

Pour un dirigeant sidérurgiste qui a travaillé toute sa vie à perfectionner la fabrication de l'acier dans des unités intégrées, qui se sent chez lui dans ces grandes aciéries (et qui est souvent lui-même fils de sidérurgiste, comme c'est souvent le cas pour les dirigeants des aciéries américaines), tout le reste semble étrange, lointain et même menaçant. Il faut faire un certain effort pour comprendre qu'un « ennemi » de toujours puisse devenir son meilleur atout.

Les dirigeants d'une entreprise (petite ou grande, privée

ou publique) ont toujours fait leur place dans une fonction précise, dans un domaine donné. C'est dans ce domaine qu'ils se sentent à l'aise. Quand j'ai rencontré le président de Macy's, par exemple, un seul autre membre de la direction, le vice-président chargé du personnel, n'avait pas commencé comme acheteur d'articles de mode et n'avait pas construit sa carrière sur la vente de tels articles. Pour les membres de la direction, les appareils ménagers étaient un secteur réservé à d'autres.

La réussite imprévue est parfois exaspérante. Songez à une société qui a tout fait pour modifier et améliorer un produit ancien. Ce produit représente la « qualité », il a fait la gloire de l'entreprise pendant des années. Au même moment, cette société introduit, bien à contrecœur, ce que tout le monde sait être une modification négligeable d'un autre produit, dépassé et de « qualité inférieure ». On le fait uniquement parce qu'un des vendeurs les plus importants de l'entreprise a réussi à l'obtenir, ou parce qu'un bon client à qui on ne peut pas le refuser en a fait la demande. Personne ne pense qu'il se vendra, et même plus : personne ne souhaite qu'il se vende. Quand, soudain, ce produit bon à rien fait un malheur sur le marché et rafle toutes les ventes que statistiques et prévisions promettaient au produit de « prestige », à la production « de qualité ». Il n'est guère étonnant que tout le monde soit alors consterné et ne voie dans ce succès « qu'une véritable histoire de fou » (combien de fois ai-je entendu ce genre de remarques). Nous sommes, dans ces conditions, tous susceptibles de réagir exactement comme le président de Macy's quand il s'est rendu compte que le secteur des appareils ménagers (jugé indésirable et inintéressant) prenait le dessus sur celui de l'habillement, qui lui était si cher et pour lequel il avait consacré tant de travail et d'énergie.

Un succès imprévu est un défi pour le jugement de la direction. « Si les mini-aciéries étaient l'opportunité à saisir, nous nous en serions rendu compte par nous-mêmes », aurait déclaré le président de la grande entreprise sidérurgique qui venait de rejeter cette proposition. Les dirigeants sont payés pour leur capacité de décision, mais pas pour être infaillibles. Ils sont également payés pour comprendre et admettre qu'ils ont eu tort, surtout quand une telle acceptation ouvre de nouvelles opportunités.

Cela n'est toutefois pas facile, et encore moins habituel.

C'est une société pharmaceutique suisse qui domine le marché mondial des produits vétérinaires. Elle n'a jamais créé elle-même un seul de ces produits. Mais les sociétés qui les ont inventés ont toujours refusé de servir le marché des produits vétérinaires. Ces produits sont pour la plupart des antibiotiques qui furent élaborés pour soigner les maladies des êtres humains. Quand les vétérinaires découvrirent qu'ils étaient tout aussi efficaces sur les animaux et qu'ils commencèrent à passer commande, les industriels n'apprécièrent pas du tout cette évolution. Dans certains cas, ils allèrent jusqu'à refuser de livrer les vétérinaires. Le plus souvent, ils hésitèrent à présenter le médicament pour un usage vétérinaire, dans un nouvel emballage, etc. Le directeur médical d'une des plus grandes sociétés pharmaceutiques déclara, vers 1953, que la prescription d'un nouvel antibiotique pour un usage vétérinaire constituait une « mauvaise utilisation d'un médicament hors du commun ». Quand ils contactèrent cette société comme tant d'autres, les Suisses n'eurent donc aucun mal à obtenir les licences d'exploitation au plus bas prix pour un usage vétérinaire de leurs médicaments. Certains fabricants n'étaient que trop heureux de se débarrasser d'une réussite jugée par trop embarrassante.

Les médicaments que nous utilisons ont depuis lors été soumis à une surveillance rigoureuse de la part des pouvoirs publics. Ils ont également subi de fortes pressions sur les prix. Les produits vétérinaires sont ainsi devenus le secteur le plus rentable de l'industrie pharmaceutique. Les sociétés qui ont les premières conçu leur procédé de fabrication ne sont toutefois pas celles qui récoltent ces profits.

Il arrive encore plus souvent qu'on ne se rende même pas compte d'une réussite imprévue. Personne n'y fait attention et, par conséquent, personne n'en tire profit. Le concurrent direct peut alors s'en emparer et récolter les fruits du succès.

Un des plus grands fournisseurs de matériel médical pour hôpitaux a présenté une nouvelle gamme d'instruments pour les tests cliniques et biologiques. Ces nouveaux produits fonctionnaient très bien quand, soudain, certains laboratoires universitaires et industriels passèrent commande. Personne n'en fut averti et personne ne le remarqua. Personne ne comprit que, par le fruit du hasard, la société avait conçu des produits dont les meilleurs clients n'étaient pas ceux pour lesquels ils étaient destinés. Aucun vendeur ne fut dépêché auprès de ces nouveaux clients, aucun service de maintenance ne fut mis en place. Cinq ou huit ans plus tard, une autre société avait repris ces marchés. Et grâce au volume d'affaires qu'ils représentaient, le nouvel arrivant put rapidement envahir le marché hospitalier et proposer des prix inférieurs et de meilleures prestations que l'ancien leader sur ce marché.

Une des raisons permettant d'expliquer un tel aveuglement face à une réussite imprévue est que nos systèmes d'information ne permettent généralement pas d'en être informé, et cherchent encore moins à attirer l'attention de la direction sur un succès imprévu.

Presque toutes les entreprises, comme presque tous les services publics, établissent un rapport mensuel ou au moins trimestriel. La première page dresse la liste des secteurs où les résultats sont *inférieurs* aux prévisions. Ce rapport énumère les problèmes et les insuffisances. Au cours des réunions mensuelles du comité directeur et du conseil d'administration, tout le monde se penche sur les secteurs en difficulté. Personne ne s'intéresse aux secteurs où la société fait mieux que prévu. Et si un succès inattendu s'avère non pas quantitatif mais qualitatif (comme dans le cas du matériel hospitalier qui ouvrait de nouveaux débouchés à côté des marchés traditionnels), les chiffres ne reflètent le plus souvent même pas la réussite en question.

Tirer profit d'une opportunité d'innovation permise par un succès inattendu exige une analyse. Une réussite imprévue est un symptôme. Mais de quoi ? Le phénomène sous-jacent n'est peut-être rien d'autre qu'une insuffisance d'observation, une limite de nos connaissances et de notre compréhension. Que les sociétés pharmaceutiques aient refusé le succès imprévu de leurs nouveaux médicaments sur le marché vétérinaire n'était qu'un signe de leur ignorance de la véritable importance du marché mondial de l'élevage. Leur ignorance était aussi grande au sujet de la brutale augmentation de la demande mondiale de protéines animales après la Seconde Guerre mondiale, ou de l'évolution fantastique des connaissances, des techniques et des méthodes de direction des agriculteurs du monde entier.

La réussite imprévue des appareils ménagers chez Macy's était le signe d'une évolution fondamentale du comportement, de la demande et des valeurs représentatives d'un grand nombre de clients — ce que les responsables de Bloomings dale's avaient bien compris. Jusqu'à la Seconde Guerre mondiale, les clients des grands magasins de l'agglomération new-yorkaise (et les États-Unis en général) achetaient avant tout en fonction de leur statut socio-économique, c'est-à-dire par classe de revenus. Après la guerre, le marché s'est segmenté en fonction de ce que nous appelons aujourd'hui les « styles de vie ». Boomingsdale's fut le premier grand magasin de la côte Est des États-Unis à le comprendre, à en tirer profit et à se créer une nouvelle image de marque.

Le succès imprévu dans les laboratoires industriels et universitaires d'instruments à l'origine destinés aux hôpitaux était un signe de l'effacement des distinctions entre les différents utilisateurs de matériel scientifique. Ces distinctions avaient pendant près d'un siècle divisé le marché en zones différenciées, chacune ayant ses utilisations spécifiques et ses exigences propres. Cela ne voulait pas seulement dire qu'une gamme de produits pouvait avoir d'autres emplois non prévus lors de la conception initiale. Cette société n'a pas vu que c'était là le signe de la fin d'un marché protégé dont elle avait jusqu'alors profité dans le secteur hospitalier. Pendant trente ou quarante ans, l'entreprise avait bâti sa réputation de créateur, fabricant et distributeur de matériel hospitalier. Elle fut, au bout du compte, obligée de se transformer en fabricant d'instruments pour laboratoires. Le temps nécessaire pour se donner les moyens de concevoir, fabriquer, distribuer et assurer la maintenance dans un domaine très éloigné de ses compétences initiales lui fit perdre, pour de bon, une part importante du marché.

Une réussite imprévue n'est donc pas seulement une opportunité ouverte à l'innovation. C'est une mise en demeure d'innover, qui nous oblige à nous demander : quels changements d'organisation, de technique, de commercialisation cette entreprise doit-elle effectuer aujourd'hui ? Répondre à ces questions permettra, sans prendre de risques, de transformer un succès inattendu en une ouverture à l'innovation riche de promesses.

Deux des plus grandes entreprises mondiales, Du Pont de Nemours, le leader mondial de l'industrie chimique, et I.B.M., le géant de l'informatique, doivent leur position dominante à leur volonté d'exploiter une réussite imprévue comme une source d'innovation.

Pendant cent trente années, Du Pont de Nemours s'était

limitée à la fabrication d'explosifs et de munitions. Au milieu des années 20, cette société orienta pour la première fois ses efforts vers d'autres recherches, en particulier vers le domaine tout nouveau des polymères, inauguré par les Allemands au cours de la Première Guerre mondiale. Ces travaux restèrent sans résultats pendant de nombreuses années. Puis un assistant laissa un brûleur allumé pendant un week-end de 1928. Le chimiste Wallace H. Carothers découvrit, le lundi matin, que le produit laissé dans la bouilloire s'était figé sous forme de fibres. Il fallut dix ans de plus à Du Pont pour reproduire ce qui n'avait été obtenu que par accident, à savoir la fabrication du nylon. L'intérêt de cette histoire est que la même chose s'était produite bien avant et à plusieurs reprises dans les laboratoires d'une grande entreprise allemande. Les Allemands faisaient naturellement des recherches sur les fibres polymérisées. Ils ont par conséquent eu la possibilité d'obtenir ces fibres et de dominer le marché mondial de l'industrie chimique dix ans avant que Du Pont n'invente le nylon. Mais parce que cette expérience n'était pas prévue dans leur programme de recherche, ils n'ont pas tenu compte de ses résultats, ils ont jeté les fibres obtenues accidentellement pour tout recommencer.

Le cas d'I.B.M. fournit un autre exemple de ce que peuvent obtenir ceux qui savent tenir compte d'une réussite imprévue. C'est la volonté de tirer profit non pas d'un mais de deux succès inattendus qui a fait de la société I.B.M. ce qu'elle est aujourd'hui. Au début des années 30, I.B.M. était au bord de la faillite. Elle avait investi tout son argent dans la conception de la première machine comptable électromécanique, à l'usage des banques. Mais les banques américaines n'achetèrent pas ce nouveau matériel, au plus fort de la crise des années 30. Même à cette époque, la politique d'I.B.M. était de ne pas licencier son personnel. L'entreprise continua donc à fabriquer ses machines et à les stocker.

I.B.M. avait touché le fond quand, dit l'histoire, le fondateur de l'entreprise, Thomas Watson Sr., se vit interpeller par sa voisine de table lors d'un dîner mondain : « Vous êtes monsieur Watson d'I.B.M. ? Pourquoi votre directeur des ventes ne veut-il pas me faire une démonstration de votre machine ? » Thomas Watson ne comprenait pas bien ce que cette dame voulait faire d'une machine comptable, même quand il apprit qu'elle était la directrice de la Bibliothèque publique de New York. Il n'avait en fait jamais pénétré dans une bibliothèque de prêt. Cela ne l'empêcha pas de s'y présenter dès le lendemain matin, à l'heure de l'ouverture. Les bibliothèques disposaient en ce temps-là d'importantes subventions gouvernementales. Watson ressortit deux heures plus tard avec une commande qui couvrait tous les salaires du prochain mois. « J'ai inventé une nouvelle stratégie sur le terrain, ajoutait-il en souriant chaque fois qu'il racontait cette histoire, on se fait toujours payer d'avance avant de livrer. »

Quinze ans plus tard, I.B.M. créait un des premiers ordinateurs. Comme tous les autres ordinateurs américains de cette époque, celui d'I.B.M. n'était destiné qu'à des applications scientifiques. I.B.M. s'est d'ailleurs lancé dans l'informatique en grande partie parce que Watson se passionnait pour l'astronomie. Lors de sa première apparition dans les vitrines d'I.B.M., où la foule se précipita pour venir l'observer, le premier ordinateur était programmé pour calculer les cycles lunaires passés, présents et à venir.

Jusqu'au jour où les entreprises commencèrent à acheter cette « merveille » scientifique pour des applications aussi banales que les fiches de salaires. Univac possédait à l'époque l'ordinateur le plus sophistiqué et le plus adapté aux applications commerciales. Mais cette société ne souhaitait pas « rabaisser » un véritable miracle scientifique en fournissant des entreprises. La société I.B.M., tout aussi surprise par cette nouvelle demande, s'employa immédiatement à la satisfaire. Elle consentit même à abandonner son propre ordinateur, qui n'était pas très adapté à la comptabilité, pour utiliser celui de son concurrent. I.B.M. domina le marché de l'informatique en l'espace de quatre ans, même si ses propres ordinateurs restèrent techniquement inférieurs à ceux que produisit Univac pendant encore dix ans. I.B.M. acceptait de répondre à la demande des entreprises et de satisfaire leurs besoins, en formant des programmateurs commerciaux par exemple.

La première société d'électronique japonaise, Matsushita (plus connue sous ses noms de marque « Panasonic » et « National »), doit également son succès à sa volonté d'exploiter une réussite imprévue.

Au début des années 50, Matsushita était une petite entreprise assez quelconque qui se situait loin derrière certains géants à la réputation solidement ancrée tels que Toshiba ou Hitachi. Matsushita « savait », comme tous les autres fabricants japonais de l'époque, que « la télévision ne se développerait pas rapidement au Japon ». « Notre pays est bien trop pauvre pour s'offrir un tel luxe », déclara le président de Toshiba lors d'une conférence à New York dans les années 1954-1955. La société Matsushita fut néanmoins assez intelligente pour accepter que les agriculteurs japonais ne sachent apparemment pas qu'ils étaient trop pauvres pour accéder à la télévision. Ils savaient simplement ce que la télévision pouvait leur apporter, à savoir l'accès au monde entier. Ils ne pouvaient pas s'offrir de téléviseurs. Mais ils les ont quand même achetés. Toshiba et Hitachi fabriquaient les meilleurs postes de télévision, mais ils les exposaient sur la Ginza à Tokyo, dans les grands magasins et les autres lieux élégants où il allait de soi que les agriculteurs n'étaient pas exactement les bienvenus. Matsushita alla chez ces agriculteurs pour leur vendre ses téléviseurs au porte à porte, ce que personne n'avait jamais fait au Japon pour des produits plus chers que des pantalons de toile ou des tabliers.

Il ne suffit pas de laisser venir l'accident ou le miracle. Attendre une réussite imprévue ou que votre voisinc de table soit soudainement très intéressée par un article manifestement en grande difficulté ne peut être suffisant. C'est une véritable recherche qu'il s'agit d'organiser.

Le premier point consiste à s'assurer que l'inattendu a bien été vu, et même qu'il exige d'être pris en considération. Il doit, pour ce faire, figurer sur les rapports d'information communiqués à la direction. (Le chapitre 13 traite en détail les méthodes relatives à cette question.)

Face à toute forme de réussite imprévue, les dirigeants doivent se demander : Quelles conséquences aura pour nous l'exploitation de cette réussite imprévue ? Où cela nous mènera-t-il ? Que peut-on faire pour la transformer en une véritable opportunité ? Comment le fera-t-on ? Cela suppose, dans un premier temps, que les dirigeants disposent du temps nécessaire pour étudier un succès inattendu, et qu'ensuite quelqu'un soit toujours chargé d'analyser et de concevoir les moyens d'en tirer profit.

Mais les décideurs ont également besoin d'apprendre ce qu'une réussite imprévue exige d'eux. Un exemple le démontrera clairement.

Une grande université de la côte Est des États-Unis démarra, au début des années 50, un programme de formation continue pour adultes. Ce programme de cours du soir permettait aux adultes ayant réussi leur examen de fin d'études secondaires de suivre un cycle d'études supérieures et d'obtenir un diplôme universitaire.

Les universitaires ne croyaient guère à ce programme. Celui-ci était seulement organisé parce qu'un petit nombre d'anciens combattants de la Seconde Guerre mondiale s'étaient trouvés dans l'obligation de travailler avant d'obtenir un diplôme universitaire et faisaient pression pour pouvoir passer les examens nécessaires. A la surprise générale, ce programme remporta un immense succès. Les candidats répondant aux qualifications requises s'inscrivirent en grand nombre et obtinrent de meilleurs résultats que les étudiants des filières classiques. Cela créa néanmoins un véritable dilemme. Pour exploiter cette réussite imprévue, l'université aurait dû construire une faculté assez importante et de tout premier plan qui n'aurait pas manqué de gêner les filières traditionnelles. Cela aurait tout du moins détourné l'université de ce qu'elle considérait comme sa mission primordiale : la formation des étudiants. L'autre solution était d'annuler ce nouveau programme. L'une ou l'autre voie aurait constitué un choix responsable. Au lieu de cela, l'université décida de faire fonctionner un programme de formation continue en recourant à des enseignants temporaires et peu coûteux, pour la plupart des assistants d'enseignement munis de diplômes de cycles supérieurs. Le programme périclita en quelques années et la réputation de l'université fut, en outre, sérieusement mise à mal.

Une réussite imprévue constitue naturellement une opportunité, mais comporte aussi des exigences. Elle doit être prise au sérieux, avoir droit aux meilleurs spécialistes et non pas être confiée aux gens dont on peut se passer. Elle doit bénéficier de toute l'attention et de tout le soutien de la direction, eu égard à sa véritable valeur. Dans ces conditions, l'opportunité deviendra une chance inestimable.

II

L'échec imprévu

A la différence du succès, l'échec ne peut pas être refusé et reste rarement ignoré. Il est pourtant rare qu'on l'accepte comme le signe d'une opportunité à saisir. Un grand nombre d'échecs ne sont naturellement que des erreurs dues à la cupidité, la bêtise, l'opportunisme inconséquent ou l'incompétence des responsables de la conception ou de l'exécution. Mais si quelque chose échoue en dépit d'une organisation, d'une conception et d'une exécution soigneusement définies, l'échec témoigne d'une évolution sous-jacente et, par là même, d'une nouvelle opportunité.

Les prémisses sur lesquelles reposent la conception et la stratégie commerciale d'un produit ou d'un service ne correspondent peut-être plus à la réalité. Les valeurs ou le point de vue des clients ont sans doute changé. S'ils achètent encore le même article, ils lui attribuent peut-être une « valeur » tout à fait différente. Ce qui n'a toujours fait qu'un marché ou qu'une utilisation se divise peut-être en deux ou plusieurs parties qui évoluent chacune dans des directions très différentes. Chaque évolution de ce genre représente une opportunité ouverte à l'innovation.

Ma première expérience d'un échec imprévu remonte au tout début de ma vie professionnelle, il y aura bientôt soixante ans. Mon premier emploi après le lycée fut un poste de stagiaire dans une vieille société d'export qui vendait de la quincaillerie depuis plus d'un siècle à ce qui s'appelait encore les Indes britanniques. Un des produits qui marchaient le mieux depuis quelques années était un cadenas bon marché qui s'exportait tous les mois par bateaux entiers. Ce cadenas n'était pas très fiable et n'importe quelle épingle suffisait à en ouvrir la serrure. Quand les revenus augmentèrent en Inde au cours des années 20, les ventes de cadenas qui auraient dû monter commencèrent au contraire à fléchir puis à chuter. Mon employeur fit la seule chose à faire : il repensa la conception du cadenas en question pour le rendre plus solide, en bref, « améliorer sa qualité ». L'amélioration fut importante pour une augmentation minime des coûts de fabrication. Malgré cela, le nouveau cadenas s'avéra absolument invendable. La société fut mise en liquidation quatre ans plus tard, en grande partie à cause de la chute des ventes du nouveau cadenas.

Un tout petit concurrent, une entreprise dix fois plus petite que la société où je travaillais et qui avait bien du mal à survivre, comprit qu'un échec aussi inattendu constituait le signal d'un changement en profondeur. L'immense majorité des Indiens étaient de modestes paysans pour qui le cadenas était (et, que je sache, reste encore) un véritable symbole magique qu'aucun voleur ne se serait aventuré à forcer. Ils n'utilisaient jamais la clé, qui était souvent perdue. Concevoir un cadenas difficile à ouvrir sans clé, comme l'avait fait mon employeur en se donnant bien du mal pour ne pas en augmenter le coût, n'était pas une aubaine mais une catastrophe.

Une petite classe moyenne urbaine, encore très minoritaire mais en pleine expansion, avait quant à elle besoin de véritables cadenas. La baisse des ventes de l'ancien cadenas provenait du fait qu'il n'était pas assez solide pour leurs nouvelles utilisations et, à leurs yeux, même le nouveau type ne semblait pas d'une qualité vraiment satisfaisante.

Le concurrent de mon employeur divisa en deux la gamme des cadenas : il fabriqua un cadenas sans clé ni serrure avec une simple ouverture à poussoir qu'il pouvait vendre deux fois moins cher que l'ancien cadenas en doublant sa marge bénéficiaire ; l'autre cadenas était solide, fonctionnait parfaitement, était livré avec trois clés pour deux fois le prix de l'ancien cadenas et laissait une marge bénéficiaire encore sensiblement supérieure. Les deux types de cadenas se sont immédiatement très bien vendus et cette société devint, en l'espace de deux ans, le plus grand exportateur européen de produits de quincaillerie à destination de l'Inde. Il resta à ce rang pendant une dizaine d'années jusqu'à ce que la Seconde Guerre mondiale mette un terme à l'ensemble des exportations européennes vers l'Inde.

Certains verront là une triste histoire d'une époque ancienne qui n'a rien à voir avec les temps d'aujourd'hui, où règnent les ordinateurs, les études de marchés et les diplômés des grandes écoles de commerce et de management.

Voici pourtant un autre exemple qui, cinquante ans plus tard, nous enseigne exactement la même chose à propos d'une industrie des plus « sophistiquées ».

La crise économique de 1973-1974 frappa juste au moment où les premières générations du « baby-boom » arrivaient à l'âge où l'on commence à former une famille et où l'on achète sa première maison. Les prix s'envolèrent et ceux du logement plus que tous les autres. Au même moment, les taux d'intérêt sur les prêts hypothécaires crevèrent tous les plafonds. Les grands constructeurs américains proposèrent au public ce qu'ils appelaient la « maison-standard », petite, simple et meilleur marché que les maisons habituelles.

Cette maison-standard était en effet d'un « bon rapport » et largement accessible aux acquéreurs d'un premier logement Elle n'en fut pas moins un échec cuisant. Les constructeurs tentèrent de la sauver en offrant des modes de financement très échelonnés, des taux d'intérêt inférieurs, puis en cassant les prix. Rien n'y fit et personne n'acheta cette « maison-standard ».

La plupart des constructeurs firent ce que font les hommes d'affaires confrontés à un échec imprévu : ils accusèrent le responsable tout désigné, « l'acheteur irrationnel ». Un très petit constructeur essaya toutefois de comprendre. Il comprit que la conception des jeunes ménages à l'égard de leur première maison avait changé. Celle-ci ne représentait plus le foyer familial permanent qu'elle avait été pour leurs grands-parents. Il ne s'agissait plus d'une maison où le couple passerait le reste de sa vie, où même une longue période. Les jeunes couples des années 70 n'achetaient pas une mais deux « valeurs » distinctes avec leur première maison. Ils achetaient un toit pour leurs premières années, mais ils prenaient aussi une option pour acheter, quelques années plus tard, leur « vraie » maison, plus grande, plus chic, dans un meilleur quartier et près de meilleures écoles. Pour effectuer le versement initial nécessaire à l'acquisition de cette deuxième maison, d'un prix nettement plus élevé, ils auraient néanmoins besoin du capital investi dans leur premier foyer. Ces jeunes gens savaient parfaitement que la « maison-standard » ne correspondait pas à ce que voulaient les gens de leur génération, même si elle restait d'un prix abordable. Ils craignaient donc, de la façon la plus rationnelle qui soit, d'être incapables de la revendre à un prix correct. La « maison-standard », au lieu d'être une option pour acheter leur « vraie » maison, deviendrait au contraire un sérieux handicap à la satisfaction légitime de leurs espérances en matière de logement.

Le jeune couple des années 50 raisonnait encore en termes proches d'une mentalité dite ouvrière. Les classes ouvrières occidentales ne s'attendent pas à une nette amélioration de leur salaire et de leur niveau de vie une fois fini leur apprentissage et embauchées à temps plein. A l'exception notable du Japon, l'ancienneté professionnelle des classes ouvrières est plus synonyme d'une meilleure sécurité de l'emploi que d'une progression des revenus. Les classes moyennes voient au contraire leur revenu augmenter jusqu'à ce que le chef de famille atteigne l'âge de quarante-cinq-quarante-huit ans. Entre 1950 et 1975, c'est à la fois la réalité et la mentalité des jeunes adultes américains (leur éducation, leurs espérances, leur métier) qui, d'abord alignées sur celles de la « classe ouvrière », sont devenues celles des « classes moyennes ». Une telle évolution a profondément modifié l'image et la « valeur » que les jeunes gens attachaient à leur première maison.

Ceci compris — et il suffisait pour cela d'écouter parler les acheteurs potentiels —, il n'était pas difficile d'innover avec succès. Aucune modification n'était nécessaire pour la maison elle-même, il fallait seulement redessiner et agrandir la cuisine, mais la structure même de la « maison-standard » jugée invendable restait inchangée. Ce n'était plus « votre maison », mais votre « *première* maison », une « étape réussie vers la maison de vos rêves ». En clair, cela voulait dire que les jeunes ménages obtenaient à la fois la maison telle qu'elle était — « standard » — et le modèle d'une maison qui deviendrait plus spacieuse, grâce à l'ajout d'une salle de bains supplémentaire, d'une ou deux chambres de plus et d'une « pièce familiale ». Le constructeur avait, en fait, déjà obtenu les permis de construire nécessaires à la transformation de la « maison-standard ». Il offrait même aux jeunes acheteurs une reprise de leur première maison à un prix garanti, à valoir sur l'achat d'une seconde habitation, permanente et plus spacieuse, dans les cinq ou sept années à venir. De l'avis du constructeur, « il n'y avait pratiquement aucun risque. L'évolution démographique garantissait une progression de la demande des maisons-standard jusqu'à la fin des années 80 voire courant 90, et d'ici là, les générations de la baisse de la natalité des années 60 auront elles-mêmes vingt-cinq ans et commenceront à fonder des foyers ».

Avant que ce constructeur ne transforme un échec en une innovation réussie, il n'avait jamais travaillé que dans une seule métropole où il ne détenait qu'une petite part du marché. Cinq ans plus tard, cette société était soit numéro 1, soit un puissant numéro 2 dans sept grandes capitales régionales. Même à l'époque de la grave crise du bâtiment de 1981-82, ce véritable innovateur continua à se développer, quand certains des plus grands constructeurs américains ne vendaient pas une seule maison de toute une saison. Son fondateur explique lui-même : « Je n'avais pas compris, à l'origine, lorsque nous avons proposé une garantie de reprise aux acheteurs d'une première maison, que nous obtenions par ce biais un stock régulier de maisons solides et encore assez neuves, qui pouvaient être revendues, moyennant quelques réparations sans conséquences, avec une marge correcte à la génération suivante d'acheteurs d'un premier logement. »

Confrontés à un échec imprévu, les dirigeants, surtout dans les grandes entreprises, ont tendance à demander de nouvelles études et de plus amples analyses. Les exemples précédents du cadenas et de la maison-standard montrent que ce sont là de mauvaises réponses. Un échec imprévu est un appel à aller voir et écouter sur place. C'est toujours le signe d'une opportunité d'innovation qui, en tant que telle, doit être prise au sérieux.

Il est tout aussi important de surveiller les événements imprévus qui peuvent se produire chez ses fournisseurs ou ses clients. McDonald's Hamburger s'est créé parce que son fondateur, Ray Kroc, a su tenir compte de la réussite inattendue de l'un de ses clients. En ce temps-là, Kroc vendait des machines à milk-shakes pour les restaurants de hamburgers. Il remarqua un jour qu'un de ses clients, patron d'une de ces petites cafétérias dans une ville perdue de la Californie, avait acheté deux fois plus de machines à milk-shakes que ne pouvaient le justifier l'emplacement et la dimension de son établissement. Il fit lui-même son enquête et s'aperçut que le vieil homme avait, en quelque sorte, recréé le système du fast-food en l'organisant de façon systématique. Kroc racheta son installation et fonda une entreprise milliardaire à partir de la réussite imprévue de son ancien propriétaire.

Il convient d'accorder autant d'importance à l'échec

imprévu qu'à la réussite inattendue d'un concurrent. Ils peuvent l'un comme l'autre être le signe d'une opportunité d'innovation et d'entreprise qui doit être considéré avec attention.

Il ne s'agit pas seulement « d'analyser » la situation mais d'aller voir soi-même de quoi il retourne. L'innovation est une démarche rationnelle, motivée par un but précis et organisée de façon systématique : c'est là l'enseignement majeur des recherches présentées dans cet ouvrage. Elle reste cependant plus un acte de perception qu'une démarche conceptuelle. Ce que l'innovateur voit et apprend doit bien évidemment être soumis à une stricte analyse, logique et rigoureuse. « L'intuition » ne saurait suffire, et ne vaut même rien du tout si l'on entend par là « ce que je ressens ». C'est même souvent une forme déguisée pour dire « je voudrais que ce soit ainsi », au lieu de « ce me paraît être comme cela ». Mais l'analyse dans toute sa rigueur, avec toutes ses exigences de vérification, d'orientation et d'évaluation, doit se fonder sur notre perception du changement, de l'opportunité, des réalités nouvelles, sur la contradiction qui subsiste entre ce que tant de gens prennent encore pour la réalité et ce qu'elle est pourtant devenue. Il faut accepter de reconnaître « je n'en sais pas assez pour analyser parfaitement la situation, mais je trouverai. Pour l'instant, je vais aller voir sur place, poser des questions, écouter ».

C'est précisément parce que l'imprévu secoue nos préjugés, renverse nos hypothèses et ébranle nos certitudes qu'il est une source aussi riche d'innovation.

L'entrepreneur n'a pas besoin de comprendre pourquoi la réalité a changé. Dans les deux exemples décrits plus haut, il était facile de savoir ce qui s'était passé et pourquoi cela était arrivé. Le plus souvent malgré tout, on découvre simplement ce qui s'est produit sans vraiment, ou sans du tout, comprendre pourquoi. Cela n'empêche en rien d'innover avec succès, comme le prouve l'exemple suivant.

L'échec, en 1957, du modèle « Edsel » de chez Ford Motor Company est aujourd'hui entrée dans l'histoire. Même les gens qui n'étaient pas nés à l'époque en ont entendu parler, au moins aux États-Unis. Mais le consensus général selon lequel la faillite de l'Edsel ne fut qu'un simple pari pris à la va-vite est totalement erroné.

Très peu de produits ont bénéficié d'une conception, d'un

lancement et d'une commercialisation aussi soigneusement préparés. L'Edsel devait être la dernière étape d'une des stratégies commerciales les plus sérieusement planifiées de toute l'histoire des États-Unis, l'achèvement d'une campagne qui, en dix ans, transforma la Ford Motor Company. Proche de la faillite au sortir de la Seconde Guerre mondiale, cette entreprise allait en effet devenir un des constructeurs les plus offensifs, tout d'abord numéro 2 aux États-Unis puis, quelques années plus tard, un des mieux placés pour dominer le marché européen alors en pleine expansion.

Dès 1957, Ford avait pleinement retrouvé sa place aux côtés des plus grands constructeurs américains sur trois des quatre principaux marchés de l'automobile : la version « standard » qui portait le label Ford, la Mercury qui était la version « tourisme » et la Continental dans le haut de gamme. L'Edsel était donc la version « grand tourisme » qui devait se placer entre ces deux derniers modèles. General Motors, le principal concurrent de Ford, avait déjà deux modèles dans la version grand tourisme, la Buick et l'Oldsmobile. Cette version « supérieure » du milieu de gamme était la part du marché qui se développait le plus vite après guerre, et pour laquelle le troisième constructeur américain, Chrysler, ne figurait néanmoins pas en bonne position. La porte était donc grande ouverte pour l'entrée de Ford.

Ce dernier accorda donc la plus grande attention à la préparation et à la conception de l'Edsel, prenant en compte toutes les informations des études de marché, les préférences de la clientèle en matière de style et de présentation, et cherchant à satisfaire aux meilleurs critères de qualité.

Malgré tout cela, l'Edsel fut, dès son lancement, un échec total. L'important n'est pas tant cet échec que la réaction de Ford. Plutôt que de s'en prendre au « comportement irrationnel du consommateur », les gens de chez Ford ont tout de suite compris que quelque chose ne collait pas avec les théories faites depuis si longtemps dans l'industrie automobile sur le comportement des consommateurs, que tout le monde acceptait comme des vérités incontestables.

Ils sont donc allés voir sur place quelle était la situation réelle. Le résultat produisit la plus authentique innovation jamais entreprise par l'industrie automobile depuis qu'Alfred P. Sloan avait découvert, dans les années 20, la segmentation socio-économique du marché en quatre secteurs, allant du bas au haut de gamme en passant par les deux segments intermédiaires. Cette découverte fut le point de départ de la General Motors Corporation. Les gens de chez Ford ont ainsi découvert que ladite segmentation socio-économique était en train de disparaître — ou de se dédoubler — sous l'influence d'une tout autre division baptisée segmentation par style de vie. L'échec de l'Edsel fut rapidement effacé par l'arrivée de la « Thunderbird », qui reste le plus grand succès de l'industrie automobile américaine depuis le « modèle T » introduit en 1908 par Henry Ford I. La Thunderbird redonna à Ford son statut de constructeur à part entière, au lieu d'une place d'éternel second condamné à imiter le grand frère G.M.

Et jusqu'à ce jour, nous ne connaissons pas encore réellement les raisons de cette évolution. Nous savons qu'elle s'est produite bien *avant* tous les phénomènes qui servent généralement à l'expliquer : déplacement du centre de gravité démographique vers les adolescents à la suite du baby-boom, croissance explosive de l'enseignement supérieur, ou évolution des mœurs sexuelles. Nous ne savons pas vraiment ce que recouvre un style de vie et toutes les tentatives d'explication sont jusqu'à aujourd'hui restées parfaitement vaines. Nous savons uniquement que quelque chose s'est effectivement produit.

Et cela s'avère suffisant pour transformer l'imprévu, qu'il soit un échec ou une réussite, en une véritable opportunité d'innovation mise au service d'un objectif précis.

III

L'événement extérieur imprévu

Les réussites et les échecs imprévus étudiés plus haut étaient directement issus de l'entreprise ou de l'industrie considérée. Certains événements extérieurs, à savoir des événements qui ne figurent pas dans l'information utilisée par la direction pour conduire l'entreprise, sont tout aussi importants, et même souvent plus encore.

Je présenterai ici quelques exemples caractéristiques

d'événements extérieurs imprévus qui ont constitué autant d'opportunités majeures d'innovation couronnée de succès.

Un premier exemple est celui d'I.B.M. et de l'ordinateur personnel. Au milieu des nombreux points de désaccord qui pouvaient exister entre tous les cadres et tous les ingénieurs d'I.B.M., une idée sembla obtenir l'approbation générale jusqu'au milieu des années 70 : l'avenir appartient à l'ordinateur « gros système », centralisé, muni d'une mémoire et d'une puissance de calcul toujours plus grandes. Chaque ingénieur vous démontrait de façon extrêmement convaincante que toutes les autres solutions étaient beaucoup trop coûteuses, beaucoup trop compliquées et d'une capacité opérationnelle bien trop limitée. I.B.M. concentra donc tous ses efforts et toutes ses ressources sur le maintien de sa position de leader du marché des ordinateurs à « gros systèmes ».

A la surprise générale, les enfants de dix-onze ans commencèrent, vers 1975-1976, à jouer avec des jeux informatiques. Leurs pères voulurent aussitôt acheter leur propre ordinateur de bureau ou leur ordinateur personnel, c'est-à-dire un matériel séparé, léger, indépendant, avec beaucoup moins de capacité que le plus petit des « gros systèmes ». Tous les inconvénients majeurs prédits par I.B.M. se révélèrent parfaitement exacts : les machines indépendantes coûtaient plusieurs fois le prix d'un terminal pour une capacité très inférieure; la prolifération de matériels et de programmes différents, le plus souvent non compatibles entre eux, a été telle que le marché est devenu chaotique, la maintenance et les réparations plongées dans une pagaille indescriptible. Mais tout cela n'a pas semblé déranger les clients. Tout au contraire, le marché américain des ordinateurs personnels a atteint en cinq ans, entre 1979 et 1984, le volume annuel de vente que les « gros systèmes » ont mis trente ans à atteindre, soit environ 15 à 16 milliards de dollars.

On aurait pu croire qu'I.B.M. allait tout faire pour empêcher ce développement imprévu de l'ordinateur personnel. Ce dernier créa, dès 1977, deux groupes de travail concurrents chargés d'élaborer un ordinateur personnel. Les ventes d'ordinateurs personnels étaient encore inférieures à 200 millions de dollars, par rapport aux 7 milliards de dollars des ventes de gros systèmes pour la même année. En 1980, juste au moment de l'explosion du marché micro-informatique, I.B.M. présentait donc son ordinateur personnel. Trois ans plus tard, en 1983, I.B.M. était le premier fabricant mondial d'ordinateurs personnels et dominait presque autant ce nouveau marché que celui des gros systèmes.

Quand je parle de cela avec les gens d'I.B.M. ou avec des personnes qui connaissent bien cette société, je pose toujours la même question : « Pour quelles raisons I.B.M. fut-elle la seule entreprise entre toutes à percevoir l'opportunité cachée derrière un tel changement, lorsque tout un chacun chez I.B.M. était totalement persuadé qu'une évolution aussi illogique ne pouvait pas avoir lieu ? » J'obtiens toujours la même réponse, surtout de la part des gens d'I.B.M. : « Le choc fut considérable précisément parce que nous savions qu'une chose aussi incohérente ne pouvait pas avoir lieu. Nous avons réalisé que toutes nos hypothèses, toutes nos connaissances, toutes nos certitudes étaient réduites à néant, qu'il nous fallait aller voir sur place et nous organiser pour tirer profit d'une évolution qui ne pouvait, selon nous, avoir lieu, et qui se produisit quand même. »

Mon second exemple paraîtra beaucoup plus banal, mais pour être moins spectaculaire, il n'en est pas moins instructif.

Les Américains n'ont jamais beaucoup acheté de livres, en partie à cause de l'omniprésence des bibliothèques publiques de prêt. Après l'arrivée de la télévision au début des années 50, les Américains, et tout particulièrement les lecteurs en pleine maturité, lycéens et étudiants, ont passé de plus en plus de temps devant leur petit écran. « Tout le monde savait » alors que les ventes de livres allaient chuter brutalement. Les éditeurs cherchèrent — le plus souvent sans succès — à se diversifier à un rythme effréné dans les nouveaux « médias de haute technologie », films éducatifs ou logiciels informatiques. Mais au lieu de chuter, les ventes de livres n'ont cessé de grimper depuis l'apparition de la télévision. Elles ont augmenté plusieurs fois plus vite que tous les autres indicateurs, revenu familial, population de lecteurs potentiels, ou nombre de diplômés.

Personne ne sait pourquoi. Personne ne sait même précisément ce qui s'est passé. La famille traditionnelle américaine a toujours aussi peu de livres sur les rayons de sa bibliothèque [1]. Où vont donc tous ces livres ? Le fait que nous

1. Cela vaut également pour le pays du monde qui achète le plus de livres *par habitant* (deux fois plus que les États-Unis), à savoir le Japon.

ne puissions répondre à cette question ne change rien au fait que l'on achète de plus en plus de livres.

Les éditeurs et les libraires ont naturellement toujours su que leurs ventes montaient en flèche. Ni les uns ni les autres ne firent pourtant quoi que ce soit. Les seuls à exploiter cet événement imprévu furent quelques grands distributeurs comme certains grands magasins de Minneapolis ou de Los Angeles. Ces gens-là ne se sont jamais intéressés aux livres. Mais ils connaissent bien le commerce de détail. Ils ont créé des chaînes de librairies très différentes des librairies qui existaient auparavant. Ce sont avant tout des supermarchés, qui ne traitent pas le livre comme un objet littéraire mais comme un produit de grande diffusion, et s'occupent uniquement des articles à rotation rapide qui procurent le meilleur profit possible par unité de rayonnage occupée. On les trouve dans les centres commerciaux, dans des locaux à loyers élevés situés sur des lieux de grand passage, quand tous les professionnels savent depuis toujours qu'une librairie doit être située dans des boutiques à loyer très modéré et de préférence près d'une université. Les libraires eux-mêmes sont traditionnellement des « littéraires » et cherchent à employer des gens qui « aiment les livres ». Les directeurs de ces nouvelles librairies vendaient auparavant des cosmétiques et leur blague favorite consiste à considérer tout vendeur désireux d'en savoir plus que le prix affiché sur l'étiquette comme irrémédiablement surqualifié.

Ces nouvelles chaînes de librairies comptent, depuis dix ans, parmi les secteurs les plus prospères du commerce de distribution américain et parmi les nouvelles entreprises les plus performantes des États-Unis en matière de croissance.

Les différents cas présentés plus haut sont autant d'exemples d'innovation authentique. Mais aucun d'entre eux n'a eu recours à la diversification.

I.B.M. est resté dans le secteur de l'informatique. Les chaînes de librairies sont gérées par des gens qui ont toujours travaillé dans le commerce de détail et dans les centres commerciaux.

Une des conditions pour que l'exploitation d'un événement extérieur imprévu soit pleinement réussie est que ledit événement corresponde aux connaissances et à l'expérience que l'on a de sa propre activité. Les entreprises, et même les grandes sociétés, qui se sont lancées dans le nouveau marché du livre ou dans la grande diffusion sans une expérience préalable de la distribution ont invariablement échoué.

Un événement extérieur imprévu peut donc, avant tout, être une occasion d'employer à de nouvelles applications une expérience existante, à condition que lesdites applications ne modifient pas la nature de notre activité. Il s'agit là plus d'une « extension » que d'une « diversification ». Cela n'en exige pas moins, comme le prouvent les exemples précédents, d'avoir recours à l'innovation au niveau du produit, et souvent au niveau du service et du canal de distribution.

La seconde remarque au sujet des exemples ci-dessus est qu'ils concernent tous de grandes entreprises. Un grand nombre d'exemples cités dans ce livre, comme dans les ouvrages de management en général, concernent en effet les grandes entreprises. Ce sont généralement les seuls exemples disponibles, les seuls figurant dans les rapports, les seuls publiés dans les pages économiques des journaux et des magazines. Il est beaucoup plus difficile de trouver des exemples concernant les petites entreprises, et les publier reviendrait dans bien des cas à tromper la confiance de leurs responsables.

Tirer profit d'un événement extérieur imprévu semble mieux convenir à l'entreprise déjà existante et de préférence à l'entreprise d'une certaine taille. Je connais peu de petites sociétés qui ont été capables d'exploiter avec profit un tel événement, et les chercheurs que j'ai consultés dans le domaine de l'innovation et de l'esprit d'entreprise ont abondé dans ce sens. Ce n'est peut-être qu'une coïncidence. Ou peut-être l'entreprise déjà existante, et à fortiori la grande entreprise sont-elles mieux armées pour percevoir les grands changements et former de grands desseins.

Le grand distributeur américain sait lire les chiffres qui vous disent où et comment les consommateurs dépensent leur argent. Il connaît les centres commerciaux et sait comment trouver de bons emplacements. Quant à I.B.M., quelle autre entreprise aurait pu affecter autant de concepteurs et d'ingénieurs de premier plan pour travailler sur une nouvelle gamme de produits ? La plupart des petites entreprises de pointe des secteurs en forte expansion n'en ont généralement pas assez pour assurer le travail en cours.

Il est donc probable que l'événement extérieur imprévu soit la source d'innovation qui offre les meilleures opportunités aux grandes entreprises en leur faisant courir le moins de risques. C'est peut-être le domaine d'innovation le mieux adapté à la grande entreprise bien établie. C'est peut-être le domaine où l'expérience compte le plus et où la faculté à mobiliser rapidement d'importantes ressources fait le plus de différence.

Tous ces exemples ont aussi prouvé qu'une grande entreprise réputée n'était pas pour autant assurée de reconnaître l'événement extérieur imprévu et de savoir s'organiser pour en tirer l'opportunité d'une innovation. Les concurrents américains d'I.B.M. sont tous de grandes entreprises qui réalisent des milliards de dollars de chiffre d'affaires. Aucune n'a su tirer profit de l'ordinateur individuel ; elles étaient bien trop occupées à se battre contre I.B.M. Aucune des grandes chaînes traditionnelles de librairies américaines, comme Brentano's par exemple, n'a su exploiter le nouveau marché du livre.

En d'autres termes, l'opportunité par un événement extérieur imprévu se situe là. C'est une occasion d'une importance majeure, qui se présente fréquemment. Quand elle survient, elle est riche de promesses, tout particulièrement pour les grandes entreprises déjà anciennes. Mais l'opportunité demande plus que de la chance ou de l'intuition. Elle exige que l'entreprise recherche l'innovation, qu'elle soit organisée et dirigée dans ce but.

Chapitre 4

DEUXIÈME SOURCE : LES CONTRADICTIONS

La contradiction est une divergence, une dissonance entre ce qui est et ce qui « devrait » être, ou entre ce qui est et ce que chacun pense que c'est. On peut en ignorer la raison, en fait, elle nous dépasse très souvent. Un phénomène contradictoire reste néanmoins le signe d'une opportunité d'innovation. Il révèle l'existence d'une « faille », pour parler comme les géologues. Cette faille est une invitation à innover. Elle crée une situation d'instabilité grâce à laquelle un tout petit effort suffit à déplacer d'énormes masses et à déclencher une restructuration du paysage économique ou social. La contradiction n'apparaît généralement pas dans les chiffres et les rapports communiqués et étudiés par les dirigeants. Il s'agit d'un phénomène non pas quantitatif mais qualitatif.

Comme l'échec ou le succès imprévu, la contradiction annonce un changement, une évolution qui a déjà eu lieu ou que l'on peut provoquer. Comme pour un événement imprévu, le changement qui sous-tend une contradiction se situe *à l'intérieur* d'une industrie, d'un marché ou d'un processus. Un phénomène contradictoire peut donc être facilement observé par les gens qui travaillent dans ou près de cette industrie, ce marché ou ce processus. Il se produit juste devant leurs yeux. Malgré cela, les gens concernés n'y prêtent souvent pas attention. « Cela a toujours été comme ça », disent-ils, même lorsque « toujours » n'est en fait qu'une évolution très récente.

Nous distinguerons plusieurs sortes de phénomènes contradictoires :

— La contradiction entre les différentes réalités économiques d'une même industrie (ou d'un même service public).

— La contradiction entre la réalité d'une industrie (ou d'un service public) et l'idée qu'on s'en fait.
— La contradiction entre les efforts d'une industrie (ou d'un service public), d'une part, les valeurs et l'attente des clients, d'autre part.
— La contradiction interne au sein du rythme ou de la logique d'un processus.

I

Réalités économiques incongrues

Si la demande d'un produit ou d'un service progresse de façon régulière, sa rentabilité économique doit également progresser selon un rythme constant. Une industrie qui bénéficie d'une demande en progression constante ne doit éprouver aucune difficulté de rentabilisation. Elle est portée par le courant. Une rentabilité et des résultats insuffisants révéleraient dans ce cas l'existence d'une contradiction entre différentes réalités économiques.

Ce type de contradiction est généralement le fait de macro-phénomènes qui touchent toute une industrie ou tout un secteur de services. D'importantes opportunités d'innovation n'en demeurent pas moins accessibles à la nouvelle petite entreprise (nouveau service, nouveau processus) hautement spécialisée. L'innovateur qui sait tirer profit d'une telle contradiction peut le plus souvent compter avoir le champ libre pendant longtemps, avant que les entreprises existantes ou leurs fournisseurs ne s'aperçoivent qu'ils font face à une nouvelle et dangereuse concurrence. Ils sont en effet si affairés à combler le décalage entre une demande croissante et la stagnation de leurs résultats qu'ils remarquent à peine celui qui fait quelque chose de différent, quelque chose qui donne des résultats et qui sait tirer profit de l'expansion de la demande.

On comprend certaines fois ce qui se passe. Mais il est parfois impossible d'expliquer pourquoi la croissance de la demande ne produit pas de meilleurs résultats. L'innovateur n'a donc pas besoin de chercher à comprendre pourquoi les choses ne fonctionnent pas comme elles devraient. L'innovateur doit se demander : « Comment tirer profit de cette contradiction ? Comment en faire une véritable opportunité ? Que peut-on faire ? » L'existence de réalités économiques contradictoires est un appel à passer à l'acte. L'action semble parfois évidente même si la situation reste obscure. A d'autres occasions, nous comprenons parfaitement le problème sans pouvoir établir ce qu'il convient de faire.

La naissance des « mini-aciéries » est un bon exemple d'innovation qui a su tirer profit d'une situation contradictoire.

Depuis la fin de la Première Guerre mondiale, soit depuis soixante-dix ans, les grandes aciéries intégrées des pays développés n'ont obtenu de résultats satisfaisants qu'en temps de guerre. En temps de paix, les résultats n'ont cessé d'être décevants, en dépit d'une demande d'acier qui a constamment progressé, au moins jusqu'en 1973.

Les raisons d'une telle contradiction sont connues depuis longtemps. L'unité supplémentaire minimale requise pour satisfaire la demande supplémentaire représente un très gros investissement dans une aciérie intégrée, qui augmente fortement la capacité de production. Toute mesure de croissance concernant une aciérie existante est donc susceptible de durer de longues années avec un taux d'exploitation assez bas, jusqu'à ce que la demande — qui augmente toujours par petits paliers sauf en temps de guerre — rejoigne la nouvelle capacité de production. Mais ne pas se développer quand la demande progresse revient à perdre en permanence des parts de marché : personne ne peut prendre un tel risque. L'industrie ne peut donc être rentable que l'espace de quelques années, à savoir entre le moment où tout le monde commence à créer de nouvelles capacités de production et celui où ces nouvelles capacités entrent en service.

On sait également depuis longtemps que le processus de fabrication de l'acier inventé dans les années 1870 est fondamentalement antiéconomique. Ce processus cherche à défier les lois de la physique, ce qui revient du même coup à défier les lois économiques. Rien en physique ne demande plus de travail que la création de températures, chaudes ou froides, à moins de fonctionner en dehors des lois de la gravité et de l'inertie. Le processus intégré de fabrication de l'acier crée par quatre fois de très fortes chaleurs pour les refroidir ensuite, et soulève d'énormes masses de matériau porté à des températures élevées pour les déplacer sur d'importantes distances.

On savait depuis longtemps que la première innovation capable de remédier à ces faiblesses inhérentes au système réduirait par là même les coûts de façon considérable. C'est précisément le cas des mini-aciéries. Une mini-aciérie n'est pas une « petite » usine. La dimension économique minimum gravite autour des 100 millions de dollars de chiffre d'affaires. Cela ne représente toutefois qu'entre un sixième et un dixième de la dimension économique minimum d'une aciérie intégrée. On peut donc construire une mini-aciérie pour assurer, dans des conditions économiques, une assez petite quantité supplémentaire de production d'acier pour laquelle il existe déjà un marché. Une mini-aciérie crée de la chaleur une seule fois et l'utilise pendant le reste de la fabrication sans la refroidir. Le processus part non pas du minerai de fer mais des « ferrailles », et se concentre sur un seul produit final : des tôles par exemple, ou encore des poutrelles, ou des tubes. Tandis que l'aciérie intégrée dépend d'une main-d'œuvre considérable, la mini-aciérie peut être automatisée. Son coût est alors inférieur de moitié au processus traditionnel de fabrication.

Les gouvernements, les syndicats et les entreprises de sidérurgie intégrée se sont opposés aux mini-aciéries à chaque étape de leur développement. Celles-ci ne cessent pourtant de gagner du terrain et représenteront d'ici à l'an 2000 certainement la moitié de la production d'acier des États-Unis. Les aciéries intégrées sont quant à elles promises à un déclin inéluctable.

Il y a néanmoins une limite, et elle est de taille. On la rencontre dans l'industrie du papier qui souffre d'une contradiction comparable entre la réalité économique de la demande et la réalité économique du processus de fabrication. Là, nous ne savons pas comment transformer une telle contradiction en une opportunité d'innovation.

Malgré les efforts constants des gouvernements de tous les pays développés (et de la plupart des pays en voie de développement) pour augmenter la demande de papier, l'industrie papetière ne va pas bien. Ces efforts représentent pourtant le seul objectif sur lequel tous ces gouvernements s'accordent, et le seul qu'ils parviennent tous à atteindre. Mais trois années de « bénéfices records » sont invariablement suivies de cinq années de pertes et de « capacités excédentaires ». Nous n'avons cependant jamais eu, jusqu'à aujourd'hui, l'équivalent des « mini-aciéries » pour le papier. On sait depuis quatre-vingts ou quatre-vingt-dix ans que la fibre de bois est un « monomère » et il ne semble pas trop difficile de trouver un agent plastifiant pour le transformer en un « polymère ». Cela ferait passer la fabrication du papier du stade d'un processus mécanique inefficace et peu rentable par nature à celui d'un processus chimique naturellement efficace. Cela a été réalisé il y a bientôt cent ans pour la transformation de la pâte à papier en fibres textiles artificielles, procédé de fabrication de la rayonne, qui remonte aux années 1880. Mais en dépit des sommes considérables dépensées en recherches, personne n'a encore trouvé le moyen de fabriquer le papier de cette façon.

Ces exemples démontrent que, face à des situations contradictoires, les innovations doivent apporter des solutions clairement définissables. Elles doivent être réalisables dans l'état existant des techniques et à partir de ressources facilement disponibles. Elles exigent naturellement un gros travail de mise en œuvre. Mais si elles demandent beaucoup de recherches nouvelles, ces solutions ne sont pas encore « mûres » pour intéresser l'entrepreneur. L'innovation qui sait tirer profit de réalités économiques contradictoires ne doit pas être compliquée mais très simple, ne doit pas être grandiose mais « évidente ».

Les services publics sont tout aussi riches en réalités économiques contradictoires. Le secteur de la santé dans les pays développés en fournit l'illustration. Jusqu'en 1929, la santé publique ne représentait qu'une infime part des dépenses de ces pays, se situant nettement en dessous des 1 % du produit national brut ou des dépenses de consommation. Un demi-siècle plus tard, la santé, et tout particulièrement l'hôpital, représente 7 à 11 % d'un P.N.B. pourtant nettement plus élevé, et alors même que les résultats économiques ont fléchi au lieu de progresser. Les coûts ont grimpé bien plus vite que les prestations, sans doute trois à quatre fois plus vite. La demande continuera d'augmenter sous l'effet de l'accroissement constant des personnes âgées dans les pays développés au cours des trente prochaines années. Les coûts suivront puisqu'ils sont étroitement liés à l'âge de la population

Nous ne comprenons pas ce phénomène[1]. Mais des exemples réussis d'innovations simples, centrées sur des objectifs précis, ont fait leur apparition en Grande-Bretagne et aux États-Unis. Ces innovations diffèrent sensiblement parce que ces deux pays ont des systèmes radicalement différents. Mais chacune exploite la vulnérabilité spécifique de son propre système pour la transformer en une opportunité.

En Grande-Bretagne, « l'innovation radicale » fut la création d'une assurance-maladie privée, devenue la forme la plus florissante et la plus populaire de toutes les prestations sociales. Elle permet tout simplement aux assurés de consulter immédiatement un spécialiste, d'éviter les files et les listes d'attente même s'il ne s'agit que d'une intervention « optionnelle »[2].

Le système britannique a jusqu'à maintenant essayé de contenir l'évolution des coûts de santé en pratiquant une « sélection », qui a pour résultat de donner la priorité des soins aux longues maladies et aux affections mettant les jours du patient en danger. Tous les autres soins, et en particulier les interventions « optionnelles », sont soumis à des délais qui sont devenus des années entières pour, par exemple, poser une prothèse de hanche sur une articulation détruite par l'arthrose. Les assurés privés peuvent, quant à eux, être opérés immédiatement.

A l'inverse de la Grande-Bretagne, les États-Unis ont jusqu'à maintenant essayé de satisfaire toutes les demandes de soins quel qu'en soit le coût. Les coûts des hôpitaux américains se sont, en conséquence, littéralement envolés. Cette situation donna lieu à une opportunité d'innovation différente : il s'agit de « déconcentrer », c'est-à-dire de déplacer à l'extérieur de l'hôpital, dans des services séparés, toute une série de traitements hospitaliers qui n'exigent pas d'équipements aussi coûteux que les scanners ou les bombes au cobalt par exemple, ni de laboratoires ultra-perfectionnés et automatisés ni de services de rééducation physique. Chacune de ces innovations

1. La meilleure analyse du problème de la santé publique publiée à ce jour, la seule qui envisage la question au-delà des frontières nationales, c'est-à-dire dans tous les pays développés, est celle parue dans le magazine *The Economist* du 29 avril 1984.

2. Concerne toutes les affections « non malignes » qui ne pourront être soignées sans une intervention chirurgicale (cataracte, prothèse de la hanche et chirurgie orthopédique en général, prolapsus, etc.).

constitue des solutions spécifiques et de dimension réduite : une maternité indépendante qui offre essentiellement un service hôtelier à la mère et à son enfant ; un centre de chirurgie ambulatoire pour les interventions qui ne nécessitent pas de soins post-opératoires et de séjour à l'hôpital ; un centre de consultations psychiatriques ; un centre de gérontologie ou assimilé, etc. Ces nouveaux services ne remplacent pas l'hôpital ; ils ne font que redonner à l'hôpital américain la place que les Britanniques ont donnée au leur, à savoir un service médical pour les urgences, les cas où les jours du patient sont en danger et les maladies graves qui nécessitent des soins intensifs. Ces différentes solutions prennent cependant la forme « d'entreprises » lucratives, ce qui leur permet d'exploiter les contradictions entre les réalités économiques de la demande croissante de soins et la chute des résultats économiques des hôpitaux comme une véritable opportunité ouverte à l'innovation.

Il s'agit là de « grands » exemples concernant des industries ou des services publics importants. Cela les rend accessibles, manifestes et compréhensibles. Ils permettent avant tout de montrer comment des réalités économiques incongrues présentent de grandes opportunités d'innovations. Les responsables de ces industries ou de ces services publics connaissent les faiblesses essentielles du système. Mais ils sont presque obligés de les ignorer et de se limiter à colmater ici, améliorer là, éteindre cet incendie ou réparer cette fuite. Ils ne sont donc pas en mesure de prendre l'innovation au sérieux, et encore moins de rivaliser avec elle. En règle générale, ils ne la remarquent même pas jusqu'à ce qu'elle se soit suffisamment développée pour empiéter sur leur propre activité, en clair, jusqu'à ce qu'elle soit devenue irréversible. Et pendant ce temps, les innovateurs ont le champ libre.

II

La contradiction entre la réalité et l'idée qu'on s'en fait

Chaque fois que les responsables d'une industrie ou d'un service se font une fausse idée de la réalité, c'est-à-dire chaque fois qu'ils construisent des hypothèses erronées sur cette réalité, ils dirigent leurs efforts à côté, ils les concentrent là où il n'y a pas de résultats. Se crée alors une contradiction entre la réalité et le comportement, qui donne les moyens d'innover avec succès à tous ceux qui sauront la voir et l'exploiter.

Un exemple simple est celui de l'infatigable moteur du commerce international, à savoir le navire-cargo transocéanique.

Au début des années 50, le transporteur transocéanique semblait avoir fait son temps. De l'avis général, il serait remplacé par le transport aérien, hormis pour les marchandises en vrac. Les coûts de transport maritime grimpaient rapidement et l'encombrement croissant des ports allongeait de plus en plus les délais de livraison par voie maritime. La fréquence des vols augmentait en parallèle, puisque les marchandises ne cessaient de s'empiler sur les docks en attendant que les navires, immobilisés à l'entrée du port en attendant leur tour, ne viennent prendre livraison de leur chargement.

L'explication essentielle de cette situation était que l'industrie du transport maritime avait pendant des années mal orienté ses efforts dans des directions ne pouvant offrir aucun résultat. Elle avait cherché à construire des navires plus rapides, qui consommaient moins de carburant et employaient moins d'équipage. Elle se concentrait sur les économies réalisables pendant la traversée et en transit d'un port à l'autre.

Mais un bateau est un bien d'équipement, et un bien d'équipement coûte le plus cher quand il ne travaille pas, quand il faut payer des intérêts alors que l'équipement en question ne rapporte rien. Tous les industriels concernés savaient, bien évidemment, que les intérêts payés sur l'investissement constituaient le coût principal d'un navire. Cela ne les empêcha pas de diriger leurs efforts là où il n'y avait pas de résultats à attendre, c'est-à-dire sur des coûts qui étaient déjà réduits au minimum, tels que le coût du bateau pendant la traversée et dans les moments de fonctionnement.

La solution était simple : il suffisait de séparer le chargement de l'arrimage. Charger les marchandises à terre où l'on dispose de tout l'espace nécessaire avant que le bateau n'arrive au port, qui n'aura plus qu'à embarquer et débarquer la cargaison déjà prête. Il s'agissait donc de s'occuper des coûts de non-fonctionnement plutôt que des coûts de fonctionnement. La réponse était le cargo transroulier et le navire à conteneur.

Les résultats d'innovations aussi simples ont été étonnants. Le trafic maritime s'est multiplié par cinq au cours des trente dernières années, les coûts ont été réduits de 60 %, le temps passé aux docks a été réduit des trois quarts et, avec lui, les vols ainsi que l'encombrement du port.

Une situation d'incongruité entre la réalité telle qu'elle est et telle qu'elle est perçue se manifeste souvent ouvertement. Quand de véritables efforts, sérieux et importants, n'améliorent pas mais au contraire aggravent les choses (quand des navires plus rapides aggravent l'encombrement des ports et allongent les délais de livraison), il est on ne peut plus probable que ces efforts sont mal dirigés, orientés là où on ne peut attendre de résultats. Trouver la bonne orientation permettra assurément d'obtenir des résultats rapides, faciles et substantiels.

Ce type de contradictions exige rarement de prendre des mesures « héroïques ». Découpler le chargement et l'arrimage des marchandises ne demandait qu'une simple adaptation aux méthodes de transport maritime qui existaient bien avant pour les transports routiers et le chemin de fer.

La contradiction entre la réalité et l'idée qu'on s'en fait touche le plus souvent toute une industrie ou tout un secteur de services. Une fois de plus, la solution est pourtant simple, infime et très spécifique.

La contradiction entre les valeurs (et l'attente) des consommateurs telles qu'elles sont perçues et telles qu'elles sont en réalité

J'ai cité, au chapitre 3, le cas de la télévision au Japon comme un exemple de réussite inattendue. C'est également un bon exemple de la contradiction qui existe entre l'attente des consommateurs telle qu'elle est perçue et telle qu'elle est en réalité. Longtemps avant que cet industriel japonais n'explique à son public que les pauvres de son pays n'achèteraient pas de téléviseur parce qu'ils ne pouvaient pas se le permettre, les pauvres aux Etats-Unis et en Europe avaient déjà prouvé que la télévision pouvait satisfaire certaines attentes peu compatibles avec l'orthodoxie économique. Mais cet industriel fort intelligent ne pouvait tout simplement pas comprendre qu'aux yeux des consommateurs — et particulièrement des plus pauvres — la télévision n'était pas qu'un « objet » comme un autre. C'était une ouverture sur un monde nouveau, et peut-être sur une nouvelle vie.

Khrouchtchev n'avait pas mieux compris que l'automobile n'est pas non plus un objet comme un autre, quand il déclara lors de sa visite aux États-Unis, en 1956 : « Les Soviétiques ne désireront jamais avoir leur propre voiture, il est tellement plus logique d'utiliser des taxis bon marché. » N'importe quel adolescent aurait pu lui expliquer qu'une voiture n'est pas un « objet » comme un autre, que ce n'est pas un moyen de transport, mais un instrument de liberté, de mobilité, de pouvoir et de rêve. L'interprétation erronée de Khrouchtchev a ouvert la voie à l'une des formes les plus sauvages de l'esprit d'entreprise : la pénurie d'automobiles en Union soviétique a créé un important et florissant marché noir.

Certains verront là à nouveau des exemples « grandioses » qui ne sont guère utiles à l'homme d'affaires ou au directeur d'un hôpital, d'une université ou d'un syndicat. Ils participent pourtant du même phénomène. Voici par exemple un cas très différent, tout aussi « grandiose » à sa manière, mais pleinement opérationnel.

Une des institutions financières les plus performantes en matière de croissance au cours des dernières années est une société de courtage située non pas à New York mais dans la banlieue d'une ville du Midwest. Elle contrôle aujourd'hui deux mille succursales réparties sur tout le territoire des États-Unis. Sa réussite et son rythme de croissance viennent d'avoir su tirer profit d'une situation contradictoire.

Les grandes institutions financières, comme Merrill Lynch, Dean Witter ou E.F. Hutton, supposent que leur clientèle adopte le même système de valeur que le leur. Il leur paraît évident, pour ne pas dire axiomatique, que leurs clients investissent pour devenir riches. On peut en effet penser que c'est précisément ce qui motive les membres de la Bourse de New York et détermine ce qu'ils appellent la « réussite ». Cette hypothèse n'est pourtant valable que pour une partie des investisseurs particuliers, et sûrement pas pour la majorité d'entre eux. Ce ne sont pas des « financiers ». Ils savent que « devenir riche » grâce à des placements suppose une grande connaissance et un travail de chaque instant sur la gestion de l'argent. Les hommes d'affaires locaux, le petit chef d'entreprise ou l'agriculteur de la région ne disposent ni du temps ni des connaissances nécessaires ; ils sont bien trop occupés à gagner de l'argent pour avoir le temps de le gérer.

C'est cette situation contradictoire que notre société de courtage du Midwest a su exploiter. Vue de l'extérieur, elle ressemble à toutes les autres sociétés de courtage. Elle est inscrite à la Bourse de New York. Mais nous l'avons déjà vu dans l'introduction, seule une toute petite proportion de son activité (environ un huitième) concerne les placements en Bourse. Elle se tient à l'écart des activités que les grandes maisons de Wall Street favorisent le plus possible : marché à options, marché à terme des matières premières, etc. Elle préfère en appeler à « l'investisseur intelligent ». Elle ne promet pas à ses clients qu'ils feront fortune (et c'est une véritable innovation pour les sociétés américaines de services financiers). Elle ne veut même pas de clients qui veulent faire des affaires. Elle veut des clients qui gagnent plus d'argent qu'ils n'en dépensent, non pas parce qu'ils ont de très hauts revenus, mais parce qu'ils ont des modes de vie moins dispendieux. C'est traditionnellement le cas des professions libérales prospères, de l'agriculteur à la tête d'une exploitation importante ou de l'homme d'affaires exerçant dans une ville moyenne. Cette société fait alors appel à leur besoin psychologique de protéger leurs revenus. Elle vend la possibilité de conserver son épargne, en achetant bien évidemment des obligations et des actions, mais également sous la forme d'annuités différées, de placements dans des sociétés off-shore, dans des sociétés immobilières d'investissement, etc. Le « produit » qu'elle vend n'a auparavant jamais été vendu par les grandes maisons de Wall Street : c'est la tranquillité. Et c'est pourtant ce qui a le plus de valeur pour « l'investisseur intelligent ».

Les grandes sociétés de Wall Street ne peuvent même pas imaginer que de tels clients existent, car ils défient tout ce qu'elles ont toujours cru bon et juste. Cette entreprise couronnée de succès bénéficie aujourd'hui d'un grand renom et figure sur la liste des grandes sociétés boursières en pleine expansion. Malgré cela, les dirigeants des grandes maisons de placement n'ont pas encore admis l'existence de ce concurrent, et encore moins sa réussite.

Derrière la contradiction qui existe entre la réalité telle

qu'elle est et telle qu'elle est perçue, se cachent toujours le dogmatisme, la rigidité et l'arrogance intellectuelle. « Je sais bien mieux qu'eux ce que les pauvres gens peuvent se permettre », affirmait l'industriel japonais. « Tout bon marxiste sait que le peuple a un comportement économique rationnel », sous-entendait Khrouchtchev. Voilà qui explique pourquoi les innovateurs peuvent facilement tirer profit d'une telle contradiction : on les laisse tranquilles, personne ne vient les déranger.

La contradiction qui existe entre la réalité et la perception qu'on en a est certainement la plus courante entre toutes. Les producteurs et les fournisseurs se trompent presque toujours sur ce que le client achète réellement. Ils supposent que ce qui a de la « valeur » pour le producteur et le fournisseur en a également pour le client. Pour réussir dans un métier, quel qu'il soit, on doit y croire et le prendre au sérieux. Les gens qui produisent des cosmétiques doivent y croire, ou sinon ils fabriquent des produits de mauvaise qualité et perdent vite leurs clients. Les gens qui dirigent un hôpital doivent considérer la santé publique comme une vertu absolue, sinon la qualité des soins se détériore rapidement. Et malgré cela, les clients « n'achètent » jamais ce que le producteur ou le fournisseur lui vend. Leur attente, leurs valeurs sont toujours différentes.

La réaction typique du producteur ou du fournisseur consiste à mettre en cause le comportement « irrationnel » du consommateur ou à l'accuser de ne pas vouloir payer la qualité. Ce genre de griefs cache le plus souvent l'existence d'une contradiction entre les valeurs ou l'attente que les producteurs tiennent pour vraies et celles de leurs clients. On est alors en droit de chercher une opportunité d'innovation qui soit simple, corresponde à une orientation spécifique, et présente toutes les chances de succès.

La contradiction interne au rythme ou à la logique d'un processus

A la fin des années 50, un vendeur dans une entreprise pharmaceutique décida de fonder sa propre affaire. Il chercha donc l'existence d'une contradiction propre à la pratique médicale et en trouva une presque immédiatement. L'opération de la cataracte est une des interventions chirurgicales les plus courantes. C'est une technique qui s'est perfectionnée, systématisée et instrumentalisée au fil des années jusqu'à devenir une intervention effectuée au rythme d'une mise en scène mille fois répétée et totalement maîtrisée. Il restait toutefois un point faible dans cet enchaînement presque parfait. Le chirurgien devait, à un certain stade de l'opération, couper un ligament, ligaturer des vaisseaux et risquer une hémorragie qui pouvait être dangereuse pour l'œil. Cette manipulation, relativement facile, était menée à bien dans plus de 99 % des cas. Mais elle gênait considérablement les chirurgiens, coupait le rythme de l'opération et s'accompagnait d'une certaine anxiété. Ils appréhendaient toujours autant ce moment précis même s'ils avaient déjà pratiqué l'opération un très grand nombre de fois.

Notre vendeur, William Connor, découvrit sans grande difficulté qu'un enzyme isolé dans les années 1890 dissolvait presque instantanément le ligament. Mais depuis soixante ans, personne n'avait réussi à stocker cet enzyme pendant plus de quelques heures, même en réfrigération. Les techniques de préservation avaient néanmoins fait de grands progrès depuis 1890, et en procédant par tâtonnements, Connor trouva en l'espace de quelques mois un préservateur capable de conserver l'activité de l'enzyme pendant une période de stockage suffisante. Quelques années plus tard, les ophtalmologistes du monde entier utilisaient le composé breveté par Connor. Ce dernier vendit son entreprise, Alcon Laboratories, vingt ans après à une multinationale pour plusieurs centaines de milliers de dollars.

O.M. Scott & Co. est le premier producteur américain de produits d'entretien pour gazon : semences, engrais, pesticides, etc. Si c'est aujourd'hui la filiale d'une grande entreprise (I.T.T.), elle n'était qu'une petite firme indépendante lorsqu'elle bâtit sa position de leader en concurrence avec des sociétés faisant plusieurs fois sa taille qui allaient de Sears & Roebuck à Dow Chemicals. Ses produits sont bons, mais ceux de ses concurrents également. Sa position de leader repose sur un gadget mécanique extrêmement simple, une petite brouette appelée une « épandeuse » qui permet de répandre de façon régulière la quantité requise de produits Scott grâce à des perforations d'un calibre réglable. Les produits destinés au gazon se prévalent tous d'une haute scientificité, ses composants sont soumis à des tests extremement complets. Tous expliquent à grand renfort de détails quelles quantités, sur quels sols et à quelles températures ils doivent être utilisés. Tous veulent persuader le client que faire pousser un gazon est affaire de précision et de surveillance quasi « scientifique ». Mais avant « l'épandeuse » de Scott, aucun autre fabricant de produits pour gazon n'avait songé à fournir à ses clients un instrument qui lui permette de contrôler le processus. Et l'absence d'un tel instrument créait une contradiction dans la logique de ce processus qui gênait et frustrait tous les acheteurs de ces produits.

Mais l'identification d'une telle opportunité se fait-elle par « intuition » ou par accident? Peut-on l'organiser et la systématiser?

On dit que William Connor a commencé en interrogeant les chirurgiens sur les aspects désagréables de leur travail. O.M. Scott passa du stade de petit fabricant de produits de jardin à une entreprise d'envergure nationale en demandant à ses clients ce qui leur manquait dans les produits existants. Il conçut alors toute une gamme de produits autour de son « épandeuse ».

La contradiction au sein du rythme ou de la logique d'un processus n'est pas une affaire immensément compliquée. Les utilisateurs en ont toujours conscience. Tous les ophtalmologistes connaissaient la difficulté de la section de ce tissu musculaire, et ils en parlaient. Tous les droguistes connaissaient bien le sentiment de frustration de leurs clients, et ils en parlaient. Il manquait néanmoins quelqu'un qui soit prêt à les écouter et qui prenne au sérieux ce que tout le monde ne cessait de proclamer, à savoir que l'utilité d'un produit ou d'un service est la satisfaction du client. Une fois ceci admis et pris en compte, exploiter une contradiction pour en tirer l'opportunité d'une innovation se révèle être une entreprise simple et très efficace.

Ce type d'innovation connaît malgré tout une limite importante : il reste généralement réservé aux membres d'une industrie ou d'un service. Ce n'est pas vraiment une chose que quelqu'un d'extérieur sera à même de repérer, de comprendre et, par conséquent, d'exploiter.

Chapitre 5

TROISIÈME SOURCE : LES BESOINS STRUCTURELS

« L'innovation naît de l'opportunité » fut le leitmotiv des chapitres précédents. Mais un proverbe ancien dit aussi que « l'invention est la mère de la nécessité ». Le présent chapitre envisage donc le *besoin* comme une source d'innovation et, en vérité, comme une opportunité d'innovation essentielle.

Le type de besoin étudié ici sera de nature extrêmement spécifique : nous l'appellerons « besoin structurel ». Ni vague ni général, mais tout à fait concret, il se trouve, comme l'imprévu ou la contradiction, au sein même d'une affaire, d'une industrie ou d'un service. Certaines innovations qui se fondent sur un besoin structurel tirent profit d'une contradiction, d'autres de la démographie. Le besoin structurel, à la différence des autres facteurs d'innovation, ne part pas d'un fait nouveau tiré de l'environnement intérieur ou extérieur. Il part du travail à réaliser. Centré sur la méthode plus que sur la situation, il perfectionne un processus déjà existant, remplace un maillon faible, redéfinit un ancien procédé en tenant compte de nouvelles connaissances. Il rend parfois une opération possible en apportant le « chaînon manquant ».

Dans les innovations fondées sur un besoin structurel, tout le monde dans l'entreprise, l'industrie ou le service sait que ce besoin existe. Mais généralement personne n'y fait quoi que ce soit. Puis, quand apparaît l'innovation, elle est immédiatement jugée « évidente » et devient la règle.

Nous avons déjà mentionné deux exemples de besoins structurels au chapitre 4 : William Connor a transformé une information trouvée dans un manuel médical en un produit indispensable dans l'opération de la cataracte. L'opération elle-même était très ancienne. L'enzyme permettant d'améliorer cette opération existait depuis des dizaines d'années. La seule innovation consista à trouver un préservateur pour le conserver en réfrigération. Une fois ce besoin structurel satisfait, aucun chirurgien ne pouvait plus imaginer effectuer cette intervention sans le composant introduit par Connor.

Très peu d'innovations partant d'un besoin structurel sont spécifiques au point où formuler le besoin permet immédiatement d'obtenir la solution requise. Mais pour l'essentiel, la plupart si ce n'est toutes les innovations de ce type s'appuient sur les mêmes éléments.

Ottmar Mergenthaler a conçu la machine à composer dite « linotype » en 1885. Depuis plusieurs dizaines d'années les imprimés de toutes sortes, journaux, magazines ou livres se développaient à une vitesse exponentielle grâce aux progrès de l'alphabétisation, des transports et des communications. Tous les autres éléments du processus d'impression avaient déjà changé. On disposait, par exemple, de presses et de machines à fabriquer le papier ultra-rapides. Seule la composition n'avait pas évolué depuis l'époque de Gutenberg, quatre cents ans plus tôt. Elle restait un travail manuel lent et coûteux qui demandait une haute qualification et des années d'apprentissage. Mergenthaler chercha, comme Connor, à définir le besoin en question : un clavier qui permettrait de sélectionner mécaniquement le bon caractère ; un mécanisme capable d'assembler les lettres et de les aligner ; et, partie la plus difficile, un mécanisme pour remettre chaque lettre à sa place pour pouvoir être réutilisée par la suite. Chacun de ces mécanismes demanda plusieurs années de travail et d'invention. Mais aucun ne faisait appel à des connaissances nouvelles, et encore moins à des sciences nouvelles. La « linotype » de Mergenthaler devint la « norme » en moins de cinq ans, malgré l'opposition farouche des anciens compositeurs.

Dans ces deux exemples — l'enzyme de William Connor et la linotype de Mergenthaler —, le besoin structurel naissait d'une contradiction au sein même du processus. La démographie constitue également un facteur important de besoin structurel et fournit souvent l'opportunité d'une innovation structurelle.

Aux alentours de 1909, un statisticien de Bell Telephone System fit une double projection sur quinze ans, à partir de la courbe de la population américaine et de celle du nombre de standardistes nécessaires pour faire face au nombre croissant d'appels téléphoniques. Cette projection démontrait que toutes les Américaines de dix-sept à soixante ans devraient devenir standardistes si le système manuel de fonctionnement des appels téléphoniques était encore employé vers 1925-1930. Deux ans plus tard, les ingénieurs de chez Bell mettaient en service le premier standard téléphonique automatique.

De la même façon, la course actuelle à la robotisation provient en grande partie d'un besoin structurel d'origine démographique. L'essentiel des connaissances nécessaires était connu depuis des années. Mais personne n'éprouvait le besoin de remplacer la main-d'œuvre spécialisée par des machines sur les chaînes de montage. Il fallut, pour cela, attendre que les effets de la chute de la natalité se fassent sentir sur les principales industries des pays développés, tout particulièrement aux États-Unis et au Japon. Les Japonais ne sont pas en avance sur le plan de la robotisation pour une question de supériorité technique, la conception de leur matériel provenant essentiellement des États-Unis. Mais la chute de la natalité japonaise a commencé quatre à cinq ans avant les États-Unis et près de dix ans avant l'Allemagne. Les Japonais ont mis aussi longtemps que les Américains ou les Allemands — environ dix ans — pour comprendre qu'ils se trouvaient confrontés à une pénurie de main-d'œuvre. Mais cette période de dix ans a commencé bien plus tôt pour les Japonais que pour les Américains, et n'est pas encore tout à fait finie en Allemagne au moment où j'écris ces lignes.

La linotype de Mergenthaler fut aussi pour une bonne part le résultat de contraintes démographiques. Face à la croissance vertigineuse de la demande d'imprimés, l'offre de compositeurs nécessitant six à huit ans d'apprentissage devenait vite insuffisante, et leurs salaires grimpaient en flèche. Les imprimeurs prirent conscience de ce « maillon faible » de la chaîne, et acceptèrent de payer au prix fort une machine capable de remplacer cinq techniciens extrêmement coûteux par un simple opérateur spécialisé.

Les contradictions et les contraintes démographiques sont sans doute les facteurs les plus courants des besoins structurels. Il existe une autre catégorie, plus difficile, plus risquée, et bien souvent plus essentielle : c'est ce qu'on appelle aujourd'hui la « recherche opérationnelle » (par opposition à la « recherche fondamentale » des scientifiques). C'est un autre « maillon faible », aisément définissable et observable, ressenti avec la plus grande acuité, qui sollicite néanmoins une grande somme de connaissances nouvelles afin de pouvoir répondre à un besoin structurel.

Très peu d'inventions ont connu un succès aussi rapide que la photographie. Vingt ans après sa conception, elle était connue dans le monde entier. Quelque vingt ans plus tard, tous les pays avaient leurs grands photographes, tels que Matthew Bradley dont les photographies de la guerre de Sécession sont restées sans égal. Vers 1860, chaque jeune mariée se devait d'être prise en photo. La photographie fut la première technologie occidentale à envahir le Japon, bien avant la restauration Meiji, à une époque où ce pays était encore hermétiquement fermé aux étrangers et à leurs idées. Le photographe amateur fut pleinement consacré vers 1870 bien que l'état des techniques employées lui rendît les choses particulièrement difficiles. Cela comprenait des plaques de verre lourdes et fragiles qu'il fallait transporter et manipuler avec le plus grand soin, une caméra pesante elle aussi, un long temps de préparation avant de pouvoir prendre la photo, des réglages difficiles, etc. Chacun le savait, les magazines photographiques de l'époque témoignent des nombreuses difficultés rencontrées par les photographes et avancent autant de suggestions pratiques. Mais ces problèmes ne pouvaient trouver de solutions compte tenu de l'état de la science et des techniques en 1870.

C'est au milieu des années 1880 que de nouvelles découvertes permirent à George Eastman, le fondateur de Kodak, de remplacer les lourdes plaques de verre par un support de cellulose. Cette pellicule ne pesait pratiquement plus rien, ne craignait plus aucune manipulation et permit la conception d'une nouvelle caméra légère. Dix ans plus tard, Eastman Kodak dominait le marché mondial de la photographie, et conserve encore aujourd'hui cette suprématie.

La recherche opérationnelle est souvent nécessaire pour faire accéder un processus potentiel au stade de la réalité. Là encore, le besoin doit être ressenti et doit pouvoir être identifié. C'est à ce point que le recours à de nouvelles connaissances devient indispensable. Thomas Edison représente l'innovateur type en matière d'innovation structurelle (*cf.* chapitre 9). Tout le monde attendait depuis au moins vingt ans l'apparition d'une industrie « électrique ». Les cinq ou six dernières années laissaient clairement deviner que le « chaînon manquant » n'était autre que l'ampoule électrique, sans laquelle aucune industrie électrique n'était possible. Edison définit les nouvelles connaissances indispensables pour que cette industrie potentielle devienne une réalité, et obtint l'ampoule électrique en l'espace de deux ans.

La recherche opérationnelle, qui permet de transformer une application potentielle en une réalité, est devenue la méthode centrale employée par les laboratoires industriels de premier plan, mais aussi pour la recherche consacrée à la défense, l'agriculture, la médecine ou la protection de l'environnement.

Le terme fait grande impression. Pour beaucoup de gens, recherche opérationnelle signifie envoyer un homme sur la Lune ou inventer un vaccin contre la poliomyélite. Mais plus ses applications sont modestes et spécifiques et plus ses réussites sont importantes. Le meilleur exemple est sans doute l'invention d'un nouveau catadioptre pour les automobiles japonaises qui permit de réduire le taux d'accidents de la route de près des deux tiers.

En 1965, le Japon n'avait encore presque pas de routes goudronnées à l'extérieur des grandes villes. Le pays passait rapidement à l'ère de l'automobile et l'État fit goudronner les routes en toute hâte. Les automobiles roulaient à vive allure sur des routes qui étaient (et sont encore dans l'ensemble) les mêmes voies que celles dessinées pour les chars à bœufs du xe siècle : juste assez larges pour laisser deux voitures se croiser, truffées d'angles morts, de bifurcations sans aucune visibilité et, à quelques kilomètres d'intervalle, d'immenses carrefours où débouchaient de toutes parts des dizaines d'autres routes. Les accidents se multiplièrent à un rythme alarmant, tout particulièrement la nuit. Les journaux, la radio, la télévision et les partis d'opposition exigèrent du gouvernement qu'il prenne des mesures. Il était naturellement hors de question de reconstruire les routes, ce qui, de toute manière, aurait pris au moins une vingtaine d'années. Une gigantesque campagne de publicité invitant les automobilistes à « conduire prudemment » eut autant d'effet qu'on pouvait attendre de ce type de campagne, autrement dit aucun. Un jeune Japonais vit une opportunité d'une innovation dans une situation aussi alarmante. Tamon Iwasa transforma le modèle traditionnel de réflecteur afin que les miroirs minuscules qui le composent puissent être réglés de façon à réfléchir la lumière des phares des autres voitures depuis et dans toutes les directions. L'État se précipita sur les catadioptres d'Isawa pour en faire installer des centaines de milliers. Le nombre d'accidents chuta brutalement.

La Première Guerre mondiale avait créé, aux États-Unis, un public pour les nouvelles nationales et internationales. C'était un fait connu de tous. Les journaux et les magazines de l'époque étaient remplis de débats sur les moyens de répondre à un tel besoin. Le journal local ne pouvait rien à l'affaire. Quelques grands titres comme le *New York Times* firent quelques tentatives, toutes sans succès. Henry Luce identifia le besoin structurel et définit les moyens d'y répondre. Seule une publication nationale pouvait convenir, une édition régionale ne pouvant attirer ni assez de lecteurs, ni assez d'annonceurs. Il ne pouvait s'agir d'un quotidien compte tenu de la qualité d'informations relativement limitées convenant à un public assez large. Les autres données, telles que le format de publication, découlèrent des spécifications précédentes. *Time Magazine* devint ainsi le premier magazine d'information au monde, et connut immédiatement un immense succès.

Ces différents exemples — et particulièrement celui d'Isawa — démontrent que les innovations fondées sur un besoin structurel nécessitent :

— un processus autonome,
— un « chaînon manquant » ou un « maillon faible »,
— un objectif clairement défini,
— une définition claire des caractéristiques de la bonne solution,
— un consensus sur le fait qu' « il doit y avoir une meilleure solution », autrement dit un haut degré de réceptivité.

Il faut ajouter à cela plusieurs recommandations importantes.

1. Le besoin ne doit pas seulement être ressenti, mais *compris*. On ne peut définir les caractéristiques d'une solution sans cette condition.

Nous savons, par exemple, depuis des centaines d'années que les mathématiques constituent une matière à problèmes de l'enseignement scolaire. Une petite minorité, pas plus d'un élève sur cinq, semble ne pas avoir de difficultés avec cette matière qu'elle apprend facilement. Les autres ne l'apprennent jamais véritablement. Il est bien sûr possible d'entraîner une proportion beaucoup plus importante d'élèves à réussir leurs examens de maths. Les Japonais y arrivent en insistant énormément sur cet enseignement. Cela ne signifie pas que les petits Japonais « apprennent » les mathématiques ; ils ont simplement appris à réussir aux examens et ils les oublient immédiatement après. Dix ans plus tard, les Japonais proches de la trentaine qui passent des tests de mathématiques ont des résultats aussi médiocres que les Occidentaux. Chaque génération a son « prof de math génial » qui réussit à faire apprendre les mathématiques aux moins doués, ou du moins à leur en apprendre beaucoup plus. Mais on n'a jamais pu « reproduire » un tel résultat. On en ressent toute la nécessité sans comprendre le problème. Est-ce une inaptitude naturelle? Employons-nous les mauvaises méthodes? Y a-t-il des problèmes psychologiques et affectifs? Personne ne le sait. Et parce qu'on ne comprend pas le problème, on n'a jamais pu trouver de solution.

2. On peut comprendre la situation et ne pas disposer des connaissances suffisantes pour agir. Nous avons vu, au cours du chapitre 4, l'exemple de contradiction manifeste et parfaitement comprise à laquelle se heurte la découverte d'un nouveau procédé de fabrication du papier qui crée moins de gaspillage et fonctionne de manière plus économique que le système employé jusqu'à maintenant. Nombre de personnes qualifiées se sont penchées sur la question. Le problème est clairement défini : il s'agit de trouver le moyen de polymériser la molécule de lignine. Cela devrait être facile, on sait déjà former les polymères de molécules comparables. Mais nous ne disposons pas des connaissances suffisantes, malgré un siècle de recherches assidues conduites par des personnes extrêmement compétentes. Dans ces conditions, nous devons nous résoudre à chercher ailleurs.

3. La solution doit s'adapter aux méthodes employées et demandées par les utilisateurs. Les photographes amateurs ne se sont jamais investis psychologiquement dans les techniques sophistiquées des premiers procédés photographiques. Ils voulaient simplement faire une photographie correcte aussi facilement que possible. Ils étaient donc intéressés par un procédé qui demanderait moins de travail et moins de compétences techniques. Les ophtalmologistes souhaitaient une méthode opératoire propre, logique et sans risque d'hé-

morragie. L'enzyme autorisant de telles conditions répondit à cette attente et leur donna toute satisfaction.

Il y a pourtant certains cas d'innovation fondés sur un besoin structurel important et clairement défini qui s'adaptent mal à la demande des utilisateurs et ne sont donc pas facilement acceptés.

Les informations nécessaires à un ensemble de professions libérales telles que juristes, comptables, ingénieurs ou médecins se sont, depuis de nombreuses années, développées beaucoup plus vite que la capacité de recherche desdites informations. Les personnes concernées se plaignent du temps de plus en plus long passé à chercher des informations dans les bibliothèques, les manuels, les centres de documentation, etc. Une « banque de données » devrait dans ces conditions connaître un succès immédiat, en permettant d'obtenir très rapidement les informations désirées grâce à un terminal de consultation muni du logiciel correspondant : verdicts des tribunaux pour les juristes, réglementations fiscales pour les comptables, informations sur les médicaments pour les médecins. Ces nouveaux services ont cependant eu beaucoup de mal à trouver assez d'utilisateurs pour équilibrer leur budget. « Lexis », une banque de données pour les juristes, a attendu dix ans et englouti d'énormes sommes d'argent avant d'avoir assez d'abonnés. La raison en est sans doute que les banques de données rendent les choses *trop* faciles. Les membres de ces professions tirent une grande fierté de leur « mémoire », de leur capacité à se rappeler de quelle donnée ils ont besoin et où elle se trouve. « Vous devez vous rappeler de l'arrêt dont vous avez besoin et savoir où le trouver » est encore le conseil adressé au jeune juriste par ses pairs. Malgré le travail, l'argent et le temps qu'elles permettent d'économiser, les banques de données vont à contre-courant de ce type de valeurs. « Pourquoi viendriez-vous *me* voir s'il suffisait de consulter un écran ? » répondit un jour un médecin éminent à l'un de ses patients qui lui demandait pourquoi il n'utilisait pas de banque de données lui fournissant l'information nécessaire pour confirmer son diagnostic ou décider quel serait le meilleur traitement.

Les opportunités d'innovations qui s'appuient sur un besoin structurel exigent un travail de recherche systématique. C'est ce qu'ont fait Thomas Edison en matière d'électricité et d'électronique, Henry Luce encore étudiant à l'université de

Yale ou William Connor. C'est un domaine qui se prête entièrement à l'analyse et à la recherche systématique.

Une fois le besoin structurel identifié, il doit satisfaire aux critères décrits plus haut. Ceci acquis, il devra encore remplir trois obligations : le besoin est-il parfaitement compris ? L'état actuel des connaissances est-il suffisant ou doit-on faire appel à des techniques nouvelles ? La solution retenue est-elle adaptée, respecte-t-elle les usages et les valeurs des utilisateurs potentiels ?

Chapitre 6

QUATRIÈME SOURCE : STRUCTURES INDUSTRIELLES ET COMMERCIALES

Certaines structures industrielles et commerciales durent de longues, de très longues années et paraissent parfaitement stables. L'industrie mondiale de l'aluminium par exemple est dominée depuis un siècle par l'Aluminium Company of America de Pittsburgh qui a déposé les premiers brevets, et par sa filiale canadienne, Alcan of Montreal. Le groupe sud-africain Rembrandt est le seul nouveau venu important dans l'industrie mondiale du tabac depuis les années 20. Et depuis un siècle, les deux seuls nouveaux groupes comptant parmi les leaders mondiaux de l'équipement électrique sont le Hollandais Philips et le Japonais Hitachi. Aux États-Unis, aucune nouvelle chaîne importante de grands magasins ne fut créée en quarante ans, entre l'arrivée de Sears & Roebuck (qui venait de la vente par correspondance) au début des années 20 et la création des magasins discount K-Mart par l'ancienne chaîne des bazars Kresge au milieu des années 60. Les structures industrielles et commerciales paraissent si solides que les industriels eux-mêmes ont tendance à les considérer comme préétablies, inscrites dans l'ordre naturel des choses et appelées à durer éternellement.

Ces structures sont en vérité extrêmement fragiles. La moindre égratignure peut les désintégrer, souvent très vite. Chacun doit alors passer à l'action. Continuer à travailler comme avant mène presque toujours à la catastrophe et risque d'entraîner la mort de l'entreprise. Dans le meilleur des cas, elle perdra sa position de leader, et l'on ne retrouve presque jamais une suprématie perdue. Mais une évolution de structure industrielle ou commerciale peut aussi constituer une opportunité d'innovation.

Un changement de structure fait appel à l'esprit d'entreprise de chacun des membres de l'industrie. Il exige que tous posent une nouvelle fois la question : « En quoi consiste notre travail ? » Chacun devra donner une réponse différente, mais avant tout, une réponse nouvelle à cette question.

I

Le cas de l'automobile

L'histoire de l'industrie automobile mondiale montre qu'un changement de structure industrielle ou commerciale crée souvent plus d'une seule opportunité d'innovation.

Cette industrie s'est développée si rapidement au début de ce siècle que ses marchés se sont transformés de façon radicale. Il y eut quatre réponses différentes à cette évolution, et toutes furent couronnées de succès. Jusqu'en 1900, l'industrie automobile avait essentiellement fabriqué des produits de luxe destinés aux plus riches. Elle dépassa vite un marché aussi étroit pour atteindre des taux de croissance qui doublaient le volume des ventes tous les trois ans. Les entreprises de l'époque n'en continuaient pas moins à viser la clientèle riche. Une première réponse fut celle de Rolls-Royce, fondée en 1904. Ses responsables réalisèrent que les automobiles seraient bientôt si nombreuses qu'elles allaient devenir « ordinaires ». Ils décidèrent alors de construire une voiture qui conserverait, comme l'annonçait un prospectus de l'époque, « un cachet royal ». Ils en revinrent délibérément à des méthodes de fabrication anciennes et déjà démodées — chaque voiture était usinée puis montée séparément et manuellement par un mécanicien qualifié — et donnèrent leurs modèles pour inusables. La voiture était conçue pour être conduite par un chauffeur style grande maison, spécialement formé par Rolls-Royce. Ils limitèrent les ventes aux clients de leur choix, de préférence avec une particule, bien entendu. Et pour être sûr que la « populace » n'achète pas leur véhicule, ils décidèrent de la vendre au prix d'un petit yacht, soit environ quarante fois le revenu annuel d'un ouvrier qualifié ou d'un commerçant raisonnablement prospère.

Quelques années plus tard à Detroit, un jeune homme nommé Henry Ford comprit à son tour que le marché était en train de changer et que les automobiles n'étaient plus un jouet réservé aux riches. Face à cette évolution, sa réponse consista à concevoir une voiture qui pourrait être entièrement fabriquée en série, en grande partie par une main-d'œuvre non qualifiée, et qui pourrait être conduite et réparée par son propriétaire. Contrairement à ce qu'a retenu la légende, le « modèle T » de 1908 n'était pas « bon marché ». Il coûtait un peu plus du revenu annuel de l'ouvrier qualifié le mieux payé au monde, à savoir l'ouvrier américain. (Notons qu'aujourd'hui, la voiture la moins chère sur le marché américain vaut à peu près un dixième du revenu annuel d'un O.S. américain.) Il est néanmoins exact que le « modèle T » valait cinq fois moins cher que le modèle le plus ordinaire de l'époque, tout en étant d'une conduite et d'un entretien beaucoup plus faciles.

Un autre Américain, William Crapo Durant, saisit dans cette évolution du marché l'occasion de fonder une grande entreprise de construction automobile gérée de façon professionnelle qui satisferait tous les secteurs de ce qu'il prévoyait être un gigantesque marché « universel ». Il créa la General Motors en 1905, commença à racheter d'autres constructeurs pour les intégrer dans une grande entreprise moderne.

Quelques années plus tôt, un jeune Italien nommé Giovanni Agnelli avait prévu que l'automobile deviendrait un instrument indispensable pour les forces armées, et pensait tout particulièrement aux voitures des officiers d'état-major. Il créa la F.I.A.T. à Turin en 1899, qui devint en l'espace de quelques années le principal fournisseur de voitures de fonction pour les armées italienne, russe et austro-hongroise.

Les structures commerciales de l'industrie automobile mondiale changèrent à nouveau entre 1960 et 1980. Depuis la Première Guerre mondiale, l'industrie automobile était composée de constructeurs nationaux qui fournissaient des marchés nationaux. Les routes italiennes étaient tout entières livrées aux Fiat, ainsi qu'à quelques Alfa Romeo et quelques Lancia ; ces marques traversaient rarement les frontières italiennes. En France, on trouvait des Renault, des Peugeot et des Citroën ; en Allemagne, des Mercedes, des Opel et des Ford allemandes ; aux États-Unis, des General Motors, des Ford et des Chrysler. C'est à partir des années 60 que l'industrie automobile est devenue une industrie « mondiale »

Les réactions furent très diverses selon des entreprises. Les Japonais, qui étaient jusqu'alors restés repliés à l'intérieur de leurs frontières et n'avaient pratiquement jamais exporté leurs modèles, décidèrent de devenir des exportateurs mondiaux. Leur première tentative sur le marché américain à la fin des années 60 fut un véritable fiasco. Ils décidèrent de se regrouper, de redéfinir leur politique pour offrir une voiture de type américain, avec un style, un confort et des performances américaines. Ils la choisirent cependant plus petite, avec une consommation inférieure, un meilleur contrôle de qualité et, surtout, un meilleur service après vente. Le second choc pétrolier de 1979 leur offrit une seconde chance. Et leur succès fut éclatant. Ford décida également de s'internationaliser et adopta une « stratégie européenne ». Dix ans plus tard, au milieu des années 70, il était en passe de devenir le premier constructeur européen. Fiat décida de devenir une entreprise non pas seulement italienne mais européenne, c'est-à-dire de devenir le constructeur numéro 2 dans tous les pays européens importants tout en restant le numéro 1 en Italie. General Motors décida tout d'abord de rester une entreprise américaine et de conserver ses 50 % du marché américain, mais de façon à recueillir 70 % des bénéfices réalisés sur les ventes automobiles aux États-Unis. Ce fut également une réussite. Dix ans plus tard, General Motors décida, vers le milieu des années 70, de passer à la vitesse supérieure et de disputer le leadership du marché européen à Ford et à Fiat. Ce fut un nouveau succès. Après dix années, vers 1983-1984, il semble que General Motors ait décidé de devenir un constructeur réellement « mondial » en s'associant avec plusieurs entreprises japonaises, tout d'abord avec deux petits constructeurs et finalement avec Toyota. En Allemagne, Mercedes adopta encore une autre stratégie — « mondiale » elle aussi — en se limitant à des segments étroits du marché international : voitures de luxe, taxis et autobus.

Toutes ces stratégies ont relativement assez bien fonctionné. Il est impossible de dire si celle-ci a mieux réussi que celle-là. Les entreprises qui ont refusé de faire certains choix difficiles ou qui n'ont pas accepté l'évolution importante qui était en cours s'en sont mal tirées. Celles qui ont survécu le doivent à leurs gouvernements respectifs qui ne veulent pas les voir faire faillite.

Chrysler en est évidemment un exemple. Les gens de

Chrysler savaient ce qui était en train de se passer — tout le monde le savait dans la profession. Mais ils ont baissé la tête au lieu de faire des choix. Chrysler aurait pu opter pour une stratégie « américaine » et mobiliser toutes ses ressources pour renforcer sa position sur le marché américain (qui reste le plus grand du monde). Il aurait au contraire pu fusionner avec un grand constructeur européen et chercher à devenir le numéro 3 sur les deux plus grands marchés automobiles, le marché américain et le marché européen. On sait que Mercedes se montra très intéressé par un tel projet, mais pas Chrysler. Au lieu de quoi, l'entreprise dilapida ses ressources sur des faux-semblants en rachetant d'anciennes marques européennes à la dérive pour se donner l'allure d'une « multinationale ». Ces rachats n'apportèrent aucune force supplémentaire à Chrysler, mais drainèrent toutes ses ressources, ne laissant aucune capacité d'investissement disponible pour lui laisser la moindre chance sur le marché américain. Au moment du second choc pétrolier de 1979, Chrysler n'avait plus rien en Europe, pas grand-chose aux États-Unis, et ne dut son salut qu'à l'État américain.

Mais les exemples les plus intéressants sont ceux d'entreprises nettement plus modestes. Tous les grands constructeurs automobiles, petits ou grands, ont dû définir de nouvelles stratégies et passer à l'action pour éviter de disparaître à jamais. Trois petites entreprises, encore assez marginales jusqu'à cette époque, virent là une excellente opportunité d'innovation : il s'agit de Volvo, BMW et Porsche.

Quand, autour de 1960, le marché automobile se mit brusquement à changer, tous les gens bien informés pariaient sur la disparition de ces trois entreprises au moment du grand « remue-ménage ». Ces trois marques se sont au contraire fort bien débrouillées et ont réussi à se tailler chacune leur place sur des créneaux très spécifiques où elles sont devenues les leaders. Elles ont dû, pour cela, recourir à des stratégies d'innovation qui les ont totalement transformées. En 1965, Volvo était une petite entreprise qui éprouvait beaucoup de difficultés à équilibrer son budget. Elle perdit beaucoup d'argent pendant un certain nombre « d'années critiques ». Jusqu'au jour où ce constructeur décida de se « réinventer », pour ainsi dire. Volvo devint alors le stratège commercial d'envergure mondiale, particulièrement offensif sur le marché américain, de ce qu'on pourrait appeler la voiture « intelligente » : ni luxueuse ni ordinaire, en aucun cas « à la mode », plutôt le genre solide, d'un bon sens à toute épreuve, qui « vous en donne pour votre argent ». Volvo est devenu le véhicule de ceux qui ont réussi dans leur profession, qui n'ont pas besoin de leur voiture pour s'affirmer, mais qui aiment être appréciés pour leur « sûreté de jugement ».

BMW était peut-être encore plus marginal en 1960, et s'est taillé un franc succès sur les marchés français et italien par exemple. Ses modèles sont devenus les voitures des « jeunes arrivés », ceux qui veulent rester jeunes mais qui ont déjà atteint une certaine position sociale. Ils souhaitent montrer qu'ils savent « faire la différence » et sont prêts à y mettre le prix. Les BMW n'ont pas honte d'être des voitures de luxe pour gens aisés, mais elles attirent les gens riches qui se veulent « anticonformistes ». Les Mercedes et les Cadillac sont réservées aux présidents et aux chefs d'État. La BMW a un aspect « macho » et se présente elle-même comme « la voiture extrême ».

La Porsche était à l'origine une Volkswagen un peu plus stylée. C'est devenu le prototype de la « voiture de sport », réservée aux gens qui ne veulent pas entendre parler de « moyen de transport » mais de « sensations fortes ».

Les autres petits constructeurs qui n'ont pas innové, qui n'ont pas redéfini leurs stratégies pour transformer leur entreprise, ceux qui ont persisté dans leurs habitudes, figurent maintenant sur la liste des victimes. La MG anglaise, par exemple, était il y a trente ans ce qu'est devenue la Porsche aujourd'hui, la voiture de sport « par excellence ». Sur le plan technique, elle reste d'une fiabilité toujours égale. Mais elle est pratiquement en voie de disparition. Et qu'est-il arrivé à Citroën ? Réputée il y a trente ans pour ses innovations techniques, sa robustesse, sa fiabilité bourgeoise, elle correspondait parfaitement au créneau repris depuis par Volvo. Incapable de se repenser et d'innover, Citroën n'a plus aujourd'hui ni produit ni stratégie.

II

L'opportunité

Un changement de structure industrielle constitue une opportunité exceptionnelle pour les personnes extérieures à l'industrie concernée. Le changement et les opportunités qu'il propose sont on ne peut plus manifestes et prévisibles, mais les gens de l'industrie en question les perçoivent comme autant de menaces. Les personnes extérieures peuvent ainsi devenir un facteur essentiel d'innovation rapide et peu risquée pour une industrie ou une branche d'activité importante.

Quelques jeunes gens se sont rencontrés à New York, presque par accident, à la fin des années 50. Tous travaillaient pour des institutions financières, installées pour l'essentiel à la Bourse de Wall Street. Ils tombèrent d'accord sur un point : le marché des valeurs mobilières — qui n'avait pas connu de changement en vingt ans depuis la grande crise — se préparait à un changement structurel important. Ils décidèrent de tirer profit des opportunités offertes par un tel changement. Ils étudièrent l'industrie et les marchés financiers de façon systématique afin de trouver une opportunité que pourraient exploiter des nouveaux venus qui n'auraient que des ressources en capital limitées et pratiquement pas de relations. C'est ainsi que la société Donaldson, Lufkin & Jenrette vit le jour en 1959. Cinq ans plus tard, elle était devenue une des plus grandes sociétés de courtage de Wall Street.

Ces trois jeunes gens avaient su tenir compte de l'arrivée croissante d'un nouveau groupe de clients : les administrateurs de caisses de retraite. Ces nouveaux clients ne demandaient rien de bien difficile, ils voulaient simplement un service différent, qu'aucune autre société ne leur avait encore procuré. Donaldson, Lufkin & Jenrette créèrent une société de courtage organisée pour effectuer le travail de « recherche » dont ces nouveaux clients avaient besoin.

Un autre jeune courtier comprit, à peu près à la même époque, l'importance des changements structurels en cours dans la profession. Il chercha l'opportunité qui pourrait lui permettre de fonder une société de courtage différente. Cette opportunité s'appelait « l'investisseur intelligent » examinée plus haut. La société qui vit ainsi le jour est aujourd'hui une grande entreprise toujours en pleine expansion.

Au début des années 60, la structure de la santé publique aux États-Unis commença à changer très rapidement. Trois jeunes sous-directeurs d'un grand hôpital du Midwest, dont le plus vieux n'avait pas trente ans, décidèrent de saisir l'opportunité qui leur permettrait de démarrer leur propre affaire. D'accord sur le fait que les hôpitaux auraient besoin de services de plus en plus compétents en matière d'intendance — cuisine, blanchissage, entretien, etc. —, ils organisèrent ces tâches de façon systématique. Ils proposèrent finalement des contrats aux hôpitaux, en vertu desquels leur nouvelle société et son personnel spécialisé effectuaient ces services en se payant sur une partie des économies ainsi réalisées. Vingt ans plus tard, cette société facturait près de 1 milliard de dollars de sous-traitance.

Le dernier exemple est celui des sociétés de discount comme M.C.I. ou Sprint sur le marché américain des télécommunications longue distance. Totalement étrangères à ce champ d'activité (Sprint par exemple fut créée par la compagnie de chemins de fer Southern Pacific), ces sociétés ont tout d'abord trouvé le défaut dans la cuirasse du système Bell. Ce point faible était la tarification des appels longue distance. Jusqu'à la Seconde Guerre mondiale, ces appels n'étaient qu'un service de luxe limité à l'État, aux grandes entreprises et aux urgences, comme pour annoncer un décès dans une famille par exemple. Devenus extrêmement courants après la guerre, ils constituèrent même le secteur d'expansion des télécommunications. Mais sous la pression des pouvoirs publics des différents États qui contrôlent les tarifs téléphoniques, le système Bell continua à fixer les prix des appels longue distance comme s'il s'agissait encore d'un service haut de gamme, c'est-à-dire en appliquant des tarifs nettement supérieurs aux coûts réels et en utilisant les profits pour subventionner les services locaux. Afin de faire passer la pilule, Bell accorda néanmoins des remises importantes aux grands utilisateurs de ce type d'appels.

Vers 1970, les recettes du service longue distance avaient égalé celles des communications locales et commençaient déjà à les dépasser, mais le système de tarification était toujours le même. Ce fut l'opportunité que les nouveaux venus décidèrent d'exploiter. Ils passèrent contrat pour un certain volume d'appels au tarif « grands utilisateurs » afin de le revendre aux petits utilisateurs avec qui ils partageaient le montant de la remise. Cela leur permit de réaliser des bénéfices importants tout en procurant à leurs abonnés des réductions importantes sur ces appels. Au début des années 80, les sociétés de discount d'appels longue distance traitaient plus de communications que le système Bell tout entier dix ans plus tôt, soit au moment de leur entrée sur le marché.

Ces exemples seraient de simples anecdotes s'ils n'avaient un point commun : tous ces innovateurs *savaient* que l'industrie concernée offrait une sérieuse opportunité d'innovation. Ils paraissaient relativement sûrs du succès de l'innovation en question dans des conditions de risques minimales. D'où tenaient-ils une telle certitude ?

III

Changement d'une structure industrielle

Il existe plusieurs indicateurs extrêmement fiables et facilement observables de l'imminence d'un changement de structure industrielle et des nouvelles opportunités qui l'accompagnent.

1. La croissance rapide d'une industrie est certainement le premier de tous, le plus sûr et le plus aisément repérable. C'est d'ailleurs un point commun à tous les cas précédents ainsi qu'aux exemples pris dans l'industrie automobile. Lorsque le rythme de croissance d'une industrie dépasse nettement celui de l'économie ou de la population, un changement radical de structure est à prévoir avec les meilleures chances de réalisation au plus tard au moment du doublement du volume d'activité. Les méthodes existantes fonctionnent encore parfaitement bien et personne ne cherche donc à y regarder de plus près. Elles n'en deviennent pas moins obsolètes. C'est précisément ce que ni les gens de Citroën ni ceux de Bell Telephone n'étaient disposés à accepter, et ce qui a permis à de

« nouveaux venus », à des gens « extérieurs » à l'entreprise ou à d'anciennes « petites maisons » de venir les battre sur leur propre marché.

2. A ce stade, et au plus tard quand une industrie en expansion rapide double de volume, sa perception du marché et des services qu'elle propose risque fort d'apparaître désuète. C'est précisément le cas lorsque les méthodes de définition et de segmentation de marché adoptées par les dirigeants traditionnels ne traduisent plus la réalité, mais plutôt l'histoire. Les rapports et les chiffres ne cessent pas pour autant de présenter une vision traditionnelle du marché. C'est ce qui permet d'expliquer le succès d'innovateurs aussi différents sur le marché financier que Donaldson, Lufkin & Jenrette ou la société de courtage de « l'investisseur intelligent ». Tous deux ont trouvé un segment de marché que les institutions financières traditionnelles n'avaient pas vu et ne traitaient pas convenablement : les caisses de retraite parce qu'elles étaient trop récentes, « l'investisseur intelligent » parce qu'il ne correspondait pas au client stéréotypé de Wall Street.

La gestion des hôpitaux fournit également un exemple de normes traditionnelles qui deviennent désuètes après une période d'expansion rapide. C'est le secteur paramédical qui s'est le plus développé dans les années d'après guerre, à savoir les spécialités médicales : radiologie, pathologie, laboratoires médicaux, thérapeutes de toutes sortes, etc. L'administration hospitalière est elle-même devenue une « spécialité ». Les traditionnels services d'intendance, qui, en d'autres temps, avaient dominé la vie de l'hôpital, redevenaient un « problème » pour l'administrateur. Ils devinrent de plus en plus complexes et coûteux, au moment même où les membres du personnel hospitalier, et en particulier les catégories les moins payées, commencèrent à se syndiquer.

Le cas des chaînes de librairie examiné au chapitre 3 est un autre exemple de changement structurel dû à une croissance rapide. Ni les éditeurs, ni les libraires américains traditionnels n'ont perçu l'apparition d'une nouvelle catégorie « d'acheteurs » aux côtés de leurs clients traditionnels de « lecteurs », ce qui explique qu'ils n'aient même pas cherché à satisfaire cette nouvelle clientèle.

Le développement extrêmement rapide d'une industrie incite aussi à l'autosatisfaction et, par-dessus tout, à la tentation « d'écrémer », de profiter de tout ce qui est bon à prendre. C'est exactement ce que fit le système Bell avec les appels longue distance, et c'est le meilleur moyen d'encourager la concurrence. (Sur cette question, se reporter au chapitre 17.)

Le domaine artistique américain fournit une autre illustration d'opportunité d'innovation suscitée par une expansion rapide. Si, avant la Seconde Guerre mondiale, les musées étaient réservés aux classes les plus favorisées de la société, la visite au musée est par la suite devenue un loisir caractéristique des classes moyennes. De nouveaux musées n'ont cessé de voir le jour dans un grand nombre de villes. Les collections artistiques, réservées avant guerre à un petit nombre de personnes richissimes, devinrent de plus en plus courantes, et des milliers de personnes se lancèrent dans l'aventure, certaines avec des moyens relativement limités.

Un jeune homme qui travaillait dans un musée vit dans cette évolution l'opportunité d'une innovation, dans un domaine tout à fait inattendu, qu'il ne connaissait absolument pas : l'assurance. Il s'est établi comme courtier spécialisé dans l'assurance des objets d'art appartenant aux musées et aux collectionneurs privés. Compte tenu de sa compétence en matière artistique, les grandes compagnies d'assurances, qui s'étaient toujours montrées peu disposées à assurer les collections d'art, acceptèrent de prendre le risque avec des primes inférieures de 70 % aux tarifs pratiqués auparavant. Ce jeune homme dirige aujourd'hui une grande société de courtage en assurances.

3. La convergence de techniques jusqu'ici jugées parfaitement distinctes conduira très certainement à un changement rapide de structure industrielle, riche de nouvelles opportunités d'innovation.

Le standard téléphonique pour bureaux et autres grands utilisateurs du téléphone, dit P.B.X. (Private Branch Exchange), est le produit des recherches scientifiques et techniques réalisées aux États-Unis par Bell Lab, le département de recherche de chez Bell. Mais les plus grands bénéficiaires de ce système ont été quelques nouveaux venus sur le marché, comme la Rolm Corporation. Le nouveau standard P.B.X. est issu de la rencontre de deux techniques distinctes : la téléphonie et l'informatique. On peut décrire le P.B.X. comme un instrument de télécommunications qui ferait appel à l'informatique, ou comme un ordinateur qui serait utilisé dans les télécommunications. Le système Bell aurait été parfaitement capable d'assurer cette fonction sur le plan strictement technique. Du point de vue du marché et de l'utilisateur, Bell concevait toutefois l'ordinateur comme un outil absolument distinct et très éloigné de la téléphonie. Bell a conçu et même introduit le système P.B.X., mais il ne l'a jamais véritablement soutenu. C'est ainsi qu'un parfait étranger à ce domaine — Rolm, créée par quatre jeunes ingénieurs pour construire un petit ordinateur destiné à un avion de combat, s'est lancé par hasard dans la téléphonie — est devenu un concurrent de taille. Le système Bell ne fournit aujourd'hui guère plus d'un tiers de ce marché, malgré sa suprématie sur le plan technique.

4. Une industrie est mûre pour un changement fondamental de structure si ses méthodes de travail évoluent rapidement.

Il y a trente ans de cela, l'écrasante majorité des médecins américains exerçaient seuls, contre seulement 60 % en 1980. 40 % du corps médical (et 75 % des jeunes médecins) exercent donc aujourd'hui soit en tant qu'associé dans un cabinet de groupe, soit en tant qu'employé d'une association de médecine préventive (Health Maintenance Organisation) ou d'un hôpital. Peu de gens ont perçu dès 1970 qu'une telle évolution constituait une opportunité d'innovation, sous la forme de nouvelles sociétés de services qui prennent en charge la conception des bureaux de l'association, conseillent les médecins sur les équipements nécessaires et s'occupent soit de la gestion des cabinets soit de la formation de leurs gestionnaires.

Les innovations qui tirent profit des changements de structure industrielle sont tout particulièrement efficaces si l'industrie en question et ses marchés sont dominés par un très gros fabricant (ou fournisseur), ou par seulement quelques-uns. Même s'il ne s'agit pas d'une véritable situation de monopole, les grands producteurs et fournisseurs en position dominante pêchent souvent par excès d'orgueil. Ils ont tout d'abord tendance à n'accorder aucun crédit au nouveau venu, à ne voir en lui qu'un « amateur ». Et même lorsque le nouveau venu remporte des parts de marché de plus en plus grandes, ils ont beaucoup de mal à se mobiliser pour contre-attaquer. Il aura fallu, par exemple, presque dix ans au système Bell avant de répondre aux sociétés de discount sur les appels longue distance et aux fabricants de standards P.B.X.

Un autre cas de lenteur caractérisée concerne le temps de réponse qui fut nécessaire aux fabricants américains d'aspirine lors de l'apparition sur le marché des « aspirines sans aspirine », c'est-à-dire du Tylenol et du Datril (voir chapitre 17). Une fois encore, les innovateurs ont décelé une opportunité d'innovation grâce à l'imminence d'un changement de structure industrielle découlant pour l'essentiel d'un rythme d'expansion rapide. Aucune raison n'empêchait les fabricants traditionnels d'aspirine, à savoir un tout petit nombre de très grandes sociétés, de produire et de vendre efficacement cette « aspirine sans aspirine ». Les dangers et les limites d'emploi de l'aspirine n'avaient rien de secret, les revues médicales traitaient ce sujet en long et en large. Malgré cela, les nouveaux fabricants eurent le marché pour eux pendant cinq à huit ans.

De la même manière, la poste américaine est restée de longues années sans réagir aux innovateurs qui s'emparaient de parts de plus en plus importantes des services postaux les plus rentables. La United Parcel Service commença par accaparer les envois de paquets ordinaires ; puis, ce fut autour d'Emery Air Freight et de Federal Express de prendre le contrôle du marché, encore plus rentable, des envois urgents et de l'expédition des colis de valeur. Toute la vulnérabilité de la poste tenait à la rapidité de son expansion. Son volume d'activité s'est accru si rapidement qu'elle s'est mise à négliger les services jugés mineurs, ce qui revenait à encourager les innovateurs à prendre la place.

En période de changement de structure industrielle ou commerciale, les producteurs et les fournisseurs qui dominent à un moment donné l'industrie concernée ne cesseront jamais de négliger les segments de marché les plus performants en matière de croissance. Ils continueront de s'accrocher aux pratiques vite périmées et dysfonctionnelles. Les nouvelles opportunités de croissance correspondent rarement aux méthodes qui ont « toujours » permis à l'industrie de définir le marché et de s'organiser en fonction de lui. L'innovateur en la matière a donc toutes les chances d'être laissé tranquille. Les entreprises ou les services existants continueront pendant un certain temps à prospérer en s'occupant du marché comme ils l'ont toujours fait. Ils risquent donc d'accorder peu d'attention au nouveau défi qui se présente ; ils le traiteront avec condescendance, quand ils ne l'ignoreront pas totalement.

Mais il y a une recommandation essentielle. L'innovation doit absolument rester simple. Les choses trop compliquées ne fonctionnent pas. Je citerai, à cet égard, l'une des stratégies les plus intelligentes ayant abouti à l'un des échecs les plus catastrophiques qu'il m'ait été donné de connaître.

Volkswagen est à l'origine de la transformation de l'industrie automobile qui lui a assuré un marché « mondial » à partir de 1960. La « Coccinelle » fut la première voiture depuis le Modèle T d'Henry Ford quarante ans auparavant à devenir une véritable voiture internationale. Elle était aussi omniprésente aux États-Unis que dans son pays d'origine, et aussi courante au Tanganyika qu'aux îles Salomon. Cela n'a pas empêché Volkswagen de manquer une telle opportunité qu'elle avait elle-même créée, et avant tout par excès d'ingéniosité.

Vers 1970, soit dix ans après sa percée sur le marché mondial, la Coccinelle commençait à passer de mode en Europe, mais se vendait encore passablement bien aux États-Unis, qui étaient son second marché. Au Brésil, le troisième marché de la Coccinelle, elle semblait encore promise à une longue période de croissance. Tous ces facteurs constituaient autant d'appels à une nouvelle stratégie.

Le P.-D.G. de l'époque proposa de convertir toutes les usines allemandes à la fabrication du nouveau modèle, qui devait succéder à la Coccinelle, et d'approvisionner les États-Unis avec la production des usines allemandes. La demande persistante de Coccinelles aux États-Unis serait satisfaite par les usines brésiliennes, ce qui donnerait à Volkswagen-Brésil la capacité de production nécessaire pour développer ses usines et assurer une dizaine d'années de plus de suprématie à la Coccinelle sur le marché brésilien en pleine expansion. Afin de garantir la « qualité allemande » qui était un des principaux attraits de la Coccinelle pour les clients américains, les pièces essentielles (transmission, moteur) de toutes les voitures vendues aux États-Unis seraient toujours fabriquées en Allemagne, et les modèles destinés au marché nord-américain seraient montés aux États-Unis.

Il s'agissait, à sa manière, de la première véritable stratégie « mondiale », qui organisait la fabrication et le montage dans différents pays en fonction des différentes pièces et des différents marchés. Si elle avait fonctionné, cette réorganisation eût été une excellente stratégie et une réalisation de pointe en matière d'innovation. Les syndicats allemands furent les premiers à l'étouffer. « Monter des Coccinelles aux États-Unis, cela veut dire exporter des emplois allemands », déclarèrent-ils avant de préciser qu'ils n'étaient pas d'accord. De leur côté, les vendeurs américains émettaient bien des réserves à l'égard d'une voiture « fabriquée au Brésil », même si les pièces difficiles étaient fabriquées en Allemagne. Volkswagen fut finalement obligé d'abandonner son « excellente » stratégie.

En conséquence, Volkswagen a perdu son second marché, les États-Unis. C'est Volkswagen, et non pas les Japonais, qui aurait dû bénéficier de l'explosion du marché de la petite voiture après la chute du chah d'Iran qui déclencha le second choc pétrolier. Mais les Allemands n'avaient pas de produit à proposer. Quelques années plus tard, le Brésil s'enfonça dans une grave crise économique. Les ventes automobiles chutèrent et Volkswagen-Brésil se trouve en difficulté. Il n'y avait plus de clients à l'exportation qui correspondent aux capacités de production créées dans les années 70.

Les raisons qui permettent d'expliquer pourquoi la très habile stratégie de Volkswagen a échoué, jusqu'à risquer de mettre en cause l'avenir à long terme de l'entreprise, restent secondaires. La morale de cette histoire est qu'une stratégie d'innovation « trop habile » est vouée à l'échec, tout particulièrement si elle cherche à exploiter une opportunité créée par un changement de structure industrielle. Seule une stratégie extrêmement simple, claire et spécifique, a des chances de réussir dans un tel cas de figure.

Chapitre 7

CINQUIÈME SOURCE : LA DÉMOGRAPHIE

Les sources d'innovation examinées jusqu'ici (l'imprévu, les contradictions, les besoins structuraux et les changements de structure industrielle et commerciale) se situent au sein même de l'entreprise, de l'industrie ou du marché. Elles peuvent signaler des changements qui se produiront à l'extérieur, dans l'économie, dans la société, dans le champ des connaissances. Mais elles viennent de l'intérieur.

Les autres sources d'innovation (la démographie, les changements de perception, de signification et d'état d'esprit, les connaissances nouvelles) sont extérieures. Ce sont des changements qui se produisent dans l'environnement intellectuel, politique, philosophique ou social.

I

De toutes les sources extérieures, la démographie — les changements de la population, en termes de grandeur, de structure d'âge, de composition, d'emploi, de statut éducatif et de revenu — paraît la plus claire. Ces changements sont dépourvus d'ambiguïté et offrent les conséquences les plus prévisibles.

Ils offrent également des délais que l'on peut connaître avec une quasi-certitude. Tous les membres de la population active américaine de l'an 2000 vivent déjà (ce qui ne veut pas dire qu'ils habitent tous aux États-Unis : un grand nombre de travailleurs américains de l'an 2000 peuvent aujourd'hui être des enfants qui vivent dans les « pueblos » mexicains). Tous les gens qui atteindront l'âge de la retraite en 2030 dans les pays développés font déjà partie de la population active, et pour la plupart d'entre eux travaillent déjà dans la catégorie professionnelle qu'ils occuperont à l'âge de la retraite ou au moment de leur mort. Les résultats des études suivies par les jeunes de vingt ans et plus décideront en grande partie de leur itinéraire professionnel pour les quarante années à venir.

La démographie exerce une influence majeure sur ce qui sera acheté, par qui et dans quelle quantité. Les adolescents américains par exemple achètent chaque année un grand nombre de chaussures bon marché ; ils les achètent en fonction de la mode et non pas de leur plus ou moins grande solidité. De plus, leur bourse est limitée. Dans dix ans, les mêmes personnes achèteront très peu de paires de chaussures (environ six fois moins qu'à dix-sept ans), mais ils les achèteront d'abord en fonction de leur confort et de leur durabilité, la mode ne venant qu'après. Les personnes de soixante, soixante-dix ans dans les pays développés, c'est-à-dire les gens arrivés au début de leur retraite, représentent le premier marché du voyage et des loisirs. Dix ans plus tard, ils deviennent les clients des maisons de retraite, demandeurs de nombreux (et coûteux) services de santé. Une famille qui dispose de deux salaires a plus d'argent qu'elle n'a de temps disponible, et dépense son argent en conséquence. Les personnes qui ont suivi des études très poussées pendant leur jeunesse, spécialement des études techniques et spécialisées, seront dix ou vingt ans plus tard demandeurs de formation professionnelle de haut niveau.

Mais suivre de longues années d'études veut également dire se préparer à un emploi intellectuel. Même sans la concurrence des pays à bas salaires et de leurs immenses bataillons de jeunes ouvriers peu ou pas qualifiés (l'explosion du nombre de jeunes du tiers monde a fait suite à la chute de la mortalité infantile à partir de 1956), les pays développés auraient dû s'automatiser. La seule évolution démographique (les effets combinés de la chute brutale de la natalité et de l'« explosion éducative ») rend quasiment certaine la diminution des emplois ouvriers traditionnels dans les pays développés. Vers l'an 2010, ceux-ci ne pourront représenter plus d'un tiers (et peut-être moins) des emplois ouvriers de 1970, tandis que la production industrielle automatisée sera certainement multipliée par trois ou par quatre.

Tout cela paraît si évident qu'il n'est, pense-t-on, aucun besoin de rappeler l'importance de la démographie. Les hommes d'affaires, les économistes, les politiciens ont d'ailleurs toujours reconnu l'importance décisive des tendances démographiques, des mouvements et de la dynamique des populations. Mais ils pensent également ne pas avoir à tenir compte des facteurs démographiques pour leurs prises de décisions quotidiennes. L'évolution du taux de natalité ou de mortalité, du niveau d'instruction, de la participation et de la composition de la population active ou de la résidence et des déplacements des populations paraît se produire si lentement, si progressivement, et sur des périodes si longues qu'elle ne peut offrir qu'un intérêt pratique limité. Seules les grandes catastrophes démographiques, comme la Grande Peste du XIVe siècle en Europe, semblent exercer une influence immédiate sur la société et l'économie. Pour le reste, les changements démographiques constituent des évolutions « séculaires » qui intéressent plus l'historien et le statisticien que l'homme d'affaires ou l'administrateur.

Cela a toujours été une erreur redoutable. L'émigration massive d'Européens vers les continents nord et sud-américains, vers l'Australie et la Nouvelle-Zélande, a transformé la géographie politique et économique du monde au-delà de toute comparaison. Cette émigration a donné lieu à une profusion d'opportunités ouvertes à l'esprit d'entreprise. Elle a également rendu caduc l'ensemble des concepts géopolitiques sur lesquels se fondaient les politiques européennes et les stratégies militaires depuis plusieurs siècles. Elle s'est néanmoins produite en l'espace de cinquante ans, du milieu des années 1860 à 1914.Tous ceux qui n'ont pas compris l'importance d'un tel phénomène ont pris le risque d'être très rapidement dépassés.

Jusqu'en 1860 par exemple, la maison Rothschild était la première puissance financière du monde. Les Rothschild n'ont pourtant pas su apprécier toute l'importance de ce mouvement d'émigration au-delà de l'Atlantique. Seule la « canaille » quitterait l'Europe, pensaient-ils. C'est ainsi que les Rothschild ont perdu leur influence à partir de 1870, pour ne plus être que de riches individus parmi d'autres. J.P. Morgan les a remplacés. Son « secret » fut d'avoir repéré cette émigration dès son origine, d'avoir su déceler immédiatement son importance afin d'en exploiter toute l'opportunité en fondant une banque mondiale à New York plutôt qu'en Europe, et en l'utilisant comme un moyen de financement pour les industries américaines créées grâce à cet afflux de main-d'œuvre.

De la même façon, il n'a pas fallu plus de trente ans, de 1830 à 1860, pour transformer la société rurale et agricole de l'Europe de l'Ouest et de l'est des États-Unis en une civilisation à dominante industrielle reposant sur l'existence de ses grandes villes. Les mutations démographiques étaient aussi rapides, aussi brutales, et aussi lourdes de conséquences lors des époques précédentes. La lente évolution des populations par le passé est un véritable mythe. Plus exactement, l'existence de populations statiques restant au même endroit pendant de longues périodes relève, d'un point de vue strictement historique, plus de l'exception que de la règle[1].

Ne pas tenir compte de l'évolution démographique au XXe siècle relève de la pure folie. Le postulat fondamental de notre époque se fonde sur l'instabilité intrinsèque des populations, enclines à des mutations soudaines et brutales, qui constitue le premier facteur extérieur pris en compte et analysé en détail par le décideur, qu'il soit politicien ou chef d'entreprise. Au XXe siècle par exemple, peu de phénomènes auront autant d'influence sur la politique intérieure et internationale (et sur la marche des entreprises) que le vieillissement de la population des pays développés et la véritable lame de fond démographique des jeunes adultes dans les pays du tiers monde. Quelles qu'en soient les raisons, les sociétés développées et en développement du XXe siècle sont devenues sujettes à des mutations démographiques radicales extrêmement rapides qui se produisent sans prévenir.

Les experts démographiques américains les plus réputés réunis par le président Franklin Roosevelt en 1938 étaient unanimes : la population des États-Unis atteindrait un maximum de 140 millions d'habitants vers 1943-1944 avant de diminuer progressivement. La population américaine compte aujourd'hui quelque 240 millions d'habitants, en réduisant au plus bas la part de l'immigration. Il se trouve qu'en 1949 s'est amorcé aux États-Unis, sans prévenir le moins du monde, un mouvement baptisé « baby-boom » qui, pendant une période de douze ans, a accru la taille des familles dans des proportions sans précédents. Ce phénomène s'est renversé de façon tout

1. A cet égard, les travaux des historiens modernes français de la civilisation sont déterminants.

aussi inattendue en 1960, pour laisser la place à une chute de la natalité qui réduisit la taille des familles dans des proportions également inconnues jusqu'alors. Les démographes de 1938 n'en étaient pas pour autant incompétents ou idiots, il n'y avait tout simplement aucun signe qui permettait alors de prévoir l'apparition de ce « baby-boom ».

Vingt ans plus tard, un autre président américain, John F. Kennedy, convoqua un groupe d'experts éminents pour mettre à jour son plan de développement et d'aide à l'Amérique latine, baptisé « L'Alliance pour le Progrès ». Aucun de ces experts ne fit attention, en 1961, à la chute brutale de la mortalité infantile qui allait transformer totalement la société et l'économie latino-américaines en l'espace de quinze ans. Tous prévoyaient également le développement d'une Amérique latine rurale. Ces experts n'étaient ni incompétents ni idiots, mais la chute de la mortalité infantile et l'urbanisation étaient, à l'époque, des processus à peine ébauchés.

Les analystes les plus compétents des États-Unis, en 1972-1973, ne voyaient encore aucun obstacle à la poursuite du fléchissement de la participation des femmes dans la population active, déjà engagé depuis de nombreuses années. Au moment de l'arrivée d'un nombre record d'enfants du « baby-boom » sur le marché du travail, ces mêmes experts étaient extrêmement inquiets de savoir où l'on pourrait trouver suffisamment d'emplois pour tous ces jeunes hommes (l'avenir montra que leur inquiétude n'était pas fondée, cf. l'introduction). Personne ne se posa la question de savoir où l'on trouverait suffisamment d'emplois pour les jeunes femmes : elles n'étaient pas censées en avoir besoin. Dix ans plus tard, le taux de participation des femmes de moins de cinquante ans sur le marché du travail s'élevait à 64 %, soit le plus fort pourcentage jamais atteint. La différence de participation entre les femmes mariées et non mariées ou entre les femmes avec ou sans enfants s'avérait, de plus, être relativement faible.

Ces changements ne sont pas seulement surprenants de rapidité. Ils restent souvent mystérieux, propres à défier toute explication. La chute de la mortalité infantile dans le tiers monde était tout à fait inattendue, mais peut être expliquée rétrospectivement. Elle découle de la réunion de techniques anciennes — les services de l'infirmière publique, l'installation des sanitaires en aval des puits, la vaccination, les moustiquaires — et de techniques nouvelles — les antibiotiques et les pesticides comme le D.D.T. Mais comment expliquer le baby-boom et la chute de la natalité qui lui a succédé ? Comment expliquer le soudain afflux des femmes américaines (et européennes, avec quelques années de décalage) sur le marché du travail ? Comment expliquer la ruée vers les bidonvilles des grandes cités latino-américaines ?

Si les changements démographiques ne peuvent être prévus — on peut raisonnablement décrire les mutations démographiques de ce siècle comme des phénomènes fondamentalement imprévisibles —, ils offrent néanmoins d'importants délais de réalisation avant de produire leur effet, des délais quant à eux parfaitement prévisibles. Dans cinq ans, les nouveau-nés d'aujourd'hui seront des élèves qui auront besoin de classes, de professeurs et de terrains de jeu. Dans quinze ans, ils joueront un rôle considérable en tant que consommateurs, et dans dix-neuf ou vingt ans, ils entreront sur le marché du travail. Les populations d'Amérique latine ont commencé à se développer très rapidement dès que la mortalité infantile a commencé à chuter. Les bébés qui ont survécu ne sont cependant pas allés à l'école avant cinq ou six ans, n'ont pas cherché de travail avant quinze ou seize ans. Il faut au moins dix, et souvent quinze ans pour qu'un changement en matière de niveau d'éducation se reflète sur le marché du travail et sur le niveau des qualifications.

C'est précisément la négligence des décideurs — entreprises, services publics, ou responsables politiques — à l'égard de la démographie qui en fait une opportunité aussi intéressante pour l'entrepreneur. Les responsables en question pensent encore que la démographie ne change pas, ou tout du moins qu'elle ne change pas vite. Ils vont en fait jusqu'à rejeter l'existence même des mutations démographiques : « Cela ne peut pas arriver. »

Il était devenu parfaitement évident, dès 1970, que le nombre d'élèves américains allait baisser de 25 à 30 % par rapport au niveau des années 60, et ce pendant au moins dix à quinze ans. Les enfants qui entrent à l'école en 1970 doivent manifestement être nés au plus tard en 1965. A cette date, la chute de la natalité était déjà une tendance démographique bien établie sans aucune possibilité de renversement à court terme. Cela n'empêcha pas les établissements universitaires de refuser le phénomène en bloc. L'augmentation annuelle de la population scolaire leur paraissait sans doute constituer une

« loi de la nature ». Ils ont donc poursuivi leurs efforts pour accueillir de plus en plus d'étudiants, ce qui créa un chômage important parmi les diplômés dans les années qui suivirent, suscita de fortes tensions sur les salaires des enseignants et, pour finir, provoqua la fermeture de nombreuses écoles normales d'enseignement.

Je citerai deux exemples tirés de mon expérience personnelle. J'ai publié une étude en 1957 qui prévoyait l'existence de 10 à 12 millions d'étudiants vingt-cinq ans plus tard aux États-Unis, soit au milieu des années 70. Ces chiffres étaient obtenus en additionnant simplement deux faits démographiques qui s'étaient déjà produits, à savoir la progression du nombre des naissances et l'augmentation du nombre de jeunes gens allant à l'université. Cette prévision s'avéra parfaitement correcte. Cela n'empêcha pas la quasi-totalité des universités de la traiter avec dédain. Vingt ans plus tard, en 1976, l'analyse des statistiques démographiques me fit dire que l'âge de la retraite devrait être augmenté jusqu'à soixante-dix ans sous peine de ruiner le système de retraite tout entier en l'espace de dix ans. L'évolution s'est produite encore plus vite : la retraite obligatoire à un âge quelconque fut supprimée un an après en Californie, et deux ans plus tard la retraite obligatoire avant soixante-dix ans dans le reste du pays. Les statistiques qui rendaient une telle prévision pratiquement certaine étaient publiées et connues de tous. La majorité des « experts » (économistes de gouvernement, d'entreprise, de syndicat, statisticiens) rejetèrent ces prévisions « parfaitement absurdes ». La réaction unanime fut : « Cela n'arrivera jamais. » Les syndicats proposèrent même d'abaisser l'âge obligatoire de la retraite à soixante ans et moins !

Cette mauvaise volonté — ou cette incapacité — des « experts » à prendre en compte les réalités démographiques non conformes à leurs certitudes constitue une opportunité pour l'entrepreneur. Les délais sont connus. Les faits eux-mêmes ont déjà eu lieu. Mais personne ne sait les exploiter, en tirer profit, personne ne les accepte comme des réalités, et encore moins comme des opportunités. Ceux qui défient la sagesse traditionnelle et acceptent les faits tels qu'ils sont — plus encore, ceux qui vont les chercher — peuvent donc s'attendre à avoir le champ libre pendant une bonne période. Leurs concurrents accepteront généralement les réalités démographiques quand elles seront en voie d'être modifiées par de nouvelles mutations porteuses de nouvelles réalités.

II

Je citerai ici quelques exemples d'exploitation réussie des mutations démographiques.

La plupart des grandes universités ont rejeté les chiffres « ridicules » prévoyant 10 à 12 millions d'étudiants dans les années 70. Quelques nouvelles universités ouvertes à l'esprit d'entreprise les ont néanmoins pris au sérieux. Tout aussi sceptiques de prime abord, elles sont allées vérifier les données. Elles ont donc pu confirmer leur validité, et les accepter comme la seule prévision rationnelle possible. A la différence des universités traditionnelles et des établissements « prestigieux », elles se sont organisées en prévision des inscriptions supplémentaires. Vingt ans plus tard, ces audacieux nouveaux venus se partageaient les nouveaux inscrits, et quand les inscriptions diminuèrent sur le plan national sous l'effet de la chute de la natalité, leurs effectifs d'étudiants continuèrent à progresser.

Un distributeur qui sut tenir compte du baby-boom n'était à l'époque qu'une petite chaîne de magasins de chaussures, Melville Shoe. Au début des années 60, juste avant que les premières générations du baby-boom n'atteignent l'adolescence, cette entreprise s'est orientée vers ce nouveau marché. Elle créa des magasins différents, spécialement destinés aux adolescents, redéfinit la conception de ses produits, sa publicité et ses techniques de promotion en fonction du public des seize-dix-sept ans. Elle ne se limita pas aux chaussures, mais créa une collection de vêtements pour adolescents des deux sexes. Melville devint l'un des distributeurs américains les plus performants en matière de croissance et de rentabilité. Dix ans plus tard, les autres distributeurs rattrapèrent le mouvement et commencèrent à s'occuper des adolescents, juste quand le centre de gravité démographique se déplaçait à nouveau pour se rapprocher des « jeunes adultes », c'est-à-dire les vingt-vingt-cinq ans. Melville recentrait déjà son activité en direction de cette nouvelle tranche d'âge.

Les grands spécialistes de l'Amérique latine réunis par le président Kennedy en 1961 pour le conseiller sur « l'Alliance pour le Progrès » n'ont pas su prévoir le processus d'urbanisation de ce continent. Mais une chaîne américaine de grands magasins, Sears, Roebuck & Co., l'avait vu plusieurs années auparavant, non pas en consultant les statistiques mais en se rendant sur place, et en observant les clients de Mexico, Lima, São Paulo et Bogota. Sears commença donc à construire des grands magasins à l'américaine dans les grandes villes d'Amérique latine. Ces magasins s'adressaient à une nouvelle classe moyenne urbaine, qui n'était pas « riche », mais avait des aspirations caractéristiques des classes moyennes et faisait partie intégrante de la vie économique de leur pays. Sears devint en quelques années la première chaîne de grands magasins d'Amérique latine.

Deux autres exemples montreront comment l'on peut profiter de l'évolution démographique et faire preuve d'innovation en créant une main-d'œuvre extrêmement productive. L'essor de la Citibank de New York est en grande partie dû à la prise en compte très rapide de l'arrivée de nombreuses jeunes femmes, instruites et ambitieuses, sur le marché du travail. La plupart des grands employeurs américains considéraient encore ce phénomène comme un « problème » en 1980, et beaucoup persistent aujourd'hui dans cette optique. Citibank fut quasiment le seul grand employeur à voir l'opportunité qui se présentait à eux. Ils menèrent une politique offensive de recrutement et de formation destinée à cette nouvelle catégorie de personnel, avant de les nommer à des postes d'agent-prêteur sur tout le territoire des États-Unis. L'ambition de ces jeunes femmes contribua pour une bonne part à établir la suprématie de Citibank en tant que première banque véritablement « nationale ». A la même époque, plusieurs institutions d'épargne et de prêts — secteur d'activité peu connu pour son esprit aventureux et innovateur — réalisèrent que les femmes mariées un peu plus âgées, qui avaient quitté le marché du travail pour élever leurs enfants, pouvaient devenir d'excellentes employées titulaires à temps partiel. Cela avait rarement été fait auparavant. Mais « tout le monde savait bien » que les employées à temps partiel n'étaient que des « temporaires », et que les femmes ayant quitté une fois la vie active ne reprenaient jamais d'emploi. Ces règles, parfaitement exactes dans le passé, étaient devenues désuètes sous l'effet des mutations démographiques. La volonté d'accepter une telle évolution (qui ne pouvait venir de la consulation des statistiques mais de l'observation sur le terrain) a permis à ces institutions d'épargne et de prêt, tout particulièrement en Californie, de bénéficier d'une main-d'œuvre exceptionnellement fidèle et productive.

Le succès du Club Méditerranée dans le secteur des voyages et des loisirs est purement et simplement le fruit d'une bonne utilisation d'une évolution démographique : à savoir, l'apparition, en Europe et aux États-Unis, d'un grand nombre de jeunes adultes, aisés et instruits, mais directement issus d'un milieu simple. Encore peu sûrs d'eux en tant que touristes, ils souhaitent s'en remettre à quelqu'un pour l'organisation de leurs vacances, de leurs voyages et de leurs distractions. Voilà donc des clients tout trouvés pour une nouvelle version plus « exotique » des anciennes réunions d'adolescents.

III

L'analyse des mutations démographiques commence avec les statistiques de population. Mais la population totale est certainement le chiffre le moins intéressant. La distribution par classe d'âge, par exemple, est beaucoup plus importante Dans les années 60, l'événement marquant fut la croissance rapide du nombre de jeunes dans la plupart des pays développés non communistes (à l'exception notable de la Grande-Bretagne où le baby-boom fut de courte durée). Dans les années 80, et plus encore dans les années 90, ce sera au contraire la chute du nombre de jeunes, la croissance régulière des premières classes d'âge moyen (jusqu'à quarante ans) et la croissance très rapide du nombre des personnes de soixante-dix ans et plus. Quelles opportunités offriront ces changements démographiques ? Quels seront les valeurs, les attentes, les besoins et les demandes de ces différentes classes d'âge ?

Le nombre d'étudiants dans les universités traditionnelles ne saurait augmenter. Le mieux qu'on puisse espérer est qu'il ne chute pas, c'est-à-dire que le pourcentage des jeunes de dix-huit - dix-neuf ans qui continueront leurs études après l'enseignement secondaire augmente suffisamment pour compenser la diminution du nombre total. Mais l'augmentation du nombre de personnes de trente à quarante ans qui ont fait leurs études à l'université va créer d'énormes contingents de diplômés de l'enseignement supérieur demandeurs de formation professionnelle et continue de haut niveau (médecins, juristes, architectes, ingénieurs, cadres, professeurs). Que chercheront-ils ? Quels seront leurs besoins ? Comment pourront-ils financer cette formation ? Que doit faire l'université traditionnelle pour attirer et satisfaire la demande d'étudiants aussi différents ? Et quels sont les demandes, les besoins et les valeurs des plus âgés ? Y a-t-il un ou plusieurs groupes de personnes âgées, chacun avec ses propres attentes et ses propres satisfactions ?

Le déplacement du centre de gravité de la population est l'élément essentiel de la distribution par classes d'âge et l'indicateur le plus utile en matière de prévision. Cette variable statistique représente précisément la classe d'âge qui, à un moment donné, constitue le groupe statistique le plus nombreux doté de la plus forte croissance.

A la fin de la présidence d'Eisenhower, ce centre de gravité était à son point culminant aux États-Unis et représentait la classe d'âge des trente-cinq - quarante ans. Un changement extrêmement brusque allait cependant avoir lieu en l'espace de quelques années. Sous l'effet du baby-boom, le centre de gravité de la population américaine chuta si brutalement dès 1965 qu'il devait rejoindre les niveaux les plus bas jamais atteints depuis le début de la République, à savoir les seize - dix-sept ans. On pouvait donc s'attendre à une mutation radicale des valeurs et de l'état d'esprit de cette génération — que tous les gens qui examinaient sérieusement les statistiques démographiques avaient d'ailleurs prévue. La « révolte de la jeunesse » au cours des années 60 fut avant tout un changement de l'éclairage porté sur tout ce qui avait traditionnellement caractérisé les comportements des adolescents. Le centre de gravité qui se situait auparavant autour de la trentaine (c'est-à-dire sur une classe d'âge ultra-conservatrice) permettait de classer les comportements adolescents d'un air entendu : « les jeunes seront toujours les jeunes ». Puis soudain, les années 60 ont imposé ces comportements comme la norme.

Quand tout le monde se mit à parler d'un « changement de valeur » ou du rajeunissement de l'Amérique, le balancier était déjà reparti dans l'autre sens et tout aussi brusquement. Les premiers effets de la chute de la natalité étaient déjà perceptibles vers 1969, et pas seulement dans les statistiques. 1974-1975 allaient être les dernières années où les seize-dix-sept ans constitueraient le centre de gravité de la population. Celui-ci se déplacerait à nouveau vers les vingt-cinq-trente ans au début des années 80. Ce déplacement provoquerait à son tour un changement des comportements érigés en normes « représentatives ». Les adolescents continueraient, bien entendu, à se conduire en adolescents. Mais cela serait à nouveau considéré comme des « comportements d'adolescents » et non comme des valeurs et des attitudes représentatives d'une société. On pouvait donc prédire en toute certitude (et certains d'entre nous l'ont fait) que les campus universitaires cesseraient d'être des hauts lieux de l'activisme et de la rébellion dès le milieu des années 70, et que les étudiants penseraient à nouveau sérieusement à leurs études et à leur métier. On pouvait également prévoir que l'écrasante majorité des « laissés-pour-compte » de 1968 deviendraient des « cadres dynamiques » soucieux de leur carrière, de leur avancement, des possibilités d'abris fiscaux et de « stock options [1] ».

La segmentation par niveau d'étude peut s'avérer un critère aussi important, et parfois plus (quand il s'agit de vendre des encyclopédies, de proposer de la formation continue, ou même des voyages-vacances). Il existe également la participation des salariés, la segmentation professionnelle, puis enfin, la répartition des revenus, et particulièrement du revenu disponible et discrétionnaire. Qu'advient-il, par exemple, de la propension à épargner d'une famille disposant de deux revenus ?

En réalité, la plupart des réponses à ces questions sont disponibles. C'est le pain quotidien des études de marché C'est le désir de poser des questions qui fait défaut.

Faut-il encore ne pas se contenter de consulter les statistiques. Elles sont sans aucun doute un point de départ. Ce fut celui de Melville Shoe pour se demander quelle opportunité offraient les générations d'adolescents du baby-boom à un grand magasin de mode, ou celui des dirigeants de Sears & Roebuck pour chercher un marché potentiel en Amérique latine. Mais les managers de ces grandes sociétés —

1. Actions de la société distribuées gratuitement ou à un prix préférentiel aux cadres dirigeants de l'entreprise. (N.D.L.R.)

ou les administrateurs des grandes universités métropolitaines telles que Pace à New York ou Golden Gate à San Francisco — sont ensuite allés voir et écouter sur place.

C'est exactement la façon dont Sears & Roebuck décida d'aller en Amérique latine. Le président de la société, Robert E. Wood, avait lu au début des années 50 que la taille de Mexico et de São Paulo dépasserait celle des grandes villes américaines dès 1975. Cela l'intrigua tellement qu'il alla lui-même visiter les plus grandes villes latino-américaines. Il passa une semaine dans chacune d'elles (Mexico, Guadalajara, Bogota, Lima, Santiago, Rio, São Paulo) à se promener, observer les magasins (il fut consterné par ce qu'il vit) et étudier les plans de circulation. Il comprit ainsi ce que désiraient les clients, quels magasins on devait construire, où l'on devait les situer et quels produits on devait y vendre.

Les fondateurs du Club Méditerranée ont, de la même façon, observé les clients des voyages organisés, leur ont posé des questions, les ont écoutés parler avant de construire leur premier centre de vacances. Les deux jeunes gens qui ont transformé la chaîne de magasins de chaussures Melville Shoe, alors démodée et sans caractère, en une chaîne de grands magasins de mode en pleine expansion ont passé des mois dans les centres commerciaux à écouter les clients, observer leurs façons d'acheter et leurs goûts. Quel cadre préféraient-ils pour faire leurs achats ? Les jeunes gens de sexe différent achetaient-ils leurs chaussures dans les mêmes magasins ou préféraient-ils des boutiques distinctes ? Quelles étaient les qualités importantes des produits qu'ils désiraient acheter ?

L'évolution démographique constitue une opportunité d'innovation particulièrement fiable et efficace pour tous ceux qui acceptent d'aller sur place chercher leurs informations.

Chapitre 8

SIXIÈME SOURCE : LES CHANGEMENTS DE PERCEPTION

I

Le verre est à moitié plein

Il n'existe pas de différence mathématique entre « le verre est à moitié plein » et « le verre est à moitié vide ». La signification de ces deux énoncés est néanmoins radicalement différente, ainsi que leurs conséquences. Les opportunités d'innovation se font particulièrement riches lorsque le mode de perception général passe du verre « à moitié plein » au verre « à moitié vide ».

Je donnerai ici quelques exemples des opportunités d'innovation qui ont vu le jour dans l'entreprise, le monde politique, l'enseignement, etc., grâce à de tels changements de perception.

1. Nous disposons de toutes les preuves concrètes de l'amélioration sans précédent de la santé des Américains au cours des vingt dernières années. Le taux de mortalité post-natale, l'espérance de vie, la fréquence des cancers (autres que les cancers du poumon) et leur taux de guérison, etc., tous les indicateurs de santé physique ont progressé à un assez bon rythme. Cela n'empêche pas le pays d'être victime d'une forme d'hypochondrie collective. On ne s'est jamais tant préoccupé, tant inquiété, des questions de santé. Tout semble brusquement susceptible de donner le cancer, de provoquer des maladies cardiovasculaires ou des pertes de mémoire. Le verre est manifestement « à moitié vide ». Nous ne nous intéressons pas aux grands progrès de la santé, mais au fait que nous

sommes toujours aussi loin de l'immortalité, sans faire aucun progrès dans cette voie. On pourrait presque dire que la véritable dégradation de l'état de santé des Américains concerne précisément cette inquiétude extrême à l'égard des problèmes de santé, cette peur de devenir vieux, de perdre la forme, d'être victime d'une longue maladie ou de finir sénile. Il y a vingt-cinq ans, les plus petites améliorations de la santé étaient saluées dans ce pays comme autant de grands pas en avant. Aujourd'hui, les plus grandes réussites retiennent tout juste l'attention.

Quelles qu'en soient les causes, un tel changement de perception fut un facteur important d'innovation. Il a, par exemple, créé un marché pour de nouveaux magazines consacrés à la santé. L'un d'entre eux *American Health* a atteint le million d'exemplaires en l'espace de deux ans. Un grand nombre de nouvelles entreprises ouvertes à l'innovation ont également su exploiter la peur des risques importants que présentait la nourriture traditionnelle pour la santé. Celestial Seasonings était une entreprise installée à Boulder dans le Colorado, créée par un ancien hippy de la fin des années 60 qui ramassait des herbes aromatiques dans les montagnes et les empaquetait pour aller les vendre dans la rue. Quinze ans plus tard, Celestial Seasonings réalisait un chiffre d'affaires de plusieurs centaines de millions de dollars et fut rachetée par une des plus grandes entreprises de produits alimentaires conditionnés pour plus de 20 millions de dollars. Certaines chaînes de produits diététiques sont devenues des entreprises extrêmement performantes. L'équipement de jogging est devenu un grand secteur d'activité, et comme nous l'avons déjà fait remarquer dans l'introduction, l'entreprise américaine la plus performante en matière de croissance en 1983 était une société d'équipements de culture physique à domicile.

2. Les pratiques alimentaires ont pendant longtemps été étroitement liées à l'appartenance sociale. Les gens simples « mangeaient » ; les riches « dînaient ». Ce type de perception s'est modifié au cours des vingt dernières années. Les mêmes personnes peuvent aujourd'hui « manger » et « dîner ». Une tendance consiste à « se nourrir », c'est-à-dire à absorber calories et valeur nutritive indispensables, avoir une alimentation équilibrée de la façon la plus simple possible. D'où les repas préparés, les fast-foods de McDonald's et Kentucky

Fried Chicken. Ces mêmes personnes se sont soudain transformées en « cordons bleus ». Les programmes de télévision consacrés à la bonne cuisine sont devenus très à la mode et atteignent des indices d'écoute élevés. Les livres de cuisine sont des best-sellers, de nouvelles chaînes de magasins d'alimentation de qualité ont fait leur apparition, les grands magasins eux-mêmes, s'ils font toujours 90 % de leurs ventes en alimentation courante, ont ouvert des « rayons gastronomiques », qui s'avèrent bien souvent plus rentables que les autres. Cette nouvelle perception n'est en rien spécifique aux États-Unis. En Allemagne, une jeune femme médecin me disait encore récemment : « *Wir essen sechs Tage in der Woche, aber einen tag wollen wir doch richtig speisen* » (nous nous nourrissons six jours par semaine, mais le septième jour, nous aimons « bien manger »). Il y a peu de temps encore, « *essen* » était ce que faisaient les gens simples sept jours par semaine, « *speisen* » était réservé à l'élite, les riches et les aristocrates.

3. Celui qui, en 1960, à la fin de l'administration d'Eisenhower, au début de la présidence de Kennedy, aurait prédit les progrès du statut des Noirs américains dans les dix ou quinze années à venir aurait été taxé d'illuminé ou de pauvre fou. Même la moitié de l'évolution enregistrée ces quinze dernières années par la population noire serait passée pour une vision excessive, et particulièrement optimiste. On ne trouve pas d'autre exemple d'évolution aussi rapide du statut d'un groupe social dans toute l'Histoire. Au début des années 60, le nombre d'étudiants noirs dans l'enseignement supérieur était cinq fois inférieur à celui des blancs. Dix ans plus tard, il avait rattrapé le nombre des étudiants blancs, et restait nettement supérieur à celui de nombreuses minorités blanches. Les mêmes progrès ont été réalisés en matière d'emploi, de revenu, tout particulièrement dans l'accès aux professions libérales et aux postes de cadres. Quiconque en 1960 aurait pu voir les progrès réalisés douze ou quinze ans plus tard aurait jugé le « problème noir » résolu aux États-Unis, ou du moins en excellente voie. Mais au milieu des années 80, une grande partie de la population noire voit seulement que le verre est « à moitié vide ». Le sentiment de frustration, de colère, et d'aliénation n'a en vérité fait qu'augmenter, du moins pour une fraction importante de la population noire américaine.

Ils ne voient pas les progrès des deux tiers de la communauté noire qui font aujourd'hui partie des classes moyennes tant sur le plan social qu'économique. Ils voient uniquement que le tiers restant n'a pas avancé. Ils ne voient pas à quel point les choses sont allées vite mais tout ce qu'il reste à faire, comme cela demeure lent et difficile. Ce n'est pourtant pas ce que pensent les alliés de toujours des Noirs américains, les grands courants « libéraux » américains[1] : syndicats, universitaires, membres de la communauté juive. Ceux-ci constatent les progrès, et voient le verre « à moitié plein ». C'est ce qui a provoqué une rupture fondamentale entre les Noirs et les libéraux américains et ce qui conduit plus que jamais les Noirs à trouver le verre « à moitié vide ». Les libéraux blancs pensent aujourd'hui que la communauté noire n'est plus « spoliée » comme par le passé et ne mérite plus de traitements préférentiels comme la contre-discrimination, le droit à certaines allocations spéciales, à la priorité en matière d'embauche et de promotion, etc. Cette situation a créé une opportunité pour l'arrivée d'un nouveau type de leader noir : le révérend Jesse Jackson. Pendant près d'un siècle, depuis Booker T. Washington au tournant du siècle et Walter White à l'époque du New Deal jusqu'à Martin Luther King sous les administrations Kennedy et Johnson, un représentant noir ne pouvait devenir le leader de sa communauté sans recevoir l'appui des libéraux blancs. C'était l'unique façon de s'assurer une force politique suffisante afin d'obtenir des progrès substantiels pour les Noirs américains. Jesse Jackson a compris que le changement de perception qui divise aujourd'hui les Noirs et leurs anciens compagnons d'armes, les libéraux blancs, constituait une opportunité pour créer un genre radicalement nouveau de direction du mouvement noir, qui s'appuierait sur une hostilité ouverte à l'égard des libéraux. Par le passé, être aussi anti-libéral, anti-juif et aussi opposé à l'union que Jackson l'a été l'aurait conduit droit au suicide politique. C'est précisément ce qui lui a permis de devenir, en l'espace de quelques semaines de l'année 1984, le leader incontesté de la communauté noire américaine.

4. Les féministes américaines jugent aujourd'hui les

1. Aux États-Unis, les « libéraux » se situent généralement au centre-gauche, sont favorables à l'extension des libertés civiles (Civil Rights Movement) et à l'intervention de l'État en faveur des pauvres et des opprimés. Ils sont donc aux antipodes du « libéralisme » économique. (N.d.T.)

années 30 et 40 comme les années les plus sombres de la condition féminine, pendant lesquelles les femmes étaient écartées de toute participation dans la société. A la lumière des faits, rien ne saurait être plus absurde. L'Amérique des années 30 et 40 fut dominée par la présence de femmes extrêmement célèbres. Eleanor Roosevelt, la première femme du président, a joué un rôle de premier plan, faisant preuve d'une force morale, d'une compassion et d'une ténacité dans l'affirmation de ses principes encore jamais égalées par aucun citoyen américain. Son amie Frances Perkins, la première femme ministre aux États-Unis, fut en tant que secrétaire au Travail le membre le plus influent et le plus efficace du gouvernement Roosevelt. Anna Rosenberg fut tout d'abord la première cadre supérieure d'une très grande entreprise américaine, en tant que vice-présidente de Macy's, la première chaîne de grands magasins de l'époque, pour devenir ensuite le « patron » des généraux, au poste de sous-secrétaire à la Défense chargée des effectifs pendant la guerre de Corée. Un grand nombre de femmes influentes et efficaces furent élues présidentes d'universités et de collèges d'enseignement supérieur, qui devinrent toutes des personnalités nationales. Clare Booth Luce et Lillian Hellman étaient les grands auteurs dramatiques de l'époque. Clare Luce devint par la suite une personnalité politique importante, élue représentante du Connecticut au Congrès et ambassadeur des États-Unis en Italie. Les progrès de la médecine les plus célèbres de l'époque étaient également l'œuvre d'une femme, Helen Taussig, qui pratiqua la première intervention chirurgicale sur un cœur humain. Cette opération dite du « bébé bleu » n'a pas seulement permis de sauver d'innombrables enfants de par le monde, mais ouvrit la voie à la chirurgie cardiaque, aux transplantations et aux dérivations vasculaires. La chanteuse Marian Anderson fut la première femme noire qui entra dans tous les foyers américains grâce à la radio, la première personnalité noire à aller droit au cœur et à la conscience de millions d'Américains, comme aucun Noir ne l'avait jamais fait et ne le referait pas avant Martin Luther King, vingt-cinq ans plus tard. On pourrait continuer cette liste indéfiniment.

Toutes ces femmes étaient fières et conscientes de leurs réalisations, de l'importance de leur action. Elles ne se voyaient pourtant pas comme des « modèles ». Elles n'intervenaient pas en tant que femmes mais en tant qu'individus. Elles ne se sentaient pas « représentatives » mais exceptionnelles.

Comment et pourquoi un changement s'est-il produit, je laisse le soin de l'expliquer aux futurs historiens. Mais quand ce changement eut lieu, autour de 1970, ces grandes femmes de l'histoire américaine sont devenues « inexistantes » aux yeux de la nouvelle génération de féministes. Aujourd'hui, une femme qui ne travaille pas, ou qui, si elle travaille, n'occupe pas un emploi traditionnellement masculin est jugée comme peu représentative.

Quelques entreprises ont cru déceler une situation opportune dans une telle évolution (voir, par exemple, le cas de Citibank au chapitre 7). Ce ne fut pourtant pas le cas des secteurs d'activité où les femmes étaient depuis longtemps acceptées à des postes de responsabilités, comme les grands magasins, les agences de publicité, la presse périodique ou l'édition. Ces employeurs traditionnels de femmes à des postes de direction ou d'encadrement ont aujourd'hui moins d'emplois féminins à responsabilité qu'ils n'en avaient il y a trente ou quarante ans. Citibank paraissait, à l'inverse, excessivement « macho », et c'est peut-être la raison pour laquelle cette entreprise a perçu l'existence d'un changement. Cette société a saisi dans cette nouvelle perception que les femmes avaient d'elles-mêmes l'opportunité de recruter un personnel féminin exceptionnellement qualifié, ambitieux et combatif, et de le garder. Elle put mener une telle politique sans aucune concurrence de la part des employeurs traditionnels de femmes décidées à faire carrière. En d'autres termes, les innovateurs qui cherchent à tirer profit d'un changement de perception peuvent le plus souvent espérer avoir le champ libre pendant une longue période.

5. Un exemple plus ancien illustre un type d'exploitation comparable d'un changement de perception. Au début des années 50, la population américaine commença à s'assimiler en majorité aux classes moyennes, quels que soient leurs revenus ou leur profession, ou presque. Les Américains avaient manifestement modifié leur perception de leur propre position sociale. Que signifiait un tel changement ? William Benton, un cadre en publicité qui devint par la suite sénateur du Connecticut, voulut se rendre compte par lui-même. Quand il demanda aux gens ce que le terme « classes moyennes » signifiait pour eux, les réponses furent sans équivoque : par

opposition à « classe ouvrière », appartenir aux « classes moyennes » signifiait pouvoir donner les moyens à ses enfants de réussir en faisant de bonnes études. Benton décida aussitôt de vendre l'*Encyclopaedia Britannica* aux parents dont les enfants étaient la première génération à aller au lycée, souvent par le biais de leurs enseignants. « Les enfants des classes moyennes achètent l'*Encyclopaedia Britannica* pour réussir à l'école », assurait le vendeur. En l'espace de trois ans, Benton avait remonté une entreprise auparavant moribonde. Dix ans plus tard, cette société appliqua, pour des raisons identiques, la même stratégie au Japon avec le même succès.

6. Une réussite ou un échec imprévus sont souvent les signes annonciateurs d'un changement de perception et de signification. Le chapitre 3 de ce livre a montré comment la Thunderbird est née des cendres de l'Edsel. Ford s'était rendu compte du changement de perception en cherchant une explication pour l'échec de l'Edsel. Le marché de l'automobile, qui il y a quelques années encore était segmenté par groupe de revenus, était maintenant perçu par les clients comme divisé en différents « styles ».

Lors d'un changement de perception, les faits eux-mêmes ne changent pas. C'est la signification qui est modifiée, qui passe du verre « à moitié vide » au verre « à moitié plein », de la sensation d'appartenir à la classe ouvrière, d'être né avec cette « place dans la société », à l'idée que l'on peut choisir sa position sociale, contrôler son avenir économique et que l'on fait partie des classes moyennes. Un tel changement peut être très rapide. Il a pris moins de deux ans dans le domaine de l'informatique. Il n'a sans doute pas fallu guère plus de dix ans pour que la majorité de la population américaine qui se considérait comme appartenant à la classe ouvrière se sente assimilée aux classes moyennes.

L'économie ne décrète pas forcément un tel changement, et peut même s'avérer sans rapport avec lui. En termes de répartition des revenus, la Grande-Bretagne est un pays plus égalitaire que les États-Unis. Près de 70 % des Britanniques considèrent encore qu'ils appartiennent à la classe ouvrière, même si, d'un point de vue strictement économique, au moins les deux tiers de la population britannique dispose de revenus supérieurs à ceux attribués à la classe ouvrière et plus de la moitié d'entre eux seraient classés parmi les classes moyennes plutôt aisées. C'est l'état d'esprit plus que la réalité qui décide si le verre est à moitié plein ou à moitié vide. C'est le fruit d'expériences que l'on pourrait appeler « existentielles ». Que les Noirs américains voient aujourd'hui le verre à moitié vide dépend autant des plaies mal refermées au cours des siècles passés que de la société américaine contemporaine. Qu'une majorité d'Anglais se sente encore proche de la classe ouvrière est pour une bonne part l'héritage de divisions du XIXe siècle. Quant à l'hypochondrie des Américains, elle exprime bien plus certaines valeurs typiquement américaines, telles que le culte de la jeunesse, qu'une réalité statistique quelconque.

Que les sociologues et les économistes puissent ou non expliquer ce phénomène de perception n'est pas la question. C'est malgré tout une réalité, qui reste très souvent inquantifiable. Ou plus exactement, le temps nécessaire pour qu'elle puisse être quantifiée est bien trop long pour en tirer l'opportunité d'une innovation. Elle n'en est pas pour autant inconnue ou intangible. Elle est concrète, elle peut être définie, vérifiée, et surtout, mise à profit.

II

Le problème de la gestion du temps : le « Timing »

Les cadres d'entreprises et les administrateurs reconnaissent le pouvoir de l'innovation fondée sur la perception. Mais ils ont tendance à s'en écarter en raison de son caractère peu « pratique ». Ils jugent l'innovateur comme quelqu'un de « bizarre », un peu « illuminé ». Il n'y a pourtant rien de bizarre au sujet de l'*Encyclopaedia Britannica,* de la Ford Thunderbird ou des recettes de Celestial Seasonings. Il va de soi que l'innovateur est souvent proche du domaine d'innovation concerné. Mais la seule chose qui les différencie est leur aptitude à se mettre à l'écoute de l'opportunité.

Un des plus grands magazines de cuisine actuel fut créé par un jeune homme qui écrivait des rubriques gastronomiques dans la revue d'une compagnie aérienne. Il décela un changement de perception en lisant trois histoires différentes dans le même numéro d'un journal du dimanche. Le premier article affirmait que les repas préparés représentaient plus de la moitié des repas consommés aux États-Unis et allaient atteindre les trois quarts en quelques années. Le second parlait d'une émission de télévision consacrée à la « bonne cuisine » qui battait tous les records d'écoute. Le troisième présentait un livre de recettes publié en livre de poche, c'est-à-dire destiné au grand public, qui figurait parmi les meilleurs best-sellers du moment. Ces contradictions apparentes l'ont poussé à se demander ce qui se cachait derrière tout cela. Un an plus tard, il lançait un magazine culinaire d'un type nouveau, comme on n'en avait encore jamais vu sur le marché.

Citibank a pris conscience de l'opportunité présentée par l'arrivée de cadres féminins sur le marché du travail quand ses recruteurs à l'université se déclarèrent dans l'incapacité de respecter les instructions qui leur étaient données : embaucher les meilleurs étudiants en finance et en marketing. Les meilleurs étudiants dans ces domaines étaient de plus en plus des étudiantes. De nombreux autres recruteurs ont fait la même remarque à leur entreprise pour s'entendre souvent répondre : « Essayez par tous les moyens de recruter les garçons qui forment le haut du panier des diplômés. » La direction de Citibank a perçu cette évolution comme une nouvelle opportunité et agi en conséquence.

Tous ces exemples démontrent cependant la principale difficulté de ce type d'innovation : la question du « timing ». Si Ford avait attendu ne serait-ce qu'une année après l'échec de l'Edsel, son nouveau marché serait allé à la Pontiac de General Motors. Si Citibank n'avait pas été la première à embaucher des femmes diplômées des grandes écoles de commerce, elle ne serait pas devenue l'employeur préféré des meilleures recrues et des jeunes femmes les plus ambitieuses décidées à faire carrière.

Il n'est pourtant rien de plus dangereux que l'exploitation prématurée d'un changement de perception. En premier lieu parce que nombre de prétendus changements s'avèrent n'être que des lubies passagères dont on n'entendra plus parler un ou deux ans après. Ensuite parce qu'il n'est pas toujours facile de faire la différence entre un véritable changement et une simple toquade. L'engouement des enfants pour les jeux informatiques n'était qu'une toquade. Les entreprises qui, à l'image d'Atari, ont cru déceler un changement de perception se sont maintenues une ou deux années, avant d'en être les victimes. L'intérêt de leurs parents pour l'ordinateur familial représente au contraire un vrai changement. Il est d'ailleurs presque impossible d'en prévoir les conséquences. L'exemple des révoltes d'étudiants — en France, au Japon, en Allemagne et aux États-Unis — au cours des années 60 est caractéristique. A la fin de la décennie, tout le monde était certain qu'elles auraient des conséquences profondes et durables. Qu'en est-il aujourd'hui ? En ce qui concerne les universités, ces mouvements semblent n'avoir exercé aucun effet durable. Et qui aurait pensé que, quinze après, les étudiants révolutionnaires de 1968 seraient devenus les « yuppies » (Young Urban Professionals) auxquels s'adressait le sénateur Gary Hart lors des primaires de 1984, ces jeunes cadres « dynamiques », ultra-matérialistes, à la conscience professionnelle aiguisée et qui manœuvrent pour leur prochain avancement ? Il y a en vérité beaucoup moins de « marginaux » aujourd'hui que par le passé. La seule différence tient dans l'intérêt que leur portent les médias. L'arrivée des homosexuels — en tant que tels — sur le devant de la scène peut-elle s'expliquer par les révoltes d'étudiants de 1968 ? Ce ne sont certainement pas des conséquences que les étudiants eux-mêmes ou les observateurs et autres gourous de l'époque auraient pu prévoir.

Malgré cela, choisir le bon moment est la base de tout. « L'imitation créative » (voir chapitre 17) ne peut suffire à transformer un changement de perception en une opportunité d'innovation. Il faut arriver le premier. Et c'est précisément parce qu'il est si difficile de savoir si un changement sera durable ou éphémère et de prévoir ses véritables effets, que les innovations fondées sur une nouvelle perception doivent démarrer sur une petite échelle et commencer par être extrêmement spécifiques.

Chapitre 9

SEPTIÈME SOURCE : LES CONNAISSANCES NOUVELLES

L'innovation fondée sur les connaissances nouvelles est la « super-star » de l'esprit d'entreprise. Elle a droit à la publicité et à l'argent. Elle va généralement de soi quand on parle d'innovation. Les innovations permises grâce aux nouvelles connaissances n'ont évidemment pas toutes la même valeur. Certaines sont tout à fait négligeables. Beaucoup figurent malgré tout parmi les plus importantes de l'histoire de l'innovation. Ces connaissances, nous l'avons déjà vu au chapitre 2, ne sont pas obligatoirement techniques ou scientifiques. Les innovations fondées sur de nouvelles connaissances sociales ont des effets tout aussi considérables, voire parfois encore plus essentiels.

Leurs caractéristiques fondamentales diffèrent de celles de toutes les autres innovations : délais, taux d'échec, prévisibilité et défi posé à l'entrepreneur. Comme la plupart des « super-stars », les innovations fondées sur de nouvelles connaissances ont un tempérament difficile, elles sont capricieuses et ne se laissent pas diriger facilement.

I

Caractéristiques

Les innovations fondées sur des connaissances nouvelles ont des délais de mise en œuvre plus longs que toutes les autres catégories. Il se passe un laps de temps important entre l'apparition d'une nouvelle découverte et le moment où elle devient applicable du point de vue technique. Il faut encore attendre longtemps pour que cette nouvelle technique soit présente sur le marché sous la forme de produits, de procédés et de services.

Le biochimiste Paul Ehrlich élabora la théorie de la chimiothérapie, c'est-à-dire du contrôle des micro-organismes bactériens dans les composants chimiques, entre 1907 et 1910. Il inventa lui-même le premier médicament antibactérien, le Salvarsan, pour combattre la syphilis. Les sulfamides, qui sont l'application de la chimiothérapie d'Ehrlich à un large spectre de maladies bactériennes, sont apparues sur le marché après 1936, soit vingt-cinq ans plus tard.

Rudolph Diesel conçut le moteur qui porte son nom en 1897. Chacun comprit immédiatement qu'il s'agissait d'une innovation considérable. Il n'y eut pourtant que très peu d'applications pratiques pendant de nombreuses années. C'est en 1935 qu'un Américain, Charles Kettering, repensa totalement ce moteur pour lui permettre d'assurer la propulsion d'un large éventail de navires, de locomotives, de camions, de bus et d'automobiles.

C'est l'accumulation d'un certain nombre de connaissances qui a permis l'invention de l'ordinateur. Ce fut d'abord le système binaire, principe mathématique qui remonte au XVIIe siècle et qui permet d'exprimer tous les nombres avec seulement deux chiffres : un et zéro. Cette théorie fut appliquée à une machine à calculer par Charles Babbage dans la première moitié du XIXe siècle. En 1890, Herman Hollerith inventa la carte perforée, à partir d'une invention du Français Jacquard qui datait du début du siècle. La carte perforée permet de transformer des chiffres en des « instructions ». En 1906, l'Américain Lee de Forest inventa la lampe triode qui fut à l'origine de l'électronique. Dans leur *Principia Mathématica,* Bertrand Russel et Alfred North Whitehead créèrent entre 1910 et 1913 la logique symbolique qui nous permet d'exprimer tous les concepts logiques par des nombres. Puis au cours de la Première Guerre mondiale, on inventa les concepts de programmation et de feedback, à l'origine pour les besoins de l'artillerie aérienne. En conclusion, toutes les connaissances étaient réunies dès 1918 pour créer l'ordinateur qui ne fut pourtant pas opérationnel avant 1946.

C'est un cadre du département de fabrication de chez

Ford qui inventa le mot « automation » en 1951 et définit en détail tout le processus de fabrication nécessaire. La « robotique » et l'automatisation de l'usine furent largement débattues pendant quelque vingt-cinq années, mais rien ne s'est réellement produit pendant une longue période. Nissan et Toyota n'ont pas introduit les robots dans leurs usines avant 1978. Au début de 1980, General Electric construisit une usine de locomotives automatisée à Erie, en Pennsylvanie. General Motors commença alors à automatiser plusieurs usines de moteurs et de pièces détachées. Volkswagen a inauguré le « Hall 54 » au début de 1985 comme sa première unité de fabrication presque entièrement automatisée.

Buckminster Fuller, qui se disait « géomètre » et qui était mi-mathématicien et mi-philosophe, appliqua la topologie à la conception de la « Maison Dymaxion », qu'il avait baptisée ainsi parce qu'il aimait bien ce nom. La maison Dymaxion combine le plus grand espace de vie possible avec la plus petite surface disponible. Elle bénéficie par conséquent d'une isolation, de conditions de chauffage et de refroidissement optimales, et d'une acoustique merveilleuse. Elle peut également être construite avec des matériaux légers, n'a pas besoin de fondations et d'un minimum de soubassement, et peut résister à un tremblement de terre ou aux coups de vent les plus violents. Fuller a construit une maison Dymaxion sur le campus d'une petite faculté de Nouvelle-Angleterre, qui est restée telle quelle. On a peu construit de ces maisons aux États-Unis : les Américains n'aiment pas vivre dans des maisons circulaires. Puis vers 1965, on a commencé à bâtir des structures Dymaxion sur l'Arctique et l'Antarctique où les constructions traditionnelles sont peu pratiques, coûteuses et difficiles à édifier. Elles sont, depuis cette époque, de plus en plus utilisées pour les grandes structures telles que les auditoriums, les chapiteaux, les maisons des sports, etc.

Seules d'importantes crises externes peuvent raccourcir ce délai de mise en œuvre. La lampe triode de De Forest inventée en 1906 aurait pu donner naissance à la radio presque immédiatement. A l'inverse, la radio n'aurait pas vu le jour avant les années 30 si la Première Guerre mondiale n'avait pas obligé les États, et en particulier le gouvernement américain, à encourager le développement de la transmission sans fil. Les téléphones de campagne reliés par fil paraissaient trop peu fiables et la télégraphie sans fil était limitée aux points et aux traits. La radio a donc fait son apparition dès les années 20, ce qui représente toutefois un délai de quinze ans par rapport à l'invention technique dont elle est issue.

De la même manière, la pénicilline n'aurait sans doute pas vu le jour avant les années 50 sans la Seconde Guerre mondiale. Alexandre Fleming avait découvert la moisissure antibactérienne de *Penicillium* au milieu des années 20. Le biochimiste anglais Howard Florey commença à travailler sur cet agent antibactérien dix ans plus tard. Mais c'est la Seconde Guerre mondiale qui a précipité l'introduction de la pénicilline en thérapeutique. La nécessité de disposer d'un médicament puissant pour lutter contre les infections conduisit le gouvernement britannique à encourager les recherches de Florey. On lui a fourni des soldats anglais en guise de cobayes sur tous les fronts où ils combattaient. L'ordinateur aurait sans doute aussi dû attendre la découverte du transistor par le laboratoire Bell, en 1947, si la Seconde Guerre mondiale n'avait pas conduit le gouvernement américain à encourager la recherche informatique en lui consacrant d'importantes ressources humaines et financières.

Le délai important exigé par les innovations fondées sur des connaissances nouvelles ne concerne pas seulement les domaines techniques et scientifiques.

Le comte de Saint-Simon a développé la théorie de la banque d'affaires juste après les guerres napoléoniennes. Cette théorie cherche à définir un emploi du capital qui soit efficace et générateur de développement économique. Avant cette date, les banquiers prêtaient de l'argent contre « caution », l'argent étant garanti par le droit du prince à lever des impôts. Le banquier de Saint-Simon devait « investir », c'est-à-dire créer de nouvelles capacités productrices de richesse. Saint-Simon exerça une influence considérable sur son temps et un véritable culte s'est bâti autour de son souvenir et de ses idées après sa mort en 1826. Il fallut néanmoins attendre 1852 avant que deux disciples, les frères Jacob et Isaac Pereire, ne créent la première banque d'affaires, le Crédit Mobilier, et marquent ainsi le début de ce que nous appelons aujourd'hui le « capitalisme financier ».

Une grande partie des connaissances nécessaires au management d'aujourd'hui était, de la même façon, disponible dès la fin de la Première Guerre mondiale. En 1923, Herbert Hoover, qui allait bientôt devenir président des États-Unis, et

Thomas Masaryk, fondateur et président de la Tchécoslovaquie, réunirent le premier congrès international de management à Prague. A la même époque, plusieurs grandes sociétés comme Du Pont de Nemours et General Motors aux États-Unis, commencèrent à se réorganiser en fonction de ces nouveaux concepts de management. Dans les dix années qui suivirent, quelques fidèles d'entre les fidèles, tel que l'Anglais Lyndall Urwick, fondateur de la première société de conseil en management qui porte encore son nom, commencèrent à écrire sur la question. Il fallut cependant attendre la publication de mes premiers livres — *Concept of the Corporation* en 1946 et *Practice of Management* en 1954 — pour que le management devienne une discipline accessible à tous les chefs d'entreprise. Auparavant, chaque étudiant ou praticien du management se concentrait sur un domaine distinct; Urwick par exemple, sur les questions d'organisation, d'autres sur la gestion des personnels, etc. Mes livres ont permis de codifier, d'organiser et de systématiser cette recherche, et le management a pris une envergure mondiale en l'espace de quelques années.

Nous connaissons aujourd'hui les mêmes problèmes de délai avec la théorie pédagogique. L'étude scientifique de l'apprentissage des connaissances a débuté vers 1890 avec Wilhem Wundt en Allemagne et William James aux États-Unis. Après la Seconde Guerre mondiale, B.F. Skinner et Jerome Bruner, de Harvard, ont élaboré et expérimenté les théories fondamentales de l'apprentissage, Skinner en matière de comportement et Bruner sous l'angle de la connaissance. Ces théories commencent seulement à être prises en compte dans nos écoles. Le temps est peut-être venu qu'un entrepreneur fonde des écoles à partir de nos connaissances en matière de pédagogie plutôt que sur la base des commérages qui circulent de génération en génération sur le sujet.

En résumé, le délai nécessaire pour qu'une connaissance devienne une technique applicable et commence d'être acceptée sur le marché est de vingt-cinq à trente-cinq ans.

Ce délai n'a guère changé au fil des siècles. L'opinion selon laquelle les découvertes scientifiques vont plus vite que jamais sur le plan des techniques, des produits et des procédés, est aujourd'hui largement répandue. C'est en grande partie une illusion. Vers 1250, l'Anglais Roger Bacon, qui était un moine franciscain, démontra que les défauts de réfraction de l'œil pouvaient être corrigés avec des verres optiques. Cette idée était incompatible avec l'état des connaissances de l'époque. Galien, le médecin de l'Antiquité, la référence médicale « infaillible » du Moyen Age, avait « démontré de façon définitive » que cela n'était pas possible. Roger Bacon vivait et travaillait aux limites du monde civilisé d'alors, au fin fond du North Yorkshire. Une peinture murale, peinte trente ans plus tard (et que l'on peut encore voir) au palais des Papes d'Avignon, montre cependant de vieux cardinaux qui portent des lunettes. Des miniatures montrent que certains vieux courtisans de la cour du sultan du Caire faisaient de même dix ans plus tard. Le moulin à eau, qui fut la première véritable « automation », fut inventé autour de l'an 1000 par des moines bénédictins d'Europe du Nord pour moudre le grain. Son fonctionnement s'est répandu à travers toute l'Europe en l'espace de trente ans. Le bois de graveur et le caractère mobile d'imprimerie inventé par Gutenberg sont apparus trente ans après la découverte de l'imprimerie chinoise par l'Occident.

Le délai nécessaire entre une connaissance nouvelle et les innovations qui en découlent semble inhérent à la nature même de la connaissance. Nous n'en connaissons pas la raison. Que le même délai soit nécessaire à une nouvelle théorie scientifique n'est peut-être pas une simple coïncidence. Thomas Kuhn a démontré en 1962 dans un ouvrage révolutionnaire, *La Structure des révolutions scientifiques*, qu'il fallait environ trente ans pour qu'une théorie scientifique devienne un nouveau paradigme, c'est-à-dire un nouvel énoncé que les scientifiques prennent en compte et incorporent dans leurs propres travaux.

Convergences

La seconde — et parfaitement unique — caractéristique des innovations fondées sur des connaissances nouvelles est qu'elles ne s'appuient jamais sur un seul facteur mais sur la convergence de plusieurs types de connaissances, qui ne sont pas toutes scientifiques ou techniques.

Notre siècle compte peu d'innovations fondées sur des connaissances nouvelles qui aient été un plus grand progrès pour l'humanité que l'hybridation végétale et animale. Cela a permis à notre planète de nourrir une population beaucoup plus nombreuse dans des conditions que personne n'aurait crues possibles il y a seulement cinquante ans. La première expérience réussie dans le domaine végétal fut l'hybridation du maïs. C'était le résultat de vingt années de recherches difficiles menées par Henry C. Wallace, éditeur d'un journal agricole dans l'Iowa. Il devint plus tard ministre de l'Agriculture sous la présidence de Harding et de Coolidge, et reste le seul détenteur de cette charge dont le nom évoque autre chose que la distribution de subventions. L'hybridation du maïs repose sur deux connaissances fondamentales. L'une était issue de la découverte vers 1880 de la vigueur d'hybridation par un éleveur du Michigan, William J. Beal. L'autre était la redécouverte de la génétique de Mendel par le biologiste hollandais Hugo de Vries. Les deux hommes ne se connaissaient pas. Leurs travaux étaient complètement différents dans leurs projets et leurs contenus. Seule l'association des deux a permis de réaliser l'hybridation du maïs.

L'aéroplane des frères Wright s'appuyait également sur deux connaissances fondamentales. L'une était le moteur à essence découvert au milieu des années 1880 pour faire avancer les automobiles de Karl Benz et de Gottfried Daimler. L'autre était mathématique et concernait l'aérodynamique, élaborée à l'origine par des expériences sur planeurs. Ces deux champs de connaissances se sont développés de façon totalement indépendante, et c'est la réunion des deux qui a donné naissance à leur aéroplane.

Nous avons déjà vu comment l'ordinateur était issu de la réunion de cinq disciplines différentes. Une invention scientifique, la lampe triode ; une importante découverte mathématique, la théorie binaire ; une nouvelle logique ; la conception de la carte perforée ; et les concepts de programme et de feedback. Aucun ordinateur n'aurait pu être construit avant l'avènement de ces cinq données. Le mathématicien anglais Charles Babbage est souvent appelé « le père de l'ordinateur ». On entend fréquemment dire que c'est uniquement l'absence de courant électrique et des métaux appropriés qui empêcha Babbage de construire un ordinateur. C'est une erreur. Même si Babbage avait pu disposer des métaux nécessaires, il aurait pu, au mieux, inventer ce que nous appelons aujourd'hui une caisse enregistreuse. Sans la logique, la conception de la carte perforée et les concepts de programme et de feedback, il ne pouvait qu'« imaginer » l'ordinateur

Les frères Pereire ont fondé la première banque d'affaires en 1852, qui fit faillite en quelques années parce qu'ils ne disposaient que d'une seule connaissance fondamentale sur les deux qui sont nécessaires à la création d'une banque d'affaires. Ils s'appuyaient sur une théorie de finance créatrice qui leur permit de devenir de brillants capitalistes d'entreprise. Mais il leur manquait la connaissance systématique du système bancaire qui se développait au même moment de l'autre côté de la Manche, et qui fut codifié dans l'ouvrage classique du Britannique Walter Bahegot, *Lombard Street*. Après leur échec au début des années 1860, trois jeunes gens reprirent l'aventure là où les frères Pereire s'étaient arrêtés, et ajoutèrent avec succès la connaissance fondamentale du système bancaire au concept de capital-risque. Le premier avait été formé à Londres mais avait étudié de près le Crédit Mobilier des frères Pereire. Il s'appelait J.P. Morgan. Le second était un jeune Allemand, Georg Siemens, qui fonda la « banque universelle ». Cela signifiait qu'une banque était à la fois une banque de dépôt sur le modèle britannique et une banque d'affaires sur le modèle des frères Pereire. Le troisième venait de Tokyo. Shibusawa Eichii était un des premiers Japonais venus en Europe pour mieux étudier la banque, à Paris et à Londres. Il donna naissance à une version japonaise de la « banque universelle » et fut l'un des fondateurs de l'économie japonaise moderne. La Deutsche Bank de Siemens et la Daichi Bank de Shibusawa existent encore aujourd'hui et sont respectivement les banques les plus importantes de R.F.A. et du Japon.

Le premier homme qui imagina le journal tel que nous le connaissons sous sa forme moderne fut l'Américain James Gordon Bennett, qui fonda le *New York Herald*. Bennett avait parfaitement compris tous les problèmes : un journal devait disposer de revenus suffisants pour être indépendant sur le plan rédactionnel, mais devait se vendre assez bon marché pour avoir un grand tirage. Soit les journaux précédents obtenaient leurs revenus en vendant leur indépendance, pour devenir en ce cas des laquais et des propagandistes à la solde d'une faction politique, comme l'étaient la plupart des journaux américains et presque tous les journaux européens de l'époque. Soit, à l'image du représentant le plus aristocratique de la presse de l'époque, le *Times* de Londres, ils étaient écrits « par des gentlemen pour des gentlemen », mais vendus si cher que seule une petite élite pouvait se les offrir. Bennett s'est très intelligemment servi des connaissances techniques fondamentales nécessaires à un journal moderne : le télégraphe et l'imprimerie rapide. Ces techniques lui ont permis d'éditer un journal pour un coût inférieur aux journaux traditionnels. Il savait qu'il lui fallait une composition rapide, qui ne fut pourtant pas inventée avant sa mort. Il avait également perçu l'importance de l'une des deux connaissances non scientifiques, l'alphabétisation à grande échelle, qui permettait le grand tirage et l'abaissement des coûts. Mais il lui manqua la cinquième connaissance indispensable : le recours à la publicité à grande échelle comme source de revenus et garantie de l'indépendance rédactionnelle. Bennett connut personnellement une réussite spectaculaire et fut le premier des magnats de la presse. Mais son journal ne prit jamais le leadership et ne connut pas non plus la sécurité financière. Ces objectifs furent atteints vingt ans plus tard, vers 1890, par trois hommes qui ont compris et su tirer profit de la publicité : Joseph Pulitzer, d'abord à Saint Louis puis à New York; Adolph Ochs, qui reprit un *New York Times* moribond pour en faire un des plus grands journaux des États-Unis; et Randolph Hearst, qui inventa le groupe de presse moderne.

Le plastique, et en premier lieu, le nylon, sont nés de la convergence d'un certain nombre de connaissances différentes, qui firent toutes leur apparition vers 1910 : la chimie organique, domaine où les Allemands font figure de pionniers et qui fut ensuite perfectionnée par un chimiste belge travaillant à New York, Léo Baekeland; la diffraction des rayons X qui permit de comprendre la structure des cristaux; et la technique du vide absolu. Le dernier facteur fut la pression exercée par la période de pénurie de la Première Guerre mondiale qui encouragea les Allemands à investir énormément sur la recherche des polymères afin d'obtenir un produit de remplacement pour le caoutchouc. Il fallut néanmoins attendre vingt ans de plus pour que le nylon soit prêt à la commercialisation.

Une innovation fondée sur des connaissances reste prématurée et vouée à l'échec tant que toutes les connaissances nécessaires à sa mise en œuvre ne sont pas réunies. Dans la plupart des cas, l'innovation n'a pas lieu avant que ces multiples facteurs ne soient déjà connus, déjà disponibles et déjà employés ici ou là. Ce fut le cas de la « banque universelle » de 1865-1875 ou de l'ordinateur après la Seconde Guerre mondiale. Il arrive que l'innovateur puisse identifier les « chaînons manquants » afin de travailler à leur élaboration. Joseph Pulitzer, Adolph Ochs et William Randolph Hearst ont contribué pour une grande part à la création de la publicité. Cette dernière a par la suite donné naissance à ce que nous appelons les « médias », c'est-à-dire la fusion de l'information et de la publicité dans la « communication de masse ». Les frères Wright ont pu identifier les champs de connaissances qui leur faisaient défaut (essentiellement les mathématiques) avant de les développer, en construisant un tunnel d'essai aérodynamique pour tester *in vivo* leurs théories mathématiques. L'innovation sera mort-née et ne « décollera » jamais tant que toutes les connaissances indispensables à sa réalisation ne seront pas réunies.

Samuel Langley par exemple, dont les contemporains pensaient qu'il serait l'inventeur de l'avion, était un scientifique beaucoup plus expérimenté que les frères Wright. En tant que secrétaire du plus grand organisme scientifique américain de l'époque, la Smithonian Institution de Washington, il disposait également de toutes les ressources scientifiques du pays. Mais Langley ignora le moteur à essence qui avait pourtant déjà été inventé à son époque. Il croyait au moteur à vapeur. Son avion pouvait donc voler, mais, à cause du poids du moteur à vapeur, ne pouvait transporter aucune charge et encore moins un pilote. L'invention de l'avion exigeait la rencontre des mathématiques et du moteur à essence.

En réalité, le délai de mise en œuvre d'une innovation fondée sur des connaissances nouvelles n'est généralement même pas entamé tant que toutes les connaissances nécessaires n'ont pas été réunies.

II

Conditions nécessaires

Les caractéristiques même de l'innovation fondée sur des connaissances nouvelles lui imposent des conditions spécifiques, différentes de celles de toutes les autres catégories d'innovation.

a) Une analyse attentive de tous les facteurs indispensables : état nécessaire des connaissances, facteurs sociaux, économiques, niveaux de perception. L'analyse doit permettre d'identifier quels facteurs ne sont pas encore disponibles, afin que l'entrepreneur soit en mesure de décider si les chaînons manquants peuvent être réalisés (comme ce fut le cas des frères Wright à l'égard des mathématiques) ou si l'innovation doit être reportée pour cause d'infaisabilité.

L'exemple des frères Wright illustre à la perfection la méthode qu'il convient de suivre. Ils ont étudié en détail l'état des connaissances nécessaires pour construire un avion motorisé capable de transporter un équipage. Ils ont ensuite entrepris de développer les connaissances qui faisaient défaut, se servant des données disponibles, testées tout d'abord sur le plan théorique, puis dans un tunnel d'essai aérodynamique et finalement en vol réel, jusqu'à ce qu'ils disposent des connaissances mathématiques nécessaires à la fabrication des ailerons, au modelage des ailes, etc.

Le même type d'analyse s'applique aux innovations non techniques. J.P. Morgan ou Georg Siemens n'ont pas publié leurs Mémoires, mais nous disposons heureusement de celles de Shibusawa. Nous savons donc comment il s'est décidé à abandonner une brillante carrière au service de l'État japonais pour fonder un établissement bancaire après avoir minutieusement examiné l'état des connaissances disponibles et de celles qui faisaient défaut. Joseph Pulitzer étudia lui aussi les nouvelles connaissances nécessaires avant de créer le premier journal moderne. Il détermina ainsi que la publicité devait et pouvait être inventée.

S'il m'est permis d'apporter une contribution personnelle, c'est une analyse de ce type, réalisée au début des années 40, qui a guidé mon propre succès en tant qu'innovateur dans le domaine du management. Parmi toutes les connaissances requises, un grand nombre s'avéraient d'ores et déjà disponibles : la théorie de l'organisation par exemple, ainsi qu'un ensemble de connaissances sur la gestion du travail et des personnels. Mon analyse démontra toutefois que ces diverses connaissances étaient éparpillées dans une demi-douzaine de disciplines différentes, et que les connaissances clés manquaient encore : le rôle de l'entreprise par exemple, la connaissance du fonctionnement et de la structure de la direction, ce que nous appelons aujourd'hui la politique et la stratégie de l'entreprise, les objectifs, etc. Je décidai que toutes ces connaissances pouvaient être recherchées et mises en œuvre. Sans une telle analyse, je n'aurais jamais pu les identifier ni savoir qu'elles faisaient défaut.

Ne pas mener à bien une telle analyse est l'assurance d'aller droit au désastre. Soit l'innovation fondée sur des connaissances nouvelles ne peut avoir lieu (ce fut le cas pour Samuel Langley). Soit l'innovateur perd le bénéfice de son innovation et ne fait que créer une opportunité pour quelqu'un d'autre.

Un exemple particulièrement instructif est celui des Britanniques qui n'ont pas réussi à récolter les fruits de leurs propres innovations en matière de nouvelles connaissances.

Les Britanniques ont découvert la pénicilline mais ce sont les Américains qui ont su l'exploiter. Les scientifiques d'outre-Manche ont fait un travail technique absolument remarquable qui leur a permis de découvrir les substances exactes et les emplois appropriés. Ils n'ont toutefois pas su voir l'importance capitale des connaissances nécessaires à sa fabrication. Ils auraient pu développer les techniques de fermentation adéquates mais n'ont même pas essayé. Un petit fabricant américain s'est alors intéressé aux problèmes de fermentation, et c'est ainsi que Pfizer est devenu le tout premier fabricant mondial de pénicilline.

Les Britanniques ont également inventé, conçu et fabriqué le premier avion à réaction commercial. Mais le constructeur britannique, De Haviland, n'a pas su analyser quels étaient les besoins. Il fut donc incapable d'identifier les deux facteurs clés : la configuration, c'est-à-dire la taille adéquate correspondant aux recettes-passagers suffisantes en fonction des vols qui seraient les plus rentables pour une compagnie aérienne ; le second facteur paraît tout aussi banal : il s'agissait de trouver les moyens de financement pour permettre aux compagnies d'acheter des avions aussi chers. De Haviland n'ayant pas su faire l'analyse nécessaire, ce sont donc deux compagnies américaines, Boeing et Douglas, qui ont repris l'avion à réaction, et De Haviland a depuis longtemps disparu.

Cette analyse peut sembler assez évidente, elle est pourtant rarement effectuée par les innovateurs scientifiques et techniques. Ces derniers se montrent souvent réticents à entreprendre une telle analyse, précisément parce qu'ils pensent déjà *savoir*. Voilà qui explique pourquoi les grandes innovations ont souvent pour père (ou au moins pour grand-père) un simple profane plutôt qu'un scientifique ou un technicien. La société américaine General Electric fut en grande partie créée par un financier. Il a conçu la stratégie (décrite au chapitre 19 de ce livre) qui fit de General Electric le plus grand producteur mondial de turbines à vapeur et à partir de là, le plus grand fournisseur mondial des producteurs d'électricité. Deux autres profanes, Thomas Watson Père et Thomas Watson Junior, ont fait d'I.B.M. le leader de l'industrie informatique. Chez Du Pont de Nemours, l'analyse des moyens nécessaires pour assurer l'efficacité et la réussite du nylon ne fut pas effectuée par les chimistes qui avaient découvert ce produit, mais par les commerciaux du comité exécutif de l'entreprise. Boeing est devenu le premier fabricant mondial d'avions de transport à réaction sous la houlette de ses responsables commerciaux qui ont su évaluer les besoins des compagnies aériennes et des passagers.

Il ne s'agit pourtant pas d'une loi naturelle. C'est avant tout une question de volonté et d'autodiscipline. On compte un grand nombre de scientifiques et de techniciens — Edison en est un bon exemple — qui se sont efforcés d'analyser les conditions nécessaires au développement de leur innovation.

b) Une orientation précise concernant la situation stratégique de l'innovation. L'innovation ne peut pas être introduite de façon expérimentale. L'agitation et l'attraction que provoque la mise en œuvre d'une innovation font que le premier essai doit être le bon. Il est peu probable que l'innovateur dispose d'une seconde chance. Dans tous les autres types d'innovations examinés jusqu'à maintenant, l'innovateur avait le champ libre pour un certain temps une fois son opération réussie. Ce n'est pas le cas des innovations fondées sur des connaissances nouvelles. Les innovateurs sont ici beaucoup moins isolés qu'ils ne le souhaiteraient. Un seul faux pas et ils seront dépassés.

Il n'y a que trois grands objectifs adaptés à ce type d'innovation. L'objectif défini par Edwin Lank chez Polaroïd consistait à développer un *système complet* appelé à dominer le secteur d'activité concerné. C'est exactement la stratégie adoptée à l'origine par I.B.M. quand cette société ne vendait pas d'ordinateurs mais les louait à ses clients en leur fournissant tous les services qui allaient avec, programmation, formation des programmeurs sur les langages utilisés, formation à l'informatique des cadres de la société, et entretien du matériel. Ce fut aussi la stratégie adoptée par General Electric pour devenir le premier fournisseur de turbines à vapeur au début de ce siècle.

Le second objectif est *l'orientation sur le marché.* L'innovation fondée sur des connaissances nouvelles peut chercher à créer le marché adapté à ses produits. C'est ce que Du Pont de Nemours a fait avec le nylon. Il n'a pas « vendu » du nylon ; il a créé un marché de lingerie féminine qui utilise du nylon, un marché de pneumatiques automobiles qui utilise du nylon, etc. Il a ensuite fourni du nylon aux fabricants de produits pour lesquels il avait déjà créé une demande et qu'il avait, en réalité, déjà vendus. L'aluminium a créé dès l'origine, c'est-à-dire juste après la découverte du procédé de réduction de l'aluminium par Charles M. Hall en 1888, un marché pour les marmites, les casseroles, les tubes et autres produits tirés de ce métal. Le producteur d'aluminium a lui-même fabriqué et vendu ces produits finis, créant ainsi un marché qui, à son tour, a découragé — sinon totalement écarté — les concurrents potentiels.

Le troisième objectif consiste à *occuper une position stratégique,* à se concentrer sur une fonction clé (cette stratégie est examinée au chapitre 18 intitulé « Créneaux et niches écologiques »). Quelle sera la position qui mettra l'innovateur à l'abri des fluctuations extrêmes d'une jeune industrie s'appuyant sur des connaissances nouvelles ? C'est une analyse de ce type, suivie de la décision de se concentrer sur les procédés de fermentation, qui a permis à Pfizer de dominer dès le départ le marché de la pénicilline et de conserver cette suprématie depuis lors. C'est en se concentrant sur la commercialisation, c'est-à-dire sur la maîtrise de la demande des compagnies aériennes et des passagers en matière de configuration et de financement, que Boeing est devenu le premier constructeur d'avions de transport qu'il est encore. Malgré toutes les turbulences qui affectent aujourd'hui l'industrie informatique, quelques leaders de la fabrication des semi-conducteurs, composants essentiels de l'ordinateur, comme Intel par exemple, sont assurés de rester les leaders du marché presque sans tenir compte de l'évolution individuelle des fabricants d'ordinateurs.

Au sein d'une même industrie, des innovateurs particuliers qui font appel à des connaissances nouvelles peuvent parfois choisir entre ces différentes alternatives. Là où Du Pont a choisi de créer des marchés, son principal concurrent américain, Dow Chemicals, essaye d'occuper un secteur clé dans chaque segment de marché. Il y a un siècle, J.P. Morgan a choisi d'occuper une fonction clé : il a fondé sa banque pour diriger les investissements européens vers l'industrie américaine et les États-Unis en général qui manquaient de capitaux. Au même moment, Georg Siemens en Allemagne et Shibusawa Eichii au Japon optèrent tous deux pour l'approche « systématique ».

L'importance d'une orientation clairement définie est parfaitement illustrée par la réussite d'Edison. Edison ne fut pas le seul qui sut identifier les inventions nécessaires à la création de l'ampoule électrique. Un physicien anglais, Joseph Swann, créa un modèle d'ampoule électrique exactement au même moment que lui. Son modèle était même techniquement supérieur, au point qu'Edison lui acheta ses brevets et les utilisa dans ses propres usines. Mais Edison n'avait pas pensé qu'aux seules exigences techniques. Il avait également défini une orientation. Avant même d'aborder le travail technique sur la capsule de verre, le vide et le filament incandescent, il avait déjà opté pour un « système » : son ampoule serait conçue afin de correspondre aux besoins d'une entreprise électrique, pour laquelle il avait prévu le financement, les droits d'installation des câbles qui amèneraient le courant aux acheteurs de ses ampoules, et le système de distribution. Swan, le savant, inventa un produit; Edison créa une industrie. Edison put donc vendre et installer du courant électrique quand Swann essayait encore d'imaginer les applications de sa réalisation technique.

L'innovateur qui fait appel à des connaissances nouvelles doit opter pour une orientation claire. Chacune comporte, il est vrai, un certain nombre de risques. Mais ne pas choisir d'orientation clairement définie, et plus encore, essayer de se situer entre plusieurs objectifs ou se fixer différents objectifs à la fois, est nettement plus risqué. Cela a même toutes les chances d'être fatal.

c) L'innovateur qui recourt à des connaissances nouvelles, et tout particulièrement quand il s'agit d'innovations techniques ou scientifiques, doit apprendre et pratiquer un véritable management d'entrepreneur (voir chapitre 15, « La Nouvelle Entreprise »). Ce type d'innovation en a besoin plus que tous les autres. Ses risques sont élevés, c'est pourquoi les prévisions en matière de financement et de management sont encore plus importantes, et pourquoi il est essentiel d'être orienté sur le marché et entraîné par lui. L'innovation fondée sur des connaissances nouvelles, et tout particulièrement dans le domaine de la haute technologie, fait rarement appel au management d'entrepreneurs. Le fort taux d'échec qui sévit dans cette industrie est pour une large part la responsabilité des entrepreneurs eux-mêmes, qui sont souvent méprisants à l'égard de tout ce qui ne relève pas des « connaissances de pointe » et particulièrement de tous ceux qui ne sont pas spécialisés dans leur domaine précis. Ils ont tendance à se montrer quelque peu fanatiques de leur propre spécialité et croient souvent que la « qualité » correspond aux techniques les plus « pointues » et non plus à ce qui a de la valeur aux yeux de l'utilisateur. Ils restent pour la plupart des inventeurs du XIXe siècle au lieu d'être des entrepreneurs du XXe siècle.

Il existe néanmoins suffisamment d'entreprises pour prouver que les risques encourus par l'innovateur en matière de connaissances nouvelles et de haute technologie peuvent à l'heure actuelle être sérieusement réduits grâce à une application consciencieuse d'un véritable management d'entrepreneur. La société suisse de produits pharmaceutiques Hoffmann-LaRoche, Hewlett-Packard, Intel, en sont autant d'exemples. Et c'est précisément parce que les innovations faisant appel à des connaissances nouvelles comportent des risques importants, qu'un management d'entrepreneur est à la fois essentiel et singulièrement efficace.

III

Les risques spécifiques

Même lorsqu'elle s'appuie sur une analyse méticuleuse, une orientation clairement définie et un management consciencieux, l'innovation qui fait appel à des connaissances nouvelles comporte malgré tout des risques spécifiques et, plus grave encore, une part d'imprévisibilité naturelle.

Ce type d'innovation est, par nature, sujet aux turbulences.

La combinaison des deux caractéristiques principales des innovations fondées sur de nouvelles connaissances (longs délais de mise en œuvre et convergence de différents domaines de connaissance) leur confère un rythme particulier. Pendant une longue période, l'imminence d'une innovation est considérée comme acquise. Mais rien n'arrive. Puis une quasi-explosion se produit tout à coup, suivie de quelques années d'excitation considérable, de démarrages intensifs d'activités nouvelles, et de publicité importante. Cinq ans plus tard, une « secousse » a lieu qui laisse très peu de survivants.

En 1856, l'Allemand Werner Siemens applique les théories que Faraday avait formulées vers 1830 (soit vingt-cinq ans plus tôt) à la conception d'un ancêtre du premier moteur électrique, la première dynamo. Cette découverte eut un retentissement mondial. Il devenait dès lors évident qu'une « industrie électrique » allait se développer et qu'elle serait considérable. Des dizaines de savants et d'inventeurs se sont mis au travail. Mais rien ne s'est produit pendant vingt-deux ans. Un domaine de connaissance faisait défaut : les travaux de Maxwell sur les théories de Faraday.

Une fois ces nouveaux éléments acquis, Edison inventa l'ampoule électrique en 1878, et la course était partie. Toutes les grandes entreprises de matériel électrique européennes et américaines allaient voir le jour en l'espace de cinq ans : en Allemagne, Siemens racheta une petite entreprise de matériel électrique, Schuckert, et A.E.G. fut fondée à partir des travaux d'Edison ; aux États-Unis furent créées les sociétés qui sont aujourd'hui General Electric et Westinghouse ; en Suisse, ce fut Brown Boveri, et en Suède, l'A.S.E.A. fondée en 1884. Mais ces sociétés sont celles qui ont survécu parmi les centaines d'entreprises (américaines, britanniques, françaises, allemandes, italiennes, espagnoles, hollandaises, belges, suisses, autrichiennes, tchèques, hongroises, etc.) qui furent financées par les investisseurs de l'époque et espéraient toutes devenir des « entreprises milliardaires ». Cette prospérité de l'industrie électrique fut à l'origine de l'essor de la science-fiction, qui fit de Jules Verne, et peu après de H.G. Wells, les auteurs les plus célèbres de leur époque. Vers 1895-1900, la plupart de ces entreprises avaient disparu, fait faillite ou avaient été absorbées par les quelques « survivants ».

Vers 1910, on comptait près de deux cents fabricants d'automobiles pour les seuls États-Unis. Il n'en restait plus que vingt au début des années 30, et quatre autour de 1960.

Au cours des années 20, des centaines d'entreprises fabriquaient des postes de radio et des centaines d'autres créaient des stations de radio. Vers 1935, le contrôle de la radiodiffusion était entre les mains de trois « réseaux » et il ne restait plus qu'une douzaine de fabricants de postes de radio. Le nombre des nouveaux journaux a littéralement explosé entre 1880 et 1900, la presse était devenue une des « industries de croissance » de l'époque. Depuis la Première Guerre mondiale, le nombre de journaux n'a cessé de diminuer dans tous les grands pays. Il en va de même des établissements bancaires. A la suite des grands « fondateurs », les Morgan, Siemens ou Shibusawa, les nouvelles banques américaines et européennes ont connu une croissance quasiment explosive. Mais la situation s'est consolidée dès 1890, soit seulement vingt ans après, et ces établissements ont commencé à faire faillite ou à fusionner. A la fin de la Première Guerre mondiale, il ne restait plus qu'une petite poignée de banques qui dépassaient l'échelon local en tant que banques commerciales ou privées.

Les entreprises qui ont survécu ont, sans aucune exception, été fondées au début de la période d'explosion des créations de sociétés. Après ce délai, les nouvelles créations sont, en pratique, extrêmement compromises. Il existe donc une « fenêtre » qui reste ouverte quelques années au cours desquelles les entreprises doivent faire leur place dans une industrie fondée sur de nouvelles connaissances.

On dit souvent aujourd'hui que cette « fenêtre » s'est rétrécie. C'est une erreur d'interprétation aussi grande que celle qui consiste à croire que le délai entre l'apparition d'une nouvelle connaissance et son application au niveau des techniques, des produits et des procédés, s'est lui aussi raccourci.

Plus d'une centaine de compagnies de chemins de fer sont apparues en Angleterre en l'espace de quelques années, après que la locomotive Rocket de George Stephenson eut remorqué le premier train sur une ligne commerciale, en 1830. Pendant une dizaine d'années, les chemins de fer étaient une industrie de pointe et ces entrepreneurs promus au rang de « célébrités médiatiques ». La fièvre spéculative qui régnait sur cette période fut croquée de façon satirique par Charles Dickens dans un de ses romans, *Little Dorrit* (publié vers 1855-1857). Elle n'est pas très différente de la fièvre qui sévit de nos jours autour de Silicon Valley. La fenêtre s'est refermée d'un coup sec vers 1845. On ne trouva dès lors plus d'argent pour construire de nouveaux chemins de fer. Cinquante ans plus tard, il ne restait plus que cinq ou six compagnies en Angleterre sur la centaine de 1845. Le rythme fut le même pour l'industrie électrique, chimique, automobile, pour le téléphone, l'électronique ou les appareils ménagers. La « fenêtre » n'a jamais été très grande ouverte, ni jamais très longtemps.

Il n'est guère douteux qu'il y a actuellement de plus en plus de monde à l'entrée de chaque fenêtre. L'essor du chemin de fer des années 1830 fut limité à l'Angleterre. Chaque pays eut ensuite sa propre période d'expansion différente de celle du pays voisin. Le boom du matériel électrique passa déjà au-delà des frontières nationales, comme le fit celui de l'automobile vingt-cinq ans plus tard. Mais ces deux exemples étaient limités aux pays industriellement développés de l'époque. Ces pays sont aujourd'hui beaucoup plus nombreux. Ils comprennent le Japon par exemple, et le Brésil, bientôt sans doute aussi les pays d'Asie non communistes : Hong Kong, Taiwan et Singapour. La communication circule aujourd'hui de façon presque instantanée, on voyage facilement et rapidement. Bien des nations disposent à l'heure actuelle de ce que très peu de pays avaient il y a cent ans : d'importants effectifs de personnes qualifiées, prêtes à se rendre n'importe où pour travailler sur des innovations reposant sur de nouvelles connaissances et, tout particulièrement, sur des innovations scientifiques et techniques.

Une telle situation a deux conséquences importantes.

1. Les innovateurs scientifiques et techniques ont le temps qui joue contre eux. Pour tous les autres facteurs d'innovation (l'imprévu, les contradictions, les besoins structurels, les changements de structure industrielle, de perception, l'évolution démographique), le temps est du côté des innovateurs et ceux-ci peuvent raisonnablement espérer avoir le champ libre. Cela signifie qu'ils ont le temps de corriger une erreur éventuelle. Cela suppose également qu'ils peuvent démarrer leur nouvelle entreprise à différents moments. Ce n'est pas le cas des innovations qui font appel à des connaissances nouvelles et tout particulièrement des innovations

scientifiques et techniques. Les innovateurs ne disposent plus que d'un laps de temps limité — la « fenêtre » — pour faire leur entrée. On ne leur accordera pas une seconde chance, ils doivent réussir au premier essai. L'environnement se fait rude et impitoyable.

Une fois la fenêtre fermée, l'opportunité est perdue à jamais.

Certaines de ces industries disposent parfois d'une seconde « fenêtre » qui s'ouvre vingt ou trente années après la fermeture de la première. Les ordinateurs en sont un exemple.

La première « fenêtre » de l'industrie informatique est restée ouverte entre 1949 et 1955 ou à peu près. Toutes les entreprises de matériel électrique se sont lancées dans l'informatique au cours de cette période : General Electric, Westinghouse et R.C.A aux États-Unis, British General Electric, Plessey et Ferranti en Grande-Bretagne, Siemens et A.E.G. en Allemagne, Philips aux Pays-Bas, etc. Vers 1970, ces « géants » avaient tous, assez piteusement, abandonné l'informatique. Le terrain était occupé par des sociétés qui soit n'existaient pas avant 1949, soit n'étaient que de petites affaires d'envergure assez limitée : I.B.M. naturellement, et les « Sept Nains », sept petites entreprises d'informatique américaines ; I.C.L. bâtie sur les restes des activités informatiques de l'English General Electric, de Plessey et de Ferranti, certains fragments industriels français soutenus à grand renfort de subventions, un nouveau venu en Allemagne, Nixdorf, et certaines entreprises nipponnes soutenues depuis longtemps par l'État japonais.

C'est à la fin des années 70 qu'une seconde fenêtre s'est ouverte avec l'arrivée des microprocesseurs qui ont donné naissance aux machines à traitement de texte, à la micro-informatique, à l'ordinateur personnel, et à la rencontre de l'ordinateur et du standard téléphonique.

Mais les sociétés qui avaient perdu le premier round ne sont pas revenues pour disputer le second. Même celles qui avaient survécu se sont abstenues, ou ne se sont décidées qu'en retard à contrecœur. Ni Univac, ni Control Data, ni Honeywell, ni Burroughs, ni Fujitsu, ni Hitachi n'ont occupé le devant de la scène de la micro-informatique ou de l'ordinateur personnel. La seule exception fut I.B.M. le vainqueur sans conteste de la première bataille. Ce schéma est également applicable à certaines innovations plus anciennes dans le domaine des nouvelles connaissances.

2. Plus il y a de monde à la « fenêtre » et moins l'innovateur qui fait appel à des connaissances nouvelles a de chances de survivre.

Le nombre de nouvelles arrivées est alors beaucoup plus élevé. Mais la structure de ces industries, une fois stabilisées et arrivées à maturation, semble n'avoir que remarquablement peu changé, au moins depuis un siècle. Il existe naturellement une grande diversité structurelle entre des industries qui s'appuient sur différentes technologies, qui ont différents besoins en capitaux, différentes facilités d'accès, selon si les produits doivent être expédiés ou s'ils sont juste distribués localement, etc. Mais toute industrie a une structure caractéristique : on compte tant d'entreprises pour un marché donné, dont tant de grandes, tant de moyennes, tant de petites et tant de sociétés spécialisées. Il n'y a de plus en plus souvent qu'un seul marché pour les industries qui font appel à des connaissances nouvelles, que ce soit l'informatique ou les activités financières modernes : le marché mondial.

Le nombre d'innovateurs qui survivent quand l'industrie arrive à maturité et commence à se stabiliser n'est donc pas plus élevé qu'auparavant. Mais le nombre de candidats pendant la période où la « fenêtre » est ouverte a considérablement augmenté, en grande partie, naturellement, depuis l'apparition d'un marché planétaire et d'un système de communications fonctionnant à l'échelle mondiale. Au moment de la « secousse », le nombre des victimes est donc bien supérieur à ce qu'il était habituellement. Et il y a toujours une « secousse », c'est un phénomène inévitable.

La secousse

Elle se produit dès la fermeture de la « fenêtre » et la plupart des entreprises nouvellement créées ne lui survivent pas. Nous l'avons déjà vu à propos d'industries de pointe du passé, telles que les chemins de fer, les fabricants de matériel électrique ou les constructeurs d'automobiles. Au moment où j'écris ces lignes, la « secousse » a déjà commencé pour les microprocesseurs, la micro-informatique, l'ordinateur personnel, cinq ou six ans seulement après l'ouverture de la « fenêtre ». Il existe aujourd'hui peut-être une centaine d'entreprises d'informatique pour les seuls États-Unis. D'ici dix ans, vers 1995, il n'en restera sûrement pas plus d'une douzaine, quelles que soient leur taille ou leur importance.

Mais on ne peut prévoir lesquelles survivront, lesquelles mourront et lesquelles resteront handicapées à vie, incapables de mourir ou de continuer à vivre. Il serait futile de spéculer sur l'avenir. La grande taille d'une entreprise peut garantir la survie, mais pas le succès à l'issue de la secousse. Sinon, la première et la plus prospère entreprise mondiale de produits chimiques serait aujourd'hui Allied Chemicals et non pas Du Pont de Nemours. Quand la « fenêtre » s'est ouverte en 1920 pour l'industrie chimique américaine, Allied Chemicals semblait invincible, ne serait-ce que grâce aux brevets de l'industrie chimique allemande, confisqués par le gouvernement américain durant la Première Guerre mondiale, dont elle avait hérité. Sept ans plus tard, après la secousse, cette société était devenue un « ancien concurrent » affaibli qui ne put jamais retrouver son élan passé.

Personne n'aurait pu prédire, en 1949, qu'I.B.M. serait devenu le géant de l'informatique, et encore moins que des leaders aussi expérimentés que General Electric ou Siemens échoueraient complètement. Personne n'aurait pu prévoir en 1910 ou en 1914, au moment où l'on s'arrachait les titres de l'industrie automobile à la Bourse de New York, que General Motors et Ford deviendraient des entreprises prospères, et que des champions aussi universels que Packard ou Hupmobile disparaîtraient. Personne n'aurait pu prévoir au moment de la naissance des banques modernes, dans les années 1870 et 1880, que la Deutsche Bank absorberait des dizaines de banques commerciales allemandes et deviendrait la première banque du pays.

Il est assez facile de prévoir les chances de succès d'une industrie donnée. Il n'y a aucun exemple d'industrie ayant atteint sa phase de « décollage », que j'appelle la « fenêtre », qui ne soit devenue par la suite une grande industrie. Mais quelles seront les unités spécifiques de cette industrie qui survivront et deviendront ses leaders ?

Une période d'intense agitation pendant laquelle se

développe également une effervescence spéculative, suivie d'une secousse brutale : ce rythme est tout particulièrement marqué dans les industries de haute technologie.

Ces industries sont dans un premier temps sur le devant de la scène et attirent par conséquent plus de nouveaux venus et beaucoup plus de capitaux que les secteurs traditionnels. Les espérances sont aussi beaucoup plus grandes. Il existe sans doute plus de gens qui sont devenus riches en créant une affaire assez banale, comme une entreprise de cirage ou une société horlogère, qu'en se lançant dans une activité de pointe. Mais personne ne s'attend à ce qu'un fabricant de cirage ne devienne une société milliardaire et personne ne verra un échec s'il bâtit une entreprise familiale saine mais modeste. A l'inverse, l'industrie de pointe est un jeu du « tout ou rien » où les demi-mesures n'ont aucune valeur. C'est ce qui rend les innovations intrinsèquement risquées dans le domaine de la haute technologie.

Par ailleurs, les industries de pointe ne restent pas rentables pendant très longtemps. L'industrie mondiale de l'informatique a démarré vers 1947-1948. Il aura fallu attendre le début des années 80, soit plus de trente ans, pour que l'industrie dans son ensemble atteigne son seuil de rentabilité. Il est bien entendu qu'un petit nombre d'entreprises (pratiquement toutes américaines, soit dit en passant) ont commencé à gagner de l'argent bien avant. Et que l'une d'entre elles, I.B.M., a commencé à réaliser des bénéfices considérables bien avant les autres. Mais sur l'ensemble de l'industrie, les bénéfices de ces quelques constructeurs prospères sont plus que compensés par les énormes pertes des autres entreprises, celles subies par les grandes compagnies électriques par exemple lors de leur tentative avortée sur le marché de la construction informatique.

Le scénario fut exactement le même pour toutes les phases d'expansion des industries de pointe du passé : les chemins de fer au début du XIXe siècle, le matériel électrique et l'automobile entre 1880 et 1914, les appareils ménagers et la radio au cours des années 20, etc.

Une des principales raisons qui permettent d'expliquer ce phénomène tient à la nécessité d'investir toujours plus d'argent dans la recherche, le progrès et les services techniques, pour rester dans la course. Les industries de pointe doivent en fait aller de plus en plus vite pour ne pas reculer.

Cela fait partie de la fascination qu'exerce la haute technologie. Mais quand vient la secousse, cela permet également d'expliquer pourquoi très peu d'entreprises disposent des ressources financières suffisantes pour endurer ne serait-ce qu'une brève tempête. Voilà d'ailleurs pourquoi les nouvelles entreprises de pointe doivent faire preuve d'une prévoyance encore plus grande que les autres sur le plan financier, et pourquoi la prévoyance financière est encore plus rare dans ces nouvelles entreprises de haute technologie que dans les autres sociétés nouvellement créées.

Il existe un seul moyen pour survivre à la « secousse » : le management d'entrepreneur (voir chapitres 12 à 15). Ce qui a distingué la Deutsche Bank des autres institutions financières « exposées » de l'époque fut que Georg Siemens a conçu et organisé la première équipe dirigeante. Ce qui a distingué Du Pont de Nemours de son coucurrent Allied Chemicals fut que Du Pont créa, dès le début des années 20, la première structure systématique d'organisation, la première planification d'entreprise à long terme et le premier système de gestion de l'information et des contrôles. A l'inverse, Allied Chemicals fut dirigée arbitrairement par un maniaque égocentrique supérieurement doué. Mais l'histoire ne s'arrête pas là. La plupart des grandes entreprises qui n'ont pas survécu à la « secousse » de l'industrie informatique (General Electric et Siemens, par exemple) sont généralement réputées pour leur management hors pair. La Ford Motor Company a, quant à elle, survécu — d'extrême justesse — à la « secousse » de d'industrie automobile bien que sa gestion ait été désastreuse pendant cette période.

Un management d'entrepreneur est sans doute une condition nécessaire, mais pas forcément suffisante de survie. Au moment de la « secousse », seuls les responsables au sein même de l'entreprise — et encore — peuvent réellement savoir si une innovation fondée sur des connaissances nouvelles, qui s'est rapidement développée pendant quelques années de forte expansion, est bien gérée, comme le fut Du Pont de Nemours, ou n'est virtuellement pas gérée, à l'instar d'Allied Chemicals. Le temps de s'en rendre compte, et il est généralement trop tard.

Le pari de la réceptivité

Pour réussir, ce type d'innovation doit être arrivé à maturité et doit trouver, dans son environnement, une réceptivité C'est un risque inhérent à ce type d'innovation qui contribue d'ailleurs à son influence spécifique. Toutes les autres catégories d'innovation tirent profit d'un changement qui a déjà eu lieu. Elles répondent à un besoin qui existe déjà. Quand elles font appel à des connaissances nouvelles, ce sont les innovations qui amènent le changement, qui créent le besoin. Et personne ne peut dire à l'avance si l'utilisateur sera réceptif, indifférent ou récalcitrant.

Il y a bien évidemment des exceptions. Celui qui inventera un moyen de guérir le cancer n'a pas de problème de réceptivité à se poser. De telles exceptions sont plutôt rares. Pour la plupart des innovations fondées sur de nouvelles connaissances, la réceptivité constitue un pari où l'on ne connaît pas ses chances. Celles-ci restent même proprement mystérieuses. La réceptivité sera peut-être très grande, mais personne ne s'en rend compte. Elle sera peut-être faible, il y aura même une forte résistance là où tout le monde semble certain que la société tout entière n'attend que cette innovation.

L'Histoire est pleine d'exemples de l'aveuglement des grands et des puissants face à ce type d'innovation. Un cas typique est la réaction du roi de Prusse à l'égard du chemin de fer. Il prédit l'échec assuré de cette réalisation trop moderne parce que « personne n'ira payer si cher pour aller de Berlin à Potsdam en une heure quand on peut faire le même trajet gratuitement en une journée de cheval ». Ce monarque ne fut pas le seul à se méprendre sur l'accueil qui serait réservé au chemin de fer; la plupart des experts de son époque avaient adopté la même position. Et quand l'ordinateur fit son apparition, on n'aurait pas pu trouver un seul « expert » pour parier sur les chances d'un tel matériel auprès des entreprises.

L'erreur inverse est tout aussi courante. Tout le monde est persuadé qu'il existe un véritable besoin, une demande réelle, là où on ne trouvera en fait qu'indifférence ou rejet. Les mêmes responsables qui, en 1948, ne pouvaient imaginer que les entreprises achètent jamais un ordinateur prévoyaient quelques années plus tard, vers 1955, que l'informatique allait « révolutionner l'enseignement » en l'espace de dix ans.

Les Allemands considèrent que c'est Philip Reis, et non

Alexander Graham Bell, qui a inventé le téléphone. Reis avait en effet construit une machine, en 1861, qui transmettait de la musique et était très proche de transmettre des paroles, quand il abandonna, complètement découragé. Il n'existait aucune réceptivité pour le téléphone, aucun intérêt pour un tel instrument. « Le télégraphe nous convient parfaitement », pouvait-on couramment entendre. Quand Bell fit breveter son téléphone, quinze ans plus tard, la réaction fut immédiatement positive, et encore plus enthousiaste en Allemagne que partout ailleurs.

Le changement de réceptivité au cours de ces quinze années n'est pas très difficile à expliquer. Deux conflits importants, la guerre de Sécession américaine et la guerre franco-prussienne, avaient montré que le télégraphe n'était pas si parfait. Mais la question essentielle n'est pas de savoir pourquoi la réceptivité a changé. Le problème est que les plus hautes autorités concernées avaient pressenti une très grande réceptivité à l'invention de Reis, lors d'une conférence scientifique de 1861, et que les plus hautes autorités avaient tort.

Naturellement, les experts peuvent aussi avoir raison. Ils voient d'ailleurs souvent juste. Ils avaient par exemple tous prévu, dès 1876-1877, le haut degré de réceptivité qui accompagnerait l'invention de l'ampoule électrique et du téléphone, et ils avaient raison. Edison, dans les années 1880, fut soutenu par les experts de son époque pour ses recherches qui aboutirent à l'invention du phonographe. Là encore, ils avaient raison de prévoir une excellente réceptivité pour ce nouveau procédé.

Mais seul un jugement rétrospectif nous permet de savoir si les prévisions des experts étaient justes ou fausses.

On ne comprend d'ailleurs pas forcément, même après coup, pourquoi une innovation fondée sur des connaissances nouvelles trouve ou non un certain accueil. Personne, par exemple, ne peut expliquer pourquoi l'orthographe phonétique se heurte à une telle résistance. Chacun reconnaît qu'une écriture non phonétique pose de sérieuses difficultés pour apprendre à lire et à écrire, oblige les écoles à consacrer un temps excessif à l'apprentissage de la lecture, et porte la responsabilité d'un grand nombre de handicaps de lecture et de traumatismes émotionnels chez les enfants. La phonétique est une discipline vieille d'au moins un siècle. On dispose aujourd'hui des moyens nécessaires pour adopter une orthographe phonétique aux deux langues pour lesquelles ce problème est le plus crucial : il existe différents alphabets phonétiques adaptés à la langue anglaise, et l'écriture Kana a quarante-huit syllabes pour le japonais. Ces deux pays ont tout près de chez eux des exemples de la réussite du passage à une écriture phonétique : les Anglais ont l'exemple du succès de la réforme de l'orthographe allemande au XIXe siècle, les Japonais celui, bien antérieur, de la réforme phonétique de l'écriture coréenne. Ces deux pays ne semblent pourtant pas montrer la moindre réceptivité à l'égard d'une réforme que l'on pourrait croire particulièrement nécessaire, rationnelle, et dont l'exemple a prouvé qu'elle était sûre, efficace et plutôt facile à réaliser. Pourquoi donc ? Les explications sont nombreuses mais personne ne le sait réellement.

Il n'existe aucun moyen d'éliminer un tel risque, et même aucune façon de le réduire. Les « études de marché » sont inopérantes, on ne peut étudier un marché qui n'existe pas. Les « enquêtes d'opinion » ne sont pas seulement inutiles mais sans doute dangereuses. C'est du moins ce que la pratique de l'analyse d'opinion en matière de réceptivité aux innovations fondées sur des connaissances nouvelles ne cesse de démontrer.

Il n'y a donc aucune alternative : si l'on souhaite vraiment la voir aboutir, on doit parier sur la réceptivité que rencontrera une innovation de ce type.

Les plus grands risques concernent les innovations scientifiques ou techniques. Ils sont particulièrement élevés dans les domaines d'innovation très « exposés » — de nos jours, l'informatique personnelle ou la biotechnologie, par exemple. A l'inverse, les domaines peu connus du public comportent beaucoup moins de risques, au moins parce qu'ils ont plus de temps devant eux. Quant aux innovations non scientifiques ou techniques, les innovations sociales par exemple, les risques sont encore plus faibles. Il n'empêche que les innovations fondées sur de nouvelles connaissances comportent intrinsèquement des risques élevés. C'est le prix à payer pour son impact considérable, et tout particulièrement pour sa capacité à engendrer le changement — changement non seulement dans les produits et les services, mais aussi dans notre vision du monde, de notre rôle et finalement de nous-mêmes.

On peut néanmoins réduire les risques des innovations touchant aux techniques de pointe en intégrant ces nouvelles connaissances aux autres facteurs d'innovation, l'imprévu, les contradictions, et tout particulièrement, les besoins structurels. La réceptivité à ces domaines a soit déjà été établie, soit peut être vérifiée assez facilement et avec une assez grande fiabilité. Ces domaines permettent également de définir très précisément la ou les connaissances indispensables à la mise en œuvre d'une innovation. C'est pourquoi la « recherche opérationnelle » connaît un tel succès. Mais la recherche opérationnelle demande elle aussi un grand effort de systématisation, d'autodiscipline, elle doit être organisée et motivée de façon précise.

Les exigences des innovateurs qui font appel aux connaissances nouvelles sont donc considérables. Elles sont également différentes des exigences des autres catégories d'innovation. Les risques qu'elles supportent sont eux-mêmes distincts : le temps, par exemple, ne joue pas en leur faveur. Mais si les risques sont plus élevés, les récompenses potentielles sont aussi plus grandes. Les autres innovateurs ont la possibilité de faire fortune. Les innovateurs en matière de connaissances nouvelles peuvent également devenir célèbres.

Chapitre 10

L'IDÉE DE GÉNIE

Les innovations parties d'une « idée de génie » sont sans doute plus nombreuses que toutes les autres catégories réunies, et concernent sept ou huit brevets sur dix. Une très grande proportion des nouvelles sociétés qui servent d'exemples aux ouvrages consacrés aux entrepreneurs et à l'esprit d'entreprise tourne autour d'une « idée géniale » : la fermeture Éclair, le stylo à bille, les aérosols, la languette qui permet d'ouvrir les boissons en boîte, et bien d'autres encore. Ce que l'on appelle « la recherche » dans de nombreuses entreprises consiste à trouver et à exploiter des idées de ce genre, un nouveau parfum pour les céréales du petit déjeuner ou les boissons aromatisées, une meilleure chaussure de sport ou un énième fer pour repasser ses vêtements sans crainte de les brûler.

Malgré cela, l'idée de génie constitue le plus risqué et le moins fécond de tous les facteurs d'innovation. Son pourcentage d'échec est considérable. On ne compte pas plus d'un brevet de ce type sur cent qui rapporte suffisamment pour rembourser les coûts d'élaboration et les frais de dépôt. Beaucoup moins encore, peut-être un sur cinq cents, permettent de dépasser le seuil de rentabilité.

Personne ne peut dire quelles idées de génie ont une chance de réussir et quelles autres risquent plutôt d'échouer. Pourquoi l'aérosol a-t-il réussi par exemple ? Et pourquoi plus d'une dizaine d'inventions comparables de vaporisation des particules ont-elles échoué misérablement ? Pourquoi un type universel de clé à molette se vend-il quand tous les autres disparaissent ? Pourquoi la fermeture Éclair a-t-elle été acceptée jusqu'à pratiquement remplacer les boutons, alors même que ce système tend à se coincer (et quoi de plus gênant qu'une fermeture Éclair coincée sur une jupe, une veste ou un pantalon) ?

Les tentatives visant à améliorer la prévisibilité des innovations parties d'une idée de génie n'ont guère été plus fécondes.

Il est tout aussi difficile de chercher à identifier les traits de caractère, le comportement ou les manies de l'innovateur couronné de succès. « Les grands inventeurs, dit un vieil adage, ne cessent jamais d'inventer. C'est un jeu de hasard, s'ils tentent leur chance suffisamment souvent, ils finissent par réussir. »

Croire que l'on finira par réussir pourvu que l'on continue d'avoir des « idées géniales » est aussi irrationnel que de penser gagner le jackpot à Las Vegas si l'on tire suffisamment souvent le levier des machines à sous. La machine est malheureusement réglée pour gagner dans 70 % des cas. Plus vous jouez et plus vous avez de chances de perdre.

Il n'existe en vérité aucune preuve empirique permettant de démontrer que la ténacité à la recherche de l'idée géniale finira par payer, comme il n'existe aucun « système » pour battre les machines à sous. Certains inventeurs doivent leur succès à une idée de génie, et puis s'arrêtent là : c'est le cas de l'inventeur de la fermeture Éclair ou du stylo à bille, par exemple. Il existe des centaines d'inventeurs qui ont déposé quarante brevets sans un seul succès. A l'évidence, les innovateurs s'améliorent avec la pratique. Faut-il encore suivre la bonne méthode, c'est-à-dire fonder ses recherches sur l'analyse systématique des facteurs d'innovation.

Les raisons qui permettent d'expliquer ce caractère imprévisible et ce pourcentage d'échec élevé sont assez évidentes. Les idées de génie sont vagues et insaisissables. Je doute que quiconque, mis à part l'inventeur de la fermeture Éclair, ait jamais pensé que les boutons ou les agrafes ne convenaient pas pour attacher ses vêtements. Je doute que quiconque, mis à part l'inventeur du stylo à bille, ait pu trouver à redire à cette brillante invention du XIXe siècle qu'est le stylo à encre. Quel besoin la brosse à dents électrique (un des succès commerciaux des années 60) a-t-elle permis de satisfaire ? Ne faut-il pas toujours la tenir d'une main ?

Même lorsqu'on peut définir le besoin, on ne peut généralement pas spécifier la solution Il n'était pas bien difficile de prévoir que les automobilistes coincés dans les embouteillages aimeraient avoir quelques distractions. Mais pourquoi le petit téléviseur présenté par Sony vers 1965 a-t-il échoué là où les chaînes stéréo, nettement plus coûteuses, ont remporté un vif succès ? Il est facile de répondre à posteriori, mais pouvait-on le faire à l'avance ?

L'entrepreneur sera donc bien avisé de renoncer aux innovations reposant sur « l'idée géniale », aussi alléchantes que soient les grandes réussites en la matière. Quelqu'un gagne le jackpot une fois par semaine à Las Vegas, et malgré cela, le mieux que peut faire le joueur de machines à sous est de ne pas perdre plus d'argent que ses moyens le lui permettent. L'entrepreneur systématique et motivé analyse les sources d'innovation, les sept facteurs systématiques étudiés au cours des chapitres 3 à 9.

Ces facteurs d'innovation ont largement de quoi occuper n'importe quel entrepreneur particulier ou n'importe quelle société ou service public faisant preuve d'esprit d'entreprise. Ces sept sources sont en réalité bien trop riches pour que quiconque puisse pleinement les exploiter. Nous savons, en outre, comment les aborder, quoi chercher et comment s'y prendre.

Tout ce que l'on peut faire pour l'innovateur à la recherche de l'idée de génie est de lui dire ce qu'il convient de faire si, par le plus grand des hasards, son innovation vient à connaître le succès. Ce sont les règles de la nouvelle entreprise qui s'appliquent à un tel cas (voir chapitre 15). Et c'est naturellement la raison pour laquelle un si grand nombre d'ouvrages consacrés à l'esprit d'entreprise traitent plus de la création et de la gestion d'une nouvelle affaire que de l'innovation elle-même.

Malgré tout cela, une économie d'entrepreneurs ne peut pas écarter de façon aussi cavalière les innovations dues à « l'idée de génie ». L'innovation particulière de ce type n'est pas prévisible, ne peut pas être organisée ni systématisée, et finit par échouer dans l'immense majorité des cas. Un grand nombre sont sans intérêt depuis le début. Il y a toujours plus de brevets d'invention pour un nouvel ouvre-boîtes, un nouveau modèle de porte-perruques ou de nouvelles boucles de ceinture que pour quoi que ce soit d'autre. Ce type d'innovation représente cependant un volume suffisant pour que le plus petit pourcentage de réussite corresponde à un nombre non négligeable de créations d'entreprises, de nouveaux emplois et de gains de productivité pour l'économie.

L'idée de génie ne peut figurer qu'en annexe d'un ouvrage consacré à la théorie et la pratique de l'innovation et de l'esprit d'entreprise. Ce type d'innovation mérite toutefois d'être apprécié et soutenu. Il correspond aux qualités dont notre société a besoin : l'initiative, l'ambition et l'ingéniosité. La société ne peut sans doute pas faire grand-chose pour stimuler ces innovations, on ne peut pas encourager ce que l'on ne comprend pas, et nous ne comprenons pas les innovations dues à une idée de génie. Mais le moins que la société puisse faire est de ne pas les décourager, ne pas les pénaliser ou les rendre plus difficiles. De ce point de vue, la tendance récente dans les pays développés, et tout particulièrement aux États-Unis, qui consiste à décourager ce type d'innovation (en augmentant les droits de brevet par exemple) et à accuser les brevets d'être « anticoncurrentiels » est aussi imprévoyante que néfaste.

Chapitre 11

LES PRINCIPES DE L'INNOVATION

I

Tous les médecins qui ont suffisamment de pratique ont connu des cas de « guérison miraculeuse » : des patients souffrant de maladies « terminales » se rétablissent de façon soudaine, parfois spontanément, parfois après être allés voir un guérisseur, après avoir suivi un régime absurde ou s'être mis à dormir le jour et à rester éveillés la nuit. Seuls les sectaires nient encore l'existence de cas de ce genre sous prétexte qu'ils ne sont pas « scientifiques ». Leur réalité est indéniable. Aucun médecin ne songera pour autant à introduire les guérisons miraculeuses dans les manuels de médecine ou à les enseigner à ses étudiants. Ces cas ne peuvent pas être reproduits, ne peuvent pas s'enseigner ou s'apprendre. Ils sont aussi extrêmement rares ; l'écrasante majorité des patients atteints de maladies terminales sont condamnés à mourir.

Il existe, de la même façon, des cas d'innovation qui ne proviennent pas des facteurs décrits dans les chapitres précédents, des innovations qui ne sont pas formées de façon organisée, motivée et systématique. Certains innovateurs ont été « inspirés par leur muse », leurs innovations sont le fruit d'un « éclair de génie » et non pas le résultat de recherches longues, difficiles et soigneusement organisées. Mais de telles innovations ne peuvent pas être reproduites, on ne peut ni les enseigner ni les apprendre. On ne connaît aucune méthode pour apprendre à devenir un génie. Mais contrairement aux croyances attachées à la poésie de l'invention et de l'innovation, les « éclairs de génie » sont excessivement rares. Pire, je n'en connais aucun qui soit devenu une innovation. Ils ne dépassent jamais le stade de l'idée exceptionnelle.

L'inventeur le plus génial de toute l'Histoire est certainement Léonard de Vinci. Chaque page de ses cahiers renferme une idée d'invention extraordinaire, pour construire un sous-marin, un hélicoptère ou une forge automatique. Mais aucune de ces idées n'a pu devenir une innovation compte tenu de l'état des techniques et des matériaux en l'an 1500. Aucune d'elles n'aurait bénéficié de la moindre réceptivité dans la société et l'économie de son temps.

Chaque écolier apprend que James Watt est « l'inventeur » du moteur à vapeur, ce qui est faux. Les historiens des techniques savent que le premier moteur à vapeur qui ait servi à quelque chose d'utile fut construit par Thomas Newcomen, en 1712, pour pomper l'eau qui inondait une mine de charbon Ces personnages furent tous deux des innovateurs organisés, systématiques et motivés. Le moteur de Watt est le premier exemple de combinaison d'une connaissance nouvelle (le fraisage d'un cylindre lisse) et de l'invention d'un « chaînon manquant » (le condenseur) qui ait permis une innovation fondée sur un besoin structurel, besoin créé suite à la réceptivité rencontrée par le moteur de Newcomen (dont plusieurs milliers d'exemplaires fonctionnaient déjà). Mais le véritable inventeur du moteur à combustion, et par là même de ce que nous appelons la « technologie moderne », n'est ni James Watt ni Thomas Newcomen, mais le grand chimiste anglo-irlandais Robert Boyle, au cours d'un « éclair de génie ». Néanmoins, le moteur de Boyle ne marchait pas, et n'aurait pas pu marcher. Boyle se servait de poudre à canon pour propulser le piston, ce qui encrassait tellement le cylindre qu'il fallait le démonter et le nettoyer après chaque explosion. L'idée de Boyle permit ensuite à Denis Papin (qui avait aidé Boyle pour construire le moteur à poudre), puis à Newcomen, et enfin à Watt, de créer un véritable moteur à combustion. Le rôle de Boyle s'était limité à avoir une « idée de génie », qui appartient à l'histoire des idées et non pas à celle des techniques ou de l'innovation.

Une « Pratique de l'innovation » ne peut présenter que des innovations répondant à un but précis, issues d'une analyse systématique et de recherches sérieuses. Ce sont d'ailleurs les seules qui méritent d'être présentées et étudiées. Elles représentent certainement au moins 90 % de l'ensemble des innovations efficaces. Et pour être efficace, l'innovateur exceptionnel devra, comme dans les autres domaines, parfaitement connaître et maîtriser sa discipline.

Quels sont donc les principes de l'innovation, la quintessence de cette discipline ? Il y a un ensemble de choses à faire, et d'autres qu'il vaut mieux ne pas faire. Il existe en plus ce que j'appellerai des « conditions ».

II

Les cinq commandements de l'innovation

1. L'innovation systématique et motivée commence par l'analyse des opportunités, par l'examen de ce que j'ai appelé les facteurs d'innovation. Des facteurs différents auront une importance variable dans des domaines et à des moments distincts. L'évolution démographique ne sera pas d'une grande utilité pour l'innovateur en processus de fabrication industriel, pour celui qui cherche le « chaînon manquant » dans un domaine comme la fabrication du papier par exemple, où il existe une contradiction flagrante entre différentes réalités économiques. De la même façon, les connaissances nouvelles sembleront peu nécessaires pour concevoir un mécanisme social qui réponde à un besoin nouveau créé par l'évolution démographique. Tous les facteurs d'innovation doivent être analysés et étudiés de façon systématique. Il ne suffit pas d'être à leur écoute. Cette recherche doit être organisée de façon permanente et systématique.

2. L'innovation est à la fois conceptuelle et sensible. Le second commandement de l'innovation est donc d'aller voir par soi-même, de poser des questions, d'écouter les autres. On ne pourra jamais trop insister sur cet élément. Les innovateurs qui réussissent se servent de leurs deux hémisphères cérébraux : ils regardent les chiffres et ils observent les gens. Ils déduisent de façon analytique ce qu'une innovation doit apporter pour répondre à une opportunité. Puis ils vont voir les clients, les utilisateurs, se rendre compte de leur attente, de leurs jugements de valeur et de leurs besoins.

Le degré de réceptivité peut être perçu, comme peuvent l'être les jugements de valeur. On peut percevoir qu'un système donné ne correspond pas aux attentes, aux habitudes, aux comportements de ceux qui l'utilisent. On peut alors se demander : « Quelle doit être l'innovation qui leur donnera *l'envie* de l'utiliser et le sentiment que c'est bien *leur* intérêt ? » Ne pas se poser cette question revient à prendre le risque de présenter une bonne innovation sous une forme inappropriée. C'est ce qui arriva, par exemple, au premier fabricant de logiciels éducatifs avec les écoles américaines. Les enseignants n'utilisèrent pas ses programmes, d'une qualité et d'une efficacité pourtant remarquables, parce qu'ils éprouvaient une peur panique à l'égard de l'ordinateur, et ne percevaient pas l'informatique comme un soutien mais comme une menace directe.

3. Pour être efficace, une innovation doit être simple et viser un objectif précis. Elle ne doit chercher à réaliser qu'une seule chose. Aller au-delà, c'est prendre le risque de la confusion. Une innovation qui n'est pas simple ne fonctionnera pas. Tout ce qui est nouveau rencontre des difficultés. S'il s'agit d'un système complexe, on ne trouvera pas de solution, on ne pourra pas le réparer. Toutes les innovations efficaces sont extraordinairement simples. Le plus grand compliment pour un innovateur est d'entendre dire : « C'est tellement évident ! Pourquoi n'y ai-je pas pensé moi-même ? »

Même l'innovation qui crée de nouvelles utilisations et de nouveaux marchés doit viser un objectif clair et spécifique. Cet objectif doit être de satisfaire un besoin précis et de produire un effet spécifique.

4. Les innovations efficaces démarrent modestement. Ce ne sont pas des réalisations grandioses. Elles cherchent à atteindre un objectif spécifique. Permettre à un véhicule de tirer de l'électricité quand il se déplace sur des rails, par exemple. Cette innovation a donné jour au tramway électrique. Ou, ce qui paraît être une idée élémentaire, mettre le même nombre d'allumettes dans chaque boîte (cinquante à l'époque) pour permettre un remplissage automatique des boîtes. Cette idée donna à ses auteurs suédois un monopole mondial pendant près d'un demi-siècle. Les innovations grandioses qui veulent « révolutionner l'industrie » ont peu de chances de fonctionner.

Les innovations fonctionneront mieux si elles démarrent à

petite échelle, c'est-à-dire si elles demandent moins d'argent, moins d'effectifs et un marché limité. Dans le cas contraire, on n'a jamais le temps d'opérer les ajustements et les changements indispensables pour qu'une innovation réussisse. Les innovations qui débutent sont rarement mieux « qu'à peine passables ». Et les changements indispensables ne pourront être effectués que sur une petite échelle, et si les exigences financières et d'effectifs restent modestes.

5. Dernier commandement : pour réussir, une innovation doit chercher à dominer le marché. Elle ne doit pas forcément chercher à devenir une « grosse affaire ». On ne peut d'ailleurs jamais prévoir si une innovation donnée deviendra une entreprise importante ou une réalisation modeste. Mais ne pas chercher à dominer le marché, c'est prendre le risque de ne pas innover suffisamment et de ne pas être capable de s'imposer. Les stratégies (qui seront étudiées aux chapitres 16 à 19) varient considérablement entre celles qui ont pour but d'occuper un petit créneau dans un processus ou sur un marché et celles qui cherchent à dominer une industrie ou un marché. Mais les stratégies d'entrepreneurs, c'est-à-dire les stratégies qui exploitent une innovation, doivent viser la suprématie dans un environnement donné. Faute de quoi, elles ne réussiront qu'à offrir une opportunité à la concurrence.

III

Les interdits

Il existe également un ensemble de choses à ne pas faire.

1. Tout d'abord, ne pas chercher à faire « trop intelligent ». La réalisation d'une innovation est appelée à être confiée à des gens simples, et à partir d'une certaine envergure, à des crétins et à des sots. L'incompétence est la seule matière première, toujours abondante, qui ne viendra jamais à manquer. Ce qui est trop intelligent est presque toujours voué à l'échec, que ce soit au niveau de la conception ou de l'exécution.

2. Ne pas se diversifier, ne pas se disperser, ne pas essayer

de faire trop de choses à la fois. C'est évidemment un corollaire du commandement : viser un objectif précis. Les innovations qui s'écartent de leur origine ont toutes les chances de devenir diffuses, de rester au stade des idées et de ne pas devenir de véritables innovations. L'origine n'est pas forcément une nouvelle technique ou une nouvelle connaissance. Ce peut être le marché. La connaissance du marché offre une meilleure unité que les techniques ou les connaissances nouvelles, quelle que soit l'entreprise concernée, société privée ou service public. Les efforts d'innovations doivent être unis par un point commun s'ils ne veulent pas partir dans toutes les directions. Une innovation a besoin de l'énergie concentrée d'un effort unifié. Il faut aussi que les gens qui la mettent en œuvre se comprennent. Cela suppose également une unité, un point commun, qui sont compromis par la diversité et la dispersion.

3. Ne pas innover pour l'avenir mais pour le présent. Une innovation peut avoir une influence à long terme, peut ne pas atteindre sa pleine maturité avant une vingtaine d'années. L'ordinateur, par exemple, n'a pas commencé à exercer une influence mesurable sur le fonctionnement des entreprises avant le début des années 70, soit vingt-cinq ans après l'apparition des premiers modèles sur le marché. Mais dès le premier jour, l'ordinateur avait des applications spécifiques immédiates, qui allaient des calculs scientifiques à l'établissement des fiches de paye en passant par les simulateurs de vol pour les pilotes d'avions. Il ne suffit pas de pouvoir dire : « Dans vingt-cinq ans, il y aura tellement de gens âgés qu'ils auront besoin de ceci ou de cela. » On doit pouvoir affirmer : « Il y a suffisamment de gens âgés aujourd'hui pour que ceci ou cela leur apporte un véritable changement. Bien sûr, le temps joue en notre faveur, et dans vingt-cinq ans, ils seront beaucoup plus nombreux à faire la différence. » Si elle ne trouve aucune application dans l'immédiat, une innovation reste au stade de « l'idée géniale », comme les dessins de Léonard de Vinci. De plus, très peu d'entre nous possèdent le génie de Léonard de Vinci ou peuvent compter sur leurs seuls cahiers de dessin pour devenir immortels.

Le premier innovateur qui comprit parfaitement le sens de cet « interdit » fut sans doute Edison. Tous les autres inventeurs dans le domaine de l'électricité ont commencé à travailler vers 1860-1865 sur ce qui allait un jour devenir l'ampoule électrique. Edison attendit dix ans, jusqu'à ce que les connaissances nécessaires soient disponibles. Avant cela, travailler sur l'ampoule électrique appartenait au futur et non pas au présent. Mais quand la connaissance devint disponible — c'est-à-dire quand l'existence d'une ampoule électrique devint possible —, Edison mobilisa toute son énergie et organisa une équipe extraordinairement compétente pour se concentrer sur cette opportunité d'innovation pendant deux ans.

Certaines innovations nécessitent de longs délais de mise en œuvre. En recherche pharmaceutique par exemple, dix années de recherches et de développement d'un projet n'est ni inhabituel ni particulièrement long. Malgré cela, aucune société pharmaceutique ne songerait à démarrer des programmes de recherches pour la découverte d'un médicament qui n'aurait pas d'application immédiate et ne pourrait pas être utilisé pour des besoins thérapeutiques déjà existants.

Trois conditions

Il reste encore trois conditions, toutes très évidentes, et pourtant souvent négligées.

1. *L'innovation est le fruit d'un travail,* qui fait donc appel à un savoir et demande souvent beaucoup d'ingéniosité. Il existe manifestement des gens dont le talent d'innovateur dans un domaine donné est supérieur au nôtre. Les innovateurs travaillent d'ailleurs rarement dans plus d'un secteur. Malgré son sens extraordinaire de l'innovation, Edison n'a jamais travaillé que dans le domaine de l'électricité. Un innovateur dans le milieu financier, Citibank à New York par exemple, a peu de chances de lancer des innovations dans le secteur de la distribution ou de la santé. L'innovation, comme n'importe quel autre travail, demande du talent, de l'ingéniosité et une certaine prédisposition. Puis quand tout a été dit et accompli, l'innovation devient une tâche difficile, motivée, au service d'un objectif précis qui exige beaucoup de rapidité, d'obstination et d'engagement. Sans eux, le talent, l'ingéniosité, le savoir-faire ne servent à rien.

2. Pour réussir, les innovateurs doivent compter sur leurs propres forces. Les innovateurs qui réussissent envisagent toutes sortes d'opportunités. Mais il leur faut un jour se

demander : « Laquelle de toutes ces opportunités est réellement dans *mes* cordes, convient véritablement à *cette* entreprise, met en jeu des compétences où j'ai déjà fait mes preuves ? » De ce point de vue, l'innovation n'est évidemment pas différente d'une autre forme de travail. Mais les risques liés à l'innovation, la valeur attachée aux connaissances et aux résultats obtenus font qu'il est peut-être encore plus important de compter sur ses propres capacités. Dans l'innovation, comme dans toute nouvelle entreprise, doit exister une prédisposition naturelle. Une affaire ne pourra pas fonctionner dans un domaine que l'on ne respecte pas vraiment. Aucune société de produits pharmaceutiques — dirigée comme il se doit par des scientifiques donnant toute l'image de sérieux qui convient à leur fonction — n'a jamais réussi dans un domaine aussi « frivole » que les rouges à lèvres ou la parfumerie. Les innovateurs doivent eux aussi vibrer en sympathie avec l'opportunité d'innovation choisie. Ils doivent la juger digne d'intérêt et parfaitement logique. Sans quoi ils n'accepteront pas de lui consacrer le travail difficile, assidu et souvent frustrant qui est indispensable au succès de toute innovation.

3. L'innovation a un *impact sur l'économie et sur la société.* Elle provoque un changement dans le comportement des clients, des professeurs, des agriculteurs, des ophtalmologistes, des gens en général. Elle peut aussi exercer une influence sur le processus, c'est-à-dire sur la manière de travailler et de produire. L'innovation doit donc toujours être proche du marché, orientée dans sa direction et entraînée par lui.

L'innovateur conservateur

J'ai assisté il y a un an ou deux à une conférence universitaire sur l'esprit d'entreprise où étaient invités un certain nombre de psychologues. Bien que leurs interventions aient été en désaccord sur tous les autres points, ils s'accordèrent pour reconnaître l'existence d'une « personnalité d'entrepreneur » caractérisée par une « propension à prendre des risques ».

On demanda ensuite à un entrepreneur réputé qui a transformé une innovation fondée sur un besoin structurel en une importante entreprise mondiale en l'espace de vingt-cinq ans de présenter ses remarques. « Je suis déconcerté par vos interventions, a-t-il déclaré. Je pense connaître plus d'entrepreneurs et d'innovateurs couronnés de succès que n'importe qui, à commencer par moi-même. Mais je n'ai jamais rencontré de " personnalité d'entrepreneur ". Ceux que je connais et qui ont réussi ont une chose, et une seule, en commun : ils *ne prennent pas* de risques. Ils essayent de définir les risques qu'ils devront prendre et cherchent à les minimiser le plus possible. Sinon, aucun d'entre nous n'aurait pu réussir. Quant à moi, si j'avais voulu " prendre des risques ", je me serais lancé dans l'immobilier, dans le commerce, ou je serais devenu peintre comme le voulait ma mère. »

Cela « colle » parfaitement avec ma propre expérience, et je connais moi-même un bon nombre d'entrepreneurs et d'innovateurs qui ont réussi. Aucun d'entre eux n'a de « propension à prendre des risques ».

La représentation courante des « innovateurs » — à mi-chemin entre la psychologie de bazar et l'imagerie hollywodienne — en fait les descendants de Superman et des Chevaliers de la Table Ronde. La plupart d'entre eux sont pourtant des personnages très peu romantiques, plus enclins à passer des heures sur une projection de marge brute d'autofinancement qu'à partir à la recherche de nouveaux « risques ». Bien évidemment, l'innovation comporte des risques. Mais sortir de sa voiture pour aller chez le boulanger également. Toute activité économique est par définition une activité « à haut risque ». Et défendre le passé — c'est-à-dire ne pas innover — est beaucoup plus risqué que de préparer l'avenir. Les innovateurs que je connais réussissent dans la mesure où ils définissent et limitent les risques. Ils réussissent dans la mesure où ils analysent systématiquement les facteurs d'innovation, mettent le doigt sur une opportunité et savent l'exploiter. Cela s'applique tout aussi bien aux opportunités présentant peu de risques, clairement définies, qui permettront de tirer profit d'un événement imprévu ou d'un besoin structurel, qu'à des opportunités présentant des risques bien plus grands mais toujours identifiables, comme une innovation fondée sur des connaissances nouvelles.

Les innovateurs qui réussissent sont des conservateurs, ils n'ont pas le choix. Ils ne recherchent pas les « risques », ils visent « l'opportunité ».

DEUXIÈME PARTIE

LA PRATIQUE DE L'ESPRIT D'ENTREPRISE

L'esprit d'entreprise exige un management différent. Comme celui d'aujourd'hui, il doit être motivé, organisé et systématique. Les règles fondamentales restent les mêmes pour toute organisation conduite avec une optique d'entrepreneur, mais l'entreprise existante, le service public ou la société nouvellement créée sont autant de défis et de problèmes différents qui doivent se prémunir contre différentes tendances à la dégénérescence. Les entrepreneurs ressentent également le besoin de se confronter à des décisions spécifiques concernant leur propre rôle et leur propre engagement.

Chapitre 12

LE MANAGEMENT D'ENTREPRENEUR

L'esprit d'entreprise repose sur des principes identiques, que l'entrepreneur soit une grande institution bien établie ou un particulier créant lui-même sa nouvelle entreprise. Que l'entrepreneur soit une entreprise ou un service public non commercial, une administration d'État ou une organisation non gouvernementale ne fait en réalité aucune différence. Les règles sont à peu près les mêmes, les choses qui marchent et celles qui ne marchent pas à peu près identiques, ainsi que les catégories et les sources d'innovations. Il existe une discipline que nous appellerons le *management d'entrepreneur*.

Cependant l'entreprise existante se trouve confrontée à des difficultés, des limites et des contraintes différentes de celles de l'entrepreneur individuel, et doit par conséquent apprendre d'autres choses. Pour simplifier à l'extrême, l'entreprise existante sait gérer, mais doit apprendre à innover et à faire œuvre d'entrepreneur. La nouvelle entreprise doit aussi apprendre à innover et à faire œuvre d'entrepreneur, mais elle doit avant tout apprendre à gérer. Le service public non commercial connaît d'autres difficultés, a d'autres choses à apprendre, risque de faire d'autres erreurs.

Il s'agit donc d'élaborer un guide spécifique d'une pratique de l'esprit d'entreprise pour chacun de ces trois domaines :

— l'entreprise existante,
— le service public,
— l'entreprise nouvellement créée.

Que doit faire chacun d'eux, que ne doit-il pas faire, où doit se porter toute sa vigilance ?

Une telle étude pourrait logiquement commencer par la

nouvelle entreprise, comme la connaissance médicale peut être entreprise à partir de l'embryon et du nouveau-né. Mais à l'image de l'étudiant en médecine qui débute par l'étude de l'anatomie et de la pathologie de l'adulte, la pratique de l'esprit d'entreprise commencera par l'examen de l'entreprise existante, ses politiques, ses pratiques et ses problèmes de gestion de l'esprit d'entreprise. Les entreprises d'aujourd'hui — et particulièrement les plus grandes d'entre elles — ne pourront tout simplement pas survivre dans cette époque de mutations rapides et d'innovation si elles n'acquièrent pas une véritable compétence d'entrepreneur. De ce point de vue, la fin du XXe siècle est totalement différente de la dernière grande période de l'esprit d'entreprise, à savoir les cinquante ou soixante années qui ont précédé la déclaration de la Première Guerre mondiale. On ne comptait pas beaucoup de grandes entreprises à cette époque, ni même d'entreprises moyennes, à la différence d'aujourd'hui. Apprendre à gérer l'esprit d'entreprise ne servira pas seulement leurs propres intérêts. C'est également une question de responsabilité sociale. Contrairement à la situation telle qu'elle était il y a un siècle, l'élimination rapide des entreprises — et particulièrement des plus grandes — par le progrès de l'innovation (la fameuse « destruction créatrice » de l'innovateur, pour reprendre la formule de Schumpeter), constitue aujourd'hui une véritable menace pour l'emploi, la stabilité financière, l'ordre social et la responsabilité de l'État.

Les entreprises existantes devront changer et changer considérablement quoi qu'il arrive. Dans tous les pays industriels non communistes, par exemple, la main-d'œuvre ouvrière employée dans les industries de fabrication ne représentera plus dans vingt-cinq ans que le tiers de son niveau actuel, tandis que la production industrielle devrait être multipliée par trois ou quatre. Cette évolution sera comparable à celle de l'agriculture dans les pays industrialisés non communistes au cours des vingt-cinq années qui ont suivi la Seconde Guerre mondiale. Pour conserver leur stabilité et leur leadership au cours d'une mutation de cette ampleur, les entreprises existantes devront non seulement survivre mais prospérer. Il leur sera donc indispensable de devenir de véritables entrepreneurs qui réussissent.

L'esprit d'entreprise ne viendra, dans bien des cas, que des entreprises existantes. Certains des géants d'aujourd'hui risquent fort de ne pas survivre aux vingt-cinq ans à venir. Mais nous savons également que l'entreprise moyenne est particulièrement bien placée pour faire œuvre d'innovateur et d'entrepreneur, à condition qu'elle sache mettre en œuvre un véritable management d'entrepreneur. C'est l'entreprise déjà établie — et d'une taille suffisante plus que la petite affaire — qui est la plus à même d'imposer sa suprématie d'entrepreneur. Elle dispose des ressources nécessaires, et tout particulièrement des ressources humaines. Elle a déjà acquis une certaine compétence en matière de management et possède une équipe dirigeante. Elle a non seulement l'opportunité mais aussi la responsabilité de mettre en place un management d'entrepreneur efficace.

Il en va de même des institutions de service public, et tout particulièrement de celles qui remplissent des fonctions non politiques, qu'elles soient ou non propriété de l'État et financées ou non par l'argent des contribuables. Il s'agit des hôpitaux, des écoles, des universités, des services publics des collectivités locales, des associations et des organisations de volontaires telles que la Croix-Rouge, les organisations de boy-scouts, les Églises et les organisations religieuses, mais aussi des associations professionnelles et commerciales, et beaucoup d'autres encore. Une période de mutation rapide rend obsolètes toutes les anciennes questions ou du moins rend inefficaces la plupart des façons de les poser. Ce type de situation crée parallèlement certaines opportunités pour entreprendre de nouvelles tâches, pour l'expérimentation et l'innovation sociales.

Un tel environnement représente avant tout un changement considérable de perception et d'état d'esprit (voir le chapitre 8). Cent ans plus tôt, la « panique » de 1873 mit fin à un siècle de « laisser-faire » qui avait commencé en 1776 avec la *Richesse des Nations* d'Adam Smith. Pendant un siècle après 1873, être « moderne » et « progressiste » signifia voir dans l'État le moteur du changement social et du progrès. Que ce soit un bien ou un mal, cette période a pris fin dans tous les pays développés non communistes (et sans doute aussi dans les pays communistes développés). Nous ne savons pas encore ce que sera la prochaine vague de « progressisme ». Mais nous savons que tous ceux qui prêchent encore l'évangile progressiste des années 30 — ou même des années 60, des administrations Kennedy et Johnson — ne sont pas des « progressistes » mais des « réactionnaires ». Nous ne savons pas si la privatisation[1] fonctionnera ou ira très loin. Ce terme désigne le retour au secteur privé (mais pas forcément à des entreprises commerciales, comme beaucoup l'ont compris) de certaines activités confiées jusqu'ici à l'État. Mais nous savons qu'aucun pays développé non communiste ne continuera d'avancer sur la voie des nationalisations et du contrôle de l'État avec l'espoir, les attentes et la foi dans les promesses traditionnellement associés à ces politiques. Ces pays ne pourront persister dans ce sens que sous l'effet d'un sentiment de frustration et d'échec. Dans la situation actuelle, les services publics ont donc à la fois l'opportunité et la responsabilité d'entreprendre et d'innover.

C'est précisément parce que ce sont des services publics qu'ils sont confrontés à des problèmes, des obstacles, des défis différents et spécifiques, et qu'ils sont susceptibles de faire des erreurs différentes. L'esprit d'entreprise dans les services publics doit donc être examiné séparément.

Reste l'entreprise nouvellement créée. Elle continuera d'être un des principaux véhicules de l'innovation, comme elle l'a été dans toutes les grandes périodes de l'esprit d'entreprise et comme elle l'est à nouveau aujourd'hui aux États-Unis dans la nouvelle économie d'entrepreneur. Les États-Unis ne manquent en effet ni d'entrepreneurs en puissance ni de nouvelles entreprises. La majeure partie a cependant beaucoup à apprendre en matière de management de l'esprit d'entreprise, et tout particulièrement les nouvelles entreprises de haute technologie. Celles qui veulent survivre ne pourront faire l'économie de cet apprentissage.

Le décalage qui existe entre les praticiens moyens et les leaders de l'esprit d'entreprise et de l'innovation est considérable pour l'entreprise existante, le service public et l'entreprise nouvellement créée. Ces trois catégories fournissent heureusement assez d'exemples de réussite d'une pratique de l'esprit d'entreprise pour autoriser une présentation systématique du management d'entrepreneur qui soit à la fois théorie et pratique, à la fois description et prescription.

1. Un terme que j'ai créé en 1969 dans mon livre *The Age of Discontinuity*.

Chapitre 13

L'ENTREPRISE PRIVÉE ET L'ESPRIT D'ENTREPRISE

I

« Les grandes entreprises n'innovent pas », entend-on le plus souvent. Cela semble en effet assez plausible. Les principales innovations de ce siècle ne sont pas venues des grandes sociétés bien établies. Les chemins de fer n'ont pas donné naissance à l'automobile ou au camion, ils n'ont même pas essayé. Et malgré les tentatives des grands constructeurs automobiles (Ford et General Motors ont été des précurseurs de l'aviation et de l'industrie aérospatiale), les grandes sociétés aéronautiques et les grandes compagnies aériennes d'aujourd'hui sont toutes devenues des entreprises indépendantes. Les géants de l'industrie pharmaceutique sont pour l'essentiel des entreprises qui, soit n'existaient pas il y a cinquante ans quand on a commencé à produire les premiers médicaments modernes, soit n'étaient que des petites sociétés. Tous les géants de l'industrie électrique (General Electric, Westinghouse, R.C.A. aux États-Unis, Siemens et Philips en Europe, Toshiba au Japon) se sont précipités dans l'informatique au cours des années 50. Pas un seul n'a réussi. Le marché est dominé par I.B.M., qui, il y a quarante ans, était à peine une société moyenne et en aucun cas une entreprise de haute technologie.

Malgré cela, le consensus général qui laisse entendre que les grandes entreprises n'innovent pas et ne peuvent pas innover n'est même pas une demi-vérité, c'est une méprise.

Il faut tout d'abord prendre en compte les multiples exceptions concernant de grandes entreprises qui ont fait œuvre d'entrepreneur et d'innovateur. Johnson & Johnson aux

États-Unis par exemple dans le secteur de l'hygiène et de la santé ; 3M dans l'ingénierie de pointe pour l'industrie et les particuliers ; Citibank, la plus grande institution financière privée du monde, aujourd'hui plus que centenaire, qui fut un des principaux innovateurs du secteur bancaire et financier. En Allemagne, les innovations de Hoechst, une des plus grandes sociétés de produits chimiques mondiales qui a plus de cent vingt-cinq ans, dans l'industrie pharmaceutique ont été couronnées de succès. En Suède, la société A.S.E.A., fondée en 1884, est une très grande entreprise depuis soixante à soixante-dix ans qui a véritablement fait œuvre d'innovateur dans le domaine des transmissions électriques longue distance et de la robotique pour l'automatisation des usines.

Pour compliquer un peu plus les choses, il existe un certain nombre de grandes entreprises déjà anciennes qui ont connu des réussites dans certains domaines d'innovation tout en échouant misérablement dans d'autres. Aux États-Unis, General Electric a essuyé un échec dans l'informatique mais a remporté d'importants succès dans trois autres secteurs d'innovation : les moteurs d'avions, les plastiques inorganiques et l'électronique médicale. R.C.A. a également échoué dans le domaine de l'informatique mais a réussi dans celui de la télévision couleur. Les choses ne sont donc pas aussi simples que pourraient le laisser penser les idées reçues.

Il est, en outre, inexact que la grandeur d'une entreprise soit un obstacle à l'esprit d'entreprise et à l'innovation. Dans les discussions sur l'esprit d'entreprise, on entend beaucoup parler de la « bureaucratie » et du « conservatisme » des grandes sociétés. Tous deux existent bien sûr, et constituent des obstacles considérables à l'esprit d'entreprise, à l'innovation, et à toutes les autres fonctions de l'entreprise. L'Histoire démontre pourtant très clairement qu'en ce qui concerne les entreprises existantes, sociétés privées ou services publics, les plus petites sont celles qui font le moins preuve d'esprit d'entreprise et d'innovation. On compte un nombre important de grandes entreprises parmi les entrepreneurs privés actuels. La liste ci-dessus pourrait facilement compter une centaine d'entreprises du monde entier, et de nombreux grands établissements figureraient sur une liste des services publics qui ont fait leur preuve dans le domaine de l'innovation.

Les plus grands « entrepreneurs » privés sont sans doute les grandes entreprises moyennes, correspondant à une société américaine d'un chiffre d'affaires de 500 millions de dollars au milieu des années 80 [1]. Mais les *petites* entreprises existantes ne seraient que trop manifestement absentes d'une liste recensant les entrepreneurs privés.

Ce n'est pas la grandeur qui fait obstacle à l'esprit d'entreprise et à l'innovation. C'est le fonctionnement existant, et tout particulièrement le *bon* fonctionnement. Il est plus facile à une grande entreprise, ou du moins à une entreprise assez grande, de surmonter un tel obstacle qu'à une petite entreprise. Le fonctionnement d'une usine de fabrication, d'une technique, d'une gamme de produits, d'un réseau de distribution, exige un effort constant et une attention sans relâche. La seule chose que l'on peut garantir à toute forme d'activité est la crise quotidienne, qui ne peut être repoussée, qui doit être réglée immédiatement. L'activité existante exige et mérite la priorité absolue.

La nouveauté semble toujours si petite, si frêle, si peu prometteuse par rapport à la stature et aux résultats de la maturité. Tout ce qui est véritablement nouveau et semble déjà important doit éveiller la méfiance et n'a que très peu de chance de succès. Les innovateurs qui réussissent, nous l'avons vu plus haut, commencent à une petite échelle, et, surtout, commencent simplement.

Il y a beaucoup de prétention à déclarer comme le font de nombreuses entreprises que « d'ici dix ans, 90 % de nos recettes viendront de produits qui n'existent même pas aujourd'hui ». Cela vaut pour les modifications apportées aux produits existants, aux variations, et même aux extensions de ces produits à des nouveaux marchés et à de nouveaux emplois, avec ou sans modifications. Mais ce qui est réellement nouveau demande généralement des délais bien plus longs. Les entreprises qui réussissent — c'est-à-dire qui sont aujourd'hui sur les bons marchés avec les bons produits ou les bons services — risquent, dans une dizaine d'années, de tirer les trois

1. On l'a longtemps soupçonné, et l'on dispose aujourd'hui de preuves définitives grâce à l'étude, déjà mentionnée plus haut, sur les cent entreprises moyennes les plus performantes en matière de croissance, de Richard E. Cavenaugh et Donald K. Clifford Jr., « Lessons from America's Midsized Growth Companies », *McKinsey Quaterly*, automne 1983.

quarts de leurs recettes à partir des produits ou des services qui existent à l'heure actuelle ou de leurs descendants directs. Si les produits et les services d'aujourd'hui ne créent pas un flux constant et substantiel de revenu, l'entreprise sera incapable de faire les investissements importants qu'exigeront les innovations de demain.

L'entreprise existante ne pourra donc innover et faire œuvre d'entrepreneur qu'au prix d'efforts particuliers. L'attitude « normale » consiste à distribuer les ressources productives aux entreprises existantes et à la crise quotidienne, à obtenir un peu plus à partir de ce que nous avons déjà. La tentation de l'entreprise existante est toujours de nourrir le passé en puisant dans les ressources de l'avenir.

Cette tentation risque, bien entendu, d'être fatale. L'entreprise qui n'innove pas vieillit, et entre inévitablement dans le déclin. Celui-ci sera d'autant plus brutal dans une période de mutation rapide telle que la nôtre, c'est-à-dire une période d'esprit d'entreprise. Dès qu'une entreprise ou une industrie s'est tournée vers le passé, il devient excessivement difficile, si ce n'est impossible, de la remettre dans la bonne direction. La réussite d'une entreprise constitue un véritable obstacle à l'innovation et à l'esprit d'entreprise. Le problème est justement que l'entreprise réussisse, c'est-à-dire qu'elle soit « en bonne santé », et non pas gravement menacée par la bureaucratie, la paperasse ou l'autosatisfaction.

Cela rend l'exemple des entreprises existantes qui ont innové avec succès absolument capital. Le succès de l'esprit d'entreprise et de l'innovation dans les grandes et moyennes entreprises est le plus significatif. Ces entreprises montrent que « l'obstacle du succès », l'obstacle de l'ancienneté, peut être surmonté d'une façon qui profite à l'ancien comme au nouveau, qui fait prospérer l'entreprise naissante et celle déjà adulte. Les grandes entreprises qui ont réussi dans leur démarche d'innovateur et d'entrepreneur — les Johnson & Johnson, Hoechst, A.S.E.A., 3M, ou les cent meilleures entreprises moyennes — savent parfaitement comment s'y prendre.

Là où les idées reçues font fausse route, c'est en laissant croire que l'innovation et l'esprit d'entreprise sont des phénomènes « naturels », « créateurs », « spontanés ». C'est en supposant que quelque chose les réprime s'ils n'apparaissent pas naturellement au sein de l'entreprise. Le fait que seule une minorité d'entreprises existantes réussisse à innover et à entreprendre devient alors la preuve indéniable que l'ancienneté étouffe l'esprit d'entreprise.

L'esprit d'entreprise n'est ni naturel, ni créateur. C'est le fruit d'un travail. On abouti alors à une conclusion exacte, qui se situe à l'opposé de l'opinion couramment admise. Le fait qu'un grand nombre d'entreprises existantes, dont une bonne partie de moyennes, grandes et très grandes entreprises, réussissent à innover et à entreprendre prouve que l'innovation et l'esprit d'entreprise sont à la portée de toutes les entreprises. On doit avoir conscience qu'on ne peut les obtenir sans tout mettre en œuvre. On peut les apprendre, mais pas sans effort. Les entrepreneurs traitent l'esprit d'entreprise comme un devoir. Ils sont formés à cette discipline, ils la travaillent, la gèrent, la pratiquent.

Le management d'entrepreneur suppose l'existence de politiques et de pratiques spécifiques dans quatre grands domaines.

Il suppose tout d'abord que l'entreprise soit à l'écoute de l'innovation, qu'elle accepte de la juger comme une opportunité et non comme une menace. Il doit être organisé de façon à accomplir le travail difficile de l'entrepreneur. Des politiques et des pratiques spécifiques doivent être mises en œuvre pour créer un climat favorable à l'esprit d'entreprise.

Le management d'entrepreneur suppose, en second lieu, que l'on effectue une mesure — ou au moins une évaluation — systématique des performances de l'entreprise en matière d'innovation et d'esprit d'entreprise, et que l'on organise un enseignement intégré visant à améliorer lesdites performances.

Il suppose également l'existence de pratiques spécifiques en matière de structure d'organisation, de recrutement, de gestion, et sur les questions de rémunération, d'encouragement, de primes et d'avantages annexes.

Il existe, pour finir, un ensemble d'interdits, de choses à ne pas faire dans un management d'entrepreneur.

II

Les politiques de l'esprit d'entreprise

Un poète latin qualifiait l'être humain de « *rerum novarum cupidus* » (avide de choses nouvelles). Le management d'entrepreneur doit rendre chaque manager en place « *rerum novarum cupidus* ».

« Comment vaincre les résistances à l'innovation dans l'entreprise ? » est une question que se posent souvent les dirigeants. Même si nous connaissions la réponse, cela resterait une mauvaise question. La bonne formule est : « Comment mettre l'entreprise à l'écoute de l'innovation, comment lui donner l'envie d'innover, lui en donner les moyens et la faire travailler dans ce but ? » Si l'entreprise juge l'innovation comme quelque chose de contre nature, qui va à contre-courant, qui sort de l'ordinaire, voire comme un exploit, il n'y aura pas d'innovation. L'innovation doit faire partie intégrante du fonctionnement normal, ordinaire, de l'entreprise, si ce n'est de la routine.

Cela suppose l'existence de politiques spécifiques. C'est en premier lieu l'innovation, et non pas l'attachement à ce qui existe déjà, qui doit attirer les managers et leur paraître le mieux à même de servir leurs intérêts. L'innovation doit apparaître très clairement comme le meilleur moyen de préserver et de perpétuer l'existence de l'entreprise, comme le fondement même de la sécurité de l'emploi et de la réussite de chaque manager.

C'est ensuite l'importance du besoin d'innovation et son cadre temporel qui doit être précisé et défini avec la plus grande clarté.

C'est enfin un programme d'innovation qui doit être mis en place en tenant compte d'objectifs spécifiques.

1. Il n'y a qu'une seule façon de rendre l'innovation attirante aux yeux des managers : opter pour une politique qui abandonnera tout ce qui est mort, usé, désuet, tout ce qui n'est plus productif, les erreurs, les échecs et les efforts mal dirigés. Pour pouvoir innover, l'entreprise doit remettre en cause

environ tous les trois ans chacun de ses produits, de ses processus, de ses techniques, chaque marché, chaque canal de distribution, mais aussi chaque affectation du personnel de l'entreprise. L'entreprise doit se demander : « Choisirait-on encore aujourd'hui le même produit, le même marché, ce canal de distribution, cette technologie ? » Et si la réponse est « non », il ne s'agit pas de décider de « faire une autre étude », mais de se poser la question suivante : « Que devons-nous faire pour arrêter de gaspiller des ressources avec ce produit, ce processus, ce marché, ce réseau de distribution, cette affectation du personnel ? » La solution n'est pas toujours l'abandon, ce n'est parfois même plus possible. On peut au moins limiter ses efforts et s'assurer que les ressources humaines et financières ne sont pas plus dévorées par le passé. C'est ce qu'il convient de faire à chaque fois que l'on veut préserver la santé de l'entreprise : tout organisme doit éliminer ses déchets s'il ne veut pas s'empoisonner. C'est une nécessité absolue pour toute entreprise qui veut se mettre à l'écoute de l'innovation et qui veut être en mesure d'innover. « Rien ne peut mieux retenir l'attention d'un homme que l'idée d'être pendu le lendemain matin » aimait dire le docteur Samuel Johnson. Rien ne peut mieux occuper l'attention d'un manager que l'idée d'abandonner prochainement un produit ou un service existant.

L'innovation exige des efforts considérables, un travail difficile du point de vue du rendement, et des gens compétents, ressource la plus rare de l'entreprise. « Rien n'est plus difficile que d'empêcher un cadavre d'être envahi par la puanteur, et pourtant, rien ne saurait être plus vain » dit un vieux proverbe médical. Dans presque toutes les entreprises que j'ai eu l'occasion d'étudier, les meilleurs éléments s'emploient à ce genre de vains exercices. Ils ne peuvent cependant espérer faire mieux que repousser, à grands frais, le moment où ils devront accepter l'inévitable.

Mais si toute l'entreprise est avertie que les morts seront laissés à leur propre sort, les vivants accepteront, et seront même impatients, de se consacrer à l'innovation.

L'entreprise qui veut se donner les moyens d'innover doit pouvoir mobiliser ses meilleurs éléments pour relever les défis de l'innovation. Elle doit aussi pouvoir dégager les ressources financières indispensables à l'innovation. Cela ne sera pas possible tant qu'elle ne se sera pas organisée pour évacuer le passé, se débarrasser des réussites mais aussi des échecs passés, et surtout des opérations « manquées de peu », des choses qui « auraient dû marcher ». Si les cadres savent que telle est la politique de l'entreprise, ils seront motivés pour rechercher la nouveauté, innover, encourager l'esprit d'entreprise. Ils accepteront de devenir eux-mêmes des entrepreneurs. C'est une première étape, une forme d'hygiène d'organisation de l'entreprise.

2. La seconde étape, la seconde politique est d'accepter le fait que les produits actuels, les services, les marchés, les canaux de distribution, les processus existants, les techniques employées, n'aient qu'une espérance de vie limitée, et même extraordinairement courte.

Une analyse de la courbe de vie des produits existants, des services, des marchés et des processus, figure couramment depuis les années 70 dans les concepts stratégiques prônés par le Boston Consulting Group par exemple, dans les ouvrages de stratégie de Michael Porter, professeur à la Harvard Business School, et dans ce qu'on appelle la gestion de portefeuille[1].

Parmi les stratégies très en vogue depuis une dizaine d'années, et particulièrement la gestion de portefeuille, les conclusions qu'autorise ce type d'analyse constituent en elles-mêmes un programme d'action. Un grand nombre d'entreprises qui se sont ruées sur ce type de « stratégies » à la fin des années 70 et au début des années 80 ont fait les frais d'une pareille méprise qui peut conduire aux résultats les plus décevants. Ces conclusions amènent à faire un *diagnostic*, qui fera intervenir la capacité de jugement. Cela suppose la connaissance de l'entreprise, de ses produits, de ses marchés, de ses clients, de ses techniques. Cela demande de l'expérience et non pas juste une analyse. L'idée selon laquelle de jeunes et brillants diplômés d'une école de gestion armés de leurs seuls outils analytiques vont sortir de leur ordinateur les décisions

1. Ces différentes méthodes sont issues d'un de mes livres publié il y a vingt ans, *Managing for Results* (Bien connaître votre affaire et réussir, Éditions d'organisation, Paris, 1968). Ce fut, à ma connaissance, le premier travail systématique entrepris en matière de stratégie d'entreprise, qui provenait lui-même d'un séminaire sur l'esprit d'entreprise que j'animai à l'université de New York à la fin des années 50. L'analyse présentée dans les chapitres 1 à 5 de cet ouvrage reste un instrument utile pour l'étude de la courbe de vie et de la santé des produits. Elle comprenait un classement des produits et des services en fonction de leur rendement, de leurs caractéristiques et de leur espérance de vie.

capitales pour l'entreprise, ses produits et ses marchés, constitue une véritable imposture, n'hésitons pas à le dire.

Cette analyse, que j'appelais la « radiographie de l'entreprise » dans *Managing for Results,* est un outil qui sert à trouver les bonnes questions, et non pas un moyen d'obtenir automatiquement les bonnes réponses. C'est un défi à toutes les connaissances et toute l'expérience dont dispose l'entreprise. Elle provoque, et doit provoquer, des divergences. Décider que celui-ci ou celui-là est actuellement le produit « porteur » est une décision qui comporte des risques. Décider ce que l'on doit faire de ce qui va bientôt devenir un « ancien » produit porteur, quel sort doit être réservé à une spécialité qui n'a pas trouvé sa place ou à un investissement réalisé pour faire plaisir aux managers sont autant de choix qui présentent des risques[1].

3. La « radiographie de l'entreprise » fournit les informations nécessaire pour définir de quelle dose d'innovation a besoin l'entreprise, dans quels domaines et dans quel cadre temporel. La meilleure méthode en la matière fut développée par Michael J. Kami, qui était membre du séminaire sur l'esprit d'entreprise de la Graduate Business School de l'université de New York. Kami appliqua d'abord cette méthode chez I.B.M. où il dirigea le département des prévisions, puis au début des années 60, chez Xerox où il assuma des responsabilités comparables pendant un certain nombre d'années.

Conformément à cette méthode, une entreprise établit la liste des produits ou des services, mais aussi des marchés qu'elle fournit et des canaux de distribution qu'elle emploie, pour estimer leur position sur la courbe de vie du produit. Combien de temps ce produit va-t-il continuer à se développer ? Combien de temps va-t-il encore se maintenir sur le marché ? Dans combien de temps va-t-il commencer à vieillir, à baisser, et à quelle vitesse ? A quel moment sera-t-il périmé ? Cela permet à l'entreprise de savoir où elle en serait si elle se limitait à gérer le mieux possible ce qui existe déjà. Cela révèle également l'écart qui existe entre la situation réelle de l'entreprise et ce qui doit encore être accompli pour atteindre

1. On trouvera une définition de ces termes dans le chapitre 4 de *Bien connaître votre affaire et réussir,* intitulé « Comment marche notre affaire ? »

des objectifs en matière de chiffre d'affaires, de position sur le marché et de rentabilité.

Il faut au minimum combler cet écart pour empêcher le déclin de l'entreprise. C'est même la condition indispensable à sa survie. Le travail de l'entrepreneur doit permettre de combler un tel écart et doit le faire avant que ce qui est ancien ne devienne obsolète.

Mais les efforts d'innovation ne permettent aucune certitude. Le risque d'échec est élevé et la probabilité de connaître de nombreux retards plus grande encore. Une entreprise devrait donc prévoir au moins trois fois plus d'efforts d'innovation qu'il n'est normalement nécessaire pour combler l'écart en question.

La plupart des dirigeants jugent ces proportions extrêmement élevées. L'expérience prouve cependant qu'il s'agit plutôt d'estimations basses, sinon exactes. Certaines innovations fonctionneront bien évidemment beaucoup mieux que prévu ; mais d'autres marcheront beaucoup moins bien. Les choses prennent toujours beaucoup plus de temps qu'on ne le voulait ou qu'on ne l'espérait. Elles demandent également plus d'efforts que prévu. La seule certitude que l'on peut avoir en matière d'innovation portant sur un produit, un marché, une technique ou un service, est qu'elle posera un problème de dernière minute et connaîtra un retard au dernier moment. Prévoir trois fois plus qu'il n'est nécessaire d'après tous les calculs des besoins d'innovation constitue simplement une précaution élémentaire.

4. Une entreprise doit donc formuler un *projet d'entrepreneur* qui définit les objectifs et les limites de l'innovation à partir (a) d'une politique d'abandon systématique du passé ; (b) d'une radiographie de l'entreprise, de ses produits, de ses services, de ses marchés, de ses techniques ; (c) d'une définition du décalage et des besoins en matière d'innovation.

Un tel projet est le moyen de s'assurer que le budget d'innovation est adapté à la situation. Son principal avantage est avant tout de permettre l'évaluation des besoins en personnel, des compétences et des capacités nécessaires. On ne disposera pas d'un véritable « projet » avant d'avoir choisi les personnes compétentes pour son exécution, et de leur avoir fourni les outils, les moyens financiers et les informations dont ils ont besoin, accompagnés de limites clairement et strictement définies. Avant de remplir ces différentes conditions, on ne dispose que de bonnes intentions, et chacun sait où cela peut mener.

Voici donc les politiques essentielles à la mise en œuvre d'un management d'entrepreneur, indispensables pour rendre l'entreprise et sa direction « avides de choses nouvelles », pour faire de l'innovation une voie saine, normale et nécessaire. Cette méthode s'appuie sur une « radiographie de l'entreprise », c'est-à-dire sur une analyse et un diagnostic de la situation actuelle de l'entreprise, de ses produits, de ses services et de ses marchés. C'est donc une garantie que l'entreprise ne sera pas négligée dans la recherche du neuf, que les opportunités des produits, services et marchés existants ne seront pas sacrifiés à la fascination de la nouveauté.

La radiographie de l'entreprise est un outil de décision. Elle nous permet ou, plus exactement, nous oblige à employer les ressources de façon à garantir les meilleurs résultats à l'entreprise actuelle. Elle offre aussi le moyen de déterminer les besoins de l'entreprise de demain, d'identifier ses nouveaux produits, ses nouveaux services et ses nouveaux marchés. Elle nous permet de passer du stade de la volonté d'innovation à celui de la réalisation.

L'entreprise existante fera œuvre d'entrepreneur si elle s'organise de façon à être la première à rendre obsolètes ses produits et ses services sans attendre qu'un concurrent ne le fasse à sa place. Elle doit être gérée pour percevoir la nouveauté comme une opportunité et non comme une menace, pour travailler *dès maintenant* sur les produits, les services, les processus et les techniques qui rendront demain différent d'aujourd'hui.

III

Les pratiques de l'esprit d'entreprise

L'esprit d'entreprise suppose également l'existence d'un certain nombre de pratiques de management.

1. La première et la plus simple d'entre toutes consiste à attirer l'attention des managers sur les opportunités. Les gens

voient ce qu'on leur signale, et ont tendance à négliger ce qu'on ne leur montre pas. On attire généralement l'attention des dirigeants sur les « problèmes », et particulièrement sur les domaines où les résultats sont inférieurs aux prévisions. Cela signifie que les managers ont tendance à ne pas voir les opportunités qui se présentent, tout simplement parce qu'on ne les leur a pas montrées.

La direction, même dans les petites entreprises, dispose habituellement d'un rapport d'activité mensuel. La première page de ce rapport dresse toujours la liste des secteurs où les résultats sont inférieurs aux prévisions budgétaires, des domaines « à problème », qui laissent apparaître des « insuffisances ». Lors de sa réunion mensuelle, la direction se met donc à étudier ces « problèmes » et à l'heure du déjeuner, la réunion qui prend fin a été entièrement consacrée à l'examen desdits problèmes.

Les difficultés que rencontre une entreprise doivent bien évidemment faire l'objet d'une très grande attention et ne sauraient qu'être étudiés et traités avec sérieux. Mais ne s'intéresser qu'aux seules difficultés revient à condamner toutes les opportunités qui pourraient se présenter. Les sociétés qui veulent créer un état d'esprit favorable à l'esprit d'entreprise doivent donc prendre soin de ne pas négliger ces opportunités. (On pourra, à cet égard, consulter le chapitre 3 du présent ouvrage, consacré aux « réussites imprévues ».)

Les rapports d'activité de ces sociétés ont *deux* « premières pages » : l'une, traditionnelle, dresse la liste des « problèmes » ; l'autre répertorie tous les domaines où les résultats ont été meilleurs que prévu, supérieurs aux estimations budgétaires. Nous avons en effet déjà étudié comment une réussite imprévue constituait un indice caractéristique d'une opportunité d'innovation. Une entreprise qui ne saurait pas voir un tel indice n'aurait aucune chance de faire œuvre d'entrepreneur. Les managers qui ne s'occupent que des difficultés de l'entreprise ont toutes les chances de vouloir écarter la question d'une réussite imprévue qui leur prend du temps et détourne leur attention. « Pourquoi s'occuper de quelque chose qui fonctionne très bien sans qu'on ait besoin d'y mettre notre nez ? » se défendent-ils. Parce que cela offre une ouverture toute trouvée à un concurrent un peu plus dynamique et un peu moins suffisant.

Une société organisée pour l'esprit d'entreprise a donc

toujours deux réunions d'activités : l'une pour traiter des difficultés, l'autre pour s'occuper des opportunités.

Un fournisseur de matériel médical aux médecins et aux hôpitaux s'est progressivement affirmé en tant que leader dans un certain nombre de secteurs nouveaux et prometteurs. Cette entreprise moyenne tient deux réunions d'activités le deuxième et le dernier lundi de chaque mois. La première réunion est consacrée aux problèmes, à tous les domaines qui ont moins bien marché que prévu au cours du mois précédent et à tous ceux qui fonctionnent toujours moins bien que prévu après six mois. Cette réunion est donc absolument identique à n'importe quelle autre « réunion d'activité ». La réunion du dernier lundi du mois est consacrée aux secteurs où la société obtient de meilleurs résultats que prévu : à la croissance plus rapide que prévue des ventes d'un produit donné, aux commandes pour un nouveau produit qui viennent de marchés auxquels il n'était pas destiné. Les dirigeants de cette entreprise pensent que leur réussite (la taille de la société a été multipliée par dix en l'espace de vingt ans) est principalement due à l'attention portée aux opportunités lors de leurs réunions mensuelles d'activité. « Les opportunités que nous repérons lors de ces séances, a souvent déclaré le président-directeur général, sont presque moins importantes que l'esprit d'entreprise créé par l'habitude d'étudier les opportunités qui se présentent, dont profite toute l'équipe dirigeante. »

2. Cette société fait appel à une autre pratique pour diffuser l'esprit d'entreprise au sein de son équipe dirigeante. Une réunion de deux jours est organisée chaque semestre pour tous les directeurs de départements et tous les cadres responsables des marchés et des grandes gammes de produits, soit un groupe de quarante à cinquante personnes. La première matinée est réservée aux rapports en séance plénière des trois ou quatre cadres dont les secteurs ont connu une réussite exceptionnelle en matière d'esprit d'entreprise et d'innovation au cours de l'année passée. On attend d'eux qu'ils expliquent au groupe les raisons de leur réussite : « Qu'avons-nous fait pour obtenir un tel succès ? », « Comment avons-nous décelé cette opportunité ? », « Qu'avons-nous appris, quels sont aujourd'hui nos projets pour innover et entreprendre ? »

Là encore, le contenu de ces interventions est moins important que leur influence sur les attitudes et les opinions des participants. Les directeurs de services insistent sur tout ce que leur apprend ce type de réunions, sur toutes les nouvelles idées qu'ils ont en fin de séance et qu'ils sont ensuite impatients d'essayer.

Les sociétés qui font œuvre d'entrepreneur recherchent sans cesse les gens et les unités qui font mieux et différemment. Ils les identifient, les mettent en avant et leur demandent constamment : « Qu'est-ce qui peut expliquer votre réussite, qu'est-ce que vous faites et que les autres ne font pas, qu'est-ce que vous ne faites pas et que les autres font ? »

3. Une troisième pratique, particulièrement importante pour les grandes sociétés, est l'organisation de séances — informelles mais programmées et bien préparées — pendant lesquelles un membre de l'équipe dirigeante réunit les jeunes cadres des services techniques, commerciaux, les services de recherche, de fabrication, de comptabilité, etc. Le cadre supérieur ouvre la séance en déclarant : « Je ne suis pas ici pour faire un discours ou vous dire quoi que ce soit, je suis ici pour vous écouter. Je suis ici pour écouter vos doléances, mais, avant tout, pour savoir quelles sont, d'après vous, les opportunités et les menaces que l'entreprise doit actuellement prendre en compte. Quelles sont vos suggestions pour essayer de nouvelles idées, créer de nouveaux produits, concevoir de nouvelles méthodes d'approche du marché ? Quelles questions vous posez-vous à l'égard de l'entreprise, de ses politiques, de sa direction... sa position dans l'industrie, sur le marché et sur le plan technologique ? »

Ces séances ne devraient pas avoir lieu trop souvent, car elles demandent beaucoup de temps aux membres de l'équipe dirigeante. Aucun cadre supérieur ne devrait donc participer à plus de trois réunions par an, qui mobilisent chacune une après-midi entière ou une soirée avec un groupe de vingt-cinq à trente jeunes collaborateurs. Mais ces réunions devraient avoir lieu régulièrement. Elles constituent un excellent support de communication verticale. Elles sont le meilleur moyen pour que les jeunes cadres, et particulièrement les spécialistes, sortent du cadre étroit de leur spécialité et considèrent l'entreprise dans son ensemble. Ils permettent aux subordonnés de comprendre les préoccupations des dirigeants. Elles offrent aux cadres supérieurs le moyen de comprendre les valeurs, les points de vue et les préoccupations de leurs jeunes collègues, compréhension dont ils ont tant besoin. Ce type de réunion est avant tout un des moyens les plus efficaces pour instiller l'esprit d'entreprise au sein d'une société.

Cette pratique comporte une exigence essentielle. Ceux qui suggèrent quoi que ce soit de nouveau, ou même un changement de fonctionnement de la production, d'un processus d'un marché ou d'un service, sont supposés *se mettre à l'ouvrage*. On leur demandera de rédiger un document préparatoire qu'ils remettront au président de séance et à leurs collègues, dans lequel ils devront développer leur idée. A quoi ressemblerait-elle si elle devenait réalité ? Et inversement, quelle doit être la réalité pour qu'une telle idée soit possible ? Quelles sont les hypothèses à l'égard des clients, des marchés, et ainsi de suite ? Quel volume de travail, combien d'argent, combien de personnes... et combien de temps faudra-t-il ? Quels résultats peut-on en attendre ?

Répétons une fois de plus que le rendement de ces idées d'entrepreneur n'est pas le résultat le plus important, bien qu'un grand nombre de sociétés en aient toujours tiré le meilleur profit. Leur grand intérêt concerne bien plutôt l'esprit d'entreprise, la réceptivité à l'innovation et le besoin de nouveauté qu'elles diffusent à travers l'entreprise tout entière.

IV

Évaluer les résultats de l'innovation

Rendre une entreprise réceptive à l'esprit d'entreprise suppose que les résultats de l'innovation soient mesurés et intégrés dans les calculs qui permettent de contrôler la marche de l'entreprise. L'esprit d'entreprise ne deviendra réalité que si l'on peut en évaluer les résultats. Les êtres humains.

Dans les rapports traditionnels d'évaluation des sociétés, les résultats de l'innovation brillent par leur absence. Il n'est pourtant pas très difficile de mesurer, ou au moins de juger, les résultats de l'esprit d'entreprise et de l'innovation afin de les intégrer au contrôle de l'entreprise.

1. La première étape consiste à créer, pour chaque projet d'innovation, un retour d'information (feedback) entre les

résultats obtenus et les résultats escomptés. Cela permet d'identifier la qualité et la fiabilité de nos projets et de nos efforts d'innovation.

Les directeurs des services de recherche ont depuis longtemps appris à se demander dès le début d'un projet : « Qu'attendons-nous d'un tel projet ? Quels résultats prévoit-on ? Pour quand ? Quand mesurera-t-on les progrès réalisés pour garder le contrôle du projet ? » Ils ont aussi appris à vérifier si leurs espérances sont confirmées ou non par la situation du moment. Cela leur permet de savoir s'ils sont trop optimistes ou trop pessimistes, s'ils attendent des résultats trop tôt ou trop tard, s'ils ont tendance à surestimer ou à sous-estimer l'impact de la réussite de tel ou tel projet de recherche. Ils sont donc en mesure de corriger telles tendances et d'identifier les secteurs d'activité qui marchent bien et ceux qui ne fonctionnent pas de façon satisfaisante. Ce retour d'information est indispensable pour toutes les catégories d'innovation et pas seulement les recherches et les applications techniques.

Le premier objectif est de repérer ce qui fonctionne bien. Car on peut toujours faire plus dans les domaines qui marchent bien (même si l'on ne sait généralement pas pourquoi tel ou tel secteur fonctionne bien). Il s'agit ensuite de déceler les limites de ses possibilités : par exemple, repérer une tendance à sur- ou sous-estimer les délais nécessaires, une propension à surestimer le volume de recherches nécessaires dans un domaine donné et à sous-estimer les ressources indispensables qui permettront d'appliquer les résultats obtenus à l'échelon du produit ou du processus. Une tendance très courante et extrêmement préjudiciable consiste à ralentir les efforts commerciaux et promotionnels d'une nouveauté juste au moment où ils allaient commencer à payer.

Une des plus grandes banques mondiales attribue sa réussite à l'utilisation des remontées d'information qui accompagnent chaque nouvelle réalisation, qu'il s'agisse de pénétrer un nouveau marché tel que la Corée du Sud, d'introduire le crédit-bail mobilier ou un réseau de cartes de crédit. En adoptant un système de feedback entre les résultats obtenus et les résultats escomptés, la banque et ses dirigeants ont également appris ce qu'ils pouvaient attendre de ces nouvelles entreprises : à partir de quand un nouvel effort pourra-t-il porter ses fruits ? Quand doit-on les soutenir en augmentant l'effort et les ressources engagées ?

Ce retour d'information est indispensable à tous les efforts d'innovation, à l'élaboration et à l'introduction d'un nouveau programme de sécurité ou d'un nouveau système de rémunération. Quels sont les premiers indices des difficultés auxquelles risque de se heurter ce nouvel effort et des nécessaires réévaluations ? Quels sont les indicateurs qui nous permettront de dire qu'en dépit des signes apparents de difficulté, l'effort va bien dans la bonne direction, mais demandera peut-être un délai un peu plus long que prévu ?

2. La deuxième étape consiste à systématiquement réexaminer l'ensemble des efforts d'innovation. Une équipe dirigeante attachée à l'esprit d'entreprise doit régulièrement passer en revue tous les efforts d'innovation entrepris au cours des dernières années. Pourquoi certains devraient-ils bénéficier d'un plus grand soutien à tel ou tel moment, pourquoi devraient-ils être stimulés ? Lesquels ont créé de nouvelles opportunités ? Lesquels ne fonctionnent pas comme prévu ? Quelles mesures devons-nous prendre ? Est-il temps de les abandonner ou, au contraire, de redoubler nos efforts ? Pour obtenir quoi, et dans quels délais ?

Une des plus grandes sociétés pharmaceutiques mondiales se réunit une fois par an pour passer en revue tous ses efforts d'innovation. Elle examine tout d'abord les recherches de nouveaux médicaments. « Ces recherches vont-elles dans la bonne direction ? Ont-elles un rythme satisfaisant ? Pourrons-nous les intégrer dans nos propres gammes de produits ? S'ils ne correspondent pas à nos marchés, faut-il mieux vendre leur licence de fabrication à une autre société pharmaceutique ? Ou faut-il plutôt songer à abandonner tel ou tel produit ? » Cette entreprise examine ensuite les efforts d'innovation de tous les autres secteurs, et tout particulièrement de la commercialisation, en se posant les mêmes questions. Pour finir, elle étudie avec le même soin le résultat des innovations de ses principaux concurrents. En termes de budget de recherche et de dépenses consacrées à l'innovation, cette société se situe dans la moyenne, mais ses résultats dans ce domaine sont tout à fait considérables.

3. Le management d'entrepreneur suppose, pour finir, que l'on juge l'ensemble des résultats en matière d'innovation

par rapport aux objectifs de l'entreprise, à sa position sur le marché et aux résultats de l'entreprise tout entière.

Les dirigeants réunissent, tous les cinq ans par exemple, l'ensemble de leurs associés qui travaillent dans tous les grands secteurs de l'entreprise et leur demandent : « Qu'avez-vous apporté à l'entreprise au cours des cinq dernières années qui ait réellement créé une différence? Que pensez-vous lui apporter au cours des cinq prochaines années? »

Mais les efforts d'innovation ne sont-ils pas par nature intangibles? Comment peut-on les évaluer?

Certains domaines interdisent, il est vrai, toute tentative d'appréciation relative. Il est par exemple impossible de décider si une découverte en recherche fondamentale, qui pourrait dans quelques années permettre de guérir certains cancers, est plus ou moins importante qu'un nouveau procédé qui permettra aux patients de prendre eux-mêmes certains médicaments, sans aller chez leur médecin ou à l'hôpital trois fois par semaine. De la même manière, une entreprise peut avoir à choisir entre un nouveau service clients, qui permettra de garder un compte important qu'elle risquait de perdre, et un nouveau produit lui assurant de dominer certains marchés, encore modestes, mais qui pourraient bien devenir très importants dans les années à venir. Il s'agit, à n'en point douter, plus de jugements que d'évaluations. Mais ils ne sont pas pour autant arbitraires, ni même subjectifs. Et le fait de ne pouvoir les quantifier n'enlève rien à leur rigueur. Ils nous donnent avant tout ce qu'une « évaluation » est censée nous donner : les moyens de prendre des mesures parfaitement motivées en nous fondant sur des connaissances précises et non pas sur des opinions ou un jeu de devinettes.

La question essentielle que doit se poser une entreprise type qui se livre à ce genre d'examen rétrospectif est sans doute : « Avons-nous amélioré notre leadership en matière d'innovation, ou l'avons-nous au moins maintenu? » Le leadership ne signifie pas forcément être le plus grand, mais plutôt être reconnu comme le leader, comme celui qui impose ses propres normes. Cela signifie avant tout avoir la possibilité de mener la barque plutôt que de devoir suivre les autres. C'est l'épreuve décisive de l'esprit d'entreprise au sein de l'entreprise.

V

Les structures

L'innovation et l'esprit d'entreprise reposent donc sur un ensemble de politiques, de pratiques et de critères d'évaluations qui éliminent ou réduisent les obstacles éventuels, créent un état d'esprit favorable et fournissent les outils indispensables. Ce sont malgré tout des gens qui mettent en œuvre ces innovations. Et les gens travaillent dans des structures.

Pour être en mesure d'innover, une entreprise doit créer une structure qui permette aux gens de faire œuvre d'entrepreneur. Elle doit concevoir des modes de relations centrés autour de l'esprit d'entreprise. Elle doit s'assurer que ses systèmes de rémunération, d'encouragement et de primes, ses politiques et ses décisions à l'égard du personnel encouragent les comportements d'entrepreneur et ne les pénalisent pas.

1. Cela signifie avant tout que la nouveauté et l'esprit d'entreprise doivent s'organiser à l'écart de l'ancien et de l'existant. Se servir de ce qui existe pour véhiculer le neuf nous a toujours conduits à l'échec. C'est bien sûr particulièrement vrai des grandes sociétés, mais vaut également pour les moyennes et même les petites entreprises.

Nous avons précédemment étudié les raisons d'un tel phénomène. Ce qui existe déjà demande du temps et des efforts à ceux qui en ont la responsabilité, et mérite la priorité qu'ils lui accordent. La nouveauté semble si ténue, si peu sûre quand on la compare à la réalité d'une grande entreprise en pleine activité. L'entreprise existante doit évidemment entretenir le combat pour l'innovation. Mais l'entreprise d'aujourd'hui doit aussi savoir gérer une situation de « crise ». Ses responsables auront donc toujours tendance à repousser les mesures à prendre à l'égard de tout ce qui est nouveau, tout ce qui relève de l'innovation et de l'esprit d'entreprise, jusqu'à ce qu'il soit trop tard. Quelles que soient les tentatives faites jusqu'à ce jour, et l'on a essayé tous les mécanismes possibles depuis trente ou quarante ans, les unités économiques existantes se sont révélées avant tout capables d'étendre, de modifier et d'adapter ce qui existe déjà. La nouveauté se situe ailleurs.

2. Cela signifie également que la nouveauté doit disposer d'un lieu spécifique au sein de l'entreprise, et de préférence au plus haut niveau. Même si la nouveauté — de par ses dimensions, son importance, ses revenus et ses marchés actuels — ne saurait rivaliser avec les produits existants, un des responsables de l'équipe dirigeante doit avoir la tâche spécifique de travailler, d'innover et d'entreprendre pour l'avenir.

Ce ne doit pas nécessairement être un poste à plein temps, et ne pourrait souvent pas l'être dans une petite entreprise. Mais ce doit être une tâche clairement assignée à une personne dont l'autorité et la réputation la qualifient pleinement. En règle générale, cette personne sera aussi responsable des politiques définissant l'esprit d'entreprise au sein de l'organisation existante. Elle sera chargée d'étudier l'abandon des politiques obsolètes, d'effectuer la radiographie de l'entreprise et d'assurer le développement des objectifs d'innovation qui permettent de combler « l'écart » entre ce qu'on est en droit d'attendre des produits et services existants et les exigences indispensables à la survie et à la croissance de l'entreprise. Elle conduira également l'analyse systématique des opportunités d'innovation (analyse présentée dans la première section de ce livre, La pratique de l'innovation). Elle sera responsable de l'analyse des idées d'innovation et des projets d'entrepreneur qui naissent au sein même de l'entreprise, et, entre autres choses, de l'organisation des réunions informelles des jeunes collaborateurs recommandées dans les pages précédentes.

Tous les projets d'innovation, et particulièrement ceux destinés à créer de nouvelles affaires, de nouveaux produits et de nouveaux services, devraient être directement communiqués à ce cadre supérieur « chargé des questions d'innovation » plutôt que par la voie hiérarchique. Les rapports concernant ces projets d'innovation ne doivent jamais être destinés aux directeurs hiérarchiques chargés des activités en cours.

Voilà qui paraîtra hérétique à un grand nombre d'entreprises, et particulièrement aux organisations « bien gérées ». Un nouveau projet n'est pourtant qu'un « jeune enfant », appelé à le rester dans l'avenir proche. La place des jeunes enfants est à la nursery, pas avec les adultes. Les adultes, c'est-à-dire les managers chargés des affaires et des produits existants, n'auront ni le temps ni les moyens de s'intéresser et de comprendre le projet « en bas âge ». Ils ne peuvent pas s'offrir le luxe d'être dérangés.

Un grand fabricant de machines-outils a perdu sa position dominante sur le marché de la robotique pour n'avoir pas respecté cette règle.

Cette société disposait des brevets essentiels pour certaines machines-outils de production automatisée en série. Elle avait les meilleures techniques, une excellente réputation et une fabrication de toute première qualité. Chacun la voyait devenir le leader du marché dans les premières années de l'automatisation industrielle, aux alentours de 1975. Dix ans plus tard, elle n'est plus du tout dans la course. Cette entreprise avait placé les services chargés du développement des machines-outils pour la production automatisée à trois ou quatre niveaux inférieurs de la hiérarchie, et les avaient mis sous le contrôle des responsables de la conception, de la fabrication et de la vente des machines traditionnelles de la société. Ces personnes étaient parfaitement favorables à l'automatisation, et avaient même été à l'origine du développement de la robotique dans l'entreprise. Mais elles étaient bien trop occupées à défendre leurs produits traditionnels face à une concurrence de plus en plus forte (japonaise en particulier). Ils devaient améliorer leur conception pour les adapter aux nouvelles spécifications techniques, assurer leur démonstration, leur commercialisation, leur financement et leur entretien. Chaque fois que les responsables des machines automatisées venaient voir leurs supérieurs hiérarchiques, ils s'entendaient répondre : « Je n'ai pas le temps aujourd'hui. Nous verrons ça la semaine prochaine. » La robotique n'était finalement qu'une « promesse d'avenir ». La production existante de machines-outils rapportait des millions de dollars chaque année.

Ce type d'erreur est malheureusement tout à fait courant.

La meilleure et peut-être la seule manière de ne pas étouffer la nouveauté est d'organiser dès le départ le projet d'innovation comme une activité indépendante.

Les utilisateurs les plus réputés de cette méthode sont trois sociétés américaines : Procter & Gamble, fabricant de savons, détergents, huiles de cuisine et de denrées alimentaires, est une très grande société et un entrepreneur extrêment offensif; Johnson & Johnson, spécialisé dans le secteur de l'hygiène et de la santé ; et 3M, un des grands fabricants de produits industriels et de biens de consommation. Si les applications pratiques sont parfois différentes, ces trois entreprises ont fondamentalement adopté la même politique. Elles organisent dès le début un nouveau projet comme une activité indépendante et nomment un « directeur de projet ». Celui-ci reste responsable du projet jusqu'à ce qu'il ait atteint ses objectifs : le projet est soit devenu une activité à part entière, soit au contraire abandonné. Jusque-là, le directeur de projet peut mobiliser toutes les compétences nécessaires (recherche, fabrication, financement, commercialisation) autour de son équipe et les appliquer à son projet.

Une entreprise qui mène de front plusieurs projets d'innovation, comme le font généralement les grandes sociétés, mettra tous ses « jeunes enfants » sous le contrôle d'un seul représentant de l'équipe dirigeante. Que les différents projets fassent appel à des technologies, des spécifications de produit et des marchés différents importe peu. Chacun d'entre eux est nouveau, petit et désireux d'entreprendre. Tous sont exposés aux mêmes « maladies infantiles ». Les difficultés auxquelles se heurtent les nouveautés et l'esprit d'entreprise auront tendance à se ressembler quels que soient les techniques, les marchés ou les produits. Quelqu'un doit leur consacrer le temps et l'attention nécessaires ; doit s'attacher à comprendre les problèmes qui se posent, les choix décisifs et tout ce qui est vraiment essentiel à un projet d'innovation donné. La personne qui aura le contrôle des projets d'innovation devra avoir la stature nécessaire au sein de l'entreprise pour représenter un nouveau projet, mais aussi pour prendre la décision d'y mettre un terme si les efforts ne mènent nulle part.

3. Il existe une raison supplémentaire pour laquelle un projet d'innovation doit être organisé séparément : pour lui ôter les charges qu'il ne saurait supporter. Les investissements consacrés à une nouvelle gamme de produits et leur taux de rendement ne devraient, par exemple, pas figurer dans les calculs de rentabilité des investissements avant plusieurs années de présence sur le marché. Demander à un projet naissant de supporter toutes les charges qu'une entreprise en pleine activité impose à ses différents services revient à demander à une personne de soixante ans de partir en randonnée avec un sac de 30 kilos. Ni l'un ni l'autre n'iront très loin. Malgré cela, l'entreprise en activité à des obligations

en matière de comptabilité, de politique à l'égard du personnel et de communication de toute sorte auxquelles il n'est pas facile de déroger.

Le projet d'innovation et le service qui en est responsable ont besoin de politiques, de règlements et de calculs différents. Qu'en est-il du régime de retraite, par exemple ? Il est souvent plus logique d'offrir une participation dans les bénéfices à venir aux gens qui travaillent dans les services d'innovation plutôt que de les affilier à un régime de cotisations quand ils ne dégagent encore aucun profit pour alimenter la caisse de retraite. Le domaine dans lequel la séparation entre un projet d'innovation et les activités existantes est la plus marquée est celui des rémunérations et des primes des responsables des secteurs clés. Ce qui fonctionne le mieux pour une entreprise en activité non seulement tuerait le projet naissant mais en plus ne conviendrait pas aux responsables en question. Le système de rémunération le plus courant dans les grandes entreprises, fondé sur la rentabilité des actifs ou des investissements, est un obstacle insurmontable pour un projet d'innovation.

J'ai appris cela il y a de nombreuses années dans une grande société de produits chimiques. Tout le monde savait qu'un des départements centraux de l'entreprise devait fabriquer de nouveaux produits pour rester dans la course. Les programmes étaient prêts, les recherches avaient été faites, et rien n'arrivait. Il y avait chaque année une bonne raison. Jusqu'au jour où le directeur général de ce département a pris la parole lors d'une réunion d'évaluation. « Mon équipe dirigeante et moi-même sommes rémunérés essentiellement sur la base de la rentabilité des investissements. Quand nous investissons pour développer de nouveaux produits, notre rentabilité diminue de moitié, pendant au moins quatre ans. Même si je suis encore ici dans quatre ans, quand ces investissements commenceront à être rentables (et je doute que l'entreprise me garde aussi longtemps avec des bénéfices aussi faibles), j'ôte le pain de la bouche de tous mes collaborateurs pendant toute cette période. Est-il raisonnable de nous demander de travailler dans ces conditions ? » Le système fut modifié, les dépenses de recherche et développement furent retirées des calculs de rentabilité d'investissement. Les nouveaux produits arrivèrent sur le marché au bout de dix-huit mois et permirent à ce département de prendre (et de conserver) le leadership deux ans plus tard. En l'espace de quatre ans, le département multiplia ses bénéfices par deux.

En matière de rémunérations et de primes, il est beaucoup plus facile de dire ce qu'il ne faut pas faire que de préciser les mesures qui doivent être prises. Les obligations sont contradictoires. Il ne faut pas accabler un nouveau projet avec un système de rémunération qu'il ne pourra pas supporter. Mais les personnels engagés sur un tel projet doivent être encouragés par des gratifications à la hauteur de leurs efforts.

Pour être précis, cela suppose que les personnes concernées doivent avoir un salaire moyen. Mais il serait tout à fait irréaliste de leur demander de travailler pour des revenus inférieurs à ceux de leur ancienne activité. Les responsables d'un nouveau projet dans une entreprise existante ont toutes les chances de bien gagner leur vie. Ce sont également des gens qui peuvent facilement changer d'emploi, à l'intérieur ou à l'extérieur de l'entreprise, pour occuper des responsabilités où ils gagneront plus. Il faut donc partir des niveaux existants de rémunération et de primes.

Une méthode employée efficacement par 3M et Johnson & Johnson est d'assurer à la personne qui conduira avec succès une innovation, créera un nouveau produit, un nouveau marché, un nouveau service, et en fera une activité à part entière, la direction de ce nouveau secteur. Il sera nommé directeur général, vice-président ou président du département, avec le rang, la rémunération, les primes et les « stock options » qui vont de pair avec une telle responsabilité. Cela peut constituer une gratification appréciable, et n'engage l'entreprise qu'en cas de réussite.

Une autre méthode — et savoir laquelle des deux est la meilleure dépendra en grande partie du régime fiscal en vigueur — consiste à offrir aux responsables des projets de développement une participation aux bénéfices à venir. Le projet pourrait être organisé comme s'il s'agissait d'une entreprise distincte dans laquelle les managers auraient, mettons, 25 % des parts, qui seraient ensuite rachetées quand l'affaire arriverait à maturité, selon une formule fixée à l'avance et calculée à partir des ventes et des bénéfices.

Un autre facteur doit être pris en compte : les gens qui se lancent dans un projet d'innovation prennent eux aussi un « risque ». Il est tout à fait normal que leur employeur partage ce risque. Les gens qui ont accepté de prendre des risques doivent avoir la possibilité de retrouver leur ancien poste et leur ancienne rémunération. Il ne s'agit pas de récompenser l'échec mais il faut se garder de pénaliser ceux qui entreprennent.

5. Comme nous l'avons vu à propos des rémunérations individuelles, la rentabilité des innovations est tout à fait différente de celle des activités existantes et mérite donc d'être calculée différemment. Dire « nous demandons à chacun de nos secteurs de dégager un bénéfice avant impôt d'au moins 15 % chaque année pour une croissance annuelle de 10 % » s'applique parfaitement à un secteur en pleine activité et à des produits existants. Cela ne veut absolument rien dire pour un nouveau projet, c'est à la fois bien trop élevé et bien trop bas.

Un nouveau projet n'apporte pendant longtemps — souvent des années — ni bénéfice ni expansion. Tout au contraire, il absorbe des ressources. Par la suite, il se développera très rapidement et pendant une longue période. Pour que l'innovation ne soit pas un échec, elle devra rapporter cinquante fois le montant du capital investi, si ce n'est plus. Une innovation commence toujours modestement et doit finir au plus haut niveau. Elle doit aboutir à la création d'une nouvelle activité importante et non pas constituer une « spécialité » de plus ou une contribution « respectable » à la gamme de produits concernée.

C'est seulement l'analyse de la propre expérience de l'entreprise en matière d'innovation, du retour d'informations entre les résultats enregistrés et les résultats attendus, qui permet de déterminer quelles sont les chances d'une innovation dans une industrie et sur des marchés donnés. Quels sont les délais appropriés ? Quelle est la part optimale des efforts à engager ? Doit-on massivement investir dès le début en ressources humaines et financières ? Où devrait-on plutôt se limiter à une seule personne avec un ou deux assistants ? Quand faudra-t-il intensifier l'effort ? Quand passera-t-on de la phase de « développement » à celle d'une activité à part entière qui offrira une rentabilité importante tout en restant dans des limites conventionnelles ?

Voilà les questions clés. Les réponses ne se trouvent pas dans les livres. On ne pourra pas pour autant procéder de façon arbitraire, en suivant son intuition ou obtenant une réponse à l'arraché. Les sociétés qui font œuvre d'entrepreneur savent quel schéma, quel rythme et quels délais correspondent aux innovations en fonction de leur industrie, de leur marché et de leur technologie.

Le grand établissement bancaire cité plus haut sait, par exemple, que fonder une succursale dans un nouveau pays demandera un investissement sur trois ans. Elle devrait atteindre le seuil de rentabilité à partir de la quatrième année, et rembourser la totalité de l'investissement au milieu de la sixième année. Si de nouveaux investissements sont encore nécessaires à la fin de la sixième année, le résultat sera jugé décevant et la succursale devra probablement être fermée.

Le cycle correspondant à l'introduction d'un service supplémentaire et important — le crédit-bail par exemple — est à peu près comparable, bien que légèrement plus court. Procter & Gamble semble, du moins pour un observateur extérieur, estimer que ses nouveaux produits doivent être disponibles sur les marchés deux ou trois ans après le début des recherches les concernant. Ils doivent s'imposer sur le marché dans les dix-huit mois qui suivent. Il semble qu'I.B.M table sur un délai de cinq ans avant l'introduction d'un nouveau produit important sur le marché. Ce produit doit adopter un rythme de croissance rapide en l'espace d'un an. Il doit s'imposer sur le marché et atteindre le seuil de rentabilité au début de la seconde année, et permettre de rembourser l'ensemble des investissements dans les premiers mois de la troisième année. Il doit atteindre son niveau maximum et son point d'équilibre dans le courant de la cinquième année. A cette date, un nouveau produit I.B.M. doit avoir déjà commencé à rendre le précédent obsolète.

La seule façon de connaître précisément ces données est, malgré tout, de procéder à une analyse systématique du résultat des innovations de l'entreprise et de ses concurrents. Il convient, pour cela, de créer un retour systématique d'informations entre les résultats enregistrés et les résultats obtenus, et d'évaluer régulièrement les résultats de l'entreprise en matière d'innovation et d'esprit d'entreprise.

Une fois que l'entreprise sait quels résultats attendre d'un projet d'innovation, elle peut élaborer les systèmes de contrôle adéquats qui lui permettront (a) de calculer les résultats des secteurs d'innovation concernés et de leurs directeurs, (b) de déterminer quels projets doivent être encouragés, lesquels doivent être révisés ou abandonnés.

6. La dernière exigence structurelle en matière d'esprit d'entreprise est que telle personne ou tel groupe assume des responsabilités clairement définies.

Dans les entreprises moyennes citées plus haut, c'est généralement la première responsabilité du P.-D.G. Dans les grandes entreprises, ce sera sans doute plutôt un membre désigné de l'équipe de direction. Dans les petites entreprises, le cadre chargé de l'innovation et des projets d'entrepreneur assumera sans doute également d'autres responsabilités.

La structure d'organisation la plus nette, bien qu'adaptée aux seules grandes entreprises, est un « service d'innovation » distinct ou une « société de développement ».

La première organisation de ce type remonte à 1872 et fut créée par Hefner-Alteneck, le premier ingénieur formé à l'université jamais employé par une entreprise, la société allemande Siemens en l'occurrence. Hefner a créé le premier laboratoire de recherche industriel. Le personnel de ce laboratoire était chargé d'inventer des produits et des procédés différents. Ces chercheurs devaient également identifier les nouvelles utilisations et les nouveaux marchés. Ils ne s'occupaient pas seulement des questions techniques. Le laboratoire était chargé de l'élaboration du processus de fabrication, de l'introduction du nouveau produit sur le marché, et de sa rentabilité.

Cinquante ans plus tard, dans les années 20, la société américaine Du Pont de Nemours créa un service comparable, baptisé « département de développement ». Ce département est chargé de rassembler toutes les idées d'innovation identifiées dans l'entreprise, de les étudier et de les analyser. Il suggère ensuite à la direction quels grands projets d'innovation méritent d'être pris en charge par l'entreprise. Dès le départ, il cherche à mobiliser toutes les ressources nécessaires à l'innovation : recherche, développement, fabrication, commercialisation, financement, etc. Il reste responsable jusqu'à ce que le nouveau produit ou le nouveau service soit sur le marché depuis quelques années.

Que la responsabilité de l'innovation repose sur le président-directeur général, sur un autre membre de la direction ou sur un groupe distinct, que ce soit une mission à plein temps ou que cela fasse partie des attributions d'un cadre de l'entreprise, cela doit toujours être organisé et conçu à la fois comme une responsabilité distincte et comme une responsabilité de la direction. Elle doit toujours inclure la recherche systématique et motivée des opportunités d'innovation.

Toutes ces politiques et toutes ces pratiques sont-elles nécessaires ? N'y a-t-il pas d'interférences avec l'esprit d'entreprise ? Ne risquent-elles pas d'étouffer la créativité ? Une entreprise peut-elle faire œuvre d'entrepreneur sans cette panoplie de politiques et de pratiques ?

Réponse : « Peut-être, mais sans réussite éclatante et pas pour très longtemps. »

Les discussions sur l'esprit d'entreprise ont tendance à tourner autour de la personnalité et des comportements des dirigeants de l'entreprise, et tout particulièrement du P.-D.G. [1]. L'équipe dirigeante a toujours les moyens de gêner ou d'étouffer l'esprit d'entreprise au sein d'une société, c'est même assez facile. Il suffit de dire « Non » à toute nouvelle idée et de s'en tenir là pendant quelques années. On s'assurera également que les gens qui apportent des idées nouvelles n'ait jamais ni primes ni promotion, et finissent aussi rapidement que possible par quitter l'entreprise. Il est, en revanche, beaucoup moins évident que la personnalité et le comportement des membres de la direction puissent suffire à créer un esprit d'entreprise sans faire appel aux politiques et aux pratiques appropriées. C'est pourtant ce que laissent entendre la plupart des ouvrages consacrés à l'esprit d'entreprise. Les quelques exemples éphémères de ce type que je connais concernent des entreprises bâties et dirigées par leur fondateur. Même dans ce cas, la flamme de l'esprit d'entreprise s'éteint dès que la société remporte quelques succès, à moins qu'elle n'adopte les politiques et les pratiques du management d'entrepreneur. La personnalité et les comportements des dirigeants ne suffisent que pour les très jeunes ou les toutes petites entreprises, car même une entreprise moyenne constitue une organisation assez importante. Elle suppose qu'un

1. On trouvera la meilleure présentation de ce point de vue dans l'ouvrage de Rosabeth M. Kanter, *The Change Masters* (Simon & Schuster New York, 1983).

grand nombre de gens connaissent précisément leur tâche, aient envie de la mener à bien, soient motivés, dirigés et récompensés pour cela, disposent des outils nécessaires et d'un rappel permanent de leurs objectifs. Le reste n'est que prosélytisme et enferme rapidement l'esprit d'entreprise dans les discours du P.-D.G.

Je ne connais aucune société qui ait continué à faire œuvre d'entrepreneur après le départ du fondateur, si ce dernier n'avait pas organisé les politiques et les pratiques d'un management de l'esprit d'entreprise. A défaut, l'entreprise devient hésitante et passéiste en l'espace de quelques années. En règle générale, ces sociétés ne réalisent que tardivement, parfois trop tardivement, qu'elles ont perdu leur qualité essentielle, le facteur qui les singularisait. Il faudrait, pour s'en rendre compte, pouvoir mesurer les résultats de l'esprit d'entreprise.

Walt Disney Productions et McDonald's Hamburgers sont deux bons exemples de sociétés qui étaient des entrepreneurs « par excellence » sous la direction de leur fondateur. Walt Disney et Ray Kroc étaient des hommes d'une imagination et d'un dynamisme extraordinaires. Tous deux étaient l'incarnation de l'esprit créateur, entrepreneur et innovateur, tous deux ont créé une puissante organisation de gestion du quotidien. Mais ils ont chacun gardé le contrôle de l'esprit d'entreprise au sein de leur société. S'appuyant sur leur seule « personnalité d'entrepreneur », ils n'ont pas insufflé l'esprit d'entreprise adéquat aux politiques et aux pratiques de leur société. Quelques années après la mort de ces deux hommes, leurs entreprises respectives sont devenues lourdes et hésitantes, frileuses, tournées vers le passé.

Les sociétés dont la structure est organisée sur la base d'un management d'entrepreneur, les Procter & Gamble, Johnson & Johnson, Marks & Spencer, sont restées des innovateurs et des leaders de l'esprit d'entreprise au fil des années et des décennies, en dehors des changements de P.-D.G. ou de conditions économiques.

VI

Le recrutement

Comment l'entreprise existante doit-elle recruter pour favoriser l'innovation et l'esprit d'entreprise ? Existe-t-il une race à part « d'entrepreneurs » ?

Nombreux sont les ouvrages consacrés à ces questions qui traitent des « personnalités d'entrepreneur » dont la vie tout entière est devenue synonyme d'innovation. A la lumière de notre expérience (considérable) en la matière, ces débats paraissent totalement dénués d'intérêt. Les gens qui ne se sentent pas à l'aise dans le rôle d'innovateur ou d'entrepreneur n'aspireront jamais à ce type de responsabilités ; les gens vraiment inadaptés s'élimineront d'eux-mêmes. Les autres peuvent apprendre la pratique de l'innovation. L'expérience prouve qu'un cadre qui s'est montré à la hauteur d'autres attributions peut faire un entrepreneur tout à fait convenable. Les sociétés ouvertes à l'esprit d'entreprise ne se soucient pas de savoir si telle ou telle personne fera ou non du bon travail de développement. Des gens d'horizons et de caractères extrêmement divers s'en tirent apparemment tout aussi bien. N'importe quel jeune ingénieur de chez 3M qui présente une idée intéressante à la direction est supposé se charger de son développement.

Il n'est pas non plus utile de se demander où s'arrêtera l'entrepreneur qui réussit. Il est évident que certaines personnes voudront toujours travailler sur un nouveau projet sans jamais s'occuper de le gérer. A l'époque des bonnes d'enfant employées dans les foyers britanniques, beaucoup d'entre elles ne voulaient plus rester quand « leur bébé » commençait à parler et à marcher, c'est-à-dire quand ce n'était plus un bébé. Mais beaucoup d'autres étaient très contentes de rester et n'éprouvaient aucune difficulté à s'occuper d'enfants plus âgés. Ceux qui ne veulent être que des « entrepreneurs » sont, en premier lieu, peu susceptibles de travailler et encore moins d'avoir réussi au service d'une entreprise. Quant à ceux qui réussissent leur carrière d'entrepreneur au sein d'une entreprise, ils ont le plus souvent fait leurs preuves en tant que managers de la même organisation. On peut donc raisonnablement supposer qu'ils peuvent à la fois innover et gérer ce qui existe déjà. Des entreprises telles que Procter & Gamble ou 3M ont bien entendu des éléments qui ont fait leur carrière en tant que « directeurs de projet » et qui travaillent sur une nouvelle idée dès qu'ils ont mené à bien la précédente. Mais la plupart des dirigeants de ces sociétés ont bâti leur carrière à partir de la « direction de projet », puis de la « direction de produit », de la « direction de marché », pour finir aux plus hauts échelons de l'entreprise. Un tel schéma s'applique tout aussi bien à Johnson & Johnson et à Citibank.

Le nombre croissant de cadres d'entreprise américains qui ont fait de l'esprit d'entreprise une seconde carrière est la meilleure preuve que l'esprit d'entreprise est une question de comportement, de politique et de pratiques adoptées, et non pas de personnalité. De plus en plus de cadres moyens ou supérieurs et de professionnels de haut niveau qui ont passé toute leur vie active au service de grandes sociétés, et souvent du même employeur, prennent une retraite anticipée au bout de vingt-cinq ou de trente ans d'activité, quand ils atteignent ce qu'ils savent être leur ultime niveau de responsabilités. C'est ainsi qu'à l'âge de cinquante ou de cinquante-cinq ans, ces anciens cadres d'entreprise deviennent des entrepreneurs. Certains créent leur propre entreprise. D'autres, en particulier parmi les spécialistes techniques, ouvrent des sociétés de conseil pour les nouvelles et les petites entreprises. D'autres encore vont rejoindre de petites entreprises nouvellement créées à des postes de responsabilités élevés. La grande majorité d'entre eux trouve à la fois la réussite et le bonheur dans ces nouvelles attributions.

Modern Maturity, le magazine de l'association américaine des personnes retraitées, abonde d'exemples de ce type et leurs petites annonces sont pleines de jeunes entreprises à la recherche d'entrepreneurs prêts à se lancer dans une seconde carrière. Sur les quarante-huit participants d'un séminaire de management pour P.-D.G. que je dirigeai en 1983, quinze appartenaient à cette catégorie (quatorze hommes et une femme). Lors d'une séance qui leur était spécialement réservée, je leur ai demandé si certains d'entre eux s'étaient sentis frustrés ou étouffés comme les « personnalités d'entrepreneur » sont supposées l'être pendant de longues années passées au service de grandes sociétés. Ils jugèrent une telle question parfaitement absurde, tout comme de savoir s'ils avaient éprouvé des difficultés à s'adapter à leurs nouvelles fonctions. Comme l'a déclaré l'un d'entre eux avec l'approbation générale de ses confrères : « Un bon management est un bon management, que vous gériez (comme je le faisais) les 180 millions de dollars d'une division de General Electric, qui réalise plusieurs milliards de dollars de vente, ou que vous dirigiez (comme je le fais aujourd'hui) une jeune société en pleine croissance, qui innove dans le domaine des instruments de diagnostic et réalise 6 millions de dollars de chiffre d'affaires. Je fais sans aucun doute des choses différentes et je les fais autrement. Je n'en applique pas moins les concepts appris chez General Electric et je conduis rigoureusement la même analyse. La transition fut en réalité plus facile que dix ans auparavant, quand j'ai abandonné mes fonctions de simple ingénieur pour assumer mes premières responsabilités de direction. »

Les institutions de service public enseignent la même chose. Deux universitaires comptent parmi les plus grands innovateurs de l'histoire américaine récente : Alexandre Schure et Ernest Boyer. Schure fut tout d'abord un grand inventeur dans le domaine électronique, et un grand nombre de brevets portent son nom. En 1955, il décida, sans l'aide de l'État ni d'aucune fondation ou autre grande entreprise, de fonder le New York Institute of Technology. Cette université privée avait des idées toutes nouvelles sur le type d'étudiant qui devait être recruté, comme sur le contenu et les méthodes de ce qui devait être enseigné. Trente ans plus tard, son institut est devenu une des plus grandes universités scientifiques avec quatre campus, dont une école de médecine, et près de douze mille étudiants. Schure est toujours chercheur en électronique, mais, depuis trente ans, il est aussi le recteur honoraire de son université qui a donné naissance à une équipe de direction professionnelle et efficace.

A l'opposé de Schure, Boyer commença en tant qu'administrateur, tout d'abord à l'université de Californie, puis à la State University de New York, qui avec ses trois cent cinquante mille étudiants et ses soixante-quatre campus est certainement la plus grande et la plus bureaucratique de toutes les universités américaines. En 1970, Boyer, qui avait quarante-deux ans, était parvenu au sommet de l'échelle hiérarchique et fut nommé recteur de cette université. Il fonda aussitôt l'Empire State College, qui n'est pas du tout une faculté de plus, mais une solution très peu conventionnelle à l'un des problèmes les plus anciens et les plus frustrants de l'enseignement supérieur américain : l'enseignement universitaire pour les personnes qui n'ont pas les diplômes ou équivalences nécessaires.

Ceci n'avait jamais pu fonctionner convenablement. Lorsque des adultes étaient admis aux côtés des étudiants « traditionnels », on ne tenait le plus souvent aucun compte ni de leurs objectifs ni de leurs besoins spécifiques, et encore moins de leur expérience personnelle. Ils étaient donc traités comme des adolescents de dix-huit ans, se décourageaient et abandonnaient rapidement. Si, comme on l'avait essayé à de nombreuses reprises, on les mettait dans des « programmes de formation continue », ils avaient toutes les chances de vite devenir embarrassants et d'être relégués vers des enseignements et des professeurs dont l'université pouvait facilement se passer. Dans l'Empire State College de Boyer, les adultes assistent à des cours universitaires normaux dans l'une des facultés de la State University. Mais les étudiants adultes sont suivis par un « tuteur ». Ce dernier est souvent un enseignant d'une autre université d'État. Il aide les étudiants à définir leurs programmes d'études, à décider de soutiens spécifiques lorsqu'ils en ont besoin, et à l'inverse, à prendre en compte leur expérience personnelle pour les faire passer à des niveaux supérieurs dans certaines disciplines. Le tuteur joue alors le rôle d'un « courtier », qui négocie l'admission, le niveau et les programmes de chaque inscrit avec l'établissement adéquat.

Cela peut sembler par trop évident, et c'est l'évidence même en effet. Mais c'était une réelle rupture avec les habitudes et les mœurs universitaires américaines, et ce fut, à ce titre, durement combattu par l' « establishment » des universités d'État. Boyer s'obstina pourtant jusqu'à ce que son Empire State College devienne le premier programme de ce type dans l'enseignement supérieur américain. Il revendique aujourd'hui plus de six mille étudiants, un taux d'abandon négligeable et un programme de maîtrise. Boyer, l'innovateur par excellence, n'a jamais cessé d'être un « administrateur ». Après son poste de recteur de l'université de New York, il fut le premier commissaire à l'Éducation du président Carter, avant de devenir le président de la Fondation Carnegie pour le progrès de l'enseignement, respectivement la plus « bureaucratique » et la plus proche de « l'establishment » des fonctions universitaires américaines.

Les exemples qui précèdent ne prouvent pas que chacun peut exceller en étant à la fois innovateur et bureaucrate. Schure et Boyer sont certainement des gens exceptionnels. Leur exemple montre simplement qu'il n'y a pas de « personnalité » spécifique à l'une ou l'autre fonction. La volonté d'apprendre, de travailler dur, de persévérer, de pratiquer l'autodiscipline, de s'adapter, d'appliquer les bonnes politiques et les bonnes pratiques, est l'unique qualité requise. C'est précisément la position des sociétés qui ont adopté un management d'entrepreneur à l'égard de leur personnel et des questions de recrutement.

Un projet d'entrepreneur a besoin de la structure et de l'organisation appropriées pour être géré avec succès, comme quelque chose de nouveau : les rapports au sein de l'entreprise, les rémunérations, les primes et avantages consentis doivent être adéquats. Ceci acquis, la question de savoir qui dirigera l'organisation en question et quel doit être le sort de ces dirigeants une fois le projet arrivé à terme ne peut être raisonnée qu'en termes individuels, pour telle ou telle personne, et non en fonction de théories psychologiques sans grand fondement empirique.

Les décisions en matière de recrutement dans la société ouverte aux projets d'entrepreneurs sont prises comme toutes les autres décisions à l'égard du personnel et des emplois. Certaines comportent des risques, comme toutes les décisions portant sur des individus. Elles méritent à l'évidence la plus grande attention et doivent être prises comme il convient. L'attribution doit tout d'abord être analysée, on considère ensuite un ensemble de candidats possibles, dont on examinera avec soin les résultats professionnels. Pour finir, on vérifiera les informations rassemblées auprès de collaborateurs du candidat retenu. Cela s'applique à toute décision concernant l'emploi d'une personne à un poste donné. Dans la société ouverte à l'esprit d'entreprise, la proportion moyenne de candidats retenus est la même pour les entrepreneurs que pour les managers ou les autres catégories de cadres.

Les interdits

Il existe également un ensemble de choses à ne pas faire en matière de management d'entrepreneur au sein de l'entreprise existante.

1. La plus importante de toutes consiste à ne pas mélanger les services de direction et ceux d'innovation. Il ne faut jamais intégrer les activités d'entrepreneur dans une structure de direction, il ne faut pas faire de l'innovation un objectif pour des gens chargés de gérer, d'exploiter et d'optimiser ce qui existe déjà.

Il est tout aussi peu recommandable pour une entreprise de chercher à faire œuvre d'entrepreneur sans changer ses politiques et ses pratiques essentielles. C'est même une quasi-garantie d'échec. Entreprendre à la marge fonctionne rarement.

Dans les dix ou quinze dernières années, bon nombre de grandes sociétés américaines ont essayé de s'associer avec des entrepreneurs. Aucune de ces tentatives n'a réussi. Les entrepreneurs se sentirent coincés par les politiques, les règlements, par le « climat » de la grosse entreprise qu'ils jugeaient bureaucratique, pesant et réactionnaire. Parallèlement, leurs partenaires des grandes sociétés ne pouvaient comprendre ce que les entrepreneurs essayaient de faire, et les jugeaient « indisciplinés », « extravagants » et « illuminés ».

En règle générale, les grandes sociétés n'ont réussi à entreprendre qu'en faisant appel à leurs propres personnels pour réaliser les nouveaux projets. Ils ont réussi à condition de travailler avec des gens qu'ils comprennent et qui les comprennent, avec des gens en qui ils ont confiance, qui savent comment se font les choses au sein de l'entreprise, des gens, en résumé, avec qui l'on peut travailler en partenaires. Cela suppose que la société est tout entière pénétrée de l'esprit d'entreprise, qu'elle recherche l'innovation, va la chercher là où elle est, voit en elle une nécessité et une opportunité. Cela suppose que l'entreprise soit avide de choses nouvelles.

2. Les efforts d'innovation qui entraînent l'entreprise en dehors de son propre terrain sont rarement couronnés de succès. L'innovation doit éviter de devenir « diversification ». Quels que soient les avantages de la diversification, ils ne se conjuguent pas avec l'innovation et l'esprit d'entreprise. La nouveauté est toujours suffisamment difficile pour ne pas la risquer dans des domaines que l'on ne connaît pas. Une entreprise innove là où elle a du savoir-faire, où elle connaît le marché ou la technologie. Tout ce qui est nouveau rencontrera des difficultés, et c'est là qu'il faut connaître son affaire. La diversification elle-même fonctionne rarement, sauf s'il y a un rapport d'affinité avec l'entreprise existante, que ce soit au niveau du marché ou des techniques. Même dans ces conditions, j'ai déjà démontré que la diversification avait ses propres problèmes, ses exigences et ses limites [1]. Mais si l'on ajoute les difficultés et les limites de l'esprit d'entreprise à celles de la diversification, le résultat est un désastre assuré. On peut seulement innover dans les domaines que l'on connaît bien.

3. Il est presque toujours vain de vouloir racheter les petites affaires d'entrepreneurs pour éviter d'entreprendre soi-même. Les absorptions fonctionnent rarement sauf si l'entreprise qui rachète est disposée à apporter rapidement l'encadrement indispensable à la société rachetée. Les managers de cette société restent rarement longtemps en place. S'ils étaient propriétaires, ils sont devenus riches ; s'ils étaient employés, ils ne resteront dans la nouvelle entreprise que s'ils disposent d'opportunités beaucoup plus favorables. En l'espace d'un ou deux ans, l'acquéreur doit apporter l'encadrement indispensable à la gestion de la nouvelle entreprise. Ceci est tout particulièrement vrai lorsqu'un non-entrepreneur rachète un entrepreneur. La direction de la société nouvellement acquise découvre rapidement qu'elle ne peut pas travailler avec les responsables de la maison-mère, et réciproquement. Je ne connais personnellement aucun exemple « d'absorption » qui ait réussi.

Une société qui veut se donner les moyens d'innover, qui veut faire œuvre d'entrepreneur, qui veut réussir et prospérer dans une époque de mutation rapide, doit organiser son propre management d'entrepreneur. Elle doit adopter les politiques

1. Dans mon livre *Management : Tasks, Responsabilities, Practices* (New York, Harper & Row, 1973), particulièrement les chapitres 56 et 57.

qui donneront le désir d'innover à la société tout entière, qui développeront l'esprit d'entreprise et l'innovation. Pour accéder au rang d'entrepreneur, une société, grande ou petite, doit être gérée comme une société ouverte à l'esprit d'entreprise.

Chapitre 14

L'ESPRIT D'ENTREPRISE DANS LES SERVICES PUBLICS

I

L'esprit d'entreprise et l'innovation sont aussi indispensables aux services publics[1] tels que les administrations, les syndicats, les Églises, les universités, les écoles, les hôpitaux, les associations, les organisations caritatives, les organisations professionnelles et tant d'autres, que dans une entreprise industrielle ou commerciale. Le besoin est même peut-être encore plus fort, compte tenu des mutations rapides de la société, de l'économie et des techniques qui multiplient les dangers et les opportunités qui se présentent à eux.

Malgré cela, les services publics éprouvent beaucoup plus de difficulté à innover que la plus bureaucratique des entreprises. L'organisation en place paraît constituer un obstacle encore plus grand. Les services aiment assurément s'agrandir. En l'absence du critère de profit, la taille est le seul indice de la réussite d'un service public et la croissance devient un objectif en soi. Et puis bien sûr, il reste tellement de choses à accomplir. Mais abandonner ce qui « s'est toujours fait » et commencer quelque chose de nouveau constitue deux opérations maudites, ou, pour le moins, deux activités terriblement douloureuses pour un service public.

La majorité des innovations qui ont lieu dans les services publics leur est imposée soit par des éléments extérieurs, soit par une catastrophe. L'université moderne, par exemple, fut

1. L'appellation « service public » est à prendre dans la première acception du terme : activité socialement indispensable exécutée ou non par la puissance publique. *Lexique d'économie Dalloz*, 1984. (N.d.T.)

créée par une personnalité tout à fait extérieure au système universitaire. Le diplomate prussien Wilhelm von Humboldt fonda l'université de Berlin en 1809 après que l'université traditionnelle des XVIIe et XVIIIe siècles eut été complètement détruite par la Révolution française et les guerres napoléoniennes. Soixante ans plus tard, l'université américaine moderne fit son apparition au moment même où, n'étant plus en mesure d'attirer les nouveaux étudiants, les universités et les collèges d'enseignement supérieurs traditionnels agonisaient.

De même, toutes les innovations essentielles de la structure ou de la stratégie des armées au cours de ce siècle ont fait suite à de graves anomalies de fonctionnement ou à d'écrasantes défaites : l'organisation de l'armée américaine et de sa stratégie par un juriste new-yorkais, Elihu Root, ministre de la Guerre de Theodore Roosevelt, après sa médiocre prestation lors de la guerre hispano-américaine ; la réorganisation, quelques années plus tard de l'armée britannique par un autre civil, Lord Haldane, ministre de la Guerre, après les résultats tout aussi médiocres de l'armée britannique dans les guerres des Boers ; la réforme de la structure et de la stratégie de l'armée allemande après la défaite de la Première Guerre mondiale.

Au niveau gouvernemental, la plus grande réforme de l'histoire politique récente, le New Deal américain de 1933-1936, fut déclenchée par une récession profonde au point de mettre en péril le tissu social du pays.

Les critiques de la bureaucratie stigmatisent la résistance des services publics à l'innovation et à l'esprit d'entreprise dont ils font porter la responsabilité aux « bureaucrates timorés », aux « planqués » dont les salaires tombent tout cuits, ou aux « politiciens avides de pouvoir ». C'est une litanie ancienne qui paraissait déjà usée à l'époque où Machiavel la scandait, il y a près de cinq cents ans. La seule chose qui ait jamais changé, c'est ceux qui la reprennent à leur compte. C'était le slogan des prétendus libéraux au tournant du siècle, c'est aujourd'hui celui des « néo-conservateurs ». Les choses ne sont malheureusement pas aussi simples, et l'éternelle panacée des réformistes, « confier les responsabilités à des gens plus efficaces », n'est qu'un mirage. Les éléments les plus entrepreneurs, les plus prompts à innover, se conduisent comme les derniers des « bureaucrates planqués » ou des

« politiciens opportunistes » après six mois passés à la tête d'un service public, tout particulièrement s'il s'agit d'une administration.

Les obstacles qui barrent la route à l'innovation et à l'esprit d'entreprise sont inhérents aux services publics, ils en font partie intégrante et sont inséparables de leur fonctionnement[1].

La meilleure preuve en est le fonctionnement des services du personnel des entreprises. Ce sont en fait des « services publics » au sein même des entreprises privées. Ils sont habituellement dirigés par des gens venus des services d'exploitation qui ont fait la preuve de leurs capacités sur les marchés concurrentiels. Les services du personnel ne sont malgré tout pas des modèles d'innovation. Ils excellent à construire des empires et veulent toujours plus de ce qui existe déjà. Ils se montrent réticents pour abandonner tout ce qui est en cours. Ils innovent rarement une fois qu'ils sont en place.

Trois grandes raisons permettent d'expliquer pourquoi les activités existantes constituent un obstacle encore plus important à l'innovation dans un service public que dans une entreprise traditionnelle.

1. Un service public fonctionne à partir d'un « budget » et non pas sur la base de ses résultats d'exploitation. Il est payé pour ses efforts à partir de fonds gagnés par quelqu'un d'autre, que ce soit le contribuable, le donateur d'un organisme de charité, ou l'entreprise pour laquelle travaillent la division du personnel ou le service commercial. Plus le service en question multipliera ses efforts et plus important sera son budget. La réussite d'un service public se mesure à l'augmentation de son budget et non pas à l'obtention de résultats. Toute tentative d'abandon de certaines activités est donc contraire aux intérêts du service public, puisqu'il lui fait perdre envergure et prestige. L'échec ne saurait par conséquent être reconnu. Pire, le fait qu'un objectif ait été atteint ne peut être accepté.

2. Un service public dépend d'une multitude d'instances de décision. Dans une entreprise qui vend ses produits sur le

1. Sur les caractéristiques des services publics, on pourra consulter les chapitres 11 à 14 de *Management : Tasks, Responsabilities & Practice*, consacrés aux « Performances des services publics » (Harper & Row, 1973).

marché, une seule instance, le consommateur, finit par l'emporter sur toutes les autres. Une entreprise n'a besoin que d'une toute petite part de marché pour réussir. Elle pourra ensuite satisfaire les autres instances, qu'il s'agisse des actionnaires, des employés, de la communauté, etc. Mais c'est précisément parce que les services publics (et cela vaut pour les services du personnel des entreprises) ne sont pas rémunérés sur la base de leurs résultats que chaque « instance », aussi marginale soit-elle, se trouve investie d'un droit de veto. Un service public doit satisfaire tout un chacun ; du moins, il ne peut pas se permettre de s'aliéner qui que ce soit.

Au moment où un service public démarre une activité, il crée une instance qui refusera toute abolition ou modification importante du nouveau programme. Mais une nouveauté est toujours controversée. Cela signifie qu'elle se heurte aux instances existantes sans avoir encore la sienne propre qui viendra lui apporter son soutien.

3. La principale raison reste malgré tout que les services publics existent pour « être utiles ». Cela signifie qu'ils ont tendance à voir leur mission comme un idéal moral et non comme une activité économique sujette à un calcul des coûts et des rendements. L'économie cherche toujours une répartition différente des mêmes ressources pour obtenir un rendement supérieur. Toute activité économique est donc relative. Un service public ne raisonne pas en termes de « rendement supérieur ». Il n'y a pas de mieux à attendre lorsqu'on « est utile ». Ne pas atteindre un objectif quand on cherche à « bien faire » signifie simplement qu'il faut redoubler ses efforts. Cela signifie que les forces du mal sont plus puissantes que prévu et doivent être combattues avec encore plus d'énergie.

Pendant des milliers d'années, les prêcheurs de toutes les religions ont vilipendé le « péché de chair ». Leur réussite est, pour le moins, limitée. Mais cet argument est irrecevable aux yeux du prédicateur. Cela ne le persuade en rien de consacrer son talent considérable à la poursuite d'objectifs peut-être plus à sa portée. Tout au contraire, cela prouve simplement que les efforts doivent être multipliés. Pour lui, éviter le « péché de chair » est manifestement un « bienfait moral » et par conséquent un « idéal » qui ne se réduit à aucune analyse de rentabilité.

Peu d'institutions de service public définissent leurs

objectifs en termes aussi absolus. Mais même la division du personnel ou le service d'entretien d'une entreprise industrielle pensent que leur mission consiste à « bien faire », c'est-à-dire qu'ils conçoivent leur tâche en termes moraux et absolus, et non en termes économiques et relatifs.

Cela signifie que les institutions de service public sont là pour maximiser et non pour optimiser. « Notre mission ne sera pas achevée tant qu'un seul enfant sur Terre devra s'endormir le ventre creux » affirme le chef de file de la Croisade contre la Faim. S'il devait dire « notre mission sera achevée lorsque le plus grand nombre possible d'enfants (que l'on peut atteindre compte tenu des canaux de distribution existants) aura suffisamment de quoi se nourrir pour ne pas souffrir de rachitisme », il serait immédiatement destitué. Mais si l'objectif est la maximisation, cet objectif ne sera jamais atteint. Et plus on se rapproche de l'objectif, plus on demande d'efforts. Car une fois le niveau optimal atteint (qui se situe généralement entre 75 et 80 % du maximum théorique), les coûts supplémentaires progressent de façon exponentielle pour des résultats qui diminuent dans la même proportion. Plus un service public se rapproche de ses objectifs, plus grande est donc la frustration et plus importants les efforts nécessaires pour faire plus que ce qui a déjà été fait.

Moins il réussit et plus son comportement reste le même. Qu'il réussisse ou qu'il échoue, toute demande d'innovation sera interprétée comme une agression contre sa mission première, contre les raisons même de son existence, contre ses valeurs et ses principes fondamentaux.

Voilà autant d'obstacles importants à l'innovation. Ils permettent d'expliquer pourquoi, d'une façon générale, l'innovation dans les services publics vient plus de nouveaux projets que des institutions en place.

L'exemple le plus radical de notre époque est sans doute celui des syndicats. Ceux-ci représentent vraisemblablement l'institution la plus prospère des pays développés au cours de ce siècle, qui a nettement atteint ses objectifs originaux. On ne peut obtenir « plus » quand la part du travail dans le produit national brut des pays développés occidentaux avoisine les 90 %, et frôle les 100 % dans certains pays tels que la Hollande. Les syndicats sont malgré tout incapables d'envisager de nouveaux défis, de nouveaux objectifs, de nouvelles contributions. Ils ne peuvent que répéter les mêmes slogans et les mêmes combats. Car la « cause des travailleurs » est un bien absolu, qui ne peut être remis en question et encore moins redéfini.

L'Université n'est sans doute guère différente des syndicats, et en partie pour les mêmes raisons : elle a connu au cours de ce siècle un niveau de croissance et de succès seulement dépassé par les syndicats.

Il existe toutefois assez d'exceptions (quoique bien peu dans les administrations) pour prouver que les institutions de service public sont capables d'innover, fussent-elles anciennes et monumentales.

Un archevêché catholique des États-Unis a, par exemple, nommé des laïcs à la tête du diocèse, y compris une femme mariée, ancienne vice-présidente d'une chaîne de grands magasins, au poste de directeur général du diocèse. Tout ce qui ne touche pas à l'administration de sacrements ou à l'office religieux est confié à des directeurs et des professionnels laïcs. Bien qu'il y ait un nombre insuffisant de prêtres dans toute l'Église catholique américaine, ce diocèse en a plus qu'il ne lui est nécessaire, ce qui lui a permis d'adopter une politique offensive de création de congrégations et de développement des services religieux.

Une des plus anciennes sociétés scientifiques, l'American Association for the Advancement of Science, a redéfini ses orientations entre 1960 et 1980 pour devenir une organisation de masse sans pour autant perdre sa position de leader. Elle transforma radicalement son magazine hebdomadaire, *Science*, pour en faire le porte-parole des scientifiques auprès du public et du gouvernement, et pour devenir un informateur qui fasse autorité en matière de politique scientifique. Elle créa ainsi un très sérieux magazine scientifique à grand tirage, destiné à un public de non-spécialistes.

Un grand hôpital de la côte Ouest des États-Unis comprit dès 1965 que le secteur de la santé évoluait à la mesure de son succès. Tandis que d'autres grands hôpitaux essayaient d'empêcher l'évolution vers les chaînes hospitalières et les centres de soins ambulatoires, cet établissement a toujours été à la pointe de l'innovation dans ces domaines. Il fut, par exemple, le premier à construire une maternité indépendante, qui offre aux femmes enceintes le confort d'une chambre d'hôtel pour un prix très modéré, tout en lui assurant une parfaite assistance médicale spécialisée en cas de besoin. Il fut le premier à créer des centres indépendants de chirurgie ambulatoire, mais aussi à fonder sa propre chaîne hospitalière qui offre des contrats de gestion aux petits hôpitaux de la région.

Les Girl-Scouts of the U.S.A. est une très grande organisation qui existe depuis le début de ce siècle et compte plusieurs millions de jeunes filles dans ses rangs. Ce mouvement a commencé d'innover vers 1975 en matière de recrutement de ses membres, de définition de ses programmes et de son volontariat, trois domaines essentiels de son organisation. Le recrutement s'intensifia en direction des nouvelles classes moyennes urbaines, c'est-à-dire des jeunes filles noires, asiatiques et latino-américaines. Ces minorités représentent aujourd'hui un cinquième des membres du mouvement. Cette organisation sut définir de nouveaux programmes et de nouvelles missions qui tiennent compte de l'ascension des femmes à des postes de direction et de responsabilités professionnelles par opposition aux fonctions traditionnelles de femme au foyer ou d'infirmière. Les Girl-Scouts ont, de même, compris que les sources traditionnelles de volontariat s'épuisaient parce que les jeunes mères de famille ne restaient plus à la maison, cherchant quelque chose à faire. Ce mouvement s'aperçut parallèlement que cette nouvelle génération de mères qui travaillent représentaient une opportunité à saisir. Les Girl-Scouts avaient quelque chose à leur offrir, d'autant que le volontariat constitue une question critique pour toute association. Cette organisation proposa donc des formules de volontariat intéressantes pour une mère qui travaille, lui offrant une bonne manière de prendre le temps de s'occuper de son enfant, de s'amuser avec lui tout en contribuant à son développement personnel. Les Girl-Scouts saisirent également l'opportunité que représentaient les femmes ayant un travail et ne disposant pas d'assez de temps à consacrer à leurs enfants : elles créèrent une section pour les enfants d'âge préscolaire. C'est ainsi que cette organisation renversa la tendance à la baisse des adhésions et du volontariat, tandis que le mouvement plus ancien, plus important et beaucoup plus riche des Boy-Scouts of the U.S.A. continue d'aller à la dérive.

II

Politiques d'entrepreneur

Je suis parfaitement conscient du fait que les exemples qui précèdent sont exclusivement américains. On pourra trouver sans aucun doute des cas similaires en Europe ou au Japon. J'espère toutefois qu'ils suffiront, malgré leurs limites, à illustrer les politiques d'entrepreneur dont ont besoin les services publics pour être en mesure d'innover.

1. Une institution de service public doit, en premier lieu, disposer d'une définition claire et nette de sa mission. Que cherche-t-elle à réaliser ? Pourquoi existe-t-elle ? Elle doit se concentrer sur des objectifs et non sur des programmes et des projets. Ces derniers constituent des moyens qui devraient toujours être considérés comme temporaires, et, par conséquent, éphémères.

2. Un service public doit définir ses objectifs de façon réaliste. Il doit dire « notre tâche est de combattre la famine » et non pas « d'éliminer la faim dans le monde ». Il doit choisir des objectifs qu'il peut atteindre, des objectifs réalistes qui lui permettront un jour de dire : « notre mission est accomplie ».

Il existe bien sûr des objectifs qu'on ne pourra jamais atteindre. Rendre la justice dans toute société humaine est assurément une tâche illimitée qui ne pourra jamais être menée à son terme, même en appliquant des critères tout à fait modestes. Il n'empêche que la plupart des objectifs devraient être formulés en termes optimaux et non maximaux. C'est la seule façon de pouvoir dire un jour : « nous avons réalisé ce que nous voulions faire ».

Cette formule s'applique à l'évidence aux objectifs traditionnels de l'enseignement : amener chaque enfant à rester à l'école pendant de nombreuses années. Cet objectif est atteint depuis longtemps dans les pays développés. La question qui se pose aujourd'hui est celle de l'éducation, c'est-à-dire quel doit être le rôle de l'éducation dispensée aux enfants par opposition à une simple scolarisation.

3. L'incapacité à atteindre un objectif devrait constituer

une indication suffisante du fait que l'objectif en question n'est pas le bon, ou, tout du moins, qu'il est mal défini. Il s'agit alors d'accepter l'idée qu'un objectif doit être économique et non moral. Si un objectif n'a pas pu être atteint après des tentatives répétées, il faut savoir reconnaître qu'il ne convient pas. Il n'est pas rationnel de considérer l'incapacité à atteindre un objectif comme une bonne raison de répéter incessamment la même tentative. Les mathématiciens ont établi depuis trois cents ans que la probabilité de réussite diminue après chaque essai : les chances de succès d'une nouvelle tentative ne sont en réalité jamais supérieures à la moitié des chances du précédent essai. L'incapacité à atteindre un objectif est donc une raison très légitime de remettre en cause la validité dudit objectif, ce qui est à l'opposé des conceptions de la plupart des services publics.

4. Les institutions de service public doivent donc organi ser la recherche permanente des opportunités d'innovation dans la définition de leurs politiques et de leurs pratiques. Elles doivent concevoir le changement comme une opportunité et non comme une menace.

Les services publics mentionnés plus haut ont réussi dans cette entreprise parce qu'ils ont su appliquer ces quatre règles fondamentales.

Au sortir de la Seconde Guerre mondiale, l'Église catholique des États-Unis dut pour la première fois faire face au développement rapide d'une population laïque instruite. La plupart des diocèses catholiques, comme d'ailleurs la plupart des institutions de l'Église catholique, ont perçu cette évolution comme une menace, ou tout du moins comme un « problème ». Avec une population instruite de fidèles laïcs, l'acceptation inconditionnelle des évêques et des prêtres ne pouvait plus être assurée. Il n'existait pourtant aucune place pour les laïcs dans la structure et la direction de l'Église. Parallèlement, tous les diocèses catholiques des États-Unis ont accusé, dès 1965-1970, une chute brutale des jeunes candidats à la prêtrise, ce qu'ils ont interprété comme une grave menace pour l'Église. Un seul diocèse sut saisir ces deux opportunités. (A tel point qu'un nouveau « problème » apparut : de nombreux jeunes ecclésiastiques de tous les États-Unis demandèrent à entrer dans ce diocèse, car c'est le seul où ils ont la possibilité de faire ce qui correspond à leur formation et ce pour quoi ils ont décidé de devenir prêtres.)

Tous les hôpitaux américains ont vu, dès 1970-1975, les changements qui se préparaient dans le secteur de la santé. La plupart se sont organisés pour combattre ces changements qu'ils qualifiaient de « désastreux ». Un seul hôpital sut percevoir l'opportunité d'une telle évolution.

L'American Association for the Advancement of Science comprit les formidables opportunités créées par l'accroissement du nombre de gens ayant un bagage scientifique suffisant et qui travaillaient dans des secteurs scientifiques, pour devenir un leader de l'information à l'adresse de la communauté scientifique et des non-spécialistes.

Le mouvement des Girl-Scouts sut analyser l'évolution de la population pour se demander : « Comment pouvons-nous tirer de nouvelles opportunités des mutations démographiques en cours ? »

Même au niveau des pouvoirs publics, l'innovation est possible à condition de respecter ces règles simples.

Lincoln, dans l'État du Nebraska, fut la première ville à municipaliser, il y a cent vingt ans de cela, un certain nombre de services publics tels que les transports en commun, l'électricité, le gaz, l'eau, et ainsi de suite. Au cours des dix dernières années, la municipalité de cette ville, dirigée par Helen Boosalis, commença à privatiser le ramassage des ordures ménagères, les transports scolaires, et toute une série d'autres services. La ville finance ces activités dont la réalisation est confiée à des entreprises privées soumissionnaires. L'opération a permis une réduction substantielle des coûts et la qualité des services s'est considérablement améliorée.

L'opportunité saisie par Helen Boosalis à Lincoln fut la possibilité de séparer le « pourvoyeur » d'un service public, à savoir la collectivité locale, et le « fournisseur » dudit service. Cela permet de conjuguer une très grande qualité de service, d'efficacité, de fiabilité avec la réduction des coûts autorisée par une situation concurrentielle.

Les quatre règles mentionnées plus haut représentent les politiques et les pratiques *spécifiques* dont a besoin une institution de service public pour faire œuvre d'entrepreneur et être capable d'innovation. Une telle institution devra également faire siennes les politiques et les pratiques indispensables à toute entreprise existante désireuse d'entreprendre, qui sont examinées dans le chapitre précédent.

III

Le besoin d'innover

Pourquoi est-il important d'innover dans les services publics ? Pourquoi ne peut-on laisser les institutions existantes fonctionner comme auparavant, en faisant appel, comme on l'a toujours fait, à de nouvelles institutions pour satisfaire les besoins d'innovation des services publics ?

La raison en est que les institutions de service public sont devenues trop importantes et trop encombrantes dans les pays développés. Au cours de ce siècle, le secteur des services publics, étatique ou non étatique mais sans but lucratif, s'est développé plus vite que le secteur privé, peut-être trois à cinq fois plus vite. Ce rythme de croissance a été particulièrement rapide depuis la Seconde Guerre mondiale.

Cet essor fut, dans une certaine mesure, excessif. Les activités de service public qui peuvent être transformées en entreprises lucratives devraient l'être partout où cela est possible. Cela ne s'applique pas seulement aux services municipaux que la ville de Lincoln est en train de « privatiser ». Le passage du non-lucratif au lucratif est déjà assez avancé dans le secteur hospitalier. Je prévois une véritable ruée dans le domaine de l'enseignement supérieur et de la formation professionnelle. Subventionner les plus hauts revenus de nos sociétés développées, à savoir les personnes les plus diplômées, est en effet difficilement justifiable.

Un des problèmes centraux des pays développés au cours des vingt à trente prochaines années sera certainement la formation de capital, qui (à l'exception du Japon) n'est plus à la hauteur des besoins de l'économie. Nous aurons donc mauvaise grâce à perpétuer des activités « à but non lucratif », c'est-à-dire des activités qui dévorent le capital plutôt que de le constituer, si elles peuvent être organisées pour dégager un bénéfice et devenir, par là même, créatrices de capital.

La majeure partie des activités effectuées par des institutions de service public restera malgré tout sous la responsabilité du secteur public, sans être abandonnée ou modifiée. Il s'agit donc d'en faire des activités productrices et productives. Les institutions de service public devront donc apprendre à innover et à adopter une gestion d'entrepreneur. Elles devront apprendre à saisir les opportunités que procurent les périodes de mutations démographiques, économiques, technologiques et sociales. Faute de quoi, elles constitueront de plus en plus d'obstacles, deviendront de plus en plus incapables d'accomplir leur mission, paralysées par des programmes et des objectifs inadaptés à un environnement transformé. Elles ne seront pourtant ni capables ni disposées à se dessaisir des missions qu'elles ne pourront plus mener à bien. Elles finiront par ressembler à ces seigneurs féodaux du XIVe siècle après qu'ils eurent perdu toute fonction sociale : des parasites, sans autre raison d'être que le pouvoir d'exploiter et de faire obstruction. Elles cultiveront l'autosatisfaction mais perdront toujours plus de leur légitimité. Cela est manifestement déjà en train d'arriver aux syndicats qui paraissaient pourtant les plus puissants d'entre tous. Une société en pleine mutation, confrontée à de nouveaux défis, de nouvelles exigences et de nouvelles opportunités, a malgré tout besoin de services publics.

L'exemple de l'école publique aux États-Unis illustre à la fois les opportunités et les dangers d'une telle situation. Faute de savoir prendre l'initiative de l'innovation, l'école publique ne survivra pas à ce siècle, si ce n'est comme école pour les minorités des bidonvilles. Pour la première fois de leur histoire, les États-Unis sont menacés de voir leur système d'enseignement adopter une structure de classe, tous les élèves hormis les plus pauvres restant à l'écart de l'école publique — du moins dans les villes où réside la majeure partie de la population. Et cela ne pourra qu'être la faute de l'école publique elle-même puisque les moyens de réformer le système public sont déjà parfaitement connus (voir chapitre 9).

Bien d'autres services publics se trouvent confrontés à une situation comparable. Le besoin d'innover est manifeste, les connaissances nécessaires sont disponibles. Il leur faut maintenant apprendre à organiser l'innovation et l'esprit d'entreprise dans leur propre système. Faute de quoi, ils seront bientôt remplacés par des concurrents extérieurs qui créeront des institutions de service public ouvertes à l'esprit d'entreprise et rendront les systèmes actuels parfaitement obsolètes.

La fin du XIXe et le début du XXe siècle fut une période intense de créativité et d'innovation dans le secteur des services publics. Pendant soixante-quinze ans, l'innovation sociale fut, jusqu'aux années 30, certainement aussi dynamique, aussi rapide et aussi productive que l'innovation technologique, si ce n'est plus. L'innovation à cette époque consista à créer de nouvelles institutions de service public. La plupart des services d'aujourd'hui ne remontent pas à plus de soixante ou soixante-dix ans, du moins en ce qui concerne leur forme et leurs missions actuelles. Les vingt ou trente prochaines années seront bien différentes. Le besoin d'innovation sociale risque d'être encore plus grand. Mais l'innovation devra, en grande partie, avoir lieu au sein même des services publics actuels. Donner naissance à un management d'entrepreneur adapté aux services publics existants risque par conséquent d'être l'une des toutes premières tâches politiques de cette génération.

Chapitre 15

LA CRÉATION D'ENTREPRISE

Dans l'entreprise existante — société commerciale ou service public —, le terme dominant de l'expression « management d'entrepreneur » est « entrepreneur ». Dans l'entreprise nouvellement créée, le mot clé est « management ». Dans l'entreprise existante, le plus grand obstacle à l'esprit d'entreprise est précisément ce qui existe déjà. Dans la nouvelle entreprise, c'est l'absence de structures existantes. La nouvelle entreprise a une idée, elle a peut-être un produit ou un service, elle peut même déjà avoir un volume de ventes, parfois substantiel. Elle supporte certainement des coûts, obtient des recettes et dégage peut-être un bénéfice. Elle dispose donc d'une « activité », d'un « présent » organisé. Les gens savent où ils vont, ce qu'ils ont à faire et quels résultats l'on doit ou l'on devrait obtenir. Mais faute de développer une nouvelle « activité » et une « gestion » adéquate, la nouvelle entreprise est condamnée d'avance, aussi excellente que soit son projet d'entrepreneur, quels que soient les fonds dont elle ait pu disposer, la qualité de sa production ou même l'importance de la demande pour ses produits.

Le refus d'accepter cette réalité a ruiné chaque nouvelle entreprise créée par le plus grand inventeur du XIXe siècle, Thomas Edison. Son ambition était de réussir dans les affaires et de diriger une grande société. Il aurait dû y arriver car c'était un merveilleux organisateur. Il avait, par exemple, prévu exactement à quoi devait correspondre une centrale électrique afin de permettre l'exploitation de l'ampoule électrique qu'il avait inventée. Il savait parfaitement comment obtenir les capitaux nécessaires à chacune de ces nouvelles entreprises. Ses produits remportèrent un succès immédiat, et profitèrent d'une demande pratiquement inépuisable. Edison n'a pourtant jamais été autre chose qu'un entrepreneur, ou plus exactement, il a toujours cru que « gérer » une affaire se limitait à en être le patron. Il refusa de créer une équipe de direction. Ses quatre ou cinq sociétés se sont donc toutes effondrées lamentablement une fois arrivées au stade d'entreprises moyennes, et ne purent être sauvées qu'en évinçant Edison pour le remplacer par une direction professionnelle.

L'organisation d'un management d'entrepreneur au sein d'une nouvelle entreprise comporte quatre exigences :

- L'entreprise doit s'axer sur le marché.
- Elle doit faire preuve de prévoyance financière, et doit tout particulièrement calculer ses besoins en capitaux et en trésorerie.
- Une équipe de direction doit être mise en place bien avant que la nouvelle entreprise n'en ait réellement besoin et qu'elle n'en ait les moyens.
- L'entrepreneur-fondateur doit prendre un certain nombre de décisions quant à son rôle, son travail et ses rapports au sein de l'entreprise.

I

La nécessité de s'axer sur le marché

Une explication courante à la déception causée par une nouvelle entreprise ou à sa disparition pure et simple se résume en ces termes : « Tout allait très bien jusqu'à ce que ces concurrents fassent leur apparition et nous prennent notre marché. Nous n'arrivons pas à comprendre ce qui s'est passé. Les produits qu'ils proposaient n'étaient pourtant guère différents des nôtres. » Variante possible : « Tout allait pour le mieux quand ces concurrents ont commencé à vendre leurs produits à des clients dont nous n'avions même jamais entendu parler. En un rien de temps, ils avaient le contrôle du marché. »

La réussite d'une nouvelle entreprise tient dans un très grand nombre de cas au succès d'un marché qui n'était pas visé à l'origine. Les produits ou les services ne sont pas exactement ceux qui étaient prévus au départ, ils sont achetés en grande partie par des clients auxquels on ne pensait même pas et promis à des utilisations bien plus diverses que celles correspondant à leur conception première. Une entreprise doit pouvoir anticiper sur une telle évolution, doit s'organiser pour tirer profit d'un marché inattendu ou ignoré jusqu'alors. Une entreprise doit être axée sur le marché et entraînée par lui, faute de quoi elle fournit ni plus ni moins qu'une opportunité à un concurrent.

Il y a bien évidemment des exceptions. Un produit conçu pour une et une seule utilisation bien spécifique, en particulier dans le domaine scientifique et technique, demeure souvent fidèle au marché et à l'utilisation finale pour laquelle il a été conçu. Ce n'est toutefois pas toujours le cas. Même un médicament destiné et testé pour le traitement d'une maladie spécifique peut à certaines occasions être employé pour soigner une affection toute différente : c'est le cas d'un produit qui est aujourd'hui très efficacement employé pour le traitement de l'ulcère à l'estomac. C'est également le cas d'un médicament destiné aux personnes et qui a trouvé sa principale utilisation en médecine vétérinaire.

Tout ce qui est authentiquement nouveau crée des marchés que personne n'avait même imaginés. Personne ne savait qu'il aurait besoin d'une photocopieuse pour le bureau avant l'apparition de la première Xerox vers 1960. Cinq ans plus tard, aucune société ne pouvait imaginer s'en passer. Lorsque les premiers avions à réaction sont apparus, les meilleures analyses de marchés firent remarquer qu'il n'y avait même pas assez de passagers pour remplir les avions long-courriers transatlantiques en service et en construction. Cinq ans plus tard, ces avions transportaient chaque année cinquante à cent fois plus de passagers.

L'innovateur a une vision limitée, il a même des œillères. Il voit le domaine qu'il connaît bien et ignore tous les autres.

L'exemple du D.D.T. en est une parfaite illustration. Inventé pendant la Seconde Guerre mondiale pour protéger les soldats américains des insectes et des parasites tropicaux, ce composé a trouvé sa meilleure application dans l'agriculture pour protéger le bétail et les cultures contre les insectes. Il dut même être interdit, son action s'étant révélée trop efficace. Malgré cela, aucun des éminents savants qui inventèrent le D.D.T. pendant la guerre n'avait envisagé ce type d'utilisation. Ils n'ignoraient bien évidemment pas que les enfants en bas âge mourraient de diarrhées transmises par des insectes pathogènes. Ils savaient pertinemment que les cultures et le bétail étaient infestés d'insectes parasites. Mais ils n'avaient qu'une connaissance « profane » de ces phénomènes. En tant qu' « experts », ils s'occupaient uniquement des maladies tropicales. C'est donc le simple soldat américain qui a appliqué le D.D.T. aux domaines qu'il connaissait, c'est-à-dire à la protection de son foyer, de son bétail et de ses champs de coton.

De son côté, la société 3M n'avait pas prévu que le ruban adhésif destiné à l'industrie trouverait une infinité d'emplois à la maison comme au bureau, et deviendrait le rouleau de « Scotch ». 3M fournissait depuis longtemps des produits abrasifs et adhésifs à l'industrie, et connaissait un succès mesuré sur les marchés industriels. Cette entreprise n'avait même jamais pensé au marché des biens de consommation. C'est un pur hasard si l'ingénieur qui avait conçu un produit industriel qu'aucune industrie ne voulait eut un jour l'idée de le vendre aux particuliers. On dit qu'ayant ramené des échantillons de ruban chez lui après que la société eut décidé d'abandonner sa fabrication, ses filles commencèrent à s'en servir, à son grand étonnement, pour fixer leurs mèches bouclées pendant la nuit. Le seul fait exceptionnel de toute cette histoire est que lui et ses patrons de chez 3M aient su repérer qu'ils mettaient le doigt sur un nouveau marché.

Un chimiste allemand a créé le premier anesthésique local, baptisé Novocaïne, en 1905. Mais il ne put convaincre les médecins de l'utiliser; ces derniers préféraient recourir à l'anesthésie générale et n'acceptèrent pas la Novocaïne avant la Première Guerre mondiale. A sa grande surprise, les dentistes commencèrent à leur tour à employer ce produit. On dit que notre chimiste se mit alors à parcourir toute l'Allemagne pour faire des conférences contre l'emploi de la Novocaïne en odontologie. Il ne l'avait pas inventé pour cela !

Cette réaction fut, je le reconnais, quelque peu excessive. Malgré tout, les entrepreneurs *savent* à quoi doit servir leur innovation, et ont tendance à s'opposer à d'autres utilisations potentielles. Ils n'iront peut-être pas jusqu'à refuser de servir les clients qu'ils n'avaient pas « prévus », mais ils risquent fort de leur faire comprendre qu'ils ne sont pas les bienvenus.

C'est exactement ce qui est arrivé à l'industrie informatique. La société Univac qui inventa le premier ordinateur savait que cette machine extraordinaire était destinée à des applications scientifiques. Elle n'a donc même pas envoyé un vendeur quand une entreprise a manifesté son intérêt pour ce matériel : « ces gens-là ne connaissent certainement rien de rien à l'informatique » pensa-t-on chez Univac. I.B.M. était tout aussi persuadé que l'informatique était destinée aux recherches scientifiques : son propre ordinateur avait été spécifiquement conçu pour effectuer des calculs en astronomie. Mais I.B.M. était parfaitement disposé à prendre les commandes des entreprises et à les fournir. Dix ans plus tard, Univac disposait encore de l'ordinateur le plus sophistiqué du moment, mais c'est I.B.M. qui contrôlait le marché de l'informatique.

La solution classique à ce genre de problème s'appelle « l'étude de marché ». C'est la mauvaise solution.

On ne peut pas faire d'étude de marché pour quelque chose d'authentiquement nouveau. On ne peut pas faire d'étude de marché pour quelque chose qui n'est pas encore sur le marché. Vers 1950, une étude de marché réalisée par Univac prévoyait que les ventes d'ordinateurs avoisineraient le millier d'exemplaires en l'an 2000; le chiffre réel est d'environ un million en 1984. Ce fut pourtant l'étude de marché la plus « scientifique », la plus prudente et la plus rigoureuse jamais réalisée. Elle n'a commis qu'une seule erreur : partir de l'idée, admise par tous à l'époque, que l'informatique serait utilisée pour des recherches scientifiques de haut niveau, ce qui limite en effet considérablement le nombre d'ordinateurs en circulation. Un certain nombre de sociétés ont, de la même façon, refusé les brevets de machines à photocopier sur la base d'études de marché tout à fait approfondies. Celles-ci démontraient que les imprimeurs n'avaient aucune utilisation pour un tel procédé. Personne n'a soupçonné un seul instant que les entreprises, les écoles, les universités et une multitude de particuliers voudraient acheter un photocopieur.

Une nouvelle entreprise doit donc démarrer avec l'idée que ses produits ou ses services pourront éventuellement trouver des clients sur des marchés auxquels personne n'avait encore pensé. Ses produits pourront trouver des applications jamais envisagées au moment de leur conception, et pourront trouver des acheteurs tout à fait inconnus et éloignés de son optique originelle.

Si la nouvelle entreprise n'est pas dès l'abord « axée sur le marché », tout ce qu'elle arrivera à créer sera un marché pour un concurrent. Elle se rendra compte quelques années plus tard que « ces concurrents sont arrivés et nous ont raflé le marché » ou qu'ils se sont mis à vendre à « des clients dont nous n'avions jamais entendu parler » et se sont rendus maîtres du marché du jour au lendemain.

Bâtir une orientation de marché n'est pas particulièrement difficile pour une nouvelle entreprise. Mais les mesures nécessaires vont à l'encontre des inclinations caractéristiques des entrepreneurs. Cela suppose tout d'abord que la nouvelle entreprise soit à l'écoute de l'imprévu, qu'il s'agisse de succès ou d'échecs (voir chapitre 3). Plutôt que d'ignorer un phénomène imprévu et de le reléguer au rang des « exceptions », comme les entrepreneurs ont souvent tendance à le faire, il faudra aller voir par soi-même et l'étudier sérieusement, comme une véritable opportunité.

Une petite société de construction mécanique acheta, peu après la Seconde Guerre mondiale, une licence pour fabriquer des bicyclettes de conception européenne avec un petit moteur auxiliaire. Cela paraissait un produit idéal pour le marché indien et, pourtant, ce modèle n'a jamais bien marché. Le propriétaire de cette entreprise remarqua toutefois qu'un nombre important de commandes concernait les seuls moteurs. Il voulut tout d'abord les refuser; que pouvait-on faire d'un moteur léger sans le vélo qu'il sert à propulser ? C'est par simple curiosité qu'il eut l'idée d'aller voir par lui-même d'où venaient ces commandes apparemment absurdes. C'est ainsi qu'il vit des agriculteurs enlever les moteurs des bicyclettes pour les installer sur des pompes d'irrigation qui avaient jusqu'alors toujours été manuelles. Cet industriel est aujourd'hui le plus grand fabricant mondial de petites pompes d'irrigation qu'il vend par millions. Ses pompes ont révolutionné l'agriculture dans tout le Sud-Est asiatique.

Être entraîné par le marché suppose également que l'on soit prêt à tenter des expériences. Si une nouvelle entreprise perçoit l'intérêt inattendu d'un marché ou d'une catégorie de consommateurs pour un de ses produits ou de ses services, elle doit trouver quelqu'un sur ce nouveau secteur qui soit prêt à tester ce produit ou ce service et à chercher quelles peuvent en être les nouvelles applications. Il faut procurer gratuitement des échantillons aux représentants de ce marché « improbable » pour voir ce qu'ils peuvent faire du produit en question, s'ils peuvent lui trouver une utilisation et à quoi il devrait ressembler pour qu'ils aient envie de l'acheter. Il faut faire de la publicité dans les journaux professionnels de l'industrie qui a manifesté un certain intérêt, et ainsi de suite.

Du Pont de Nemours n'avait jamais pensé aux pneumatiques automobiles comme un des plus grands domaines d'application pour sa nouvelle fibre nylon. Mais quand le fabricant de pneumatiques Akron manifesta son intérêt pour ce nouveau produit, Du Pont construisit une petite usine-pilote d'expérimentation. Quelques années plus tard, les pneumatiques étaient devenus le marché le plus important et le plus rentable de la fibre nylon.

Découvrir si un intérêt imprévu en provenance d'un marché inattendu exprime une véritable potentialité ou se réduit à un simple hasard ne demande pas de grands investissements. Il s'agit de se montrer réceptif et d'être capable d'un peu de travail systématique.

Les dirigeants d'une nouvelle entreprise doivent, avant tout, se rendre eux-mêmes sur le marché, discuter avec les clients et leurs propres vendeurs, observer et écouter. Une nouvelle entreprise doit instaurer un ensemble de pratiques qui lui rappelleront que c'est le consommateur et non le producteur qui définit ce que doit être un produit ou un service. Elle ne doit jamais cesser de remettre en question l'utilité et la valeur de ses produits ou de ses services auprès du consommateur.

Le plus grand danger qui menace la nouvelle entreprise est de « savoir mieux » que le consommateur ce qu'est ou devrait être son produit ou son service, comment il devrait être acheté et utilisé. La nouvelle entreprise doit avant tout accepter de considérer une réussite imprévue comme une opportunité et non comme une insulte à sa compétence. Elle doit également accepter ce principe élémentaire de marketing : les entreprises ne sont pas payées pour changer le client mais pour le satisfaire.

II

La prévoyance financière

Le manque d'axe sur le marché est une maladie caractéristique des « nouveau-nés », des nouvelles entreprises du premier âge. C'est l'affection la plus grave qui menace la nouvelle entreprise dans ses premiers pas, et qui laissera des handicaps permanents à celles qui en réchapperont.

L'insuffisante adaptation des moyens financiers et le manque de politique financière adéquate est, par contraste, la plus grave menace qui pèse sur la nouvelle entreprise lors du stade de croissance suivant. C'est avant tout une menace pour la nouvelle entreprise qui se développe rapidement. Plus une nouvelle entreprise connaît de réussite et plus le manque de prévoyance financière peut comporter de risques.

Supposez qu'une nouvelle entreprise se développe rapidement après avoir lancé avec succès son produit ou son service. Elle annonce des bénéfices en augmentation rapide et fait des prévisions extrêmement séduisantes. La Bourse « découvre » alors cette société, tout particulièrement si elle relève de la haute technologie ou d'un autre secteur en vogue. Tout le monde s'accorde pour prédire un milliard de dollars de ventes dans les cinq ans. Et dix-huit mois plus tard, l'entreprise s'effondre. Elle ne disparaît pas forcément, elle n'est pas toujours condamnée à la faillite. Mais tous ses comptes passent soudain au rouge, elle doit licencier 180 employés sur 275, révoquer son président, et finit par être rachetée à un prix dérisoire par une grande société. Les causes sont toujours les mêmes : insuffisance de trésorerie, incapacité à trouver les capitaux nécessaires à son développement, suivies d'une perte de contrôle et d'une désorganisation totale des dépenses, des stocks et des créances. Ces trois fléaux financiers s'abattent souvent simultanément sur l'entreprise, et chacun d'eux suffit pourtant à mettre en danger la santé, si ce n'est l'existence même, d'une nouvelle société.

Une fois qu'une telle crise financière a eu lieu, il est extrêmement difficile et particulièrement douloureux de redresser la situation. Mais on peut, en revanche, aisément la prévenir.

Les entrepreneurs qui créent une nouvelle société sont rarement indifférents aux questions d'argent ; ils ont même tendance à se montrer particulièrement gourmands, et se préoccupent donc en priorité des bénéfices. Ce n'est pourtant pas l'objectif prioritaire qui convient à une nouvelle entreprise, c'est au contraire celui qui vient en dernier. La trésorerie, les capitaux et les moyens de contrôle viennent bien avant. Sans eux, les bénéfices sont purement fictifs, tout juste bons à partir en fumée après douze ou dix-huit mois.

On doit nourrir la croissance. En termes financiers, cela signifie que le développement d'une nouvelle entreprise nécessite l'apport, et non la ponction, de nouvelles ressources financières. La croissance exige plus de liquidités et plus de capitaux. Une nouvelle entreprise qui affiche un « bénéfice » se livre à une opération fictive : c'est une écriture comptable qui permet uniquement de solder les comptes. Sachant que la fiction en question est imposable dans la plupart des pays, il s'agit donc davantage d'une dette et d'une ponction financière que d'un « excédent ». Plus une nouvelle entreprise est saine, plus elle se développe rapidement, et plus ses besoins en financement sont importants. Ces nouvelles sociétés qui font la une des journaux et des bulletins d'informations boursières, ces jeunes entreprises qui affichent des bénéfices records, sont celles qui risquent le plus de connaître de très graves difficultés deux ans plus tard.

Les nouvelles entreprises ont besoin d'analyses et de prévisions de cash flow, comme elles ont besoin d'une gestion de trésorerie. Les nouveaux entrepreneurs américains ont appris que la gestion financière était indispensable à l'esprit d'entreprise : voilà la principale raison de la réussite sans précédent des nouvelles sociétés américaines au cours des dernières années (à l'exception notable des entreprises de haute technologie).

La gestion de trésorerie est assez facile quand on dispose de prévisions de cash flow suffisamment fiables. « Fiables » veut dire qui tiennent compte des hypothèses les plus défavorables et non pas des cas de figure espérés. Il existe un vieux principe bancaire selon lequel les prévisions d'entrées et de sorties de trésorerie doivent supposer que les sorties se feront soixante jours avant la date prévue et les entrées soixante jours après. Le pire qui puisse arriver si parfois cette prévision s'avère exagérément pessimiste — c'est rarement le cas dans une nouvelle société en expansion — est de disposer d'un excédent temporaire de trésorerie.

Une nouvelle entreprise en plein développement doit connaître ses besoins en trésorerie douze mois à l'avance, à quelle date et pour quels emplois. Avec une année de délai, il devient presque toujours possible de se financer. A l'inverse, et même pour une nouvelle entreprise en bonne santé, trouver de l'argent en précipitation, pour faire face à une situation de « crise », n'est jamais facile et coûte toujours excessivement cher. La première conséquence est de détourner les personnages clés de l'entreprise de leurs responsabilités à un moment particulièrement critique. Ceux-ci vont passer plusieurs mois à dépenser tout leur temps et toute leur énergie d'un établissement financier à l'autre, échafaudant à chaque fois de nouvelles projections financières toutes aussi incertaines. Ils sont finalement contraints d'hypothéquer l'avenir à long terme de l'entreprise pour une échéance de trésorerie à quatre-vingt-dix jours. Quand ils peuvent enfin se consacrer à nouveau à l'entreprise, ils ont laissé passer d'importantes opportunités, définitivement envolées. Car c'est, presque par définition, lorsque la nouvelle entreprise est harcelée par des problèmes de trésorerie que les opportunités sont les plus intéressantes.

La nouvelle entreprise en expansion se développera plus vite que son plan financier. Selon un autre principe qui ne manque pas de justifications empiriques, le capital initial d'une nouvelle entreprise devient insuffisant à chaque fois que ses ventes (ou sa facturation) augmentent de 40 ou 50 %. A ce stade de développement, une nouvelle société a généralement besoin d'un nouveau plan financier. Au fil de l'expansion de l'entreprise, les sources de financement privé, qu'elles viennent des propriétaires, de leurs familles ou de l'extérieur, s'avèrent insuffisantes. La société doit avoir accès à des pools de financement beaucoup plus importants en s'adressant au marché financier, en trouvant un ou des partenaires auprès des sociétés bien établies, ou en trouvant de l'argent auprès des compagnies d'assurance et des caisses de retraite.

Une nouvelle société dont le financement était assuré par ses fonds propres doit ensuite s'endetter à long terme, et réciproquement. Au fur et à mesure de son développement, l'infrastructure financière d'une entreprise devient toujours obsolète et constitue immanquablement un obstacle.

Dans certaines entreprises nouvellement créées, la planification financière se fait assez facilement. Quand l'entreprise est constituée d'un certain nombre d'unités locales identiques, chaque unité peut être financée comme une entreprise distincte. C'est le cas des chaînes de restaurants, des centres de soins chirurgicaux et des hôpitaux indépendants, des constructeurs de maisons individuelles ayant des filiales séparées dans différentes métropoles, des magasins spécialisés, etc. Le système de « franchise » permet, en soi, de financer un développement rapide. Une autre méthode consiste à donner le statut de société à chaque unité, qui fera appel à des investisseurs souvent régionaux pour devenir ses « bailleurs de fonds associés ». Les capitaux nécessaires à l'expansion peuvent donc être réunis petit à petit. La réussite de la société précédente est un atout supplémentaire pour inciter les investisseurs à financer les suivantes. Trois conditions sont indispensables à son bon fonctionnement : (a) chaque unité doit atteindre son seuil de rentabilité assez rapidement, en l'espace d'environ deux ou trois ans ; (b) le fonctionnement doit devenir suffisamment courant pour que des gestionnaires moyens (le franchisé type, ou le directeur d'un centre chirurgical indépendant) puissent travailler convenablement avec un minimum de supervision ; (c) l'unité indépendante doit atteindre assez rapidement sa dimension optimum au-delà de laquelle elle n'a plus besoin d'apport en capital et peut dégager un excédent qui servira au financement de nouvelles unités.

Pour les nouvelles entreprises qui ne peuvent pas être financées comme des unités séparées, la planification financière est une nécessité absolue. Une entreprise en expansion qui planifie en termes réalistes (c'est-à-dire en tablant sur le maximum et non le minimum de besoins) sa structure financière et ses besoins en capitaux trois ans à l'avance ne doit guère connaître de difficulté pour se financer quand elle le souhaite et dans les conditions qui lui conviennent. Une entreprise qui s'est développée plus vite que son capital initial et que son plan financier met en jeu sa survie et presque certainement son indépendance. Dans le meilleur des cas, ses fondateurs seront forcés de constater qu'ils ont travaillé dur et pris tous les risques liés à la création d'une entreprise pour enrichir de nouveaux propriétaires. Eux-mêmes seront devenus de simples employés et la société sera entre les mains des nouveaux investisseurs.

La nouvelle entreprise doit enfin planifier le système financier dont elle aura besoin pour gérer son développement. Le schéma est toujours le même : une nouvelle entreprise démarre avec un très bon produit, une excellente réputation sur le marché et d'excellentes perspectives de croissance. Quand, soudain, tout devient incontrôlable : les créances, les stocks, les coûts de fabrication, les coûts administratifs, le service, la distribution : tout. Dès qu'un secteur ne peut plus être contrôlé, les autres lui emboîtent le pas. L'entreprise s'est développée plus vite que son système de contrôle. Le temps de reprendre les choses en main et l'on a perdu certains marchés, mécontenté certains clients (quand on ne s'en est pas fait des ennemis), et perdu la confiance de certains distributeurs. Pire, les employés, non sans raison, n'ont plus confiance en leurs dirigeants.

Un rythme d'expansion rapide rend immanquablement les systèmes de contrôle désuets. Une croissance de 40 à 50 % en volume semble constituer un seuil critique.

Il est difficile de reprendre le contrôle que l'on a laissé s'échapper. Il est toutefois relativement aisé de ne pas le perdre. Il convient tout d'abord d'étudier les secteurs critiques d'une entreprise donnée. Ce pourra être la qualité de la production dans une société, le service dans une autre, les créances et les stocks dans une troisième, ou encore les coûts de fabrication. On compte rarement plus de quatre ou cinq secteurs critiques dans une seule entreprise. (Les frais généraux d'administration et de direction devraient malgré tout être pris en compte. L'augmentation rapide et disproportionnée de la proportion de ressources absorbée par ces postes signifie que l'entreprise emploie plus de personnel dirigeant et administratif que ne le permet son rythme réel de croissance. C'est généralement le signe avant-coureur d'une perte de contrôle, le premier indice attestant que la structure et les méthodes de management ne sont plus adaptées à la tâche.)

Pour être à la hauteur de ses prévisions de croissance, une nouvelle entreprise doit mettre en œuvre aujourd'hui les systèmes de contrôle des secteurs critiques dont elle aura besoin dans les trois années à venir. Il ne s'agit pas de faire appel à des systèmes particulièrement sophistiqués, ni de s'inquiéter outre mesure de ne disposer que de chiffres approximatifs. L'important est que la direction connaisse l'existence de ces secteurs critiques, en soit régulièrement informée afin de pouvoir agir rapidement quand ce sera nécessaire. On évite généralement tout risque de confusion en prêtant suffisamment attention à l'évolution de ces secteurs clés. La nouvelle entreprise peut alors compter sur les systèmes de contrôle adéquats au moment opportun.

La prévoyance financière ne demande pas qu'on lui consacre beaucoup de temps, mais fait néanmoins appel à un important effort de réflexion. Les outils techniques sont largement disponibles; ils sont étudiés par le menu dans la plupart des manuels de comptabilité de gestion. Mais ce travail devra être mené à bien par l'entreprise elle-même.

III

Constituer une équipe de direction

La nouvelle entreprise qui se sera imposée sur le marché adéquat et se sera dotée d'une bonne structure financière risque néanmoins de connaître une crise grave quelques années plus tard. Juste quand elle paraissait sur le point d'arriver à maturité, cette société prospère et bien installée rencontre des difficultés que personne ne semble comprendre. Les produits sont de première qualité, les perspectives sont excellentes, et malgré cela l'entreprise paraît incapable de se développer. La rentabilité, la qualité et tous les autres secteurs sont au point mort.

La raison est toujours la même : l'entreprise n'a pas la direction qu'elle devrait avoir. Elle s'est trop développée pour être dirigée par une personne, ou même deux, et doit avoir une équipe de direction au plus haut niveau. Si elle n'en a pas déjà une à ce stade, il est bien tard — et généralement trop tard — pour combler cette carence. Le mieux qu'on puisse lui souhaiter est de survivre à une telle situation. Elle risque fort d'en sortir handicapée à vie, ou, au minimum, de ne pas voir ses blessures se refermer avant longtemps. Le moral de l'entreprise est durement touché, les employés sont désabusés et deviennent cyniques. Les gens qui ont créé la société et en ont fait ce qu'elle est finissent presque toujours par en être évincés, réduits à l'amertume et au désenchantement.

Le remède est simple : constituer une équipe de direction *avant* que cela ne devienne indispensable. Cela ne peut se faire du jour au lendemain. Il leur faut longtemps avant de pouvoir fonctionner de façon satisfaisante. Une équipe de direction se construit sur la confiance et la compréhension mutuelles, ce qui demande des années. Au cours de ma carrière, trois ans fut approximativement le délai minimum.

Une petite entreprise en expansion n'a cependant pas les moyens de se doter d'une équipe de direction. Elle ne peut pas s'offrir une demi-douzaine de cadres aux titres ronflants et aux salaires correspondants. Dans une petite entreprise, un tout petit nombre de gens font tout et le font au fur et à mesure que cela se présente. Comment, dans ces conditions, réaliser la quadrature du cercle ?

La solution est relativement simple. Cela suppose néanmoins que les fondateurs de la nouvelle entreprise aient la volonté de créer une équipe de direction plutôt que de continuer à tout gérer par eux-mêmes. Si une ou deux personnes au plus haut niveau croient devoir tout faire par elles-mêmes, la crise au sein de l'organisation de l'entreprise est inévitable quelques mois, ou, au plus, quelques années plus tard.

Quand les indicateurs économiques objectifs d'une nouvelle entreprise (étude de marché ou analyse démographique, par exemple) indiquent que la société peut doubler de volume en l'espace de trois ou cinq ans, il est du devoir du ou des fondateurs de l'entreprise de constituer une équipe de direction qui deviendra vite indispensable. C'est en quelque sorte une mesure préventive.

Cela suppose avant tout que les fondateurs et les principaux responsables de l'entreprise analysent les activités essentielles de leur société. Quels sont les domaines spécifiques dont dépendent la réussite et l'existence même de cette entreprise ? La plupart de ces domaines figureront sur toutes les listes, mais s'il y a des divergences et des désaccords (il devrait y en avoir sur un sujet aussi capital), ils devront être pris au sérieux. Chaque activité considérée comme essentielle par chacun des membres du groupe en question devra figurer sur la liste.

On ne les trouvera pas dans un livre. Les activités essentielles n'apparaîtront qu'à l'issue d'une analyse de l'entreprise concernée. Deux sociétés, qui aux yeux d'une personne extérieure sembleront appartenir à la même industrie et engagées dans le même type d'activité, peuvent très bien aboutir à des conclusions très différentes. L'une placera la production en première position, et l'autre le service à la clientèle. Il n'y a que deux activités qui soient toujours au centre de l'organisation, commerciale ou non : la gestion du personnel et la gestion de l'argent. Le reste doit être déterminé par les membres de l'entreprise qui jugent leur propre organisation ainsi que leurs emplois, leurs valeurs et leurs objectifs.

L'étape suivante, pour chaque membre du groupe, consiste à se demander : « Quelles sont les tâches que j'accomplis correctement ? Et quelles sont celles que chacun de mes collègues exécute de façon satisfaisante ? » La plupart des gens s'entendront sur l'essentiel de leurs capacités, mais ici aussi, les désaccords devront être pris au sérieux.

Le moment est alors venu de se demander : « Quelles activités essentielles chacun de nous doit-il prendre sous sa responsabilité compte tenu de ses aptitudes particulières ? Quelle activité convient à quel responsable ? »

La constitution d'une équipe pourra ensuite commencer. Le fondateur devra dès lors s'abstenir de guider ses collègues et de prendre en charge leurs problèmes n'entrant pas dans le champ d'activité qui lui convient plus particulièrement. Ses principales capacités touchent peut-être aux nouveaux produits et aux nouvelles techniques, à moins que ce ne soit l'exploitation, la fabrication, la distribution ou les services. Peut-être est-il tout particulièrement compétent en matière financière, et peut-être quelqu'un d'autre sera plus efficace pour s'occuper des employés. Toutes les activités essentielles de l'entreprise doivent être confiées à quelqu'un qui a fait la preuve de ses capacités sur le terrain.

Il n'existe aucune règle pour dire qu' « un P.-D.G. doit s'occuper de ceci ou de cela ». Le P.-D.G. est, bien évidemment, la dernière instance qui détient l'ultime pouvoir de décision. Il doit pouvoir disposer de toutes les informations nécessaires pour faire face à cette ultime responsabilité. Le travail spécifique du P.-D.G. dépend malgré tout des besoins de l'entreprise et de la personnalité de l'individu en question.

Tant qu'il se consacre à des activités clés, il fait son travail de P.-D.G. Mais il est également chargé de veiller à ce que la réalisation de toutes les autres activités essentielles se déroule convenablement.

On doit enfin définir un ensemble d'objectifs pour chacun des secteurs considérés. Il s'agit de demander à chaque personne qui assume la responsabilité première d'une activité clé — développement de la production, personnel ou finance — : « Qu'est-ce que l'entreprise peut attendre de vous ? Quelles responsabilités peut-on vous confier ? Que cherchez-vous à réaliser et dans quel délai ? » Il ne s'agit, après tout, que de très élémentaires méthodes de management.

Il est, dans un premier temps, plus prudent de procéder de façon informelle pour la mise en place de l'équipe de direction. Une nouvelle entreprise en expansion n'a pas besoin de distribuer de titres, de faire de déclarations ou d'augmenter les rémunérations. Tout cela pourra attendre au moins une année, jusqu'à ce que l'on sache clairement si cette nouvelle organisation fonctionne et dans quelles conditions. Pendant ce délai, les membres de l'équipe auront beaucoup de choses à apprendre : leurs nouvelles responsabilités, les méthodes pour travailler ensemble, ce que l'on attend d'eux pour permettre au P.-D.G. et aux autres collaborateurs de faire leur travail. Quand, deux ou trois ans plus tard, l'entreprise en expansion a besoin d'une équipe dirigeante, elle en a déjà une.

Une entreprise qui ne prendrait pas les dispositions nécessaires pour se doter d'une direction adéquate n'aura plus les moyens d'assurer sa propre gestion bien avant qu'une équipe dirigeante ne devienne absolument indispensable. Le fondateur de la société sera tellement débordé que certaines tâches importantes ne pourront plus être menées à bien. L'entreprise peut alors prendre deux directions différentes. Ou bien le chef d'entreprise se concentre sur un ou deux secteurs qui l'intéressent et qui correspondent à ses compétences. Ce sont sans doute des secteurs clés mais ce ne sont pas les seuls et il ne reste plus personne pour s'occuper des autres. Deux ans plus tard, certaines activités essentielles ont été négligées et l'entreprise se trouve dans une situation désespérée. Ou bien le fondateur est consciencieux, et c'est encore pire. Il sait que le personnel et les finances sont les activités essentielles de l'entreprise dont il faut s'occuper. Ses compétences, qui lui ont permis de créer cette entreprise, touchent à la conception et à l'élaboration des nouveaux produits. Mais précisément parce qu'il est consciencieux, il s'occupe avant tout du personnel et des finances. Comme il n'est pas spécialement doué dans ces deux domaines, il réussit aussi mal dans l'un que dans l'autre. Il lui faut tellement de temps pour prendre une décision ou faire quoi que ce soit dans ces deux secteurs qu'il est contraint de négliger les domaines où il est vraiment compétent et indispensable à l'entreprise, à savoir dans l'élaboration de nouvelles techniques et de nouveaux produits. Trois ans plus tard, l'entreprise n'est plus qu'une coquille vide. Privée des produits dont elle a besoin, elle ne dispose pas non plus de la gestion du personnel et de la gestion financière qui lui sont tout aussi indispensables.

Dans le premier cas de figure, il sera encore possible de sauver l'entreprise, puisque après tout, elle dispose encore des produits. Mais son fondateur sera inévitablement écarté par celui qui pourra sauver la société. Dans le second cas, il est généralement imposible de sauver quoi que ce soit et l'entreprise doit être vendue ou liquidée.

Bien avant qu'elle n'atteigne le stade où l'équilibre d'une équipe de direction lui est indispensable, la nouvelle entreprise doit déjà en constituer une. Bien avant que la direction d'une seule personne soit devenue totalement incapable de gérer l'entreprise, la personne en question doit apprendre à travailler avec des collaborateurs, à leur faire confiance, mais aussi à les rendre responsables. Le fondateur doit apprendre à devenir le leader d'une équipe et non pas à jouer la « star » de l'entreprise entourée de ses « assistants ».

IV

Quel peut être mon rôle ?

La création d'une équipe de direction est sans doute l'étape la plus importante de la mise en œuvre d'un management d'entrepreneur au service de la nouvelle entreprise. Ce n'est malgré tout qu'un premier stade pour les fondateurs qui doivent encore étudier en détail quel peut être leur avenir au sein de l'entreprise.

Au fil de l'expansion de l'entreprise, les rôles et les rapports des fondateurs changent inexorablement. S'ils ne reconnaissent pas une telle évolution, les entrepreneurs condamnent l'entreprise à la paralysie, et peut-être même à la destruction.

Chaque fondateur-entrepreneur hoche de la tête et dit « amen ». Chacun peut citer l'histoire terrifiante d'autres entrepreneurs qui, n'ayant pas su évoluer en même temps que leur entreprise, ont fini par détruire leur affaire et eux avec. Et même parmi ceux qui reconnaissent qu'ils doivent prendre des mesures, très peu savent comment faire pour transformer leur rôle et leurs rapports au sein de l'entreprise. Ils ont tendance à se demander : « Qu'est-ce que j'aime faire ? », ou, au mieux, « Dans quels domaines puis-je être utile ? » La première question à se poser est : « Quels seront pour l'avenir les besoins *objectifs* de l'entreprise en matière de management ? » Dans le cas d'une nouvelle entreprise, l'entrepreneur doit se poser cette question à chaque fois que la société (ou le service public) se développe de manière significative, change d'orientation ou de caractère, c'est-à-dire change ses produits, ses services, ses marchés ou le type de gens dont elle a besoin.

La question suivante que doit se poser l'entrepreneur est : « Dans quels domaines suis-je compétent ? Parmi les différents besoins de l'entreprise, lesquels puis-je satisfaire, dans quels domaines puis-je vraiment faire autorité ? » C'est seulement après avoir répondu à ces deux questions qu'il pourra se demander : « Qu'est-ce que je souhaite réellement faire ? Est-ce quelque chose en quoi je crois réellement ? Suis-je prêt à lui consacrer des années de travail et peut-être le reste de ma vie ? Est-ce quelque chose de vraiment essentiel et indispensable pour l'entreprise ? »

La réussite de l'université métropolitaine Pace de New York fournit un très bon exemple de ce type d'interrogation. Le docteur Edward Mortola a créé de toutes pièces, à partir de 1947, cette institution devenue la troisième université de New York City, forte de vingt-cinq mille étudiants et de nombreuses facultés d'excellente réputation. Il fut un innovateur considérable durant les premières années de son développement. Mais quand Pace était encore une toute petite université (vers 1950), Mortola constitua une solide équipe de direction. Chaque membre se vit confier une mission essentielle et clairement définie dont il devait prendre la tête et assumer toute la responsabilité. Quelques années plus tard, Mortola décida de changer son propre rôle. Il devint un président d'université traditionnel et constitua un conseil d'administration puissant et indépendant pour le conseiller et le soutenir.

La question des besoins de la nouvelle entreprise, des pouvoirs du fondateur-entrepreneur et de ses projets de réalisation peut trouver des réponses très différentes.

Edwin Land par exemple, l'inventeur du verre polaroïd et de l'appareil photographique utilisant ce procédé, a dirigé son entreprise pendant les douze ou quinze premières années, soit jusqu'au début des années 50. La société commençant à se développer rapidement, Land mis en place une équipe de direction. Mais pour son cas personnel, il décida qu'il ne serait pas à sa place à la tête de l'entreprise. Son rôle, sa participation irremplaçable dans l'entreprise, se situait du côté de l'innovation scientifique. Land se construisit donc un laboratoire et devint le « directeur conseil » de la recherche fondamentale. Il laissa à d'autres la direction de l'entreprise et la gestion quotidienne de ses activités.

Ray Kroc, le fondateur de McDonald's Hamburgers, est arrivé à une conclusion comparable. Il resta président de l'entreprise jusqu'à sa mort, à quatre-vingts ans passés. Mais il mit en place une équipe de direction pour assurer la gestion de la société et prit pour lui-même le rôle de « conscience marketing » de l'entreprise. Peu de temps encore avant sa mort, il visitait deux ou trois restaurants McDonald's par semaine, vérifiait leur qualité, leur propreté et leur accueil. Mais avant tout autre chose, il observait les clients, parlait avec eux et les écoutait. Cela permit à l'entreprise d'opérer les changements nécessaires au maintien de sa position de leader sur l'industrie de la restauration rapide.

Dans une nouvelle entreprise de taille beaucoup plus modeste, un fournisseur de matériaux de construction du nord-ouest des États-Unis, le jeune fondateur décida que sa place n'était pas non plus à la tête de la société. Il devait développer la ressource la plus importante de l'entreprise, à savoir les directeurs responsables des deux cents succursales disséminées dans les petites villes et les banlieues des grandes métropoles. Ces directeurs sont réellement responsables de l'activité de leur propre petite entreprise. Ils bénéficient des services importants de la maison mère : achats centralisés, contrôle de la qualité, du crédit, des créances, etc. Mais la vente est confiée localement à chaque directeur de succursale, avec un soutien minimum de la direction centrale, peut-être un vendeur et un ou deux conducteurs de camion quand nécessaire.

L'entreprise dépend de la motivation, du dynamisme, des capacités et de l'enthousiasme de ces individus isolés, tous sans grande formation. Aucun d'entre eux n'a de diplôme universitaire et rares sont ceux qui ont terminé leurs études secondaires. C'est pourquoi le fondateur de cette entreprise consacre douze à quinze jours par mois à visiter sur le terrain ses directeurs de succursales, passant une demi-journée avec eux à discuter de leurs affaires, de leurs prévisions et de leurs souhaits. C'est peut-être bien la seule marque distinctive de cette entreprise, car ceci mis à part, tous les grossistes en matériaux de construction font les mêmes choses. Mais l'exécution de cette tâche essentielle par le P.-D.G. a permis à cette société de se développer trois à quatre fois plus vite que ses meilleurs concurrents et ceci en période de crise.

Une solution toute différente fut adoptée par les trois savants qui ont créé une des plus grandes et des plus prospères entreprises de fabrication de semi-conducteurs. A la question « quels sont les besoins de l'entreprise ? », ils répondirent : « Il en existe trois : la stratégie commerciale, le développement et la recherche scientifique, et la gestion du personnel — tout particulièrement du personnel technique et scientifique. » Ils décidèrent de se répartir ces trois secteurs en fonction de leurs capacités respectives. Celui qui fut chargé des relations humaines et de la gestion du personnel avait été un savant et un innovateur important qui bénéficiait d'une fort bonne réputation dans les milieux scientifiques. Mais il décida, avec l'aval de ses collaborateurs, qu'il conviendrait parfaitement au poste de direction du personnel et prit ce secteur. « Ce n'était pas exactement ce que je voulais faire, confia-t-il lors d'un discours, mais c'était là que je pouvais être le plus efficace. »

Ces interrogations ne trouvent pas toujours un « heureux dénouement ». Il arrive même qu'elles provoquent la décision de quitter l'entreprise.

C'est la conclusion à laquelle est arrivé le fondateur d'une des sociétés de services financiers les plus prospères des États-Unis. Il constitua une équipe de direction et quand vint le moment d'évaluer les besoins de l'entreprise et ses propres capacités, il ne trouva aucune concordance possible. Le fossé s'élargissait encore plus s'il comparait les besoins de l'entreprise et ce qu'il avait réellement envie de faire. « J'ai formé mon propre successeur pendant dix-huit mois jusqu'à ce qu'il puisse prendre la tête de l'entreprise et j'ai démissionné. » Depuis cette date, il a démarré trois nouvelles sociétés, dont aucune dans le milieu financier. Il en a fait des entreprises moyennes et les a ensuite quittées. Il veut développer de nouvelles entreprises mais n'aime pas en assurer la gestion. Il a accepté l'idée que lui et ses entreprises se porteraient beaucoup mieux s'ils se séparaient.

D'autres fondateurs d'entreprise, confrontés à la même situation, peuvent aboutir à des conclusions différentes. Ce fut le cas du fondateur d'une clinique médicale réputée, devenue un des leaders de sa spécialité. Cet établissement avait besoin d'un administrateur qui lui apporte des capitaux. Il était davantage enclin à travailler en tant que chercheur et clinicien. Mais il se découvrit des talents pour mobiliser des fonds et sentit qu'il pourrait devenir le P.-D.G. d'un grand établissement de santé. « Je me suis senti obligé, par rapport à mes associés et à l'entreprise que j'avais créée, de passer outre mes propres aspirations et d'accepter les responsabilités d'administrateur. Je ne l'aurais jamais fait si je n'avais pas eu les compétences nécessaires, et si mes conseillers et le conseil d'administration ne m'avaient tous confirmé que j'étais qualifié pour la tâche. »

« Quelle est ma place dans l'entreprise ? » : le fondateur-entrepreneur doit accepter de se poser cette question dès les premiers signes de réussite de son affaire, ou, au plus tard, quand elle cesse d'être une toute petite entreprise. Faute de quoi, il court droit au désastre. On peut d'ailleurs se poser ce problème bien avant. Il est même beaucoup mieux d'y penser *avant* de créer son entreprise.

C'est ce que fit Soichiro Honda, le fondateur de Honda Motor Company, quand il décida de créer une petite entreprise à l'époque la plus sombre de la défaite du Japon, au sortir de la Seconde Guerre mondiale. Il n'a pas créé son entreprise avant d'avoir trouvé l'homme qui pourrait devenir son partenaire et s'occuper de l'administration, des finances, de la distribution, du marketing, des ventes et du personnel. Car Soichiro Honda avait décidé que sa place était du côté des bureaux d'étude et de la production, et qu'il ne s'occuperait de rien d'autre. Cette décision a donné le jour à la société Honda.

L'exemple, plus ancien, d'Henry Ford paraît encore plus riche d'enseignements. Quand il décida de créer sa propre affaire en 1903, Henry Ford fit exactement ce que ferait Honda quarante ans plus tard : il ne commença rien avant d'avoir trouvé le partenaire qui s'occuperait des secteurs où il ne se sentait pas à l'aise : l'administration, les finances, la distribution, le marketing, les ventes et le personnel. A l'image de Soichiro Honda, Ford savait que sa place était dans les bureaux d'étude et les services de fabrication. Il avait donc décidé de se limiter à ces deux secteurs. L'homme qu'il trouva, James Couzens [1], contribua autant à la réussite de l'entreprise que Ford lui-même. Un grand nombre de politiques et de méthodes couramment attribuées à Henry Ford furent des idées de Couzens auxquelles Ford s'était tout d'abord opposé : le célèbre salaire de 5 dollars par jour en 1913, ou les politiques d'avant-garde en matière de distribution et de crédit. Les idées de Couzens se révélèrent d'ailleurs si efficaces qu'Henry Ford finit par en prendre ombrage et le força à démissionner en 1917. Couzens insistait sur le fait que le modèle T était devenu désuet, et sa proposition d'utiliser une partie des énormes bénéfices de la société pour trouver un successeur à ce modèle fut la goutte qui fit déborder le vase.

La société Ford se développa et ne cessa de prospérer jusqu'au jour de la démission de Couzens. En l'espace de quelques mois — dès qu'Henry Ford eut pris en main toutes les fonctions de direction, oubliant l'époque où il connaissait sa place au sein de l'entreprise —, la société aborda une longue phase de déclin. Henry Ford s'accrocha au modèle T pendant plus de dix années jusqu'à ce qu'il devienne littéralement invendable. Il fallut attendre trente ans après le départ de Couzens pour renverser cette tendance, quand, à la mort de son grand-père, le très jeune Henry Ford II reprit une société au bord de la faillite.

1. Couzens devint par la suite maire de Detroit, sénateur du Michigan, et aurait pu devenir président des États-Unis s'il n'était pas né au Canada.

Prendre conseil à l'extérieur : une nécessité

Ces derniers exemples mettent l'accent sur un besoin indispensable du créateur d'une entreprise en pleine expansion : pouvoir demander conseil à une personne extérieure, indépendante et objective.

La nouvelle entreprise en développement n'a pas forcément besoin d'un « conseil d'administration » en bonne et due forme. Ce type d'assemblée ne procurera d'ailleurs généralement pas les conseils dont l'entrepreneur a besoin. Celui-ci doit pourtant trouver des gens avec qui il discutera des choix essentiels de l'entreprise et dont il écoutera les avis. On les trouvera rarement au sein même de l'entreprise. Quelqu'un doit pouvoir mettre en cause le jugement de l'entrepreneur sur les besoins de l'entreprise et l'évaluation de ses propres compétences. Quelqu'un qui n'est pas partie prenante doit poser des questions, discuter les choix et, surtout, faire sans cesse pression pour que les besoins essentiels à la survie de la nouvelle entreprise soient satisfaits : elle doit s'adapter au marché, faire montre de prévoyance financière et constituer une équipe de direction opérationnelle. C'est là l'ultime condition à l'organisation d'un management d'entrepreneur dans une entreprise nouvellement créée.

La nouvelle entreprise qui adoptera les politiques et les méthodes favorables à la mise en place de ce management d'entrepreneur deviendra ainsi une grande entreprise florissante[1].

Les techniques présentées dans ce chapitre sont souvent rejetées et même méprisées par un grand nombre de sociétés nouvellement créées, tout particulièrement par le secteur de la haute technologie. Il s'agit de techniques de management, mais « *nous sommes des entrepreneurs* ». L'irresponsabilité se cache derrière ce refus du formalisme. Il y a confusion entre le fond et la forme. On sait depuis longtemps qu'il ne peut y avoir de liberté en dehors de la loi, faute de quoi la liberté devient licence, dégénère en anarchie et cède bientôt la place à la tyrannie. C'est précisément parce que la société nouvellement

1. On trouvera une intéressante description de ce processus dans *High Output Management*, de Andrew S. Grove, cofondateur et président d'Intel, un des plus grands fabricants de semi-conducteurs (New York, Random House, 1983).

créée doit non seulement préserver mais fortifier l'esprit d'entreprise qu'elle doit redoubler de prévoyance et de discipline. Elle doit se préparer à répondre aux demandes qui résulteront de son propre succès. Elle doit se montrer responsable, et c'est, en dernière analyse, l'esprit de responsabilité que le management d'entrepreneur procure à la nouvelle entreprise.

Il y aurait encore beaucoup de choses à dire sur la gestion d'une nouvelle entreprise, sur son financement, son recrutement, la commercialisation de ses produits, et ainsi de suite. Un certain nombre d'ouvrages [1] traitent ces thèmes particuliers de manière satisfaisante. L'objectif de ce chapitre fut d'identifier et d'analyser les quelques politiques relativement simples qui sont indispensables à la survie et à la réussite de toute nouvelle entreprise. Cela s'applique aussi bien à une société commerciale qu'à un établissement de service public, à un secteur de pointe qu'à un domaine traditionnel, à une entreprise créée par un individu ou par un groupe d'hommes, destinée à rester une petite affaire ou à devenir une « nouvelle I.B.M. ».

TROISIÈME PARTIE

LES STRATÉGIES DE L'ENTREPRENEUR

L'esprit d'entreprise requiert un management d'entrepreneurs, c'est-à-dire un ensemble de politiques et de pratiques au sein de l'entreprise. Il fait également appel à une série de pratiques et de politiques à l'extérieur *de l'entreprise, sur le marché ; il a donc besoin de stratégies d'entrepreneurs.*

Chapitre 16

« VITE ET MIEUX »

La « stratégie de l'entreprise[1] » est récemment devenue une formule à la mode, avec l'appui d'un certain nombre d'ouvrages écrits sur la question. Je n'ai cependant jamais trouvé d'analyse des stratégies de l'esprit d'entreprise. Elles n'en sont pas moins importantes, distinctes et différentes.

Les stratégies d'entrepreneurs sont au nombre de quatre :

1. Faire « au plus vite ce qu'il y a de mieux ».
2. « Frapper là où ils ne sont pas. »
3. Trouver et occuper un « créneau ».
4. Changer les caractéristiques économiques d'un produit, d'un marché ou d'une industrie.

Ces quatre stratégies ne s'excluent pas mutuellement. Un seul entrepreneur en combine souvent deux en une seule, et puise parfois dans trois catégories différentes. La séparation n'est pas non plus toujours très nette. Une même stratégie peut, par exemple, être classée dans la rubrique « Frappez là où ils ne sont pas » ou dans « Trouvez et occupez un créneau

1. L'édition de 1952 du *Concise Oxford Dictionary* définit encore ainsi la « stratégie » : art de la guerre ; commandement d'une armée ou de plusieurs armées en campagne. Alfred D. Chandler Jr. fut le premier à appliquer ce terme, en 1962, à la direction de l'entreprise dans son ouvrage d'avant-garde *Strategy and Structure,* qui étudiait l'évolution du management dans la grande entreprise (Cambridge, Massachusetts, M.I.T. Press). Quand, dès l'année suivante, en 1963, j'écrivis la première analyse de stratégie d'entreprise, mon éditeur et moi-même avons estimé que ce terme ne pouvait figurer dans le titre sans risque de malentendu. Les libraires, les rédacteurs spécialisés et les cadres supérieurs nous assuraient que le mot « stratégie » leur évoquait le commandement militaire ou les campagnes électorales. Cet ouvrage étudiait l'essentiel de ce qu'on appelle aujourd'hui la « stratégie » et employait ce terme dans le texte. Mais le titre choisi fut *Managing for Results* (« Bien connaître votre affaire et réussir », Éditions d'organisation, 1968).

spécialisé ». Chacune d'entre elles a malgré tout ses propres exigences. Chacune correspond à certaines catégories d'innovation et pas à d'autres. Chacune nécessite un comportement spécifique de l'entrepreneur. Chacune a ses limites, chacune comporte ses propres risques.

I

Vite et mieux

Faire « au plus vite avec ce qu'il y a de mieux » : c'est ainsi qu'un général de cavalerie nordiste expliquait ses victoires répétées pendant la guerre de Sécession. En suivant cette stratégie, l'entrepreneur vise le leadership, si ce n'est la domination d'un nouveau marché ou d'une nouvelle industrie. Faire « vite et mieux » ne signifie pas forcément créer immédiatement une grosse affaire, bien que ce soit souvent l'objectif recherché. Mais le but est, dès le départ, de s'assurer une position permanente de leader.

Faire « vite et mieux » semble considéré par beaucoup comme la stratégie d'entrepreneurs par excellence. A en croire les ouvrages réputés sur l'esprit d'entreprise [1], c'est même la seule. Un grand nombre d'entrepreneurs semblent partager cette opinion, tout particulièrement dans les secteurs de haute technologie.

Ils n'en ont pas moins tort. De nombreux entrepreneurs ont, en effet, adopté cette stratégie. Cependant, faire « vite et mieux » n'est même pas la stratégie dominante, et encore moins celle qui présente le moins de risques ou les meilleures chances de réussite. De toutes les stratégies d'entrepreneurs, c'est au contraire celle qui laisse le plus de prise au hasard. Elle ne pardonne pas, n'admet aucune erreur et n'accorde pas de coup d'essai.

1. *The Spirit of Enterprise* de George Gilder est peut-être l'exempie le plus lisible du genre (New York, Simon & Schuster, 1984) — Traduction française, « L'Esprit d'entreprise » (Fayard).

Mais quand elle réussit, cette stratégie comble les plus grandes espérances.

Les exemples qui suivent présentent la teneur et les conditions d'application de cette stratégie.

Hoffmann-LaRoche est depuis de nombreuses années la plus grande société pharmaceutique du monde et, selon toute probabilité, la plus rentable. Ses origines sont pourtant des plus modestes : jusqu'en 1920, la petite société suisse de produits chimiques installée à Bâle qui fabriquait tant bien que mal quelques teintures textiles était totalement éclipsée par les grands producteurs allemands de teinture et par deux ou trois entreprises suisses de produits chimiques.

C'est à cette date qu'elle misa sur la découverte des vitamines, alors que la communauté scientifique n'était pas encore tout à fait prête à accepter l'existence de ces substances. Elle acheta les brevets que personne d'autre ne voulait. Elle employa ceux qui avaient découvert ces vitamines en leur offrant des salaires plusieurs fois supérieurs à ceux qu'ils pouvaient espérer en tant que professeurs à l'université de Zurich, des salaires que même l'industrie n'avait jamais accordés. Et elle investit tout l'argent dont elle disposait et tous les capitaux qu'elle put emprunter dans la fabrication et la commercialisation de ces nouveaux produits.

Soixante ans plus tard, soit bien après la date d'expiration des brevets, Hoffmann-LaRoche détient toujours près de la moitié du marché mondial des vitamines, évalué à plusieurs milliards de dollars par an. Cette société a reconduit la même stratégie à deux occasions : en 1930, quand elle se lança dans les nouveaux sulfamides, à une époque la plupart des scientifiques « savaient » que les médicaments systémiques ne pouvaient pas traiter les infections, et au milieu des années 50, quand elle fabriqua des tranquillisants comme le Librium ou le Valium, tout aussi « hérétiques » et incompatibles avec les « connaissances » scientifiques de l'époque.

Du Pont de Nemours adopta la même stratégie. Quand cette société obtint la première fibre entièrement synthétique, le nylon, après quinze ans de recherches difficiles et de multiples déboires, elle mobilisa immédiatement des moyens considérables, construisit d'énormes usines et se lança dans la publicité à grande échelle (Du Pont de Nemours n'avait jamais eu besoin de faire de publicité pour des produits de consommation) Elle créa ce que nous appelons aujourd'hui l'industrie plastique.

On dira que ce sont là des exemples de « grandes entreprises ». Mais Hoffmann-LaRoche n'était pas une grande société. Et voici quelques exemples plus récents d'entreprises parties de zéro dont la stratégie fut d'arriver « au plus vite avec ce qu'il y a de mieux ».

La « machine à traitement de texte » n'est pas une invention des plus « scientifiques ». Elle ne fait qu'associer trois outils qui existaient déjà : la machine à écrire, l'écran de visualisation et un ordinateur assez rudimentaire. Cette combinaison de trois éléments pré-existants a produit une authentique innovation qui est en train de transformer le travail de bureau de manière radicale. Le docteur An Wang était un créateur isolé quand il réalisa cette combinaison au milieu des années 50. Il n'avait aucun passé d'entrepreneur et ne disposait que d'un soutien financier limité. Il voulut cependant, dès le début, créer une nouvelle industrie et transformer le travail de bureau. Wang Laboratories est, depuis lors, devenue la très grande entreprise que l'on sait.

Les deux jeunes ingénieurs qui ont créé la société Apple dans leur garage légendaire, sans appui financier et sans expérience préalable de l'entreprise, ont tout de suite voulu créer une industrie et la dominer.

Toutes les stratégies du « vite et mieux » ne cherchent pas nécessairement à créer une grande entreprise, bien qu'elles doivent toujours chercher à créer une entreprise qui dominera le marché. Ni la société 3M, installée à Saint Paul dans le Minnesota, ni Johnson & Johnson, le fabricant de produits de soins et d'hygiène, ne semblent adopter une politique délibérée d'innovation dans le but de créer une grande entreprise. Ces deux entreprises comptent pourtant parmi les innovateurs les plus féconds et les plus prospères. Elles sont à la recherche d'innovations qui permettront de créer non des sociétés géantes mais des entreprises moyennes, capables, néanmoins, de dominer leur marché.

Faire « au plus vite ce qu'il y a de mieux » n'est pas réservé aux seules entreprises mais s'adapte tout aussi bien aux institutions de service public. Quand Wilhelm von Humboldt fonda l'université de Berlin en 1809 (comme cela a déjà été mentionné dans ce livre), il souhaitait très clairement faire « vite et mieux ». La Prusse venait d'abdiquer devant Napoléon et avait échappé de peu au morcellement. La faillite était politique, militaire, et avant tout, financière. La situation était assez comparable à celle de l'Allemagne après la défaite d'Hitler en 1945. Cela n'empêcha pas Humboldt de créer la plus grande université occidentale qui ait jamais existé, trois à quatre fois plus importante que les autres établissements de l'époque. Il employa les plus grands savants dans chaque discipline, à commencer par le philosophe le plus en vue de l'époque, Georg W. F. Hegel. Il paya ses professeurs jusqu'à dix fois leur meilleur salaire, à une époque où des savants de tout premier ordre étaient réduits à la mendicité, les guerres napoléoniennes ayant provoqué le démantèlement de beaucoup d'anciennes universités de renom.

Cent ans plus tard, au début de ce siècle, deux chirurgiens de Rochester, une ville perdue au fin fond du Minnesota, loin des grandes agglomérations et des facultés de médecine, décidèrent de créer un centre de soins en s'appuyant sur des concepts de pratique médicale tout à fait nouveaux et parfaitement hérétiques. Il s'agissait en particulier de constituer des équipes de spécialistes éminents qui travailleraient sous les ordres d'un coordinateur. Frederick William Taylor, le père de l'organisation scientifique du travail, n'a jamais rencontré les frères Mayo. Dans son intervention bien connue devant le Congrès en 1911, Taylor présenta la clinique Mayo comme « la seule organisation scientifique complète et réussie » qu'il ait connue. Ces deux chirurgiens de province parfaitement inconnus cherchèrent dès le début à dominer le terrain, à recruter les meilleurs praticiens dans chaque spécialité et les plus doués parmi les plus jeunes éléments. Ils s'efforcèrent également de s'attirer les patients capables de payer des honoraires excessivement élevés pour l'époque.

Vingt-cinq ans plus tard, cette même stratégie fut employée pour organiser une collecte [1] au profit de la recherche sur les paralysies infantiles. Plutôt que de s'efforcer à accumuler petit à petit des connaissances, comme l'avait toujours fait la recherche médicale en la matière, cette approche du problème chercha d'emblée à remporter une victoire totale sur une maladie encore complètement mystérieuse. Personne n'avait jamais organisé un « laboratoire sans murs » dans

1. « March of Dimes » : collecte publique organisée chaque année au profit des malades atteints de poliomyélite.

lequel un grand nombre de scientifiques opérant dans une multitude d'établissements de recherche devaient travailler sur un point précis d'un programme de recherche défini à l'avance. C'est sur ce modèle que les États-Unis ont par la suite organisé les premiers grands programmes de recherche de la Seconde Guerre mondiale, la bombe atomique, le laboratoire radar, la fusée-détonateur, et quinze ans plus tard, le lancement de l'homme sur la lune. Toutes ces innovations ont fait appel à la stratégie du « vite et mieux ».

Ces différents exemples démontrent tout d'abord que cette stratégie nécessite un objectif ambitieux, faute de quoi elle est condamnée à l'échec. Elle cherche toujours à créer une nouvelle industrie ou un nouveau marché. Elle entreprend au moins de créer un processus inédit, différent et très peu conventionnel, comme dans le cas de la clinique Mayo ou de la « March of Dimes ». Quand ils engagèrent Carothers[1] au milieu des années 20, les responsables de Du Pont de Nemours ne se sont certainement pas dit : « Nous allons créer l'industrie plastique » (le terme ne fut d'ailleurs inventé qu'au milieu des années 50). Mais les rapports internes de cette entreprise qui ont été publiés montrent clairement que ses dirigeants cherchaient à créer une nouvelle industrie. Ils n'étaient absolument pas convaincus de la réussite des recherches de Carothers.

Mais ils savaient qu'en cas de succès, ils réaliseraient quelque chose d'important et de radicalement nouveau, quelque chose qui irait bien au-delà d'un simple produit ou même d'une seule gamme de produits. Autant que je le sache, ce n'est pas le docteur Wang qui a utilisé le premier l'expression « bureau du futur ». Mais ses premières publicités annonçaient déjà un nouvel environnement et de nouveaux concepts du travail de bureau. Du Pont et Wang cherchèrent d'emblée à dominer l'industrie qu'ils espéraient créer.

La meilleure illustration de cette stratégie n'est pas une entreprise mais l'université berlinoise de Humboldt. Ce dernier n'était absolument pas intéressé par une université en tant que telle. C'était pour lui le moyen de créer un nouvel ordre politique, une organisation différente qui ne serait ni la monarchie absolue du XVIIIe siècle ni la démocratie de la Révolution française qui avait installé la bourgeoisie au pouvoir. Ce devait être un système équilibré au sein duquel

1 William H. Carothers inventa le nylon en 1937. (N.d.T.)

une administration et un corps de fonctionnaires spécialisés, totalement apolitiques, recrutés et promus uniquement en vertu de leurs mérites, seraient autonomes dans les limites de leur étroite sphère d'activité. Ces cadres que nous appellerions aujourd'hui des « technocrates » auraient des missions strictement limitées et supervisées par un juriste professionnel indépendant. Mais à l'intérieur de ces limites, ils seraient les maîtres. Il y aurait deux espaces de liberté individuelle pour la bourgeoisie, l'une morale et culturelle, l'autre économique.

Humboldt avait déjà présenté ce concept dans un ouvrage[1]. Après la défaite infligée par Napoléon en 1806, la chute de la monarchie prussienne paralysa toutes les forces qui auraient pu arrêter Humboldt : le roi, l'aristocratie de l'armée. Il sauta sur l'occasion et fonda l'université de Berlin, qui devint le principal véhicule de ses concepts politiques et enregistra d'importants succès. Cette université a en effet créé une structure politique spécifique que les Allemands appelèrent le « *Rechtstaat* » (l'État de droit). Une élite autonome de fonctionnaires et un état-major d'officiers contrôlaient parfaitement la scène politique et militaire, une élite de gens cultivés (« *die Gebildeten Staende* ») organisée autour d'universités autonomes créait une sphère culturelle « libérale » et l'économie fonctionnait de façon autonome quasiment sans restrictions. En Allemagne, cette structure a donné à la Prusse une suprématie morale et culturelle, puis assez rapidement politique et économique. L'hégémonie en Europe et l'admiration du reste du monde ne se sont pas fait attendre, tout particulièrement de la part des Britanniques et des Américains, pour qui les Allemands sont restés des modèles culturels et intellectuels jusqu'en 1890 ou à peu près. C'est exactement ce qu'Humboldt avait imaginé et recherché à l'heure sombre de la défaite et du désespoir général. Il a même très précisément détaillé ses objectifs dans les prospectus et la charte de son université.

C'est peut-être parce que la stratégie du « vite et mieux » doit chercher à créer quelque chose de radicalement nouveau et différent que les non-spécialistes et les gens venus de l'extérieur semblent réussir aussi bien que les experts, et même souvent mieux. Hoffmann-LaRoche, par exemple, ne doit pas sa stratégie à des chimistes mais à un musicien qui, marié à

1. *Les limites de l'efficacité de l'État*, un des très rares livres de philosophie politique originaux écrits par un Allemand.

l'une des petites-filles du fondateur de l'entreprise, avait besoin de plus d'argent pour entretenir son orchestre que ne le permettaient les maigres dividendes de la société. Depuis ce jour, cette entreprise n'a plus été dirigée par des chimistes mais par des financiers. Wilhelm von Humboldt était un diplomate sans attache ni expérience universitaire antérieures. Les dirigeants de Du Pont de Nemours étaient des hommes d'affaires et non des chimistes ou des chercheurs. Et si les frères Mayo étaient des chirurgiens hautement qualifiés, ils étaient tout à fait étrangers à l'establishement médical de l'époque.

On compte également des spécialistes de leur discipline, comme le docteur Wang, les responsables de 3M ou les jeunes informaticiens d'Apple. Mais quand il s'agit de faire « vite et mieux », quelqu'un d'étranger au système peut être avantagé. Il ignore tout ce que les gens avertis connaissent et ne sait donc pas à l'avance ce qui est impossible à réaliser.

II

Pour ne pas manquer sa cible, la stratégie du « vite et mieux » doit mettre en plein dans le mille. Aussi précise qu'un tir sur la Lune, une déviation d'une fraction de minute fait disparaître la fusée dans l'espace intersidéral, et après le lancement, la trajectoire est extrêmement difficile à corriger.

Cette stratégie demande donc une réflexion poussée et une analyse méticuleuse. L'entrepreneur qui, dans les romans populaires ou les films d'Hollywood, se précipite pour mettre en pratique une « idée formidable » n'a aucune chance de parvenir à ses fins. Ce type de stratégie ne pourra réussir qu'à la faveur d'une innovation fondée sur une tentative sérieuse et délibérée d'exploiter une des grandes opportunités examinées aux chapitres 3 à 9.

Il n'existe pas de meilleur exemple d'exploitation d'un *changement de perception* que l'université berlinoise d'Humboldt. La Révolution française et la Terreur, suivies des guerres de conquête napoléoniennes impitoyables, avaient débarrassé la bourgeoisie cultivée de toutes ses illusions à l'égard de la politique. Cette même bourgeoisie aurait pourtant rejeté toute tentative de retour à la monarchie absolue du XVIIIe siècle, sans parler du féodalisme. Ils avaient besoin d'une sphère « libérale » mais apolitique, dotée d'un gouvernement également apolitique qui s'appuierait sur les mêmes principes de droit et d'éducation que ceux auxquels ils croyaient. Ils étaient tous des adeptes d'Adam Smith, dont *La Richesse des Nations* était sans doute l'ouvrage politique le plus lu et le plus respecté de l'époque. C'est cette opportunité qu'a su exploiter la structure politique d'Humboldt et que ses projets d'université berlinoise ont traduite dans la réalité institutionnelle.

La machine à traitement de texte de Wang a brillamment tiré profit d'un besoin structurel. A partir des années 70, la peur de l'informatique qui régnait dans les bureaux peu de temps auparavant avait été remplacée par la question : « Qu'est-ce que l'ordinateur va *me* permettre de faire ? » Les employés de bureau avaient eu le temps de se familiariser à l'ordinateur pour la préparation des fiches de paye ou le contrôle des stocks ; ils avaient également acheté des photocopieurs si bien que le volume de paperasserie augmentait de façon vertigineuse. Le traitement de texte de Wang s'est donc adressé au dernier lecteur non encore automatisé, que détestait chaque employé : la frappe des lettres, des discours, des rapports, des manuscrits, la réécriture sans cesse nécessaire pour apporter la moindre modification, etc.

En s'intéressant aux vitamines dans les années 20, Hoffmann-LaRoche tira profit d'une nouvelle connaissance. Le musicien qui a élaboré la stratégie de l'entreprise avait compris « la structure des révolutions scientifiques » plus de trente ans avant que le philosophe Thomas Kuhn n'écrive le célèbre livre qui porte ce titre. Il avait compris qu'une nouvelle théorie scientifique fondamentale, même étayée par suffisamment de preuves pour qu'il soit impossible de la rejeter, devient inacceptable pour une majorité de scientifiques si elle vient contredire d'autres théories fondamentales qui ont bercé toute leur éducation et qu'ils brandissent comme des articles de foi. Il ne lui accordent aucune attention jusqu'à ce que l'ancien « paradigme », l'ancienne théorie, ne devienne complètement insoutenable. Entre-temps, ceux qui acceptent la nouvelle théorie et savent l'exploiter ont le champ libre.

Seul ce type d'analyse méticuleuse des opportunités d'innovation rendra possible le succès de la stratégie du « vite et mieux ».

L'extrême concentration des moyens reste, malgré tout

indispensable. Il doit y avoir un seul but clairement défini sur lequel doivent converger tous les efforts entrepris Et quand ceux-ci paraissent porter leurs fruits, l'innovateur doit être prêt à mobiliser massivement les ressources nécessaires. Dès que Du Pont de Nemours put disposer des fibres synthétiques, c'est-à-dire bien avant les premières réactions du marché, cette société construisit de grandes usines, bombarda les fabricants de textile et le grand public de publicité, de présentations d'essai, de discours, et ainsi de suite.

C'est seulement quand l'innovation est devenue une activité prospère que commence réellement le travail. La stratégie du « vite et mieux » exige d'importants efforts, toujours soutenus, pour conserver sa position de leader. Faute de quoi on a seulement réussi à créer un marché pour un concurrent. Le leader doit dorénavant diriger son affaire plus fermement que jamais et doit continuer ses efforts d'innovation sur une grande échelle. Le budget de recherche doit être plus élevé *après* la mise en œuvre de l'innovation qu'avant. On doit trouver de nouvelles utilisations, identifier de nouveaux clients et les persuader d'essayer les nouveaux produits. L'entrepreneur qui a réussi à faire « au plus vite ce qu'il y a de mieux » doit, par-dessus tout, rendre ses produits ou ses processus obsolètes avant qu'un concurrent ne s'en charge pour lui. Le travail destiné à les remplacer doit commencer immédiatement avec la même concentration de moyens et les mêmes investissements de ressources qui ont conduit à la réussite initiale.

C'est également au leader qui a réussi « vite et mieux » de baisser systématiquement les prix de son produit ou de son processus. Garder des prix élevés est le meilleur moyen de protéger et d'encourager les concurrents potentiels (voir à ce sujet le chapitre suivant, « Frappez là où ils ne sont pas »).

Cette vérité fut établie par le plus long monopole privé de toute l'histoire économique, le « Cartel de la dynamite » fondé par Alfred Nobel après qu'il eut inventé cet explosif. Le Cartel garda le monopole mondial de ce produit jusqu'à la guerre de 1914-1918 et même au-delà, bien après la date d'expiration des brevets d'Alfred Nobel. Il y réussit en baissant ses prix à chaque fois que la demande augmentait entre 10 et 20 %. A ce stade, les sociétés du Cartel avaient complètement amorti les investissements nécessaires à l'accroissement de la production. Cela décourageait tous les concurrents potentiels et permettait au Cartel de maintenir son niveau de rentabilité. Ce n'est pas un hasard si Du Pont de Nemours a toujours suivi cette politique aux États-Unis, puisque cette entreprise était le membre américain du Cartel de la dynamite. Wang a fait la même chose avec son traitement de texte, Apple avec ses ordinateurs et 3M avec tous ses produits.

III

Ces exemples ne présentent que des réussites. Ils ne montrent pas quels risques importants fait courir la stratégie du « vite et mieux ». Les entreprises qui ont échoué ne sont plus là pour en témoigner. Nous savons néanmoins que chaque succès cache de multiples échecs. Cette stratégie ne vous laisse qu'une seule chance. Si elle ne réussit pas d'emblée, l'échec est total.

Tout le monde connaît la légende suisse de Guillaume Tell, que le tyran avait juré de gracier s'il perçait d'une flèche une pomme posée sur la tête de son fils. S'il avait échoué, il aurait soit tué son fils soit prononcé son propre arrêt de mort C'est exactement la situation de l'entrepreneur qui adopte la stratégie du « vite et mieux ». Il n'y a pas de demi-mesure, uniquement l'échec ou la réussite.

Les succès n'apparaissent eux-mêmes qu'à posteriori. Nous connaissons au moins deux exemples où l'échec fut évité de justesse par le jeu combiné du hasard et de la chance.

La réussite du nylon fut effectivement le pur produit du hasard. Il n'y avait aucun marché pour une fibre synthétique au milieu des années 30. Elle était bien trop coûteuse pour concurrencer les fibres bon marché de l'époque, le coton et la rayonne. Elle était même plus chère que la soie, fibre luxueuse que les Japonais étaient contraints de vendre à n'importe quel prix après la grave crise de la fin des années 30. C'est le déclenchement de la Seconde Guerre mondiale qui a sauvé le nylon en interrompant les exportations nippones. Quand les Japonais eurent remis sur pied leur industrie de la soie, vers les années 50, le nylon était déjà fermement implanté. Ses coûts de fabrication et ses prix de vente avaient considérablement baissé par rapport à la fin des années 30. L'histoire du produit le plus connu de chez 3M, le ruban de scotch, a déjà été évoquée. Une fois de plus, seul un événement fortuit a permis d'éviter l'échec de ce produit.

La stratégie qui consiste à faire « au plus vite ce qu'il y a de mieux » est à ce point risquée que son taux d'échec particulièrement élevé est à l'origine d'une stratégie à part entière — examinée au cours du chapitre suivant dans la partie consacrée à « l'imitation créative ». Cette stratégie peut échouer par manque de volonté, par inadéquation des efforts engagés et parce qu'en dépit du succès d'une innovation, les ressources disponibles mises en œuvre pour exploiter la réussite en question restent insuffisantes. Si cette stratégie est extrêmement avantageuse en cas de succès, elle est bien trop risquée et bien trop complexe pour être employée à d'autres fins que les innovations les plus considérables : un nouvel ordre politique édifié par Humboldt, un nouveau champ d'action thérapeutique ouvert par Hoffmann-LaRoche grâce à l'emploi des vitamines, une nouvelle approche du diagnostic et de la pratique médicale engagée par les frères Mayo. La stratégie du « vite et mieux » n'est adaptée qu'à une minorité d'innovations. Elle requiert une analyse approfondie, une véritable compréhension des sources d'innovation et de leur dynamique. Elle demande une très grande concentration des moyens mis en œuvre et des ressources considérables. On peut, dans la plupart des cas, faire appel à d'autres stratégies qui sont préférables, non parce qu'elles comportent moins de risques, mais parce que la majorité des opportunités d'innovation ne permettent pas de justifier le coût, les efforts et les ressources indispensables à cette stratégie.

Chapitre 17

« FRAPPEZ LÀ OÙ ILS NE SONT PAS ! »

Un autre général de l'armée nordiste, vainqueur de nombreuses batailles au cours de la guerre de Sécession, a résumé deux stratégies d'entrepreneurs dans la formule : « Frappez là où ils ne sont pas ! » On peut les appeler « l'imitation créative » et le « judo de l'esprit d'entreprise ».

I

L'imitation créative

L'imitation créative[1] est manifestement une expression contradictoire. Ce qui est créatif ne peut être qu'original, et s'il est une chose inaccessible à l'imitation, c'est bien l'originalité. L'expression convient pourtant parfaitement. Elle décrit une stratégie qui est en soi une imitation. Ce que fait l'entrepreneur a déjà été fait par quelqu'un d'autre. La part de création tient à ce que l'entrepreneur en question comprend mieux la valeur de l'innovation que ceux qui ont véritablement innové.

Le plus brillant utilisateur de cette stratégie est sans conteste I.B.M., mais Procter & Gamble en a aussi fait grand usage pour bâtir sa domination et rester le leader sur le marché du savon, des détergents et des produits de toilette. Le Japonais Hattori, dont les montres Seiko dominent le marché

1. L'expression fut utilisée pour la première fois par Theodore Levitt de la Harvard Business School.

mondial, doit également sa suprématie à la stratégie de « l'imitation créative ».

I.B.M. a construit une calculatrice ultra-rapide au début des années 30 pour les calculs des astronomes de l'Université Columbia de New York. Au milieu des années 30, elle fabriqua une machine qui était déjà conçue comme un ordinateur pour les calculs astronomiques de l'université de Harvard. Quelques années plus tard, à la fin de la Seconde Guerre mondiale, I.B.M. avait construit le premier véritable ordinateur, muni d'une « mémoire » et capable d'être « programmé ». Ce n'est toutefois pas un hasard si les livres d'histoire ne retiennent guère le nom d'I.B.M. parmi les innovateurs de la science informatique. Car dès qu'il eut achevé son ordinateur le plus perfectionné en 1945 — le premier ordinateur montré au public dans une salle d'exposition du centre de New York où les visiteurs affluèrent en grand nombre —, I.B.M. l'abandonna aussitôt au profit d'un modèle concurrent, l'E.N.I.A.C., élaboré à l'université de Pennsylvanie. L'E.N.I.A.C. convenait en effet beaucoup mieux aux applications commerciales telles que la réalisation des fiches de paye, mais ses concepteurs ne s'en étaient pas rendu compte. I.B.M. a redéfini la structure de l'E.N.I.A.C. pour qu'il puisse être fabriqué et réparé. Dès sa sortie sur le marché en 1953, la version I.B.M. de l'E.N.I.A.C. devint la norme en matière d'ordinateurs commerciaux gros systèmes multifonctionnels.

C'est bien un cas d'imitation créative. Il s'agit d'attendre jusqu'à ce que quelqu'un crée la nouveauté, qui restera « approximative ». On se met alors à l'ouvrage, et l'on obtient rapidement ce qui manquait à la nouveauté en question pour être véritablement utile, pour satisfaire le consommateur et réaliser quelque chose qu'il est prêt à payer. Devenue la norme, l'imitation créative peut ensuite dominer le marché.

I.B.M. a de nouveau utilisé l'imitation créative avec l'ordinateur personnel. L'idée venait d'Apple. Comme nous l'avons déjà vu (au cours du chapitre 3), tout le monde « savait » qu'un petit ordinateur indépendant était une erreur, un procédé peu avantageux, coûteux et d'une efficacité limitée. Cela ne l'a pas empêché d'être un succès. I.B.M. entreprit immédiatement de concevoir une machine qui deviendrait la norme en matière d'information personnelle et dominerait, ou tout du moins, guiderait le marché tout entier. Le résultat fut l'I.B.M. P.C. qui reprit le leadership d'Apple en micro-informatique, devint la marque la plus vendue et imposa ses normes en l'espace de deux ans.

Procter & Gamble a employé des méthodes parfaitement comparables dans le domaine des détergents, des savons, des articles de toilette et des produits alimentaires conditionnés.

Dès l'apparition des semi-conducteurs, toute l'industrie horlogère comprit qu'ils pourraient être utilisés pour faire fonctionner les montres de façon plus précise, plus fiable et meilleur marché que les mécanismes traditionnels. Les Suisses ont rapidement sorti un modèle de montre à quartz à affichage digital. Mais leurs investissements en horlogerie traditionnelle étaient si importants qu'ils décidèrent de n'introduire que progressivement les montres à quartz, sur une période assez longue pendant laquelle elles resteraient des produits de luxe.

La société Hattori fabriquait depuis longtemps des montres traditionnelles pour le marché japonais. Elle perçut l'opportunité qui se présentait et se lança dans l'imitation créative, sortit un modèle de montre à quartz à affichage digital qui imposa ses normes dans l'industrie horlogère. Le temps que les Suisses se réveillent, il était déjà trop tard. Les montres Seiko dominaient le marché mondial et les fabricants suisses se retrouvaient presque éliminés.

Comme la stratégie du « vite et mieux », l'imitation créative vise la position de leader, ou même, la domination pure et simple du marché ou de l'industrie. Mais c'est une méthode beaucoup moins risquée. Quand l'imitateur entre en action, le marché est déjà en place et la nouveauté est acceptée. L'innovateur original ne peut généralement plus répondre à la demande tant elle est importante. On connaît, ou l'on peut connaître, les segmentations du marché. Les études de marché peuvent donc établir ce que les consommateurs achètent, comment ils achètent et selon quels critères. La plupart des incertitudes qui se multipliaient autour du premier innovateur ont été dissipées, ou peuvent au moins être étudiées et analysées. Il n'est plus nécessaire d'expliquer ce qu'est un ordinateur personnel ou une montre digitale ni à quoi ils servent.

L'innovateur original peut, bien entendu, réussir parfaitement au premier essai et fermer les portes de l'imitation créative. Un innovateur peut toujours faire exactement ce qui convient, comme Hoffmann-LaRoche avec les vitamines, Du Pont de Nemours avec le nylon ou Wang avec le traitement de texte. Mais le nombre d'entrepreneurs qui réussissent sur la voie de l'imitation créative semble suggérer que les chances de voir un innovateur s'approprier le marché dès le premier essai ne sont pas excessivement élevées.

Un autre exemple d'imitation créative est le Tylenol, « l'aspirine sans aspirine ». C'est l'exemple qui montre le plus clairement en quoi consiste cette stratégie, quelles en sont les exigences et les conditions de fonctionnement.

Le paracétamol (substance vendue sous la marque Tylenol aux États-Unis) était utilisé depuis de nombreuses années comme analgésique, mais n'était encore très récemment vendu que sur ordonnance. Analgésique beaucoup plus ancien, l'aspirine était tout aussi récemment considérée comme un médicament sans aucun danger qui dominait le marché des sédatifs de la douleur. Le paracétamol est beaucoup moins puissant que l'aspirine. C'est un analgésique efficace qui n'a pas d'effets anti-inflammatoires ni anticoagulants. Il est donc dépourvu d'effets secondaires tels que les troubles et saignements gastriques qui peuvent apparaître lors d'utilisation prolongée et intensive, comme dans les cas d'affections articulaires d'origine inflammatoire.

Quand le paracétamol fut délivré sans ordonnance, la première marque disponible sur le marché fut présentée comme un médicament pour les personnes qui souffraient des effets secondaires de l'aspirine. Ce fut un véritable succès, une réussite bien plus grande que ne l'avait prévu son fabricant. C'est ce succès qui créa les conditions opportunes d'une stratégie d'imitation créative. Johnson & Johnson comprit qu'il y avait là un marché pour un analgésique qui *remplacerait* l'aspirine, cette dernière n'étant plus utilisée que pour les cas où les effets anti-inflammatoires et anticoagulants sont recherchés. Le Tylenol fut d'emblée présenté comme un sédatif *universel* de la douleur parfaitement sûr. Il domina le marché en l'espace d'un ou deux ans.

Ces exemples montrent que l'imitation créative n'exploite pas les « échecs » des innovateurs comme on entend généralement ce terme. L'innovation doit au contraire avoir réussi. Le micro-ordinateur Apple fut un grand succès, comme le premier leader du paracétamol finalement détrôné par le Tylenol. Mais les premiers innovateurs n'ont pas compris ce succès. Les responsables d'Apple s'occupaient plus du produit que de l'utilisateur, ils ont donc fabriqué de nouveaux matériels quand le client cherchait des programmes et des logiciels Dans le cas du Tylenol, les premiers innovateurs n'ont pas compris la signification de leur réussite.

L'imitation créative exploite la réussite des autres. Il ne s'agit donc pas d'innovation au sens le plus courant du terme. L'imitateur créatif n'invente pas un produit ou un service. Il le perfectionne et redéfinit sa position sur le marché. Quelque chose ne va pas dans la manière dont il a été lancé ? Certaines caractéristiques font-elles défaut ? La segmentation du produit ou du service permet-elle d'adapter des versions légèrement différentes à des marchés légèrement distincts ? Faut-il redéfinir la position du produit sur le marché ? L'imitation créative apporte-t-elle quelque chose qui manquait ?

L'imitateur créatif considère le produit ou le service du point de vue du consommateur. L'ordinateur personnel d'I.B.M. a pratiquement les mêmes caractéristiques techniques que celui d'Apple, mais I.B.M. a dès le départ proposé des programmes et des logiciels à ses clients. Apple a conservé le mode de distribution traditionnel du matériel informatique par l'intermédiaire de magasins spécialisés. Rompant de façon radicale avec ses propres traditions, I.B.M. a développé toute une série de canaux de distribution, revendeurs spécialisés, grands magasins comme Sears & Roebuck, ses propres boutiques, etc. Cela permit de faciliter l'achat et l'utilisation du produit par le consommateur. Voilà les véritables « innovations », sans rapport avec les caractéristiques techniques de son matériel, qui ont donné le marché de l'informatique personnelle à I.B.M.

L'imitation créative part du marché plutôt que du produit, et du consommateur plutôt que du producteur. Elle est orientée sur le marché et entraînée par lui.

Ces différents exemples montrent que la stratégie de l'imitation créative a besoin d'un marché en rapide expansion. L'imitation créative ne réussira pas en prenant les clients des premiers innovateurs qui ont créé un produit ou un service. Elle doit s'occuper des marchés que les innovateurs ont créés sans les traiter de façon adéquate. L'imitation créative cherche à satisfaire une demande qui existe déjà et non pas à en créer une nouvelle.

Cette stratégie comporte des risques spécifiques qui sont considérables. L'imitateur créatif est, par exemple, souvent tenté de fragmenter ses efforts pour essayer de protéger ses arrières. Un autre danger consiste à mal interpréter une tendance et à appliquer cette stratégie à un produit ou un service qui ne s'imposera pas sur le marché.

I.B.M. est le tout premier praticien mondial de l'imitation créative. Sa façon d'aborder la question de l'automatisation du bureau illustre néanmoins les dangers de cette stratégie. I.B.M. a imité avec succès toutes les grandes évolutions en ce domaine et détient le produit leader dans chaque secteur. Mais parce qu'ils sont issus d'un processus d'imitation, ses produits sont si divers et si peu compatibles les uns avec les autres qu'il est absolument impossible de concevoir l'automatisation d'un bureau intégré avec les différents modules I.B.M. On peut donc encore douter de la capacité d'I.B.M. à conserver le leadership sur l'automatisation du bureau et proposer un système intégré. C'est pourtant là que se situera vraisemblablement le plus grand marché des années à venir. Voilà donc un risque inhérent à la stratégie de l'imitation créative : être *trop intelligent*.

L'imitation créative sera particulièrement efficace dans les techniques de pointe et ce pour une simple raison : les innovateurs en la matière ont toutes les chances d'être moins axés sur le marché que sur la technologie et sur le produit. Ils ont donc tendance à mal apprécier leur propre réussite, et n'arrivent ni à tirer profit ni à satisfaire la demande qu'ils ont eux-mêmes créée laissant le champ libre aux « imitateurs ». Mais comme l'indiquent les exemples du paracétamol ou des montres Seiko, ils ne sont pas les seuls dans ce cas.

Parce qu'elle cherche à dominer un marché, l'imitation créative convient mieux à un produit, un service ou un processus de production essentiel : l'ordinateur personnel, le marché mondial de l'horlogerie ou des sédatifs de la douleur. Mais elle demande un marché moins important que la stratégie du « vite et mieux », et comporte moins de risques. Au stade où les imitateurs créatifs se mettent au travail, le marché est déjà identifié et la demande déjà créée. Si elle présente moins de risques, l'imitation créative demande en revanche un plus grand effort de vigilance, de flexibilité, d'acceptation du verdict du marché et par-dessus tout, une somme de travail considérable.

II

Le judo de l'esprit d'entreprise

Les laboratoires Bell ont inventé le transistor en 1947. Il apparut immédiatement que ce nouveau composant allait remplacer la lampe triode, tout particulièrement dans l'électronique grand public comme la radio ou la télévision encore toute récente. Tout le monde le savait, mais personne ne fit quoi que ce soit. Les grands fabricants — à l'époque presque tous américains — commencèrent à « étudier » le transistor. Le passage à ce nouveau composant fut programmé « pour les environs de 1970 ». Le transistor « ne serait pas prêt » avant cette date, affirmaient-ils. Sony était alors pratiquement inconnu au-delà des frontières du Japon et n'était même pas dans l'électronique grand public. Son président, Akio Morita, fut informé de cette découverte par la presse. Il se rendit aux États-Unis et acheta une licence d'exploitation aux laboratoires Bell pour une somme dérisoire, soit 25 000 dollars en tout et pour tout. Deux ans plus tard, Sony sortit la première radio à transistors portable qui pesait moins d'un cinquième du poids des radios à lampes disponibles sur le marché pour un tiers du prix. Trois ans plus tard, Sony dominait le marché américain des postes de radio bon marché et au bout de cinq ans, les Japonais dominaient le marché mondial.

C'est évidemment un cas classique de refus d'une réussite inattendue. Les Américains ont rejeté le transistor parce qu'il « n'avait pas été inventé ici », entendez par là qu'il n'avait pas été inventé par les leaders de l'industrie électrique et électronique, R.C.A. et General Electric. C'est un cas typique de la fierté éprouvée par ceux qui ont choisi la difficulté. Les Américains étaient si fiers de leurs magnifiques postes de radio de l'époque. Comparées à ces véritables merveilles, les petites plaquettes de silicium leur paraissaient de qualité médiocre, et manquaient pour ainsi dire de dignité.

Mais la réussite de Sony n'est pas la fin de l'histoire Comment expliquer que les Japonais aient répété la même stratégie une infinité de fois, avec toujours autant de succès et pour la plus grande surprise des Américains ? Ce fut le cas des téléviseurs, des montres digitales et des calculatrices de poche. Ce fut encore le cas des photocopieurs, lorsque les Japonais se sont lancés sur ce marché pour ravir une part importante du marché à l'inventeur initial, Rank Xerox. Les Japonais ont donc accumulé les succès en pratiquant le « judo de l'esprit d'entreprise » à l'encontre des Américains.

Ce fut également le cas de M.C.I. et de Sprint qui tirèrent profit de la tarification du système Bell de la société A.T.T. pour lui ravir une part importante de ses communications longue distance (voir chapitre 6). Ce fut le cas de Rolm qui sut retourner les politiques du système Bell contre leurs auteurs pour prendre une part substantielle du marché des standards téléphoniques P.B.X. Ce fut le cas de Citibank qui créa une banque de dépôt en Allemagne, la « Familienbank » (Banque familiale), et devint en quelques années la première institution de services financiers aux particuliers.

Les banques allemandes savaient parfaitement que la hausse du pouvoir d'achat des simples consommateurs en faisait des clients intéressants. Elles ont donc mis en œuvre un ensemble de services financiers, mais sans le vouloir vraiment. Elles estimaient que les particuliers ne constituaient pas un marché digne des grandes banques habituées aux entreprises et aux investissements à grande échelle. Les particuliers qui avaient vraiment besoin d'un compte en banque pouvaient s'adresser aux chèques postaux et aux caisses d'épargne. Même si leur publicité affirmait le contraire, les banques laissaient clairement entendre aux particuliers venus jusque dans leurs augustes établissements qu'elles n'avaient guère besoin d'eux.

C'est l'ouverture que sut exploiter Citibank. Sa « Familienbank », en Allemagne, ne s'adressait qu'aux particuliers, proposait les services dont ils avaient besoin et leur facilitait l'accès à toutes les opérations bancaires. Malgré la force redoutable des grandes banques allemandes et leur omniprésence sur tout le territoire, où elles ont une succursale à chaque coin de rue, la Banque familiale de Citibank domina le marché des services bancaires aux particuliers en l'espace de cinq ans.

Tous ces nouveaux venus — les Japonais, M.C.I., Rolm, Citibank — pratiquent le « judo de l'esprit d'entreprise ». De toutes les stratégies d'entrepreneurs cherchant à dominer un marché ou une industrie, c'est assurément la moins risquée et celle qui a le plus de chance de réussir.

Tous les policiers savent qu'un criminel endurci commettra toujours son forfait de la même manière. Il ouvrira un coffre-fort ou cambriolera une maison en utilisant toujours sa méthode qui laisse une « signature » aussi personnalisée qu'une empreinte, même si elle lui vaut d'être arrêté à chaque fois.

Mais il n'y a pas que les criminels qui soient attachés à leurs habitudes. Nous avons tous nos manies. Les industries et les entreprises ne font pas exception. La même habitude sera conservée même si elle fait perdre des marchés ou une position de leader. Les fabricants américains ont persisté dans des habitudes qui ont permis aux Japonais de leur ravir toute une série de marchés.

Lorsque le criminel est pris, il accepte rarement que ce soit ses manies qui l'aient trahi. Il trouvera au contraire toutes les excuses possibles qui lui permettront de conserver ces habitudes. Les entreprises trahies par leurs habitudes ne l'accepteront pas non plus et inventeront toutes sortes d'excuses. Les fabricants de composants électroniques américains mettent, par exemple, les succès nippons sur le compte du faible coût de la main-d'œuvre au Japon.

Les rares constructeurs américains qui ont su s'adapter à la réalité, R.C.A. et Magnavox dans le cas des téléviseurs, sont pourtant capables d'aligner des produits américains à des prix compétitifs avec les produits japonais et d'une qualité tout aussi concurrentielle malgré les salaires et les charges sociales versés par les entreprises. Pour expliquer la réussite de Citibank dans leur pays, les banques allemandes continuent d'invoquer les risques encourus par la « Banque familiale » et qu'elles-mêmes ne voudraient pas prendre. Les prêts de la Banque familiale subissent pourtant moins de pertes que les crédits des banques allemandes, et les conditions sont tout aussi strictes. Elles le savent parfaitement mais cela ne les empêche pas de trouver toutes sortes de justifications à leur échec et à la réussite de Citibank. C'est un cas typique qui permet de comprendre pourquoi la même stratégie, le même « judo de l'esprit d'entreprise », peut être utilisé à l'infini.

On compte tout particulièrement cinq mauvaises habitudes extrêmement courantes qui permettent à des nouveaux venus de se catapulter en position de leader par-delà les entreprises pourtant bien établies.

1. La première est ce que l'argot américain appelle « N.I.H. » (*not invented here*). C'est l'arrogance qui conduit une entreprise ou une industrie à croire que « ce qui n'est pas inventé ici », ce qui ne vient pas de chez nous ne peut être bon. C'est ainsi qu'une nouvelle invention comme le transistor fut rejetée par les industriels américains de l'électronique.

2. Deuxième mauvaise habitude : la tendance à « écrémer » le marché, c'est-à-dire à se concentrer sur les secteurs qui permettront de réaliser les plus gros profits.

C'est pour l'essentiel ce qui a fait de Rank Xerox une cible privilégiée pour les imitateurs japonais de ses photocopieurs. Xerox orienta toute sa stratégie sur les grands utilisateurs, ceux qui achèteraient en grand nombre les machines les plus performantes et les plus chères. Il n'a jamais refusé les autres, mais il n'est pas allé les chercher. Il ne lui sembla pas utile de leur fournir le même service après vente. C'est le mécontentement créé par le service après vente ou tout du moins par l'insuffisance de ce service qui a attiré les petits clients vers les produits concurrents.

Cet « écrémage » est une violation des principes élémentaires d'économie et de gestion. La sanction est toujours la perte du marché.

Xerox se reposait sur ses lauriers, il est vrai nombreux et bien mérités. Mais aucune entreprise ne peut vivre sur le passé. Écrémer les plus gros profits revient à vouloir se faire payer pour ses réussites passées. Une société qui prend ce genre d'habitude aura bien du mal à s'en défaire et sera plus que jamais vulnérable au « judo de l'esprit d'entreprise ».

3. La troisième habitude, encore plus grave pour la santé de l'entreprise, est la référence à la « qualité ». La qualité ne correspond pas à ce que le fabricant met dans un produit ou un service, mais à ce que le client lui trouve et au prix qu'il est disposé à le payer. Contrairement à ce que croient tant d'industriels, un produit n'est pas « de qualité » parce qu'il est cher et difficile à fabriquer. C'est plutôt un signe d'incompétence. Les consommateurs paient pour ce qui leur est utile et ce qui a de la valeur à leurs yeux. Voilà le seul et unique critère de « qualité ».

Les fabricants américains de matériel électronique des années 50 croyaient à la qualité de leurs produits munis de ces fabuleuses lampes triodes parce qu'ils avaient mis trente ans à concevoir des postes de radio plus sophistiqués, plus volumineux et plus chers. Ces articles étaient de qualité parce que leur fabrication faisait appel à des compétences multiples, alors que la simplicité de conception des radios à transistors leur permettait d'être fabriqués à la chaîne par une main-d'œuvre non qualifiée. Mais du point de vue des consommateurs, le poste à transistors est à l'évidence d'une qualité bien supérieure. Parce qu'il est beaucoup plus léger, on peut l'emmener en voyage, en pique-nique ou à la plage. Il est rarement en panne et il ne faut pas remplacer de lampes. Il coûte également beaucoup moins cher. La qualité de réception et de reproduction sonore est vite devenue supérieure à celle du prestigieux poste de radio « Super Hétérodyne » dont une des seize lampes grillait toujours au bon moment.

4. Quatrième habitude très liée aux notions de « qualité » et d' « d'écrémage » : l'illusion du prix fort. Le prix fort est une invitation offerte aux concurrents.

Les économistes savent depuis deux cents ans, depuis le Français Jean-Baptiste Say et l'Anglais David Ricardo au début du XIXe siècle, que la seule façon d'augmenter une marge bénéficiaire, en dehors d'une situation de monopole, est d'abaisser les coûts de production. Tenter d'augmenter sa marge bénéficiaire en augmentant ses prix est une entreprise vouée à l'échec, un encouragement à la concurrence. Ce que le leader prend pour une augmentation de ses bénéfices est en fait une subvention accordée à un nouveau venu qui, en l'espace de quelques années, viendra prendre sa place. Les prix forts ne sont ni une aubaine ni un facteur de hausse des actions ou du rapport cours-bénéfices. Ils devraient au contraire apparaître comme une menace et un signe de vulnérabilité.

L'illusion de pouvoir augmenter ses bénéfices en pratiquant des prix élevés reste pourtant très largement répandue même si c'est une porte ouverte au « judo de l'esprit d'entreprise ».

5. Dernière mauvaise habitude caractéristique qui provoque la perte des entreprises solidement établies (Xerox en est un bon exemple) : maximiser au lieu d'optimiser. Au fur et à mesure de l'expansion du marché, ces entreprises cherchent à satisfaire le maximum d'utilisateurs avec le même produit ou le même service.

Supposons qu'un nouvel instrument pour tester les réactions chimiques soit lancé sur le marché. Celui-ci, tout d'abord très limité, ne concerne que les laboratoires industriels. Petit à petit, les laboratoires universitaires, hospitaliers et des instituts de recherche vont se mettre à l'utiliser. Mais chacun cherche des caractéristiques légèrement différentes. Le producteur introduit telle modification pour satisfaire tel client, puis telle autre spécification pour un nouveau client, et ainsi de suite, jusqu'à la complication extrême d'un instrument initialement très simple. Le fabricant a maximisé les possibilités d'utilisation de son produit. Résultat : l'instrument en question ne satisfait plus personne, comme c'est toujours le cas quand on veut contenter tout le monde. Il est également devenu plus cher, plus difficile d'emploi et d'entretien. L'industriel n'en est pas moins fier de son produit et des pages entières de publicité en vantent les soixante-quatre utilisations possibles.

Ce producteur sera presque certainement une nouvelle victime du « judo de l'esprit d'entreprise ». Ce qu'il croit être sa force principale se retournera contre lui. Un nouveau venu proposera un instrument destiné à satisfaire un seul marché, les laboratoires hospitaliers par exemple. Il ne proposera pas une seule caractéristique que l'hôpital n'utilise pas quotidiennement. Mais il permettra de satisfaire toutes les utilisations hospitalières avec une efficacité bien supérieure à celle d'un instrument à fonctions multiples. Ce même fabricant proposera ensuite un modèle adapté aux besoins des laboratoires de recherche, de l'industrie, des organismes publics, et emportera tous les marchés en un temps record grâce à des instruments qui leur sont spécifiquement destinés, des produits qui cherchent l'optimisation et non la maximisation.

Les Japonais qui sont venus concurrencer Xerox sur le marché des photocopieurs ont eux aussi adapté leur matériel à chaque catégorie d'utilisateur, le petit bureau par exemple, qu'il s'agisse de celui du dentiste, du médecin ou du directeur d'école. Ils n'ont pas essayé de s'aligner sur les spécifications dont les gens de Xerox étaient les plus fiers, à savoir la vitesse ou la netteté de la photocopie. Ils ont donné au petit bureau ce dont il avait le plus besoin, une machine simple et bon marché. Une fois leur place faite sur ce marché, ils se sont intéressés aux autres en adaptant leur produit pour satisfaire de façon optimale la demande de chaque nouveau segment.

Sony lui aussi s'est tout d'abord préoccupé de l'extrémité inférieure du marché en proposant des radios portables à bas prix avec une gamme de fréquence limitée. Une fois bien établi sur un segment de marché, il s'est attaqué aux suivants.

Le « judo de l'esprit d'entreprise » cherche en premier lieu à s'assurer une tête de pont négligée ou défendue sans trop y croire par les leaders du marché — à l'image du manque de réaction des Allemands lors de la création de la « Banque familiale » par Citibank. Une fois cette position bien en main, c'est-à-dire une fois que les nouveaux venus disposent d'un marché et de recettes adéquates, ils peuvent entrer plus avant en « territoire ennemi » jusqu'à prendre le contrôle du marché tout entier. Ils appliquent la même stratégie à chaque nouvelle étape. Ils créent un produit ou un service spécifique et optimal pour chaque segment de marché. Les leaders en place ne les battent presque jamais à ce jeu et ne changent presque jamais d'attitude avant d'avoir perdu leur suprématie.

Trois situations semblent tout particulièrement favorables au « judo de l'esprit d'entreprise ».

La première est la situation courante où les leaders en place refusent d'agir par rapport à une réussite ou un échec imprévu, soit en l'ignorant soit en cherchant à l'écarter. C'est le type de situation qui fut exploité par Sony.

La seconde est le cas de Rank Xerox. Une nouvelle technique fait son apparition et se développe rapidement. Les innovateurs qui ont introduit cette nouvelle technique ou ce nouveau service sur le marché se comportent en « monopoles » classiques : ils profitent de leur suprématie pour « écrémer » le marché et pratiquer des prix « forts ». Ils refusent — ou ne savent pas — ce qui n'est pourtant plus à démontrer : une position de leader, et plus encore de monopole, ne peut être préservée qu'en adoptant une attitude de « monopole bienveillant » (le terme est de Schumpeter). Un monopole bienveillant baisse ses prix avant qu'un concurrent ne puisse le faire. Il rend ses propres produits obsolètes et en introduit de nouveaux avant qu'un concurrent ne le fasse à sa place. Les exemples à l'appui de cette théorie sont nombreux. C'est le principe qui a longtemps guidé Du Pont de Nemours et que l'American Telegraph & Telephone utilisait avant d'être submergé par les problèmes inflationnistes des années 70. Le leader qui profite de sa suprématie pour augmenter ses prix ou ses marges bénéficiaires sans diminuer ses coûts sera envoyé au tapis par le premier concurrent qui emploiera les armes du « judo de l'esprit d'entreprise ».

Le leader d'un marché en expansion rapide ou d'une nouvelle technologie qui recherche la maximisation et non l'optimisation se trouvera rapidement dans une situation tout aussi vulnérable.

Cette stratégie fonctionne enfin quand la structure d'un marché ou d'une industrie évolue rapidement, comme dans le cas de la Banque familiale. La prospérité de l'Allemagne au cours des années 50 et 60 a rendu les simples particuliers demandeurs de services financiers plus sophistiqués que les comptes d'épargne et les systèmes d'hypothèque traditionnels. Mais les banques allemandes se sont accrochées à leurs anciens marchés.

Le « judo de l'esprit d'entreprise » est toujours axé sur le marché et entraîné par lui. Le point de départ peut être la technologie. C'est ainsi qu'Akio Morita est parti aux États-Unis à l'heure où le Japon se relevait à peine de la Seconde Guerre mondiale, pour acheter une licence de transistor. Morita s'est intéressé au segment de marché pour lequel la technologie de l'époque était la moins satisfaisante. C'était celui des radios portables, simplement à cause du poids et de la fragilité des lampes triodes. Il a donc pu concevoir une radio parfaitement adaptée à ce marché, constitué de jeunes gens, peu fortunés mais également moins exigeants sur la puissance de réception ou la qualité sonore. En d'autres termes, un marché que l'ancienne technologie ne pouvait pas satisfaire.

Les discounters des appels téléphoniques longue distance qui ont saisi l'opportunité offerte par la tarification du système Bell, en achetant des communications au prix de gros pour les revendre au détail, ont eux aussi conçu un service destiné à un petit nombre d'utilisateurs. Ces entreprises étaient trop petites pour avoir leur propre système de communications longue distance mais suffisamment grandes pour avoir des notes de téléphone importantes. Ils ont ainsi pu s'assurer une part substantielle du marché avant de s'intéresser à la fois aux très gros et aux petits utilisateurs.

La pratique du « judo de l'esprit d'entreprise » suppose que l'on commence par analyser l'industrie, les producteurs, les fournisseurs, leurs habitudes (tout particulièrement les mauvaises) et leurs politiques. On étudie ensuite les marchés et l'on recherche le plus favorable à une nouvelle stratégie.

Cette stratégie requiert une certaine part d'innovation authentique Elle ne parvient généralement pas à proposer le même produit ou le même service au moindre coût. On doit pouvoir le distinguer du produit ou du service qui existe déjà. Quand la société Rolm a proposé aux entreprises et aux bureaux un standard téléphonique P.B.X. concurrent de celui d'A.T.T., elle a intégré à son système certaines spécifications supplémentaires à partir d'un petit ordinateur. Il n'était pas question de « haute technologie », et encore moins d'invention nouvelle. A.T.T. avait d'ailleurs conçu des caractéristiques comparables, mais à la différence de Rolm, elle ne leur avait pas donné la priorité. De la même manière, la Banque familiale créée par Citibank en Allemagne créa de nouveaux services financiers que les banques allemandes ne proposaient généralement pas aux petits déposants, comme les chèques de voyages ou les conseils fiscaux.

En d'autres termes, les nouveaux venus ne doivent donc pas se contenter de faire aussi bien que le leader en place en proposant des prix inférieurs ou un meilleur service. Ils doivent proposer quelque chose de différent.

Comme la stratégie du « vite et mieux » ou « l'imitation créative », le « judo de l'esprit d'entreprise » vise la position de leader et, au bout du compte, la suprématie. Mais il ne réussira pas en concurrençant les leaders là où ils s'attendent à trouver de la concurrence. Le « judo de l'esprit d'entreprise » « frappe là où ils ne sont pas ».

Chapitre 18

CRÉNEAUX ET NICHES ÉCOLOGIQUES

Les stratégies d'entrepreneurs examinées jusqu'à maintenant visaient toutes la position de leader, si ce n'est la domination pure et simple, d'un marché ou d'une industrie. La stratégie des « niches écologiques [1] » recherche le contrôle. Les stratégies précédentes permettaient de positionner une entreprise sur un marché ou dans une industrie. Celle des niches écologiques tente d'exercer un quasi-monopole sur un secteur bien déterminé. Les trois premières étaient des stratégies concurrentielles, celle-ci souhaite protéger totalement de la concurrence ceux qui l'emploient avec succès. Les champions de la stratégie du « vite et mieux », de l'imitation créative et du « judo de l'esprit d'entreprise » deviennent de grandes sociétés et de grands noms qui pénètrent parfois dans tous les foyers. Les stratèges en matière de niches écologiques empochent l'argent et n'ont que faire de la gloire. Ils se complaisent dans l'anonymat. Pour les meilleurs d'entre eux, le but est de passer tellement inaperçu, malgré le rôle capital de leur produit dans un processus donné, que personne ne risquera de venir empiéter sur leur terrain.

On compte trois stratégies différentes, chacune avec ses conditions, ses limites et ses risques particuliers :

- le droit de péage
- la compétence spécialisée
- le marché spécialisé

1. Niche écologique ou biotope : milieu biologique offrant à une population bien déterminée des conditions d'habitat relativement stables.

I

Le « droit de péage »

Nous avons déjà étudié le cas de la société Alcon (chapitre 4) qui a mis au point un enzyme permettant d'éliminer une réaction opératoire qui allait à contre-courant du rythme et de la logique même de l'opération de la cataracte. Une fois cet enzyme inventé et breveté, on put lui appliquer un droit de péage. Aucun chirurgien ne pouvait plus se passer de ce produit, et quel que fût le prix demandé par Alcon, le coût supplémentaire restait insignifiant par rapport au coût global de chaque opération. Il est peu probable qu'un chirurgien ou qu'un hôpital se soient jamais renseignés à l'avance sur son prix. L'ensemble du marché de ce produit spécifique était si réduit (peut-être 50 millions de dollars à l'échelle mondiale) qu'il était manifestement inutile de chercher à créer un produit concurrent. La baisse du prix de l'enzyme en question n'aurait pas permis une seule opération supplémentaire. Un concurrent potentiel n'aurait pu que baisser le prix pour tout le monde sans en tirer aucun profit personnel.

Une entreprise moyenne qui a mis au point un dispositif de protection contre les explosions dans les puits de pétrole appliqua un droit de péage assez comparable. Le forage d'un puits peut coûter plusieurs millions de dollars. Une seule explosion détruira le puits entier et tout l'investissement qui va avec. Un dispositif de protection anti-explosion est donc une assurance bon marché, quel que soit son prix. L'ensemble du marché est là encore si limité qu'il n'attire aucun concurrent potentiel. Baisser le prix des protections anti-explosion (qui représente peut-être 1 % du coût total du forage) ne permettra pas d'en creuser plus. La concurrence ne ferait que diminuer le prix sans augmenter la demande.

Dewey & Almy, qui est aujourd'hui un département de W. R. Grace, fournit un autre exemple de ce type de stratégie. Cette société a mis au point une substance qui permet d'assurer la fermeture hermétique des boîtes de conserve. C'est un ingrédient essentiel de la fabrication des conserves. Une mauvaise boîte peut avoir des conséquences catastrophiques, un seul cas mortel de botulisme peut aisément ruiner un fabricant. Un procédé qui empêche la détérioration des aliments conservés reste donc une protection bon marché quel qu'en soit le prix. Le coût de la fermeture hermétique (quelques centimes tout au plus) est encore une fois tellement minime par rapport au coût total de la boîte et aux risques de détérioration des aliments que personne ne s'en inquiète vraiment. Ce sont les résultats qui importent et non pas les coûts. L'ensemble du marché, s'il est plus important que celui des enzymes pour l'opération de la cataracte ou des protections anti-explosion, reste malgré tout limité. Une action concurrentielle qui chercherait à baisser le prix de ce produit ne permettrait sans doute pas de vendre une seule boîte de plus.

Pouvoir appliquer un droit de péage est donc la meilleure situation que puisse espérer une entreprise. Mais cette stratégie comporte également des conditions très précises. Le produit doit être indispensable au processus de fonctionnement ou de production. Le risque de ne pas l'utiliser, de perdre un œil, de détruire un puits de pétrole ou de vendre des marchandises avariées, doit être infiniment supérieur au coût du produit. Le marché doit être si limité que le premier à l'occuper en devient le maître. Ce doit être une véritable niche écologique, qu'une seule espèce occupe totalement et qui est suffisamment petite et discrète pour ne pas attirer de rivaux.

Ce type de situation n'est pas facile à trouver et fait généralement pendant à une contradiction (voir chapitre 4). Dans le cas de l'enzyme d'Alcon, la contradiction se situe au niveau du rythme ou de la logique du procédé. Dans le cas d'une protection anti-explosion ou du conditionnement des boîtes de conserve, il peut y avoir contradiction entre plusieurs réalités économiques, par exemple entre le coût d'un mauvais fonctionnement et celui d'une protection adéquate.

Le droit de péage comporte également des limites strictes et des risques importants. C'est fondamentalement une situation statique. Une fois la niche écologique occupée, les possibilités d'expansion sont très limitées. Une entreprise dans cette situation ne peut rien faire pour développer son activité ou mieux la contrôler. Quel que soit sa qualité ou son prix, la demande de ce produit dépendra de la demande de la production ou du processus auxquels il contribue.

Cela était sans grande conséquence pour la société Alcon.

Le nombre de cataractes est supposé insensible aux fluctuations économiques, aux périodes d'expansion ou de crise. Mais au moment du développement vertigineux du forage pétrolier en 1973, puis après le second choc pétrolier de 1979, l'entreprise qui fabriquait des protections anti-explosion dut investir énormément pour créer de nouvelles usines de fabrication. Elle pensait que cette expansion ne pouvait pas durer, mais fut obligée de faire ces investissements tout en étant à peu près sûre de ne jamais les amortir. Refuser une telle évolution lui aurait irrémédiablement fait perdre son marché. Elle fut tout aussi impuissante quelques années plus tard quand le boom pétrolier s'effondra, provoquant une réduction de 80 % du nombre de forages pétroliers en douze mois et entraînant dans sa chute le marché de l'équipement de forage.

Une fois atteint l'objectif du droit de péage, l'entreprise atteint sa pleine maturité. Elle ne se développe qu'à la vitesse de croissance des utilisateurs terminaux de ses produits. Mais elle peut dégringoler rapidement. Elle peut être périmée du jour au lendemain si quelqu'un d'autre trouve une manière différente de répondre au même besoin. Dewey & Almy, par exemple, n'a aucune défense contre le remplacement des boîtes de conserve par d'autres matériaux comme le verre, le papier ou le plastique, ou d'autres procédés de conditionnement comme la congélation ou l'irradiation.

L'utilisateur du droit de péage ne doit jamais abuser de son monopole. Il ne doit jamais devenir ce que les Allemands appellent un « *Raubritter,* un « seigneur-malandrin » qui dévalisait les malheureux voyageurs forcés de s'aventurer dans le défilé situé près de son château. Il ne doit pas profiter de son monopole pour exploiter, escroquer ou maltraiter ses clients Faute de quoi, ces derniers mettront un autre fournisseur sur l'affaire ou trouveront des substituts qu'ils pourront mieux contrôler.

La bonne stratégie est celle suivie par Dewey & Almy depuis maintenant plus de quarante ans. Ils offrent à leurs clients, et tout particulièrement à ceux du tiers monde, une importante assistance technique et forment leur personnel. Ils créent de nouveaux procédés de conservation et de conditionnement des boîtes qui utilisent les produits Dewey & Almy. Ils améliorent constamment la qualité de leurs produits.

Le droit de péage peut constituer une position quasiment inattaquable. Le rayon d'action qu'il permet de contrôler reste néanmoins limité. Alcon a tenté de dépasser ces limites en se diversifiant dans toute une série de produits ophtalmologiques : liquide pour lentilles de contact, collyres antiallergiques, etc. Ce fut une réussite dans la mesure où Alcon parut suffisamment intéressante à l'une des plus grandes multinationales de biens de consommation, la société suisse Nestlé, pour qu'elle rachète cette entreprise à un prix très avantageux. Alcon est, autant que je sache, la seule société de ce type qui ait réussi à s'imposer sur des marchés extérieurs à son secteur initial d'activité avec des produits de caractéristiques économiques différentes. Mais l'histoire ne dit pas si cette diversification en direction de marchés de biens de consommation ultraconcurrentiels et relativement peu connus de cette entreprise fut une opération rentable.

II

Les compétences spécialisées

Tout le monde connaît les grandes marques d'automobiles. Mais peu de gens connaissent les entreprises qui fournissent les équipements électriques et le matériel d'éclairage de leurs modèles. Elles sont pourtant encore moins nombreuses que les constructeurs automobiles : le groupe Delco de General Motors aux États-Unis, Bosch en Allemagne, Lucas en Angleterre, etc. Pratiquement personne, en dehors de ceux qui travaillent dans l'industrie automobile, ne sait que depuis plusieurs dizaines d'années les châssis de toutes les voitures américaines sont construits par une entreprise de Milwaukee, A. O. Smith, et qu'une seule société, Bendix, fabrique les freins utilisés par tous les constructeurs américains.

Ce sont aujourd'hui des entreprises solidement implantées uniquement parce que la construction automobile est elle-même une industrie ancienne. Elles ont établi leur position dominante aux premiers jours de l'industrie automobile, c'est-à-dire bien avant la Première Guerre mondiale. Robert Bosch, qui a démarré dans les années 1880, est un contemporain des deux grands pionniers de l'automobile en Allemagne, Carl Benz et Gottfried Daimler.

Une fois que ces sociétés ont pris le contrôle d'un domaine de compétences spécialisées, elles le gardent. A la différence des entreprises qui ont recours au droit de péage, ces sociétés évoluent dans un domaine d'activité relativement assez large. Ce « créneau » spécialisé reste néanmoins unique. Ces entreprises ont pu l'occuper en développant très tôt des techniques de haut niveau. A. O. Smith a mis au point ce que l'on appellerait aujourd'hui l'automatisation de la construction des châssis automobiles pendant et juste après la Première Guerre mondiale. Le système électrique conçu par Bosch pour les voitures d'état-major de Mercedes vers 1911 était tellement en avance sur son temps qu'il ne fut pas utilisé de façon courante avant la fin de la Seconde Guerre mondiale, même sur les voitures de luxe. A Dayton dans l'Ohio, la société Delco a mis au point le démarreur électrique avant d'être rachetée par General Motors, soit avant 1914. Leur niveau de spécialisation était tellement en avance sur l'époque que personne ne pouvait chercher à les concurrencer sur ce terrain. Ces sociétés avaient défini « les normes ».

Les compétences spécialisées ne sont en aucun cas limitées au domaine de la fabrication. Au cours des dix dernières années, quelques sociétés commerciales, pour la plupart installées en Autriche, à Vienne, se sont spécialisées dans ce que l'on appelait auparavant le « troc » et qui constitue un échange réciproque baptisé « contre-échange » : un pays développé accepte du tabac bulgare ou des pompes d'irrigation brésiliennes en paiement de ses exportations de locomotives, d'équipement ou de produits pharmaceutiques Bien avant cela, un entrepreneur allemand s'était déjà constitué un créneau spécialisé dans le domaine des guides touristiques que l'on appelle encore par son nom, « Baedeker ».

Ces exemples montrent que la date de mise en œuvre est un facteur essentiel de la réussite d'un créneau de compétence spécialisée. Il doit se constituer au tout début d'une nouvelle industrie, d'une nouvelle coutume, d'un nouveau marché, d'une nouvelle tendance. Karl Baedeker publia son premier guide de voyage en 1828, c'est-à-dire dès que les premiers bateaux à vapeur naviguant sur le Rhin ont permis aux classes moyennes de faire du tourisme. Il eut le marché tout à lui jusqu'à ce que la Première Guerre mondiale rende la présence de livres allemands inacceptable dans les autres pays occidentaux. Les « contre-échangistes » de Vienne ont fait leur apparition vers 1960 quand ce type d'échange était encore une forme d'échange tout à fait exceptionnelle, essentiellement réservée aux petits pays du bloc communiste (ce qui permet de comprendre pourquoi ils sont concentrés en Autriche). Dix ans plus tard, quand les liquidités se sont raréfiées dans l'ensemble du tiers monde, ces sociétés avaient perfectionné leur savoir-faire et accédé au rang de spécialistes.

Trouver un créneau spécialisé demande toujours d'apporter quelque chose de nouveau, suppose une véritable innovation. Il y avait déjà des guides de voyage avant Baedeker. Mais ils se limitaient aux questions culturelles, aux églises, aux curiosités, etc. Pour ce qui était des détails pratiques, des hôtels, du prix des fiacres, des distances et des pourboires, le milord anglais s'en remettait entièrement à son guide-accompagnateur. Les classes moyennes n'avaient pas de guide à leur disposition et ce fut l'opportunité saisie par Baedeker. Quand il eut établi quelles étaient les informations nécessaires aux voyageurs, comment se les procurer et comment les présenter (la disposition qu'il adopta est encore largement utilisée par les guides actuels), personne n'aurait eu intérêt à renouveler l'investissement de Baedeker pour mettre en place un système concurrent.

Un créneau de compétences spécialisées représente une opportunité exceptionnelle dans les premières étapes d'une innovation importante. Les exemples sont innombrables. Il n'y eut pendant de longues années que deux constructeurs américains d'hélices d'avion, qui avaient tous deux commencé avant la Première Guerre mondiale.

Trouver un créneau spécialisé est rarement le fruit du hasard. C'est toujours le résultat d'une recherche systématique des opportunités d'innovation. L'entrepreneur cherche, dans chaque cas particulier, le lieu propice à la mise en œuvre d'une compétence spécialisée qui procurera une position dominante et exclusive à une nouvelle activité. Robert Bosch passa des années à étudier le secteur de l'automobile avant de positionner sa nouvelle entreprise pour qu'elle prenne immédiatement la tête de son secteur d'activité. La société Hamilton Propeller, qui resta pendant longtemps le leader de la construction des hélices d'avion aux États-Unis, était le résultat de recherches systématiques conduites aux premiers jours de la navigation aérienne. Baedeker fit plusieurs essais de service proposé aux touristes avant de décider de créer les guides qui l'ont rendu célèbre.

La première constatation est donc que les débuts d'une nouvelle industrie, d'un nouveau marché, d'une innovation importante, offrent toujours l'opportunité d'une recherche systématique de compétences spécialisées, et généralement le temps de créer un domaine exclusif de qualification.

La seconde remarque est qu'un créneau spécialisé suppose l'existence de compétences exclusives et distinctes. Les pionniers de l'automobile étaient tous sans exception des mécaniciens. Ils connaissaient bien le travail des métaux et le fonctionnement des moteurs. Mais ils ignoraient tout de l'électricité. Cette discipline demandait des connaissances théoriques qu'ils n'avaient pas et ne savaient pas comment apprendre.

Il y avait bien d'autres éditeurs à l'époque de Baedeker, mais un guide de voyage, qui demande d'aller rassembler sur place un volume considérable d'informations détaillées et constamment renouvelées par une équipe d'enquêteurs itinérants, dépassait de loin leurs compétences. La pratique du « contre-échange » ne s'apparente ni au commerce traditionnel ni au financement bancaire classique.

Une entreprise qui vient occuper un créneau de compétences spécialisée ne risque guère de voir son activité menacée par ses clients ou ses fournisseurs. Aucun de ceux-là ne veut se lancer dans quelque chose qui est aussi étranger à ses qualifications et à sa nature.

Troisième remarque : une entreprise qui occupe un créneau spécialisé doit constamment travailler à améliorer ses compétences. Elle doit conserver son avance. Elle doit sans arrêt chercher à rendre ses propres produits obsolètes. Les premiers constructeurs automobiles reprochaient à Delco (Dayton) ou à Bosch (Stuttgart) de toujours les bousculer. Ces sociétés ont mis au point des systèmes d'éclairage qui étaient nettement en avance sur la technique automobile de l'époque, sur les souhaits, les exigences et les possibilités des clients tels que les imaginaient les industriels, et sur les techniques de montage des constructeurs.

Si le créneau de compétences spécialisées a des avantages, il a également des limites considérables. La première est de mettre des œillères à ceux qui occupent un créneau spécialisé.

Pour conserver leur position dominante, ils doivent apprendre à ne regarder ni à droite ni à gauche, mais uniquement dans le champ étroit de leur spécialisation. L'électronique dans le domaine aéronautique et dans l'automobile était assez comparable au début de cette discipline. Les spécialistes de l'électricité automobile — Delco, Bosch et Lucas — ne sont pas les leaders de l'électronique aéronautique. Ils n'ont même pas vu ce nouveau secteur et n'ont rien fait pour y entrer.

Seconde limite importante : celui qui occupe un créneau de compétences spécialisées dépend le plus souvent d'une autre personne pour la commercialisation de son produit ou de son service. Il devient le maillon d'une chaîne. Toute la force des entreprises d'électricité automobile réside dans le fait que le client ignore jusqu'à leur existence. Mais c'est aussi leur faiblesse. Si l'industrie automobile britannique s'effondre, Lucas s'effondrera avec. A. O. Smith fut un constructeur prospère de châssis automobiles jusqu'à la crise de l'énergie. A cette date, l'industrie automobile américaine s'est mise à construire des voitures sans châssis, nettement plus chères que les voitures munies d'un châssis, mais également plus légères, et qui consomment donc moins de carburant. A. O. Smith ne put absolument rien faire pour renverser une telle tendance.

Le plus grand danger qui menace un fabricant spécialisé est de voir sa spécialité ne plus en être une et se généraliser.

Le créneau occupé aujourd'hui par les « contre-échangistes » viennois était un domaine réservé aux courtiers en devises, suisses pour la plupart, des années 20 et 30. Les banquiers de l'époque avaient fait leur place avant la Première Guerre mondiale et croyaient encore à la stabilité des changes. Quand l'instabilité s'est installée, les banquiers n'eurent aucune envie de manipuler des monnaies bloquées, des taux de change variant selon les différentes utilisations et autres monstruosités du genre. Ils furent bien trop contents de laisser les spécialistes suisses faire ce qu'ils jugeaient être un sale travail. C'est ainsi qu'un assez petit nombre de courtiers en devises suisses occupa un créneau spécialisé extrêmement rentable. Le développement considérable des échanges internationaux après la Seconde Guerre mondiale a totalement banalisé les transferts de devises et de nos jours, chaque banque, tout du moins dans les grandes places financières, a ses propres courtiers en devises.

Le créneau de compétences spécialisées, comme toutes les

« niches écologiques », est donc limité dans l'espace et dans le temps. La biologie nous apprend que les espèces qui occupent une niche écologique s'adaptent difficilement même aux plus petits changements de l'environnement extérieur. Cela vaut aussi pour les espèces spécialisées de l'esprit d'entreprise. Mais ces limites étant admises, le créneau de compétences spécialisées constitue une position extrêmement avantageuse. C'est sans doute la stratégie la plus intéressante quand il s'agit d'un nouveau marché, d'une nouvelle industrie ou d'une nouvelle technologie en pleine expansion. Rares sont les constructeurs automobiles des années 20 qui sont encore en selle, alors même que les fabricants de matériel d'électricité automobile sont toujours là. Une fois occupé et convenablement entretenu, le créneau spécialisé protège de la concurrence, précisément parce que les acheteurs d'automobiles ne savent pas et ne veulent pas savoir qui fabrique les phares ou les freins. Aucun d'eux ne s'avisera donc d'aller en chercher d'autres. Quand le nom de Baedeker est devenu synonyme de guide touristique, il y avait peu de risques que d'autres cherchent à investir la place, du moins avant que le marché ne change radicalement. Dans le cadre d'une nouvelle technologie, d'une nouvelle industrie ou d'un nouveau marché, la compétence spécialisée est la stratégie qui offre le rapport optimal entre l'opportunité et le risque d'échec.

III

Le marché spécialisé

La principale différence qui existe entre un créneau de compétences spécialisées et un marché spécialisé est que le premier se construit autour d'un produit ou d'un service tandis que le second s'appuie sur la connaissance approfondie d'un marché déterminé. Pour le reste, ces deux stratégies sont parfaitement comparables.

Deux entreprises moyennes, l'une située au nord de l'Angleterre et l'autre au Danemark, fournissent l'énorme majorité des fours à gâteaux secs et à biscuits salés achetés dans l'ensemble des pays non communistes. Depuis plusieurs dizaines d'années, le monopole des traveller's chèques est aux mains de deux anciennes agences de voyage, Thomas Cook en Europe et American Express aux États-Unis.

La construction des fours de boulangerie industrielle ne pose, me dit-on, aucune difficulté technique particulière. Il existe des dizaines d'entreprises qui pourraient les construire aussi bien que ces deux sociétés anglaise et danoise. Mais celles-ci connaissent le marché. Elles connaissent toutes les grandes entreprises de boulangerie et toutes ces entreprises les connaissent. Le marché n'est tout simplement pas assez grand et assez attirant pour que l'on essaye de concurrencer ces deux-là, tant qu'elles donnent satisfaction. De la même façon, les traveller's chèques étaient un secteur de tout repos jusqu'à l'après-guerre et le début de l'industrie des voyages. C'est un secteur particulièrement rentable puisque l'émetteur, Thomas Cook ou American Express, dispose de l'argent remis en échange des chèques et réalise des intérêts sur cette somme jusqu'à ce que l'acheteur encaisse son chèque, soit parfois plusieurs mois après la date d'achat. Mais le marché n'était pas assez grand pour attirer d'autres concurrents. Les chèques de voyage demandent, en outre, une infrastructure à l'échelle mondiale que Thomas Cook et American Express devaient entretenir pour assurer le service proposé à leurs clients, infrastructure que personne d'autre n'avait de raison de reproduire à cette époque.

Trouver un marché spécialisé suppose que l'on étudie une innovation en se demandant si elle ouvre des opportunités pour constituer un créneau exclusif et comment l'occuper avant tout le monde. Les traveller's chèques n'étaient pas une grande « invention ». Ce n'est fondamentalement rien d'autre qu'une lettre de crédit comme il en existe depuis plusieurs centaines d'années. Ces chèques étaient pour la première fois proposés sous une forme standard, d'abord aux clients de Thomas Cook et d'American Express, puis au grand public. On pouvait donc les encaisser partout où ces agences avaient un bureau ou un représentant. Seuls étaient intéressés les touristes qui ne voulaient pas emporter trop d'argent liquide sur eux et n'avaient pas les relations bancaires suffisantes pour avoir le droit d'utiliser des lettres de crédit.

Les premiers fours de boulangerie ne faisaient pas appel à

des techniques particulièrement sophistiquées et les fours construits aujourd'hui n'utilisent aucune technique de pointe. Les deux leaders de ce marché ont simplement compris que la cuisson des petits gâteaux et des biscuits salés était en train de se déplacer du four de la ménagère à celui de la boulangerie industrielle. Ils ont très sérieusement étudié ce dont l'entreprise de boulangerie avait besoin pour que ses clients, les épiceries et les supermarchés, puissent à leur tour vendre ces biscuits à la ménagère. Ces nouveaux fours n'étaient donc pas le résultat de recherches techniques mais d'études de marché. La technique était accessible à tous.

Le marché spécialisé répond aux mêmes conditions que les compétences spécialisées : une analyse systématique d'une nouvelle tendance, d'une nouvelle industrie, d'un nouveau marché ; une innovation spécifique, ne serait-ce qu'une simple modification comme le passage de la lettre de crédit au chèque de voyage ; un travail constant d'amélioration du produit et tout particulièrement du service, afin de conserver sa position de leader.

Les limites sont aussi les mêmes. La réussite est ce qui menace le plus un créneau sur un marché spécialisé. Le plus grand danger pour un marché spécialisé est de devenir un marché de masse.

Le traveller's chèque est aujourd'hui un produit courant parce que le voyage est devenu un marché de masse.

Il en va de même des parfums. Coty, une entreprise française, a créé l'industrie moderne de la parfumerie en comprenant le changement d'attitude amorcé par la Première Guerre mondiale à l'égard des cosmétiques. Ces produits de beauté que seules les « femmes faciles » auparavant utilisaient ouvertement étaient devenus parfaitement acceptés et respectables. Au milieu des années 20, Coty s'était construit un véritable monopole des deux côtés de l'Atlantique. Les cosmétiques sont restés un marché spécialisé, réservé aux plus riches, jusqu'en 1929, avant de littéralement exploser pendant la crise des années 30 pour devenir un authentique marché de masse. Il s'est également segmenté en un secteur de luxe (caractérisé par des prix élevés, une distribution et une présentation spéciales) et un secteur populaire de marques bon marché vendues dans les supermarchés, les magasins de mode et les drugstores. Le marché spécialisé dominé par Coty disparut en l'espace de quelques années. S'adapter à la production de masse des cosmétiques ou devenir l'un des grands parfumeurs de luxe : Coty ne put se résoudre à faire un choix et tenta de persister sur un marché qui n'existait plus. Il n'a cessé d'aller à la dérive depuis lors

Chapitre 19

CHANGER LES VALEURS ET LES CARACTÉRISTIQUES

L'objectif des stratégies d'entrepreneurs examinées jusqu'ici était d'introduire une innovation. Dans ce chapitre, la stratégie elle-même est l'innovation. Le produit ou le service qu'elle véhicule existe peut-être depuis longtemps. Le service postal, notre premier exemple, existe depuis près de deux mille ans. Mais cette stratégie a transformé ce service existant et déjà ancien en quelque chose de nouveau. Elle a changé son utilité, sa valeur et ses caractéristiques économiques. S'il n'y a pas de modification physique, il y a bien quelque chose de nouveau et de différent sur le plan économique.

Les stratégies examinées dans ce chapitre ont un point commun : elles créent un consommateur, ce qui est le but ultime de l'entreprise et de l'activité économique en général[1]. Elles atteignent cet objectif de quatre façons différentes :

- en créant de l'utilité,
- en agissant sur les prix,
- en s'adaptant aux réalités économiques et sociales du consommateur,
- en proposant au consommateur ce qui a de la valeur à ses yeux.

1. Comme je l'ai dit pour la première fois, il y a plus de trente ans, dans *The practice of Management* (1954).

Créer de l'utilité

On a longtemps enseigné aux écoliers britanniques que Rowland Hill avait « inventé » le service postal en 1836. C'est évidemment tout à fait absurde. La Rome des Césars disposait d'un excellent service de messagers zélés qui distribuaient régulièrement le courrier aux quatre coins de l'empire. Mille ans plus tard, en 1521, l'empereur Charles Quint, dans le plus pur style de la Renaissance, prit exemple sur la Rome classique. Il accorda le monopole de la distribution du courrier sur tout le territoire de l'Empire germanique à la famille princière de Thurn und Taxis. Ses généreuses contributions avaient en effet permis à Charles Quint de soudoyer suffisamment de grands Électeurs pour accéder à la couronne impériale. Les philatélistes savent que les princes de Thurn und Taxis ont assuré le service postal dans de nombreuses provinces allemandes jusqu'en 1866. Au milieu du XVIIe siècle, chaque pays d'Europe avait organisé ses services postaux sur le modèle germanique, et les colonies d'Amérique en firent autant un siècle plus tard. Tous les grands épistoliers de tradition occidentale, de Cicéron à Mme de Sévigné en passant par Lord Chesterfield et Voltaire, ont rédigé et envoyé leurs lettres bien avant que Rowland Hill « n'invente » le service postal.

Hill a néanmoins créé ce que nous appelons aujourd'hui « la poste ». Il n'a pas introduit de nouvelle technique ni quoi que ce soit de nouveau qui mérite d'être breveté. Le courrier avait toujours été payé par le destinataire et le tarif calculé en fonction de la distance et du poids. Le service était donc lent et cher. Chaque lettre devait transiter par un bureau de poste pour être pesée. Hill proposa d'appliquer un tarif unique pour tout le territoire britannique, de payer le port à l'avance au moyen de timbres déjà utilisés depuis longtemps pour d'autres cotisations et d'autres taxes. D'un jour à l'autre, la poste devint simple et efficace. Le courrier pouvait maintenant être déposé dans des boîtes à lettres. Le prix devint dérisoire.

L'expédition d'une lettre qui valait auparavant un shilling — ce qu'un artisan gagnait en une journée — ne coûtait plus qu'un penny. Le volume n'était plus limité. En un mot, la « poste » était née.

Hill a créé de l'utilité. Il s'est demandé : « De quoi les consommateurs ont-ils besoin pour que le service postal leur rende véritablement un *service?* » C'est la première question indispensable à toute stratégie se proposant de changer l'utilité, les valeurs et les caractéristiques économiques. La réduction de 80 % et plus du coût d'expédition d'une lettre était même secondaire. L'effet principal fut de mettre à la disposition de tous un service postal pratique pour chacun. Les lettres n'étaient plus les « épîtres » d'antan. Le tailleur pouvait utiliser la poste pour envoyer une facture. La véritable explosion du volume de courrier traité — qui doubla dans les quatre premières années et quadrupla au cours des dix années suivantes — abaissa le prix d'expédition d'une lettre qui ne coûta pratiquement plus rien pendant de longues années.

La notion de prix n'intervient, en règle générale, pratiquement pas dans la création d'utilité. Cette stratégie consiste à donner aux consommateurs le moyen de faire ce qui correspond à *leur intérêt,* en se demandant : « Qu'est-ce qui représente vraiment un *service,* qu'est-ce qui est vraiment *utile* pour le consommateur ? »

Toutes les jeunes mariées américaines souhaitent avoir un service de porcelaine chinoise. Le service entier représente un cadeau bien trop coûteux. Les gens qui veulent offrir un cadeau de mariage ne savent pas quelles pièces la jeune mariée a déjà et lesquelles lui manquent. Ils finissent le plus souvent par lui offrir quelque chose d'autre. En d'autres termes, la demande est là mais le bien utile fait défaut. Un fabricant de vaisselle, la société Lennox China, saisit l'opportunité d'innovation qui se présentait. Elle reprit le système traditionnel de la « liste de mariage » en l'adaptant à ses propres produits. La future jeune mariée choisit un marchand de vaisselle à qui elle précise quel service de porcelaine Lennox elle désire et quelles sont les personnes susceptibles de lui offrir un cadeau de mariage. Le marchand en question demande alors à ces personnes combien elles veulent y mettre et en déduit : « Vous pouvez lui offrir deux tasses à café avec soucoupes » ou au contraire, « Elle a déjà des tasses à café mais elle a besoin d'assiettes à dessert ». Résultat : la mariée est heureuse, celui qui lui offre un cadeau aussi, et la société Lennox China encore plus.

Là encore, pas de traces de haute technologie ou de brevets d'invention, mais simplement une attention portée sur les besoins du client. La liste de mariage, malgré toute sa simplicité, ou peut-être grâce à elle, a fait de Lennox China le fabricant de porcelaine le plus réputé et l'une des entreprises moyennes de fabrication, qui a le meilleur rythme d'expansion des États-Unis.

Créer de l'utilité permet aux gens de satisfaire leurs désirs et leurs besoins *comme ils l'entendent*. Un tailleur ne peut pas envoyer sa facture par la poste s'il faut trois heures pour remettre la lettre à un guichet, si le destinataire doit payer des frais de port considérables, peut-être aussi importants que le montant de la facture en question. Rowland Hill n'a rien ajouté au service existant. Les préposés au guichet, les diligences postales et les facteurs étaient les mêmes. Mais les services postaux organisés par Rowland Hill ont fourni un « service » et rempli une fonction radicalement différents.

II

Agir sur les prix

Le portrait de King Gillette, imprimé sur l'emballage de chaque lame de rasoir Gillette vendue aux quatre coins de la planète, fut pendant de nombreuses années le personnage américain le plus célèbre du monde entier. Des millions d'hommes utilisaient des lames Gillette tous les matins.

L'invention du rasoir de sûreté ne date pourtant pas de King Gillette. Des dizaines d'autres modèles furent brevetés à la fin du XIXe siècle. Avant 1860 ou 1870, seul un petit groupe d'hommes — les aristocrates, quelques professions libérales et certains négociants — devaient veiller à être rasé de frais et ceux-là pouvaient se permettre d'aller chez le barbier. C'est à cette date qu'un grand nombre de gens, d'hommes d'affaires, de commerçants, d'employés, furent obligés d'être bien rasés pour avoir l'air « respectable ». Peu d'entre eux pouvaient se servir en toute confiance d'un instrument aussi dangereux que le simple rasoir à main, mais aller chez le barbier coûtait cher, et, pire, faisait perdre trop de temps. De nombreux inventeurs mirent au point un rasoir mécanique qui s'avéra totalement invendable. Une visite chez le barbier coûtait 10 cents, et le moindre rasoir de sûreté valait 5 dollars, soit une somme énorme à une époque où gagner 5 dollars par jour était un bon salaire.

Le rasoir de sûreté de Gillette n'était pas mieux que beaucoup d'autres et son coût de production était nettement plus élevé. Mais Gillette ne « vendait » pas son rasoir, il le « donnait » à 55 cents au détail ou 20 cents au prix de gros, soit à guère plus d'un cinquième de son coût de fabrication. Mais ce rasoir était conçu pour n'accepter que ses propres lames dont le coût de fabrication était inférieur à 1 cent l'unité. Gillette les vendait 5 cents pièce. Et sachant que ces lames pouvaient être utilisées six ou sept fois, elles permettaient donc de se raser pour moins de 1 cent, soit moins d'un dixième du prix d'une visite chez le barbier.

Gillette décida d'agir sur le prix de ce que le consommateur achète, à savoir le rasage, et non sur ce que le fabricant lui vend. Au bout du compte, ce client captif dépensa peut-être plus en achetant un rasoir Gillette qu'en choisissant un autre rasoir à 5 dollars avec des lames à 1 ou 2 cents. Les clients de Gillette le savaient certainement, les consommateurs sont plus intelligents que ne le pensent Ralph Nader[1] ou les agences de publicité. Mais les prix de Gillette leur parurent logiques. Ils payaient un rasage et non un rasoir. Il était, en outre, beaucoup plus agréable et beaucoup moins dangereux de se raser avec un rasoir et des lames Gillette qu'avec le traditionnel rasoir à main. C'était aussi beaucoup moins cher que d'aller chez le barbier du quartier.

Une des raisons pour lesquelles les brevets des machines à photocopier ont atterri dans une petite entreprise totalement inconnue de Rochester, dont le nom à l'époque était l'Haloid Company, et non chez un grand fabricant de matériel d'imprimerie est qu'aucun de ces grands fabricants ne crut à la possibilité de vendre des photocopieurs. Leurs calculs évaluaient le prix de vente de ces machines à 4 000 dollars l'unité.

1. Créateur de la plus célèbre association de défense des consommateurs aux États-Unis, au milieu des années 60. (N.d.T.)

Personne n'allait dépenser une telle somme pour un photocopieur quand le papier carbone ne coûtait presque rien. Une entreprise ne peut dépenser 4000 dollars sans faire une demande d'engagement de dépense qui doit remonter jusqu'au conseil d'administration. Cette demande doit être accompagnée d'un calcul de rentabilité de l'investissement. Tout ceci paraît inimaginable pour un gadget destiné à aidé la secrétaire. L'Haloid Company — aujourd'hui Rank Xerox — travailla encore sur les caractéristiques techniques pour mettre au point la version définitive de son photocopieur. Mais le plus grand apport de l'Haloid Company fut dans le domaine des prix. Elle décida de ne pas vendre la machine, mais ce qu'elle faisait : des photocopies. A 5 ou 10 cents la copie, c'est de la menue monnaie que la secrétaire peut dépenser sans l'autorisation préalable de la hiérarchie. Fixer le prix de la photocopieuse à 5 cents la copie, voilà la véritable « innovation ».

La plupart des fournisseurs, y compris les institutions de service public, ne pensent jamais à la tarification comme à une stratégie. C'est pourtant le système de prix qui permet au consommateur de payer ce qu'il achète — un rasage, une photocopie — et non ce que le fournisseur produit. On paye naturellement la même somme au bout du compte. Mais la façon de payer est adaptée aux besoins et aux réalités concrètes du consommateur. La structure de la tarification correspond à ce que le consommateur achète réellement. Le prix correspond à la valeur que lui accorde le client et non au coût supporté par le fournisseur.

III

S'adapter aux réalités concrètes de la clientèle

Le leadership mondial de l'entreprise américaine General Electric sur le marché des grandes turbines à vapeur tient à l'analyse systématique des réalités concrètes de sa clientèle à laquelle s'est livrée cette société dans les années précédant la Première Guerre mondiale. Les turbines à vapeur, à la différence des moteurs à vapeur et à pistons qu'elles remplacèrent à l'heure de l'énergie électrique, sont des dispositifs complexes. Leur conception exige un degré élevé de technicité, leur construction et leur installation supposent un haut niveau de qualification inaccessible à une entreprise de production électrique. Elle achète une grande turbine à vapeur tous les cinq ou dix ans quand elle construit une nouvelle centrale. Mais les qualifications doivent être constamment entretenues. Le constructeur doit par conséquent organiser une structure de service-conseil considérable.

General Electric découvrit rapidement que les clients ne pouvaient payer ces services. D'après la législation américaine, les commissions d'État chargées des services publics (eau, gaz, électricité) auraient dû prendre en charge ce type de dépenses. Mais lesdites commissions estimèrent que les sociétés concernées devaient être en mesure d'assurer elles-mêmes ce travail. Par ailleurs, les commissions chargées des services publics n'auraient pas autorisé General Electric à comptabiliser le coût de ces services dans le prix de vente des turbines. Une turbine à vapeur peut fonctionner pendant de longues années mais les palettes de rotation doivent être changées relativement souvent, tous les cinq ou sept ans. Ces palettes doivent être fabriquées par celui qui a construit la turbine. General Electric a donc créé la toute première organisation mondiale d'ingénierie-conseil pour les centrales électriques. Elle s'est toutefois bien gardée de parler de conseil en ingénierie. Le service, gratuit, fut baptisé « ventes de matériel ». Les turbines de General Electric ne valaient pas plus cher que celles de ses concurrents. Mais le coût supplémentaire du service-conseil, plus un bénéfice substantiel, était facturé lors du remplacement des palettes. Dans les dix ans qui ont suivi, tous les autres fabricants de turbines ont compris et adopté ce système. Mais General Electric était devenu le leader du marché.

C'est une conception comparable d'adaptation des produits et des processus aux réalités concrètes du consommateur qui a conduit, bien plus tôt, dans les années 1840, à l'invention de l'achat à tempérament. Cyrus McCormick fut l'un des nombreux constructeurs américains de moissonneuses dont le pays avait à l'évidence grand besoin. Il découvrit cependant, comme les autres inventeurs de ce type de machines, qu'il ne pouvait pas vendre son produit. Les agriculteurs américains ne disposaient pas d'un pouvoir d'achat suffisant. Tout le monde reconnaissait qu'une moissonneuse pourrait être remboursée en deux ou trois saisons, mais il n'y avait pas un seul banquier pour prêter une telle somme à un fermier. McCormick proposa un système de traites payables sur trois ans grâce aux bénéfices tirés des prochaines récoltes. L'agriculteur avait enfin les moyens d'acheter une moissonneuse, et c'est exactement ce qu'il fit.

Les industriels — comme les économistes, les psychologues et les moralistes — se réfèrent souvent à la notion de « consommateur irrationnel ». Mais il n'existe rien de tel, il n'y a que des « producteurs paresseux », dit un vieux dicton. Le comportement du consommateur doit être supposé rationnel, même si sa conception de la réalité est souvent très différente de celle du producteur. Les règles et les réglementations des commissions d'État chargées des services publics peuvent sembler illogiques et totalement arbitraires. Ce n'en sont pas moins des faits réels qui régissent le fonctionnement des entreprises de production électrique. L'agriculteur américain aurait peut-être été plus solvable que ne l'imaginaient les banquiers américains de 1840. Mais le fait est que les banques n'ont pas prêté d'argent aux agriculteurs de l'époque pour s'équiper. Une véritable stratégie d'innovation doit accepter le fait que ces réalités ne sont pas étrangères au produit mais, qu'en ce qui concerne le consommateur, elles *sont* le produit lui-même. Ce que le consommateur achète doit toujours correspondre à ces réalités, faute de quoi il ne lui est d'aucune utilité.

IV

Vendre ce qui a de la valeur pour le client

La dernière stratégie d'innovation consiste à vendre ce qui a de la valeur aux yeux du client et non le « produit » fabriqué par l'industriel. Ce n'est en fait qu'un prolongement de la stratégie précédente qui considérait que la réalité du consommateur fait partie intégrante du produit qu'il achète.

Une entreprise moyenne du Midwest américain fournit plus de la moitié de l'ensemble des lubrifiants spéciaux utilisés pour les engins de construction et de grands travaux : bulldozers ou excavateurs pour construire des autoroutes, équipement lourd pour enlever les couches supérieures des mines à ciel ouvert, énormes camions qui transportent le charbon sorti des mines, etc. Cette entreprise est en concurrence avec certaines des plus grandes compagnies pétrolières qui peuvent mobiliser des bataillons entiers d'experts en produits lubrifiants. Elle leur tient tête non en vendant de l'huile de graissage mais en fournissant une garantie. Ce n'est pas le lubrifiant qui a de la valeur pour l'entrepreneur de travaux publics, c'est d'avoir un matériel qui fonctionne. Chaque heure perdue à cause d'un engin en panne lui coûte beaucoup plus cher que toute l'huile achetée dans une année entière. Les sanctions financières sont extrêmement lourdes pour les entrepreneurs qui ne tiennent pas les délais prévus. Ils ne peuvent cependant obtenir les contrats qu'en calculant les temps d'exécution au plus fin et en se battant contre la montre. Le producteur de lubrifiants du Midwest offre à l'entrepreneur d'analyser les besoins d'entretien de son parc de matériel. Il lui propose ensuite un contrat d'entretien avec un tarif d'abonnement annuel. Ce contrat garantit aux signataires que leur matériel ne restera pas en panne plus d'un certain nombre d'heures par an pour des questions de lubrification. Inutile de préciser que le contrat prévoit l'utilisation exclusive des lubrifiants du producteur en question. Mais ce n'est pas ce qu'achètent les entrepreneurs. Ils achètent la chose qui a le plus de valeur à leurs yeux, à savoir la garantie de bon fonctionnement de leur matériel.

Le dernier exemple qu'on pourrait appeler le « passage du produit au système — est celui d'Herman Miller, un fabricant de meubles de Zeeland, dans l'État du Michigan. Son entreprise devint célèbre en fabriquant un des premiers modèles de mobilier design, la chaise Eames. Quand tous les autres fabricants proposaient des chaises de ce type, Herman Miller créa des bureaux entiers et des postes de travail pour les hôpitaux qui remportèrent un réel succès. Et quand arriva le temps du « bureau du futur », Miller fonda le Facilities Management Institute, qui ne vend pas seulement des meubles et de l'équipement de bureau, mais conseille également les entreprises sur la disposition et l'organisation du bureau qui assurera la meilleure productivité du travail et garantira le meilleur environnement pour le personnel, tout ceci pour les coûts les plus bas. Herman Miller définit ce qui a de la valeur pour le consommateur. Il dit à ses clients : « Vous allez payer des meubles, mais vous achetez une plus grande productivité du travail et un meilleur environnement pour vos employés. Assurez-vous donc que c'est bien cela que vous payez. »

On trouvera certainement ces exemples trop « évidents ». N'importe quelle personne un tant soit peu intelligente aurait sans aucun doute adopté les mêmes stratégies. « Les profits ne découlent pas d'une inégalité d'intelligence mais d'une différence de stupidité », aurait dit un jour David Ricardo, le père de l'économie systématique. Ces stratégies ne fonctionnent pas parce qu'elles sont intelligentes mais parce que la plupart des producteurs (de biens ou de services, les entreprises privées ou les services publics) n'y pensent pas. Elles fonctionnent précisément parce qu'elles sont « évidentes ». Pourquoi sont-elles donc si exceptionnelles ? Ne suffit-il pas de se demander ce que le consommateur achète vraiment pour remporter la victoire ? Et peut-on parler de victoire quand personne d'autre n'est dans la course ? Comment expliquer une telle situation ?

Une première raison nous est fournie par les économistes et leur concept de valeur. Tous les livres d'économie expliquent que le consommateur n'achète pas un « produit » mais ce que ce produit lui permet de réaliser. Ces mêmes ouvrages abandonnent ensuite toute autre considération que le seul « prix » du produit, défini comme « ce que le consommateur paye en échange d'une unité de produit ou de service ». Ce que l'acheteur peut réaliser avec ce produit n'est plus jamais pris en compte. Les producteurs de biens et de services ont malheureusement tendance à suivre le raisonnement des économistes. Il est parfaitement exact de dire : « Un produit A vaut X dollars. » Il est tout aussi juste de déclarer : « Nous devons gagner Y dollars en échange de ce produit pour couvrir nos coûts de production, rentabiliser les capitaux investis et, par là même, dégager un bénéfice convenable. »

Il est en revanche totalement erroné d'en déduire : « Le client doit donc payer la somme globale de y dollars pour chaque unité de produit A achetée. » Le raisonnement exact devrait être : « Ce que le client paye pour chaque unité de produit doit représenter Y dollars *pour nous*. Mais la façon dont chaque client choisit de payer dépend de ce qui lui paraît le plus juste, de la satisfaction que lui procure ce produit et de son adéquation à la réalité de chacun. Cela dépend de sa conception de la *valeur.* »

Le prix n'est pas la fixation du prix, et ce n'est pas non plus la « valeur ». C'est cette révélation qui a assuré le quasi-monopole de Gillette pendant près de quarante ans, qui a permis à la petite Haloid Company de devenir la société multi-milliardaire Rank Xerox en l'espace de dix ans, ou à General Electric de devenir le leader mondial des turbines à vapeur. Toutes ces sociétés sont par ailleurs devenues excessivement rentables. Mais cette rentabilité n'est pas le fruit du hasard. Elles ont été payées pour avoir donné satisfaction à leurs clients, pour leur avoir procuré ce qu'ils étaient venus acheter. Elles leur en ont donné pour leur argent.

« Tout cela n'est que le b.a. ba du marketing » protesteront, avec raison, la plupart des lecteurs. Ce n'est en effet *rien d'autre* que des notions élémentaires de marketing, à commencer par la notion d'utilité pour le client, les réalités concrètes de la clientèle, ce que le client achète réellement et ce qui a de la valeur à ses yeux. C'est bien du marketing et rien que cela. Mais pourquoi si peu de producteurs semblent-ils disposés à appliquer ces notions de marketing prêchées et enseignées depuis quarante ans, je ne saurais l'expliquer. Il demeure néanmoins que tous ceux qui veulent fonder leur stratégie en appliquant ces concepts ont toutes les chances de devenir, rapidement et presque sans aucun risque, les leaders d'un marché ou d'une industrie.

Les stratégies d'entrepreneur sont aussi importantes que l'innovation systématique et le management d'entrepreneur. Les trois réunies forment *l'innovation et l'esprit d'entreprise.*

Les stratégies à notre disposition sont relativement claires et peu nombreuses. Mais il est beaucoup plus difficile d'être spécifique à l'égard de stratégies d'entrepreneur qu'au sujet de l'innovation systématique ou du management d'entrepreneur. On connaît les domaines où l'on pourra trouver les opportunités d'innovation et l'on sait les analyser. Les politiques et les pratiques d'une entreprise (ou d'un service public) peuvent être favorables ou défavorables à l'esprit d'entreprise. Il y a des choses à faire et d'autres à ne pas faire dans une nouvelle entreprise. Mais choisir la stratégie appropriée à une innovation déterminée est une décision à haut risque. Certaines conviennent mieux à tel ou tel type de situation. Ce peut être la stratégie du « judo de l'esprit d'entreprise » par exemple, qui consiste à choisir les secteurs où les leaders d'une industrie persistent d'année en année dans la même arrogance et la même fausse supériorité. On peut également décrire les avantages et les limites caractéristiques de chaque stratégie.

Mais nous savons, par-dessus tout, que plus une stratégie d'entrepreneur part des utilisateurs, de leurs valeurs, de leurs réalités et plus elle a de chances de réussir. Une innovation est un changement dans un marché ou dans la société. Elle accroît le rendement de celui qui l'utilise, augmente la capacité de la société à produire des richesses, accroît leur valeur et la satisfaction qu'elles procurent. Le test de toute innovation est toujours ce qu'elle apporte à celui qui l'utilise. C'est pourquoi l'esprit d'entreprise doit toujours être axé sur le marché et entraîné par lui.

La stratégie d'entrepreneur n'en reste pas moins le lieu de décision de l'esprit d'entreprise. C'est donc un domaine à risques. Ce n'est ni une affaire d'intuition ni de hasard. Mais ce n'est pas non plus exactement une démarche scientifique. C'est plutôt une question de jugement.

Conclusion

UNE SOCIÉTÉ D'ENTREPRENEUR

I

« Chaque génération a besoin d'une nouvelle révolution » déclarait Thomas Jefferson à la fin de son existence. Bien qu'ultra-conservateur, Goethe, grand poète allemand contemporain de Jefferson, exprima la même idée à la fin de sa vie en écrivant

Vernunft wird Unsinn
Wohltat, Plage[1]

Jefferson et Goethe traduisaient chacun à leur manière la déception de leur génération vis-à-vis de l'héritage des Lumières et de la Révolution française. Mais ce désenchantement pourrait tout aussi bien s'appliquer, cent cinquante ans plus tard, à l'héritage de notre époque, à cette promesse éclatante que fut l'État Providence. Créé par l'Empire germanique pour les indigents et les plus défavorisés, il est aujourd'hui « un droit pour tous » et un fardeau de plus en plus lourd à supporter pour tous ceux qui produisent. Qu'ils atteignent ou non leurs objectifs, les systèmes, les institutions, les politiques se perpétuent, tout comme les produits, les processus et les services. Les mécanismes peuvent encore fonctionner. Mais les hypothèses qui leur ont donné le jour ne sont plus fondées. C'est par exemple le cas des données démographiques qui ont présidé à l'élaboration des systèmes de retraites et d'assurance-maladie dans tous les pays développés au cours de

1. La raison devient non-sens,
les bienfaits, des fléaux

ce siècle. C'est ainsi qu'en vérité, la raison est devenue non-sens et les bienfaits, des fléaux.

Mais nous avons appris depuis l'époque de Jefferson que les « révolutions » ne constituent pas le bon remède. On ne peut ni les prédire, ni les diriger, ni les contrôler. Elles donnent le pouvoir à qui il ne faudrait pas. Pire, elles aboutissent — et c'est prévisible — à l'opposé de leurs promesses. Quelques années après la mort de Jefferson en 1826, le grand analyste de l'État et de la politique, Alexis de Tocqueville, remarquait comment les révolutions ne détruisent pas les prisons des régimes précédents mais, au contraire, les agrandissent. Tocqueville démontra que l'héritage le plus durable de la Révolution française a été le resserrement des chaînes qui entravaient la France prérévolutionnaire : la soumission du pays tout entier à une bureaucratie incontrôlée et incontrôlable, la centralisation à Paris de toute la vie politique, intellectuelle, artistique et économique du pays. Les plus grands effets de la Révolution russe furent l'asservissement renouvelé des paysans, la toute-puissance de la police secrète, et la mise en place d'une bureaucratie rigide, corrompue et étouffante. C'est précisément contre ces marques distinctes du régime tsariste que les libéraux et les révolutionnaires s'étaient, à juste titre, révoltés. On pourrait dire la même chose de la sinistre « révolution culturelle » de la Chine de Mao.

Nous savons de nos jours que la « révolution » est une illusion, sans doute l'illusion la plus irrésistible du XIXe siècle, un mythe frappé désormais du plus grand discrédit. Nous savons que la révolution n'est pas un accomplissement, l'aube d'un jour nouveau. Elle résulte du déclin sénile, de la banqueroute des idées et des institutions, de l'échec du renouvellement.

Nous savons aussi, cependant, que les théories, les valeurs et toutes les réalisations de l'esprit et du travail humain vieillissent, se raidissent, deviennent obsolètes et se changent en « fléaux ».

L'innovation et l'esprit d'entreprise sont donc aussi nécessaires à la société qu'à l'économie, à l'entreprise qu'au service public. C'est précisément parce que l'innovation et l'esprit d'entreprise ne sont pas des démarches « totalisantes », mais procèdent au contraire par étapes successives, créant ici un produit, là une politique et ailleurs un service public · c'est parce qu'elles ne sont pas programmées à l'avance mais s'adaptent à telle opportunité et à tel besoin; parce que ce sont des expériences qui disparaîtront si elles ne produisent pas les résultats escomptés; parce que ce sont des voies pragmatiques et non dogmatiques, des projets modestes et non grandioses; c'est pour toutes ces raisons qu'elles ont les meilleures chances de donner à une société, une économie, une industrie, un service public ou une entreprise les moyens d'un fonctionnement souple et apte au renouvellement. Elles permettent de réaliser la révolution promise à chaque génération par Thomas Jefferson, mais sans massacre, sans guerre civile, sans camps de concentration et sans catastrophe économique. Elles garantissent au contraire la détermination, la direction et le contrôle d'une telle entreprise.

Nous avons besoin d'une société d'entrepreneur, d'une société pour laquelle l'innovation et l'esprit d'entreprise constituent un phénomène normal, régulier et continu. Le management est devenu l'instrument spécifique de toutes les institutions contemporaines et fait partie intégrante de notre société d'organisations. L'innovation et l'esprit d'entreprise doivent, de la même façon, constituer une activité essentielle et pleinement intégrée au fonctionnement de nos organisations, de notre économie et de notre société.

Cela suppose que les responsables de toutes les formes d'institutions fassent de l'innovation et de l'esprit d'entreprise une activité normale, quotidienne et permanente, une pratique appliquée à leur propre travail et à celui de leur organisation. Ce livre définit les concepts et fournit les outils indispensables à cette tâche.

II

Ce qui ne marchera pas

La première des choses à faire à propos des politiques publiques et des mesures gouvernementales indispensables à une société d'entrepreneur est de définir celles qui ne fonctionneront pas, puisque ce sont précisément celles-ci qui ont la faveur de notre époque.

La « planification » au sens général du terme est totalement incompatible avec une société et une économie d'entrepreneur. L'innovation doit en effet répondre à un but précis et l'esprit d'entreprise doit être organisé et dirigé. Mais l'innovation doit, presque par définition, être décentralisée, autonome, spécifique et micro-économique. Elle doit commencer de façon modeste, expérimentale et souple. Les opportunités d'innovation se situent généralement au plus près des événements. On ne les trouvera pas au milieu des grands agrégats qu'utilise nécessairement le planificateur, mais dans leurs formes anormales : dans l'imprévu, la contradiction, la différence entre le verre moitié plein et le verre moitié vide, dans le point faible d'un processus. Le temps que ces anomalies soient repérées par le planificateur parce qu'elles apparaissent « significatives sur le plan statistique » et il est déjà trop tard. Les opportunités d'innovation ne viennent pas avec la tempête, mais avec le frémissement d'un vent léger.

Il est très à la mode aujourd'hui, surtout en Europe, de penser qu'un pays peut à lui seul développer un esprit d'entreprise favorable à la haute technologie. La France, l'Allemagne de l'Ouest et même l'Angleterre construisent des politiques nationales sur de telles bases. Cela est totalement illusoire. Un pays dont la politique est d'encourager les techniques de pointe, et elles seules, tout en restant aussi opposé à l'esprit d'entreprise que le sont encore la France, l'Allemagne et même l'Angleterre, ne créera même pas de « haute technologie ». Il provoquera un nouveau fiasco dispendieux, un autre Concorde, un peu de gloire, des déficits vertigineux, mais pas d'emplois ni de leadership technologique.

Les techniques de pointe ne représentent qu'un domaine d'innovation et d'esprit d'entreprise parmi d'autres. C'est là, bien évidemment, une des bases essentielles de ce livre. La plus grande part de l'innovation se situe ailleurs. Une politique consacrée à la haute technologie se heurtera à des obstacles politiques qui auront vite raison d'elle. En matière de création d'emplois, les techniques de pointe fabriquent plus l'avenir que le présent. Nous avons déjà vu dans l'introduction que le secteur des industries de pointe aux États-Unis n'a pas créé plus d'emplois entre 1970 et 1985 que n'en ont perdu les industries traditionnelles, soit entre 5 et 6 millions. Tous les autres emplois sur les 35 millions créés pendant la même période sont venus de nouvelles entreprises qui n'appartiennent pas au secteur des techniques de pointe. Les pays européens seront plus que jamais contraints de trouver de nouveaux emplois pour une population active toujours croissante. Si la haute technologie reste l'objectif prioritaire de l'innovation et de l'esprit d'entreprise, les pressions se multiplieront pour demander l'abandon de politiques qui sacrifient les besoins actuels — c'est-à-dire le soutien aux grandes industries en difficulté — à l'avenir hypothétique et aux promesses des techniques de pointe. C'est cette question qui a amené les communistes français à se retirer du gouvernement du président Mitterrand en 1984, qui sème l'inquiétude et provoque l'amertume croissante au sein de l'aile gauche du parti socialiste.

Réserver l'esprit d'entreprise à la haute technologie sans l'inscrire dans le cadre plus large d'une économie d'entrepreneur fondée sur toutes les entreprises, qu'elles fassent ou non appel aux techniques de pointe, fait penser au sommet d'une montagne dont il manquerait la base. Aucun spécialiste de haute technologie ne se lancerait dans une aventure aussi risquée. Ils préféreront tous la sécurité d'une grande entreprise solidement implantée ou d'une administration publique. Les industries de pointe emploient également un grand nombre de gens qui ne sont pas des spécialistes de haute technologie. Dans une économie qui décourage l'innovation et l'esprit d'entreprise partout ailleurs que dans cette miniature capricieuse qu'est la « prestigieuse entreprise de haute technologie », les comptables, les vendeurs et les directeurs chercheront des emplois là où la société et l'économie les incitent à aller les chercher : dans la grande institution, sûre et solidement établie. De même, les investisseurs refuseront de soutenir les nouvelles entreprises et les distributeurs ne voudront pas s'occuper de leurs nouveaux produits.

Mais l'innovation dans les autres entreprises est indispensable pour apporter le capital dont a besoin la haute technologie. Les innovations fondées sur les nouvelles connaissances, et tout particulièrement sur les techniques de pointe, ont le plus long délai de rentabilisation des investissements. L'industrie informatique mondiale n'a atteint son seuil de rentabilité qu'à la fin des années 70, soit après trente ans de pertes. I.B.M. a sans aucun doute réalisé assez rapidement de confortables bénéfices. Chacun des « sept nains » de l'industrie informatique est à son tour devenu rentable à la fin des années 60. Mais ces bénéfices furent plusieurs fois contrebalancés par les pertes terribles de tous les autres concurrents et tout particulièrement des grandes sociétés qui ont échoué dans le secteur informatique : General Electric, Westinghouse, I.T.T. et R.C.A. aux États-Unis ; la General Electric Company, Ferranti et Plessey en Grande-Bretagne, Thomson en France, Siemens et Telefunken en Allemagne, Philips aux Pays-Bas, et tant d'autres. La même histoire se répète une fois de plus aujourd'hui avec la micro-informatique et l'ordinateur personnel, et il faudra attendre de longues années avant que l'ensemble de l'industrie informatique n'atteigne son seuil de rentabilité. Un phénomène identique est en train de se produire dans le domaine de la biotechnologie. Le schéma fut le même en 1880 pour l'industrie électrique ou au début du siècle pour l'industrie automobile.

Pendant cette longue période de gestation, les autres entreprises doivent dégager suffisamment de profits pour compenser les pertes des industries de pointe et leur procurer les capitaux dont elles ont besoin.

Les Français ont raison, bien évidemment : la force politique et économique exige aujourd'hui que l'on soit en bonne place dans le secteur de la haute technologie, qu'il s'agisse des techniques de l'information, de la biologie ou de l'automation. La France en a assurément les moyens scientifiques et techniques. Il est néanmoins tout à fait improbable (j'ai envie de dire impossible) qu'un pays fasse preuve d'innovation et d'esprit d'entreprise en matière de techniques de pointe s'il ne dispose pas d'une véritable économie d'entrepreneur. Un secteur de haute technologie n'est pas viable par lui-même, tout comme un cerveau ne peut fonctionner dans le corps d'un homme mort. L'économie tout entière doit regorger d'innovateurs et d'entrepreneurs, tous porteurs des projets et des valeurs de l'esprit d'entreprise, bénéficiant de l'accès au capital-risque e animés de la volonté d'entreprendre.

III

Les nécessaires innovations sociales

Une société d'entrepreneur rend indispensable la prise de mesures d'innovation sociale dans deux domaines précis.

1. Il s'agit tout d'abord de définir une politique qui s'occupe des travailleurs privés d'emploi. Les personnes concernées ne sont pas excessivement nombreuses, mais les ouvriers des industries traditionnelles sont localisés dans un espace géographique limité ; aux États-Unis par exemple, les trois quarts des travailleurs de l'automobile vivent dans une vingtaine de comtés. Ils sont donc parfaitement identifiables, et très bien organisés. Mais ils sont également très mal armés pour trouver un emploi, pour changer d'orientation et pour se déplacer. Ils n'ont ni l'instruction, ni les qualifications, ni les compétences sociales nécessaires. Ils n'ont, par-dessus tout, guère confiance en eux. Ils n'ont par ailleurs jamais postulé à un emploi ; un parent qui travaillait à l'usine les a présentés au contremaître dès qu'ils furent en âge d'occuper un emploi. Ou le curé de la paroisse a remis une lettre à l'un de ses paroissiens qui travaillait déjà à l'usine. Les ouvriers des industries traditionnelles de Grande-Bretagne, les mineurs du pays de Galles, les ouvriers de la vallée de la Ruhr en Allemagne, de Lorraine en France ou du Borinage en Belgique, se trouvent dans la même situation. Ces travailleurs constituent le seul groupe social de nos sociétés développées dont le niveau d'éducation et l'horizon professionnel n'aient pas réalisé de formidables progrès au cours de ce siècle. En matière de compétence, d'expérience, de qualification et d'enseignement, ils en sont à peu près là où en étaient les ouvriers non qualifiés de 1900. Le seul progrès qu'ils aient connu est une croissance vertigineuse de leurs revenus — tout bien considéré, ils représentent le groupe le mieux payé des sociétés industrielles quand on tient compte des salaires et des prestations sociales — et de leur pouvoir politique. Ils n'ont donc pas les moyens de s'aider eux-mêmes, en tant qu'individus ou en tant que groupe, mais disposent de tout le pouvoir nécessaire pour

s'opposer, bloquer, mettre leur veto. Si la société ne prend pas soin de les placer — ne serait-ce que dans les emplois les moins payés —, ils deviennent une force purement négative.

Le problème trouvera une solution si l'économie favorise l'esprit d'entreprise. Dans une économie d'entrepreneur, les nouvelles entreprises créent de nouveaux emplois, comme c'est le cas aux États-Unis depuis une dizaine d'années. Cela explique d'ailleurs pourquoi le chômage massif qui s'est abattu sur les industries traditionnelles a provoqué si peu d'agitation politique aux États-Unis et n'a même pas déclenché de réaction protectionniste importante. Mais même si l'économie d'entrepreneur crée de nouveaux emplois, il est indispensable d'assurer la formation et de proposer des emplois aux ouvriers licenciés des industries traditionnelles, car ils ne pourront le faire par eux-mêmes. Sans quoi, les travailleurs des industries traditionnelles aujourd'hui privés d'emploi s'opposeront de plus en plus à toute nouveauté et même à leurs seules chances de salut. Les « mini-aciéries » offrent des emplois aux sidérurgistes au chômage. L'usine automatisée est le lieu le plus à même de proposer un emploi aux ouvriers licenciés de l'automobile. Ces nouvelles structures de production se heurtent pourtant à la plus grande hostilité de la part des ouvriers actuels, même lorsqu'ils savent parfaitement que leur emploi ne durera pas éternellement. Si nous ne parvenons pas à faire de l'innovation une véritable opportunité offerte aux ouvriers des industries traditionnelles, leurs craintes, leur sentiment d'impuissance et d'être pris au piège les pousseront à s'opposer à toute forme d'innovation. C'est déjà le cas en Grande-Bretagne ou dans les services postaux américains. Ce travail a déjà été fait : au Japon, par le Mitsui Zaibatsu lors de la très grave crise économique qui suivit la guerre russo-japonaise de 1906 ; en Suède, après la Seconde Guerre mondiale, quand il fut décidé de transformer un pays qui vivait encore de ses cultures vivrières et de l'exploitation forestière en une riche nation industrielle. Les personnes concernées ne sont, comme nous l'avons déjà dit, pas excessivement nombreuses. On peut en effet supposer que les plus de cinquante-cinq ans, qui représentent le tiers de ce groupe social, disposent d'un système de retraite anticipée approprié, et que les jeunes de moins de trente ans, qui représentent un autre tiers, seront capables de se déplacer et de trouver eux-mêmes un emploi. Mais la formation et le placement du dernier tiers, le « noyau dur » des travailleurs privés d'emploi de l'industrie traditionnelle, est un problème dont la solution reste encore à trouver.

2 Le second domaine d'innovation est à la fois plus radical, plus difficile et sans précédent. Il s'agit d'organiser l'abandon systématique des politiques sociales désuètes et des services publics obsolètes. Cela n'était pas un problème à l'époque des grands entrepreneurs : on ne comptait en effet pas beaucoup de politiques et d'institutions de ce type à la fin du siècle dernier. Mais elles foisonnent aujourd'hui et nous savons que peu d'entre elles pourront durer toujours. Elles sont également peu nombreuses à avoir été performantes autrement que sur une courte période.

Les vingt dernières années ont été le théâtre d'un changement de perception et de vision du monde qui constitue un véritable bouleversement. On semble en effet avoir pris conscience que les politiques gouvernementales et les administrations publiques n'étaient pas d'essence divine mais au contraire bien trop humaines. La seule chose absolument certaine à leur égard est donc qu'elles sont appelées à se périmer assez rapidement. La pratique politique repose encore sur la croyance ancestrale selon laquelle tout ce que fait l'État reste à jamais inscrit dans la nature de la société humaine. Il n'existe donc jusqu'à maintenant aucun mécanisme au niveau de l'État qui permette de se débarrasser de ce qui est vieux, désuet et de tout ce qui n'est plus productif.

Plus exactement, ce qui existe à l'heure actuelle ne fonctionne pas encore. Les États-Unis ont récemment adopté une série de lois très strictes qui prévoient un délai déterminé au bout duquel une loi ou une administration deviennent caduques si elles n'ont pas été spécifiquement reconduites. Ces lois n'ont pas fonctionné jusqu'à maintenant, en partie parce qu'il n'existe pas de critère objectif pour apprécier qu'une loi ou qu'une administration ne fonctionnent plus convenablement, et parce qu'il n'existe pas encore de mécanisme spécifique pour révoquer une loi ou une administration. Mais la toute première raison est sans doute que nous n'avons pas encore appris à mettre au point les nouvelles méthodes qui permettront de réaliser ce qu'une administration ou une loi inefficace était chargée de faire. Une des plus importantes et des plus urgentes innovations en matière sociale consiste aujourd'hui à dégager les principes et les mécanismes qui rendront ces nouvelles lois pertinentes et efficaces. Nos sociétés y sont prêtes.

IV

Les nouvelles missions

Ces besoins d'innovation sociale ne sont néanmoins que des exemples. Ils prennent appui sur un besoin profond de redéfinition des politiques, des comportements, et, par-dessus tout, des priorités. Nous devons encourager, chez les individus et dans les institutions, toutes les attitudes qui vont dans le sens de la flexibilité, de la formation permanente et de l'acceptation du changement comme un phénomène normal et riche d'opportunités.

La politique fiscale est un domaine essentiel de par son influence sur les comportements mais aussi en tant que symbole des valeurs et des priorités choisies par une société. La fiscalité des pays développés pénalise sévèrement ceux qui tentent de se débarrasser du passé. Aux États-Unis par exemple, le fisc considère l'argent provenant de la vente ou de la liquidation d'une entreprise ou d'une chaîne de production comme un revenu, alors qu'il s'agit à l'évidence d'un remboursement sur le capital. Mais le système actuellement en vigueur impose le produit de ces opérations au titre de l'impôt sur les sociétés. Si l'argent de la vente ou de la liquidation est ensuite distribué aux actionnaires de l'entreprise, ceux-là devront déclarer cette somme au titre de l'impôt sur les revenus comme s'il s'agissait de dividendes ordinaires, c'est-à-dire d'une simple distribution de bénéfices. A ce prix-là, les entreprises préfèrent donc ne pas se séparer de ce qui est vieux et périmé. Elles s'accrochent à ce qui n'est plus productif et continuent d'y investir des capitaux. Pire, elles demandent à leurs meilleurs éléments de « défendre » ces unités obsolètes. C'est la plus mauvaise affectation possible des ressources les plus rares et les plus précieuses qui soient, les ressources humaines. Celles-ci doivent au contraire être consacrées à la préparation de l'avenir, si l'entreprise entend se préserver un quelconque avenir. Et quand elle finit par vendre ou liquider la vieille affaire (ou chaîne de production) obsolète et improductive, elle n'en distribue pas le produit aux actionnaires. Cet argent ne retourne donc pas sur le marché des capitaux pour permettre de financer de nouvelles opportunités d'innovation. L'entreprise garde au contraire ces fonds qu'elle investit dans une affaire ou une production en déclin, c'est-à-dire dans des activités pour lesquelles elle aurait du mal à trouver des moyens de financement sur le marché des capitaux. Il s'agit, une fois de plus, de la pire utilisation possible de ressources toujours rares.

Une fiscalité adaptée à une société d'entrepreneur doit encourager le déplacement des capitaux du passé vers l'avenir, au lieu de le bloquer et de le pénaliser comme le fait notre système actuel.

Mais le système fiscal devrait également nous permettre de répondre au problème financier le plus pressant d'une nouvelle entreprise en expansion : les difficultés de trésorerie. Une première solution consiste à accepter les réalités économiques. Les « bénéfices » réalisés par une société pendant ses cinq ou six premières années d'existence tiennent de la fiction comptable, surtout s'il s'agit d'une entreprise en expansion. Pendant cette période, les coûts supportés pour maintenir l'activité sont presque par définition toujours supérieurs à l'excédent antérieur, c'est-à-dire à l'excédent des revenus actuels sur les coûts supportés lors de l'exercice précédent. Cela signifie qu'une nouvelle entreprise doit réinvestir chaque centime de ses bénéfices d'exploitation pour avoir une chance de rester en vie ; le plus souvent, et tout particulièrement si elle se développe rapidement, elle doit investir beaucoup plus qu'elle ne peut espérer obtenir d'excédents courants (c'est-à-dire de bénéfices). Nous n'attendons pas d'un jeune enfant en pleine croissance qu'il fournisse un « excédent » afin de subvenir aux besoins de l'adulte. De la même façon, une nouvelle entreprise en expansion — qu'elle soit indépendante ou fasse partie d'une société — devrait systématiquement être exemptée d'impôt sur les bénéfices pendant ses premières années d'existence. L'impôt consiste à demander à un productif de subvenir aux besoins d'un tiers, c'est-à-dire d'un non-productif. Au bout du compte, exempter la nouvelle entreprise jusqu'à ce qu'elle atteigne l'âge adulte permettrait assurément d'augmenter le produit des recettes fiscales.

Si une telle mesure est jugée trop « radicale », la nouvelle entreprise devrait au moins pouvoir retarder le paiement de l'impôt sur les prétendus bénéfices des premières années d'activité. Elle devrait pouvoir conserver cet argent sans encourir de majoration ni payer d'intérêts jusqu'à ce qu'elle ait dépassé le cap le plus critique en matière d'autofinancement.

Une société et une économie d'entrepreneur ont besoin d'un système fiscal qui encourage la formation de capital.

Un des « secrets » des Japonais est certainement leur système officiel d'encouragement à « l'évasion » fiscale pour permettre la formation de capital. La loi autorise chaque personne adulte à ouvrir *un* compte d'épargne plafonné dont les intérêts sont exonérés d'impôts. Dans la réalité, le Japon a cinq fois plus de comptes de ce type que d'habitants. C'est naturellement le genre de « scandales » que dénoncent régulièrement les journaux et les politiciens. Mais les Japonais prennent bien garde de ne rien faire pour mettre un terme à ces « pratiques abusives ». Cela leur permet de détenir le taux de formation de capital le plus élevé au monde. Cette méthode semblera peut-être trop alambiquée pour échapper au grand dilemme de notre société moderne, à savoir le conflit qui existe entre le besoin de formation de capital à un taux élevé, et la condamnation populaire de l'intérêt et des dividendes, considérés comme des bénéfices « non distribués », des pratiques « capitalistes », à la limite de la corruption et du péché. Mais un pays qui voudra rester compétitif dans une période propice à l'esprit d'entreprise devra, d'une manière ou d'une autre, définir un politique fiscale qui fera ce que les Japonais réussissent à faire de façon mi-officielle et mi-hypocrite : stimuler la formation de capital.

La protection de la nouvelle entreprise contre le fardeau toujours plus lourd des réglementations, des restrictions, des rapports et de la paperasserie, est tout aussi importante que l'adoption de politiques fiscales qui encouragent — ou au moins ne pénalisent pas — l'esprit d'entreprise. Ma propre suggestion n'a, je le sais, aucune chance d'être jamais prise en compte. Il s'agirait de permettre à la nouvelle entreprise (indépendante ou filiale d'une société existante) de facturer à l'État les frais liés aux réglementations et autres paperasses administratives au-delà d'un certain pourcentage de ses recettes brutes (5 % par exemple). Cela serait particulièrement utile pour les nouveaux établissements de service public, comme une clinique indépendante de chirurgie ambulatoire par exemple. Les services publics des pays développés sont encore plus accablés de paperasserie administrative et d'obligations envers l'État que ne le sont les entreprises. Ils ont généralement encore moins les moyens (humains ou financiers) d'y faire face.

Une mesure de ce type serait le meilleur, et peut-être le seul, traitement efficace pour combattre cette maladie redoutable et insidieuse des pays développés : la croissance régulière de la charge invisible de l'État. Il s'agit bien d'une charge financière, mais aussi d'une dissipation du temps et des efforts de personnes compétentes. C'est toutefois un coût invisible parce qu'il n'apparaît pas dans le budget de l'État, mais se cache dans la comptabilité du médecin dont l'infirmière passe la moitié de son temps à remplir des formulaires administratifs, ou dans le budget de l'université qui emploie seize administrateurs de haut niveau pour travailler en « conformité » avec les réglementations administratives. Ils se cachent également dans le compte de pertes et profits d'une petite entreprise de deux cent soixante-quinze employés, dont dix-neuf personnes sont payées pour servir de percepteur à l'État, prélever les impôts et les cotisations de sécurité sociale des salaires des autres employés, relever les numéros d'identification des fournisseurs et des clients de l'entreprise pour les notifier à l'administration, ou comme en Europe, percevoir la T.V.A. Ces frais généraux invisibles imposés par l'État sont totalement improductifs. Qui peut croire, par exemple, que les conseillers fiscaux contribuent en quoi que ce soit à la richesse nationale, à l'amélioration de la productivité, ou au bien-être de la société en général, qu'il soit d'ordre matériel, physique ou spirituel ? Cela n'empêche pas l'État de détourner une part croissante des ressources les plus précieuses de nos sociétés développées — des personnes compétentes, dynamiques et qualifiées — vers des occupations aussi fondamentalement stériles.

C'est sans doute trop demander que de vouloir arrêter, sans parler de supprimer, le cancer des coûts invisibles imposés par l'État. Nous devrions au moins être capables de protéger la nouvelle entreprise contre cette menace.

Nous devons apprendre à demander, face à toute nouvelle mesure ou politique gouvernementale : « Permet-elle d'améliorer la capacité d'innovation de la société ? Encourage-t-elle la flexibilité sociale et économique? Ou risque-t-elle au contraire de bloquer et de pénaliser l'innovation et l'esprit d'entreprise? L'impact sur la capacité d'innovation de la société ne peut et ne devrait bien entendu pas être le principal (et encore moins le seul) critère à retenir. Mais il doit néanmoins être pris en compte avant d'adopter toute nouvelle politique et toute nouvelle mesure. Peut-être à l'exception du Japon, ce n'est aujourd'hui le cas d'aucun pays ni d'aucun politicien.

V

Le rôle de l'individu dans la société d'entrepreneur

Dans une société ouverte à l'esprit d'entreprise, les individus sont confrontés à un formidable défi qu'ils doivent exploiter comme une opportunité : le besoin constant d'apprendre et de se former.

Dans une société traditionnelle, on pouvait supposer le temps de l'apprentissage terminé dès l'adolescence, ou, au plus tard, à l'âge adulte. On ne pourrait plus jamais apprendre ce que l'on n'avait pas déjà appris à l'âge de vingt et un ans ou à peu près. On appliquerait donc tout le reste de sa vie ce que l'on avait appris jusqu'alors. L'apprentissage, le métier, les professions, mais aussi les systèmes d'enseignement et d'éducation traditionnels reposaient, et reposent encore largement, sur de telles hypothèses. Il y a naturellement toujours eu des exceptions, des groupes qui ne cessaient d'apprendre et de réapprendre : les grands artistes, les grands savants, les moines zen, les mystiques ou les jésuites.

Dans une société d'entrepreneur ces « exceptions » deviennent des exemples. Les individus devront apprendre de nouvelles choses bien après avoir atteint l'âge adulte, et sans doute plus d'une fois. Ce qu'ils auront appris avant vingt et un ans sera, en toute hypothèse, périmé cinq à dix ans plus tard, et devra être remplacé — ou au moins revu et corrigé — par de nouvelles connaissances, de nouvelles qualifications et de nouveaux apprentissages.

Une des conséquences de cette évolution est que les

individus devront de plus en plus prendre eux-mêmes en charge le renouvellement constant de leurs connaissances pour leur carrière et leur épanouissement personnel. Ils ne pourront plus prétendre que ce qu'ils ont appris dans leur enfance et leur adolescence aura construit les « fondations » du reste de leur vie. Ce sera bien au contraire la « rampe de lancement », la base qui permettra de prendre son envol plutôt que de construire et de prendre racine. Ils ne pourront plus imaginer suivre un plan de carrière vers une destination connue à l'avance (ce que l'armée appelle « monter en grade »). La seule hypothèse correcte est que les individus devront, de leur propre gré, trouver, définir et mettre en œuvre un certain nombre de carrières qui jalonneront leur vie active.

Plus les individus seront diplômés, plus grandes seront leurs carrières d'entrepreneur et plus ils seront au défi de renouveler leurs connaissances. Le charpentier a (peut-être) encore la possibilité de croire que sa qualification acquise en tant qu'apprenti et compagnon lui servira toujours quarante ans plus tard. Mais les médecins, les ingénieurs, les sidérurgistes, les chimistes, les comptables, les juristes, les professeurs, les managers feraient mieux de s'attendre à ce que les connaissances, les qualifications et les outils qu'ils devront utiliser dans quinze ans soient nouveaux et différents de ceux d'aujourd'hui. Ils feraient mieux de se préparer à apprendre de nouvelles choses, à définir de nouveaux objectifs, et dans un grand nombre de cas, à suivre de nouvelles carrières. Et ils sont les seuls à pouvoir assumer la responsabilité du renouvellement indispensable de leurs connaissances et de leur orientation. Les traditions, les habitudes et la « politique de l'entreprise » seront pour eux un handicap et non un soutien.

Cela signifie également qu'une société d'entrepreneur remet en question les habitudes et les hypothèses sur lesquelles repose notre façon d'enseigner et d'apprendre. Le système éducatif aujourd'hui appliqué partout dans le monde est pour l'essentiel issu du modèle mis en place dans l'Europe du XVIIe siècle. Ce modèle a subi de substantielles modifications et des ajouts importants, mais le fondement architectural sur lequel reposent nos écoles et nos universités remonte trois cents ans en arrière et plus. De nouvelles conceptions et de nouvelles méthodes, parfois radicalement différentes, sont aujourd'hui indispensables, à tous les niveaux. Le recours à l'ordinateur dès la maternelle ne sera peut-être bien qu'une lubie passagère. Mais des enfants de quatre ans en contact constant avec la télévision exigeront et ne réagiront qu'à une pédagogie entièrement différente de celle employée cinquante ans plus tôt. Les jeunes gens qui se préparent à occuper une profession hautement spécialisée — soit les quatre cinquièmes des étudiants d'aujourd'hui — ont assurément besoin d'une éducation « libérale ». Mais cela n'a manifestement rien à voir avec le programe du XVIIe siècle revu au XIXe qui passait pour la « *Liberal Education* » de la communauté anglo-saxonne ou l' « *Allgemeine Bildung* » des Allemands. Ne pas relever ce défi nous ferait courir le risque de perdre les concepts fondamentaux de cette « éducation libérale » qui se verrait réduite à l'état de formation purement professionnelle et spécialisée. Les fondements éducatifs de notre société et, au bout du compte, la société elle-même seraient menacés. Les éducateurs devront également accepter que l'enseignement ne soit pas réservé aux jeunes, et que le plus grand défi — mais aussi la plus grande opportunité — est aujourd'hui la formation continue des adultes ayant déjà suivi des études supérieures.

Nous n'avons défini jusqu'à maintenant aucune théorie éducative adaptée à cette tâche. Personne n'a repris le travail déjà réalisé au XVIIe siècle par le grand réformateur tchèque Johann Comenius ou par les éducateurs jésuites qui élaborèrent ce qui est resté, jusqu'à ce jour, l'école et l'université « modernes ». Mais au moins en ce qui concerne les États-Unis, la pratique est nettement en avance sur la théorie. L'évolution la plus positive et la plus encourageante des vingt dernières années me semble être la multiplicité des expériences menées dans le domaine éducatif — un heureux effet de l'absence, aux États-Unis, d'un ministère de l'Éducation — en matière de formation continue des adultes et tout particulièrement des professionnels ayant déjà suivi des études supérieures. Sans « stratégie globale », sans « philosophie éducative », et en vérité sans grand soutien des autorités éducatives, l'éducation permanente et la formation professionnelle continue des diplômés de l'enseignement supérieur les plus performants sont devenues la véritable « industrie de croissance » des États-Unis au cours des vingt dernières années.

L'apparition d'une société d'entrepreneur marquera peut-être un tournant important de l'Histoire.

Il y a cent ans de cela, la panique mondiale de 1873 mettait un terme au siècle de laisser-faire amorcé avec la publication, en 1776, de *La Richesse des Nations* d'Adam Smith La crise de 1873 fut l'acte de naissance de l'État-Providence qui, cent ans plus tard, arrive au bout du chemin, chacun s'en rend compte aujourd'hui. Il résistera peut-être au défi démographique que constitue le vieillissement de la population et le recul de la natalité. Mais il ne survivra que si l'économie d'entrepreneur permet une forte augmentation de la productivité sous toutes ses formes. On aura beau apporter quelques légères améliorations à l'édifice, ajouter ici une pièce de plus ou mettre en place là-bas une nouvelle prestation, l'État-Providence n'en appartient pas moins au passé, et non à l'avenir. Même les plus anciens « libéraux » l'admettent aujourd'hui.

Son successeur sera-t-il la société d'entrepreneur ?

Critiques et commentaires *

* Revue de presse établie pour la présente édition.

Saints patrons

Ils créèrent leur propre entreprise, furent heureux et eurent beaucoup de produits nouveaux. C'est le nouvel évangile.

Le patronat est à la mode. Qui l'eût prévu dans un pays où il incarnait, il y a peu, le pouvoir d'oppression et l'arrogance de l'argent, où l'idéal était fonctionnaire et intellectuel, où une génération entière a fait, pêle-mêle, sa religion de Che Guevara, des barricades soixante-huitardes et du lacano-marxisme, pour célébrer sans transition le remake du « Front popu », version salonnarde de 1981, mise en scène par Jack Lang.

Aujourd'hui, Bernard Tapie est le nouveau gourou des étudiants, Serge July porte des costumes à rayures tennis et s'exhibe volontiers derrière les volutes d'un barreau de chaise churchillien. Rien n'est plus comme avant. En attendant de bêtifier sur le thème de la maturité tranquille, ces Frégolis issus du baby boom et de la mutation économique nous imposent, désormais, le modèle du créateur et du gestionnaire d'entreprise.

Dans le déferlement des ouvrages consacrés aux patrons, on peut, pour la commodité, distinguer plusieurs genres : l'autobiographie, qui servira, au lecteur, de livre d'apprentissage et, à l'auteur, d'instrument de promotion commerciale ou sociale (Tapie, Iacocca, Maisonrouge, Chotard); le compte rendu historique (Beaucarnot sur les Schneider, Weber sur le C.n.p.f.); le recueil des recettes illustrant l'art et la manière d'entreprendre et de diriger (Geneen, Kelley, Drucker, et, pour la France, le livre de Bloch-Hababou-Xardel); enfin, l'essai prospectif, domaine presque exclusif de John Naisbitt et de ses collaborateurs. Impossible de résumer une gamme si vaste. Je choisirai ce qui m'a le plus frappé : en négatif, Tapie et Chotard; en positif, Drucker et Naisbitt, en dépit de sérieuses réserves.

Le plus intrigant dans le livre de Tapie [1], c'est ce qu'il ne dit pas. Comment l'obscur et jeune collaborateur de Marchel Loichot, désa-

1. *Gagner*, Laffont.

voué par son patron, en arrive-t-il à prendre son téléphone pour demander au président Houphouët-Boigny de lui ménager une entrevue avec Bokassa, dans l'objectif, avoué, de lui racheter pour une bouchée de pain ses châteaux promis à la nationalisation? Mystère. Et pourtant, essayez d'obtenir pour vous-même un rendez-vous avec un chef d'État, fût-il ami de la France. Passé cet épisode décisif, l'aventure est beaucoup plus banale, et Tapie nous présente une version aseptisée de la vie d'entreprise.

Quant à Yvon Chotard [2] on a, à le lire, l'impression que durent éprouver les premiers pêcheurs qui remontèrent un cœlacanthe dans leurs filets : comment peut-on, en 1986, être un apparatchik patronal consacrant toute son existence au monde codé des négociations salariales, mi-conflictuelles, mi-complices? Est-ce là le grand souffle de l'entreprise moderne et triomphante? De quoi décourager le plus enthousiaste des néophytes! Tout comme nos syndicats ouvriers, archaïques, le patronat, chrétien et corporatiste, vient de prendre un brusque coup de vieux – il tourne au fossile.

En positif, à l'inverse, je dois confesser une surprise à la lecture des *Entrepreneurs*, de Peter Drucker [3], et de *Conjoncture 1986*, par le groupe Naisbitt [4]. Drucker définit trois tendances actuelles qui suscitent la réflexion : une économie où les entrepreneurs et les services remplacent avantageusement les managers et l'industrie dominant depuis les années 30 et où la basse technologie constitue le vrai moteur de la croissance, contrairement au dernie credo en vogue. Et même Naisbitt, qui enfonce si souvent des portes ouvertes, surprend agréablement en offrant un choix judicieux et révélateur des faits qui se font jour dans le monde industriel : l'explosion des entreprises binationales (nippo-américaines) en lieu et place des multinationales, le développement accéléré des sociétés de santé privées, qui se substituent aux bureaucraties publiques, l'entrée en force du marketing dans les professions libérales (notamment chez les avocats et les médecins). Pas de bouleversement, donc, mais un résumé commode qu'il convient d'avoir à l'esprit.

Finissons d'un mot sur le livre d'Henri Weber [5]. L'ancien gauchiste soixante-huitard trouve aujourd'hui certaines vertus à ses bêtes noires. Certes, sans renier ses croyances, puisque, tout au début de son enquête, il téléphone, du siège du C.n.p.f., à quelques vieilles connaissances : « Sais-tu d'où je t'appelle, mon camarade? Du ventre même de la bête! »

La suite est, hélas! beaucoup plus conformiste. Weber appelle de ses vœux un compromis saint-simonien des salariés avec les industriels « modernisateurs ». C'est l'idéologie de la fin du XIXe siècle, ou encore

2. *Les Patrons et le Patronat*, Calmann-Lévy.
3. L'expansion/Hachette/Lattès.
4. Inter-Éditions.
5. *Le Parti des patrons, 1946-1986*, Le Seuil.

la pratique française de l'après-guerre, mais sans les fonctionnaires. La « modernisation », remise en honneur par les socialistes au pouvoir, n'est, de fait, que la reconnaissance tardive de ce qui s'est passé, sans eux et contre eux, depuis trente ans. Malheureusement, elle n'a plus de raison d'être au moment où nous comblons notre retard sur le pays le plus moderne, les États-Unis. Et nos problèmes proviennent en partie de ce que nous sommes devenus, à notre tour, membres du peloton de tête. N'ironisons pas trop, cependant : la nouvelle orthodoxie de l'ancienne gauche vient de faire un grand bond en avant, de 1848 à... 1860. Ce n'est pas rien. On attend la suite avec impatience!

Jean-Jacques ROSA, *L'Express*, 31 octobre 1986.

Savoir entreprendre est une technique

L'esprit d'entreprise est-il une simple variante du goût du risque, et la capacité d'entreprendre un trait de la personnalité? Peut-être, mais pas seulement. Entreprendre, de nos jours, c'est aussi et principalement une discipline, dont les règles peuvent s'apprendre et demandent à être systématiquement appliquées. Voilà la thèse que développe Peter Drucker dans son dernier ouvrage, *Les entrepreneurs*, qui paraît en France ce mois-ci (Éditions l'Expansion-Hachette) et qui est déjà un best-seller aux États-Unis.

Un livre qui vient à son heure. A beaucoup de signes, on dirait que l'âge d'or de l'entrepreneur est arrivé. C'est vrai outre-Atlantique, où les PME connaissent un développement fulgurant qui n'a pas peu contribué à la croissance de ces dernières années : « Le management, écrit Drucker, est la nouvelle technologie qui fait de l'économie américaine une économie d'entrepreneurs! » Cela pourrait être vrai pour toutes les économies occidentales qui cherchent encore comment sortir de la crise.

Personne n'était mieux placé que Peter Drucker – 75 ans passés –, après une vingtaine d'essais, des centaines d'articles, des milliers de conférences et de consultations, pour lancer ce message au monde des affaires. Dans sa préface, Jean-Louis Servan-Schreiber écrit : « C'est du monde entier que l'on vient à Claremont College, en Californie du Sud, recueillir les avis et les enseignements de celui qui, il y a bientôt quarante ans, identifiait et formulait ce qui allait devenir le management. » Et il ajoute : « Vous verrez qu'à plusieurs reprises, en lisant Drucker, vous vous direz : j'aimerais bien qu'il puisse venir chez nous, dans notre entreprise, pour nous aider à réfléchir. Pourtant, l'essentiel de sa sagesse est là, dans ce livre. Faites-le lire autour de vous. Vous verrez qu'il se passera des choses. »

En attendant, Peter Drucker vous expose ici lui-même l'essentiel de sa réflexion.

CLAUDE SERVAN-SCHREIBER : *Vous critiquez sévèrement*

l'idée selon laquelle l'esprit d'entreprise serait un simple trait de caractère, une disposition naturelle qu'auraient certains hommes ou certaines femmes à devenir entrepreneurs.

PETER DRUCKER : Exactement. Mon livre présente l'innovation et l'esprit d'entreprise comme une pratique et une discipline. Il ne débat pas de la psychologie des entrepreneurs, mais étudie leur action et leurs comportements. La plupart du temps, les gens voient l'esprit d'entreprise comme quelque chose d'un peu mystérieux, un don, un talent, une inspiration, un éclair de génie. Pour ma part, je définis l'innovation et l'esprit d'entreprise comme une intention délibérée, une tâche qui doit être organisée de façon systématique et qui fait partie intrégrante du travail de dirigeant.

Si l'esprit d'entreprise n'est pas un trait de caractère, il repose néanmoins sur un certain goût du risque?

Contrairement aux idées reçues, je pense que les entrepreneurs qui réussissent sont précisément ceux qui sont conservateurs, et qui ont su adopter une pratique systématique. J'ajouterai que quiconque peut faire face à une prise de décision a la possibilité de devenir un entrepreneur et de se conduire en entrepreneur.

Vous dites que les États-Unis sont devenus une véritable « économie d'entrepreneurs », et que c'est cela qui confère à leur économie la santé que lui envie l'Europe...

Oui, et cette émergence d'une véritable économie d'entrepreneurs aux États-Unis, au cours des dix ou quinze derniers années, est l'événement le plus important, le plus prometteur de l'histoire économique et sociale récente.

Qu'est-ce qui explique ce phénomène?

Les véritables causes appartiennent probablement au domaine des valeurs, des attitudes, ainsi qu'à la démographie, davantage qu'à l'économie à proprement parler. L'apparition d'une économie d'entrepreneurs est autant un fait culturel et psychologique qu'un événement économique. Surtout, la cause de ce changement profond d'attitude et de comportement est une technologie : le management. L'esprit d'entreprise dont nous avons tant besoin demande avant tout une application plus étendue des concepts fondamentaux du management.

Une application qui serait étendue à quoi?

– aux nouvelles entreprises,

– aux petites entreprises, même aux très petites, alors qu'on a toujours considéré qu'il ne s'appliquait qu'aux moyennes ou aux très grandes,

– aux activités qu'on hésite parfois à considérer comme une entreprise, par exemple un restaurant de quartier, ou à ce qui relève dans certains pays du service public,

– enfin, à la recherche systématique des opportunités.

Les nouvelles opportunités, c'est-à-dire principalement l'innovation?

En effet, l'innovation est l'instrument spécifique des entrepreneurs, le moyen d'utiliser le changement comme une opportunité ouverte sur une affaire ou un service différent. Les entrepreneurs doivent chercher les sources d'innovation et les indices qui signalent celle qui peut réussir. Ils doivent également connaître et appliquer les principes qui permettent aux innovations de réussir.

Ces principes, quels sont-ils?

C'est tout le contenu de cet ouvrage. Pour résumer, je dirais qu'il y a sept sources à l'innovation et quatre principes de management à appliquer, ainsi que quatre stratégies possibles. Je les étudie en détail, avec des exemples qu'il est difficile de résumer ici.

Donnez-nous en tout de même...

Prenez la société McDonald's. Elle n'a certes rien inventé. Son produit final, c'est exactement ce que n'importe quel restaurant américain offrait depuis des années – des hamburgers. Mais l'application de concepts et de techniques de management (se demander notamment quelle est l'attente du consommateur), la standardisation de la production, l'expérimentation fondée sur l'analyse du travail et la définition des normes nécessaires ont permis à McDonald's de créer à la fois un nouveau marché et un nouveau client.

Quand on pense à l'esprit d'entreprise « managé », on pense plutôt à la haute technologie qu'aux hamburgers...

On a tort! Sur les 43 millions d'emplois créés aux États-Unis depuis 1965, seuls 5 à 6 millions l'ont été par les entreprises de haute technologie. Elles n'ont pas engendré plus d'emplois que les industries traditionnelles n'en ont perdu. Tous les emplois supplémentaires ont été créés ailleurs. La haute technologie fait sensation et s'étale à la une des journaux. Elle engendre un climat favorable à l'esprit d'entreprise et à l'innovation. Mais entre aujourd'hui et l'an 2000, les entreprises de pointe ne créeront vraisemblablement pas plus d'un emploi sur six.

Le magazine *INC* publie chaque année la liste des 100 entreprises cotées en Bourse ayant le rythme de croissance le plus élevé. Un quart seulement d'entre elles sont dans l'industrie de pointe. En revanche, on y trouvait en 1982 cinq chaînes de restaurants, deux fabricants de vêtements féminins, des sociétés de services, financiers ou autres... L'une des affaires américaines les plus performantes est un fabricant-distributeur de meubles de salon, et une autre produit et commercialise des beignets!

Est-ce que l'innovation est plutôt le fait de sociétés nouvellement créées?

Pas forcément. Ce serait une erreur de croire, comme on le dit souvent, qu'une entreprise est incapable d'innover. Il y a bien trop d'exemples du contraire. Mais il est vrai que, dans une firme installée, l'innovation et l'esprit d'entreprise exigent des efforts, des politiques et des structures spécifiques. À condition de respecter ces spécificités, l'entreprise existante, particulièrement de taille moyenne, peut être un terrain idéal pour l'innovation.

Pourtant, qu'y a-t-il de commun entre une entreprise géante qui pratique l'innovation et une entreprise qui se lance avec un nouveau produit ou un nouveau service?

L'esprit d'entreprise repose sur des principes identiques, quels que soient l'âge ou la taille de l'affaire. Les règles sont à peu près identiques; les choses qui marchent, celles qui ne marchent pas sont à peu près les mêmes dans tous les cas, ainsi que les sources d'innovation. Mais l'entreprise existante se trouve confrontée à des contraintes et à des difficultés particulières. Pour simplifier, elle sait gérer, mais elle doit apprendre à innover et à faire œuvre d'entrepreneur. La nouvelle entreprise, elle, doit avant tout apprendre à gérer. C'est pourquoi j'ai élaboré un guide spécifique pour chacun de ces trois domaines : l'entreprise existante, l'entreprise nouvellement créée et... le service public.

Mais encore?

Prenez le cas d'une entreprise existante. Elle fera œuvre d'entrepreneur si elle s'organise de façon à être la première à rendre obsolètes ses produits et ses services, sans attendre qu'un concurrent le fasse à sa place. Elle doit être gérée en vue de percevoir la nouveauté comme une opportunité, et non comme une menace, de travailler dès maintenant sur les processus, les techniques, les produits qui rendront demain différent d'aujourd'hui.

La situation peut-être être la même pour l'entreprise nouvelle qui se créé à partir d'un projet spécifique?

Pour l'entreprise existante, le terme dominant, dans l'expression « management d'entrepreneur », est « entrepreneur »; pour l'entreprise nouvellement créée, le mot clé est « management ». Faute de développer une gestion adéquate à son activité, la nouvelle entreprise est condamnée d'avance. Cela implique quatre exigences : bien comprendre le marché; calculer ses besoins en capitaux et en trésorerie; surtout, mettre en place une véritable équipe de direction, avant que la nouvelle entreprise en ait réellement besoin, avant même qu'elle en ait les moyens; enfin, faire en sorte que l'entrepreneur-fondateur prenne un certain nombre de décisions quant à son rôle et à ses rapports au sein de l'entreprise.

Vous parlez également de « stratégies d'entrepreneurs »?

Oui. Les politiques et les pratiques de l'innovation concernent non seulement la vie interne de l'entreprise, mais aussi son environnement. Il faut savoir distinguer les deux démarches.

Un exemple?

Une des stratégies que j'étudie est celle de l'imitation créative. Prenez le cas de l'ordinateur personnel. Une idée faisait l'unanimité chez les cadres et ingénieurs d'IBM au début des années 70 : l'avenir appartient au « gros système » centralisé. Chacun démontrait de façon convaincante que toutes les autres solutions étaient trop coûteuses, trop compliquées, et d'une capacité trop limitée. Mais cela n'a impressionné ni les clients potentiels ni Apple, qui a fait le pari contraire, créant l'ordinateur personnel pour deux usages, à l'intérieur et à l'extérieur de l'entreprise. Ce fut le succès que l'on sait. IBM entreprit alors de concevoir une machine qui deviendrait la norme en matière d'informatique personnelle et orienterait le marché tout entier. Le résultat fut l'IBM PC, qui reprit le leadership à Apple et imposa ses normes en deux ans. Voilà l'exemple d'un choix stratégique – l'imitation créative. Il y en a bien d'autres, qui consistent à introduire une innovation, ou à transformer un produit ou un service déjà ancien en quelque chose de nouveau.

Il me semble que la plupart des exemples d'innovation et d'esprit d'entreprise que vous mentionnez sont américains.

Pas tous. Les exemples historiques, notamment, sont souvent européens. Mais je préfère me référer à mon expérience personnelle. Je crois, cependant, que les exemples, comme les règles, les politiques et les pratiques de l'innovation et de l'esprit d'entreprise sont universels. Ce livre a été écrit en Amérique par un Américain d'origine et de formation européennes; ce qu'il cherche à mettre en œuvre devrait paraître au lecteur français tout aussi accessible et pertinent qu'à un Américain, et applicable à son contexte.

Pensez-vous que la France soit sur le point de connaître le même bourgeonnement de l'esprit d'entreprise que les États-Unis?

Aucun autre pays n'a autant besoin d'une économie d'entrepreneurs que la France. Faute de créer les conditions favorables à une économie d'entrepreneurs, elle risque de se laisser distancer. Mais je pense qu'elle est bien placée, tant du point de vue de ses ressources humaines que des connaissances nécessaires. A la condition qu'elle développe l'esprit d'entreprise en marge et au-delà de la haute technologie, et qu'elle crée un climat politique favorable.

Si les jeunes gens ambitieux et de niveau élevé ne recherche pas systématiquement les nouvelles et petites entreprises dynamiques, porteuses d'innovation, la haute technologie se flétrira sur place, en dépit de tout le soutien de l'État.

Entretien avec Claude SERVAN-SCHREIBER,
L'Expansion, 31 octobre 1986.

C'est plus compliqué que vous ne croyez

Voici un ouvrage qui n'est assurément pas l'un de ces trop nombreux livres de recettes de management – fondées sur l'expérience d'un seul homme ou d'une seule société – que l'engouement pour l'entreprise fait fleurir. L'Américain Peter Drucker, appelé « le pape du management », a pour lui l'antériorité. Il ne se prive pas de rappeler qu'il prônait, il y a 30 ans déjà, un esprit d'entreprise que l'on croit découvrir aujourd'hui. Il cite d'ailleurs sa propre histoire. S'il fut un innovateur dans les années quarante, c'est parce qu'il a su apporter les connaissances clés (rôle de l'entreprise, structure et fonctionnement de la direction, politique et stratégie) qui manquaient pour que les connaissances déjà disponibles fassent du management une discipline accessible à tous les chefs d'entreprise. Son histoire illustre également le fait qu'une nouvelle connaissance met de 25 à 35 ans à devenir une technique utilisable à une large échelle.

On a tendance à penser systématiquement « nouvelles connaissances » – surtout en France paraît-il – lorsqu'on évoque l'innovation. L'ouvrage vise à identifier les autres sources possibles d'innovation, ce qui suppose aussi de redéfinir le rapport entre innovation et esprit d'entreprise. L'innovation au sens large est l'instrument des entrepreneurs. Mais pour être un entrepreneur, ce n'est ni une condition nécessaire, ni une condition suffisante de faire nouveau et petit. Peter Drucker cite le contre-exemple de la création d'un restaurant classique dans un endroit où la clientèle existe. A l'opposé, les *fast-food* de McDonald's relevaient de l'esprit d'entreprise, non par le produit – le *hamburger* – qui n'avait rien de nouveau, mais par la conception d'ensemble, le conditionnement, la création d'un marché spécifique.

Toute la première moitié de l'ouvrage démolit ainsi les idées reçues sur l'esprit d'entreprise. Il ne vise pas nécessairement la propriété – c'est le cas du banquier d'affaires – ne concerne pas uniquement une entité économique – une université, une administration peuvent avoir l'esprit d'entreprise. Drucker affirme qu'il n'existe pas de personnalité spécifique d'entrepreneur : chacun peut le devenir. De très nombreux exemples viennent étayer la thèse de façon réellement passionnante car ils nous donnent une vision nouvelle, celle de l'entrepreneur. On peut cependant déplorer qu'ils soient presque exclusivement américains. Drucker contourne habilement cette critique en disant que le marché étant mondial, les recettes américaines sont applicables partout. Les exemples cités concernent surtout de grandes entreprises; il n'est pas surprenant que le cas d'IBM revienne très fréquemment, multinationale connue pour pratiquer l'innovation systématique.

Peter Drucker classe les sources d'innovation en deux groupes, suivant qu'elles sont internes ou externes à l'entreprise. Parmi les premières, l'imprévu (réussite ou échec) et la contradiction inhérente à l'activité de l'entreprise (par exemple, le décalage entre la réalité économique du marché et celle du processus de fabrication). Ces deux premières sources d'innovation illustrent l'idée-force de P. Drucker selon laquelle « L'innovation naît de l'opportunité ». Mais le besoin est lui aussi source d'innovation, à condition d'être compris. Cela semble certes évident mais l'ouvrage s'attache précisément à décortiquer les évidences, au risque parfois de paraître simpliste.

La dernière source interne d'innovation est le changement de structures industrielles et commerciales. Les sources externes appartiennent quant à elles à l'environnement de l'entreprise au sens le plus large. C'est dans le domaine de la démographie que l'œuvre de Drucker est sans doute la plus originale. Discipline considérée comme vouée aux statisticiens et aux historiens, les hommes d'affaires pensent que les données démographiques sont pour eux implicites. C'est se priver d'un délai d'adaptation précieux lorsqu'on sait utiliser la démographie pour anticiper les tendances. C'est aussi dans l'évolution démographique des États-Unis – les enfants du baby-boom d'après guerre sont arrivés sur le marché du travail au moment où l'économie était en crise – que P. Durker voit l'une des causes de l'émergence de l'économie d'entrepreneurs, qu'il considère comme un phénomène à ce jour purement américain.

Les changements de perception font aussi partie des sources externes d'innovation, ainsi que les connaissances nouvelles, acception habituelle de l'innovation. Pour Drucker, le progrès des techniques de pointe vient s'ajouter à l'évolution démographique pour créer l'économie d'entrepreneurs. Mais il met en garde la France de vouloir la réaliser en ne visant que les techniques de pointe. Ce serait illusoire car il manquerait la base d'une véritable économie. Les infortunes de la Silicon valley sont dues au fait qu'il s'agit plus d'inventeurs que d'innovateurs, de spéculateurs que d'entrepreneurs.

Nicole HUSZTI

Le Journal de l'économie africaine, 13 mars 1986.

Le lecteur français sera surpris

Au cours des vingt dernières années, l'Amérique a découvert l'œuf de Colomb de l'économie : sans entreprises, pas d'emplois. La population adulte des États-Unis (les plus de seize ans) a crû de 38,5 % entre 1965 et 1985, passant d'un peu moins de 130 millions d'individus à 180 millions. Les emplois ont crû pendant la même période de 50 %, passant de 71 à 106 millions de postes.

Cette révolution, qui suscite l'envie d'une Europe obérée par le chômage, et qui intrigue un Japon au taux de création d'emplois deux fois plus faible, n'est pas redevable aux *corporations* industrielles géantes, symboles de l'économie américaine des décennies précédentes, mais à des entreprises nouvelles, en général des PME, apparues au rythme annuel de 600 000 unités.

Dans *Les entrepreneurs* (Éditions l'Expansion-Hachette-Lattès), Peter Drucker cherche à cerner pourquoi et comment on crée une entreprise viable. Ses conclusions ne manqueront pas de surprendre le lecteur français.

Qu'il soit (à droite) de sensibilité colbertiste, ou (à gauche) imprégné par le marxisme, ce dernier tend ainsi à penser que les succès économiques dérivent nécessairement d'un progrès des techniques. Ce raisonnement, qui conduisit naguère à des réalisations telles que le *Concorde*, entre dans l'engouement actuel pour la « haute technologie ».

Drucker observe au contraire que ce n'est pas le perfectionnement d'un produit qui compte en économie, mais le seul fait qu'il corresponde à un besoin de l'acheteur. Les premiers postes japonais à transistors étaient technologiquement inférieurs aux appareils américains à lampes : ils donnaient un son moins clair. Mais ils étaient transportables. Ceci eut raison de cela, l'entreprise Sony se développa, et créa de plus en plus d'emplois. De même, le quintuplement du fret maritime au cours des trente dernières années n'est pas dû à un progrès technologique spectaculaire en matière de navigation, mais à l'invention d'un « outil » aussi rudimentaire que le conteneur, « *camion dont on a détaché le moteur et les roues* », et que l'on place à fond de cale.

Drucker animait, au milieu des années cinquante, à la Graduate Business School de l'université de New York, un séminaire consacré à l'esprit d'entreprise. C'est à travers ses travaux qu'il a rapidement acquis sa réputation de « pape du management ». Notamment en démontrant que la conduite d'une entreprise, tout en étant un « *art d'exécution* », gagnait à être sans cesse rationalisée. « Je suis Américain, mais d'origine et de formation européennes », rappelle Drucker, pour mieux justifier son « *approche mixte* », à la fois pratique et théorique. « Les entrepreneurs » dérivent d'un nouveau séminaire, tenu sur la côte Ouest, à la Claremont Graduate School : la méthode est restée la même, mais avec peut-être « un plus grand effort de systématisation ». Non content d'articuler la pratique « *entrepreneuriale* » et « *managériale* » autour de concepts très « fins » (« l'imprévu », « les contradictions », « la démographie », « la perception », etc.), Drucker propose cette fois une philosophie globale de l'évolution économique. De « l'âge de l'énergie », celui des révolutions industrielles des XVIIe, XVIIIe, XIXe et XXe siècles, l'humanité passerait actuellement à un « âge de l'information ». D'un « modèle physique » de l'activité économique (machines de plus en plus lourdes, production de plus en plus consommatrice de matières premières et d'énergie, unités de production de plus en plus concentrées), elle évoluerait vers un « modèle biologique » (machines de plus en plus légères, production de plus en plus optimisée et recyclable, unités de production de plus en plus déconcentrées). Le développement, depuis le milieu des années soixante, de l'entreprise « pure » qu'est la PME ne serait à cet égard qu'un symptôme.

Les révolutions économiques font à la fois des heureux et des malheureux. Dans les années soixante-dix du XIXe siècle, à capacités scientifiques et technologiques égales, les États-Unis et l'Allemagne dépassèrent l'Angleterre et la France, du seul fait de leur meilleure organisation du travail.

Aujourd'hui, cent ans plus tard, les mêmes décrochages se produisent sous nos yeux, en faveur des États-Unis et du Japon, au détriment de l'Europe. Mais du moins sont-ils encore réparables. Il suffit de lire Drucker.

Michel GURFINKIEL *Le Spectacle du monde*, février 1986.

Un livre politique

Jean-Louis Servan-Schreiber l'appelle dans sa préface, « le bon docteur Drucker ». Et il est vrai que cet Autrichien d'origine « nous apprend à réfléchir sur ce qui ne nous a pas été enseigné et qui, pourtant, détermine le succès ou l'échec de notre action ».

Certes, il est maintenant à la mode de parler de l'entreprise et même de l'esprit d'entreprise. Mais il ne suffit pas de se gargariser de modernisations et d'innovations technologiques pour transformer notre contrée en une nation d'entrepreneurs. Or, Peter Drucker note bien qu'« aucun autre grand pays n'a autant besoin d'une économie d'entrepreneurs que la France, tant au plan économique que social ou même psychologique ».

Aussi, à partir de ses constatations américaines (600 000 entreprises créées chaque année et un taux de création d'emplois extrêmement développé), l'auteur s'efforce-t-il de dégager un certain nombre sinon de règles tout au moins de conseils. Il les articule en trois phases : la pratique de l'innovation, la pratique de l'esprit d'entreprise et les stratégies de l'entrepreneur.

Tout cela se trouve évidemment à l'opposé des planifications et des nationalisations dont on a voulu faire des panacées. Rejetant l'État-providence, Peter Drucker axe pratiquement tout sur l'innovation, car c'est elle qui permet les changement, les adaptations qui assureront à notre pays sa place dans le concert des nations et à nous-mêmes des possibilités d'avenir.

J.E. *Le Journal quotidien Rhône-Alpes*, 30 octobre 1986.

Entreprendre : un mécanisme culturel

C'est évident, la comète produit, dans les esprits, les plus troublants dérèglements : regardez du côté du livre, c'est ahurissant! Des gens sérieux, des gens au-dessus de tout soupçon, qui jusqu'à présent gagnaient bien leur vie à faire des affaires, sont tous en train d'écrire avec un acharnement qui ne présage rien de bon. D'André Essel jusqu'à Jacques Maisonrouge (*Médias n° 126*), de Bernard Tapie qui signera un *Gagner* jusqu'à Hervé Seryex pour lequel le manager est *Le Pilote du troisième type*, en attendant le texte de Claude Bourg et celui de Jacques Darmon et Bernard Krief (*L'Entreprise France*), pour ne citer que ceux dont j'ai eu vent. Reconnaissez que c'est troublant!

Que nous veulent-ils tous ces entrepreneurs?

Sans proposer une réponse à cette question d'actualité, Peter Drucker, « le pape du management » – un de plus! – a au moins le mérite de nous la faire pressentir. L'écriture – je le dis pour ceux qui ne l'auraient pas remarqué – n'apparaît que là où les choses font défaut, elle est toujours le signe d'un creux, d'une faille, elle s'insinue toujours entre ce qui n'est plus tout à fait et ce qui n'est pas encore. Et sauf à mettre tout cela au compte de la comète, il semble que le management lui-même n'est pas plus ce qu'il était : « Ce qui se passe aux États-Unis est tout à fait différent : il s'agit d'un changement en profondeur d'une économie de management à une économie d'entrepreneurs. »

Si l'on croit Peter Drucker – et on a toutes les raisons de lui faire confiance – il ne s'agit pas d'un simple aménagement technique mais d'un bouleversement beaucoup plus profond, même si nous percevons surtout les effets de surface : « L'apparition d'une " économie d'entrepreneurs " est autant un fait culturel et psychologique qu'un événement économique et technologique. Mais les effets, quelles qu'en soient les causes, sont avant tout économiques. » Ne vous y trompez pas : le livre de Peter Drucker est un manuel de management où l'on apprend plein de choses utiles et d'histoires édifiantes, presque tout répété au moins deux fois. Cet aspect-là du livre est de bon sens et ne me donne pas le vertige.

Par contre, l'idée que l'entrepreneur, à la différence du manager qui est un simple organisateur, un bon appareil d'optimisation, l'idée que l'entrepreneur, donc, est avant tout une mentalité perturbatrice, la conscience d'un bouleversement continuel où il faut trouver un nouvel équilibre pour chaque instant, cela me tente : « L'esprit d'entreprise est un comportement et non un trait de caractère. Ses fondements sont d'ordre conceptuel et théorique plutôt qu'intuitifs... L'esprit d'entreprise s'appuie sur une théorie de l'économie et de la société. Cette théorie considère le changement comme quelque chose de normal, et même d'extrêmement sain. Elle estime que la plus grande tâche de la société – et de l'économie – consiste à faire quelque chose de différent, plutôt que de faire mieux ce qui a déjà été fait. » Ce qui est différent, ce qui est subtil dans l'analyse de Peter Drucker, ce qui est important, surtout à un moment où les managers croient que l'on peut « manager » l'état comme une entreprise (Jacques Maisonrouge l'avait suggéré, Darmon et Krief en font un livre), c'est la façon dont on conçoit l'esprit d'entreprise : il n'est plus strictement subordonné aux facteurs économiques, pour devenir un mécanisme culturel. Il est fonction du changement des valeurs, de la modification des perspectives, des attitudes.

Bref, l'intérêt de ce que nous propose Peter Drucker vient, il me semble, de l'affaissement de la longue et arrogante prépondérance de l'économique dans les phénomènes de société. « Si vous travaillez, en économisant, vous capitaliserez et à partir d'un certain seuil de rentabilité, vous pourrez vivre sur vos dividendes sans rien faire », disait un manager, du moins on le raconte, à un napolitain qui se tenait au soleil et regardait la mer. « Ma que, répondit celui-ci, est-ce que maintenant je fais quelque chose? »

Pour entreprendre, il faut certainement plus que d'avoir une raison économique.

Virgil TANASE, *Médias*, 13 décembre 1985.

Du nouveau sur l'innovation

Le livre de P. Drucker *Les entrepreneurs* (en anglais : *Innovation and Entrepreneurship*) est un des rares à donner une réponse positive à ces questions aujourd'hui vitales : quelles sont les innovations qui ont assuré et pourraient assurer encore le développement de l'économie? Quels sont les types d'hommes, d'institutions et de comportements qui peuvent faire naître ou au moins favoriser ces innovations?

Dans le discours ordinaire, l'innovation est inévitablement associée à son initiateur, l'entrepreneur, souvent qualifié de « dynamique » en hommage à Joseph Schumpeter. L'inconvénient est que ces deux notions d'innovation et d'entrepreneur, mal comprises ou mal vulgarisées, sont difficiles à définir et surtout à raccorder à l'expérience pratique. Elles risquent de demeurer aussi insaisissables que le fameux « prolétaire » de Marx auquel l'ouvrier concret se refuse obstinément à ressembler.

Peter Drucker est bien placé pour nous apporter des réponses. Chacun s'accorde à le considérer comme le meilleur connaisseur en matière de *management*, cette discipline qui traite des aspects généraux de la direction et de l'organisation des entreprises. Il faut dire que les autres auteurs qu'on peut citer n'ont que rarement été au-delà d'un seul ouvrage en renom, alors que la longévité intellectuelle de P. Drucker est remarquable. Né en 1909 à Vienne, réfugié en 1937 en Angleterre puis aux États-Unis, il publie en 1944 *The Concept of the Corporation*, fruit d'une longue étude du fonctionnement de la *General Motors*. C'est en 1954 qu'il expose l'essentiel de sa pensée et de sa méthode dans *The Practice of Management*, ouvrage maintenant classique et suivi d'une douzaine d'autres, pour la plupart traduits en français [6].

L'idée qui parmi tant d'autres sert de fil conducteur à ses analyses peut être exprimée comme suit : ce qui fait qu'une entreprise grande ou petite existe, survit et se développe, c'est qu'elle détient *en exclusivité* un certain avantage, si modeste soit-il. Et cet avantage

6. Notamment, *Bien connaître votre affaire et réussir* (Éditions d'organisation, 1966); *L'Efficacité, objectif nº 1 des cadres* (Éditions d'organisation, 1968); *La nouvelle pratique de la direction des entreprises* (Éditions d'organisation, 1975).

consiste généralement dans le contact privilégié qu'elle a avec une certaine clientèle ou bien dans la maîtrise qu'elle détient d'un certain savoir-faire technique, commercial ou administratif.

Dans une situation normale, l'organisation de l'entreprise, le style de ses relations internes et extérieures (ce qu'on appelle quelquefois sa « culture ») sont déterminés par le type de clientèle qu'elle s'est attachée ou le type de savoir-faire qu'elle maîtrise le mieux.

Plus important encore : le contenu concret de cette clientèle ou de ce savoir-faire n'est pas figé de manière définitive. L'entreprise doit se diversifier ou même parfois se reconvertir. Mais elle le fera avec d'autant plus de bonheur que la nouvelle clientèle ou le nouveau savoir-faire présenteront des analogies, quelquefois très subtiles, avec la clientèle ou le savoir-faire existants.

Ainsi, *American Express* a développé toute une gamme de services très divers à partir d'un noyau de clientèle initial : les Américains en voyage, auxquels elle a commencé modestement par acheminer leur courrier. Ainsi, *I.T.T.* a constitué un vaste conglomérat d'entreprises les plus diverses à partir d'un savoir-faire bien particulier : le contrôle de gestion, autrement dit l'ensemble des méthodes qui permettent de diriger une filiale ou un service à partir d'un système cohérent de prévisions chiffrées et de rapports périodiques.

En d'autres termes, l'entreprise peut être comprise et orientée à partir d'un certain concept de clientèle ou de savoir-faire qu'il faut définir. Quelquefois ce concept est clairement perçu et exprimé par le fondateur ou par ses successeurs. Souvent il n'est que confusément entrevu et il s'impose de lui-même à l'issue d'une série d'essais et d'erreurs. Ainsi un groupe industriel qui maîtrise bien la production de l'aluminium en lingots pour une clientèle d'industriels s'essaye à fabriquer de la vaisselle ou un autre article de consommation courante dans le même matériau. Et il s'aperçoit à ses dépens que son encadrement, ses méthodes de fabrication et de vente ne sont pas du tout adaptés à la clientèle du commerce de détail.

Certes, il faut souvent beaucoup d'esprit de finesse pour déceler la véritable vocation d'une entreprise. Tous les dirigeants n'ont pas, il s'en faut, cette faculté d'abstraction et la sélection des « meilleurs » se fera par un processus darwinien d'élimination aveugle. Ou alors, incapable de se repenser, l'entreprise se figera dans l'immobilisme, exploitant jusqu'à épuisement les gisements de profits déjà découverts.

Dans ses ouvrages précédents, P. Drucker avait réfléchi sur la fonction de direction des entreprises et tiré les leçons de certaines « histoires » plus ou moins célèbres de réussites ou d'échecs (*Ford, Sears, I.B.M., Marks & Spencer*...). Dans ce dernier livre, il cherche à systématiser davantage la recherche par l'entreprise des occasions (en franglais : « opportunités ») de profit.

La partie la plus nouvelle et la plus intéressante est celle où P. Drucker propose une classification des domaines d'innovation et des signes de changement que peut déceler l'entreprise et qui la mettront sur la voie de l'innovation :

C'est d'abord l'observation des faits anormaux de la gestion courante, qu'il s'agisse d'échecs ou surtout de réussites. Ainsi un fabricant de vélomoteurs observe que, sur le marché indien, les commandes de moteurs de rechange sont remarquablement élevées. A l'examen, il s'aperçoit que les paysans les utilisent pour improviser des systèmes de pompage d'eau de leur façon. C'est ainsi que cette entreprise a eu l'idée d'une nouvelle gamme de produits qui est aujourd'hui sa fabrication principale.

A l'extérieur de l'entreprise, les contradictions du système économique, ses tensions en apparence insolubles – par exemple la croissance irréversible des dépenses de santé – ont été et seront des occasions d'intervention privilégiées pour l'innovateur.

Les modifications structurelles profondes de la société et des branches d'activité économiques. Ainsi la prolifération d'hôpitaux de grande dimension a rendu possible la création d'un nouveau type d'entreprise : le prestataire de services hospitaliers annexes (entretien, intérim médical).

Les changements démographiques auxquels P. Drucker accorde une importance primordiale. On n'a pas fini d'entendre parler des conséquences immédiates et différées du « baby boom » des années 1950 et de la chute actuelle du taux de fécondité.

Plus difficiles à déceler sont les « changements de perception », c'est-à-dire des attitudes collectives des individus en tant que consommateurs, producteurs ou citoyens. On a ainsi connu la « course au standing » de l'après-guerre, la libération des mœurs des années 1960, puis récemment l'obsession des soins du corps, de la santé et de la lutte contre le vieillissement. C'est pour avoir manqué du flair nécessaire que l'industrie américaine de l'automobile a perdu des millions de dollars dans des modèles invendus. Avec le temps, elle s'est enfin aperçue que ses clients ne choisissaient plus seulement en fonction de leur niveau de revenu entre la Chevrolet, la Buick ou la Cadillac, mais de plus en plus en fonction de leur style de vie, « traditionnel » ou « libéré », « acquisitif » ou « marginal ». C'est une telle intuition qui a fait le succès de la *Mustang* de Ford, voiture confortable à la ligne sportive, et de son créateur Lee Iacocca.

Enfin, et seulement en dernier lieu, P. Drucker cite comme source d'innovation les connaissances techniques nouvelles. Les innovations techniques ont changé la face du monde depuis deux siècles, mais quand on raisonne au niveau de l'entreprise, la perspective change :

Le jeu de l'innovation technique est le plus risqué et le plus souvent perdant. L'histoire des ordinateurs, puis celle des micro-ordinateurs, en est un exemple. Le délai de mise au point des innovations est long, les résistances sont nombreuses parce que les équipements, les personnels et les mentalités ne sont pas tout de suite adaptés, et que l'échec est en général irréversible. Le véritable innovateur est souvent frustré du fruit de ses efforts par des « suiveurs » plus prudents qui lui emboîtent le pas, scrutent ses échecs et ses réussites et réservent leurs efforts pour les segments les plus rentables du marché. Edison au début du siècle, aujourd'hui les « petits génies » qui ont créé les micro-ordinateurs, ont été évincés de la direction des entreprises qu'ils ont créées.

A lire les données chiffrées et les exemples fournis par P. Drucker à l'appui de sa thèse, on revient à l'idée exprimée par Schumpeter dans *Capitalisme, socialisme et démocratie* : les succès du capitalisme dépendent de comportements et d'institutions dont les motivations sont opposées à la froide logique du profit. Entre un véritable créateur et un banquier ordinaire, et malgré les incantations des discours officiels, il n'y a qu'un dialogue de sourds.

Si elles occupent la première place dans la légende dorée de la croissance économique, les innovations techniques n'ont qu'une place modeste dans les statistiques de l'emploi, de l'investissement et du profit. C'est particulièrement vrai depuis 1980 aux États-Unis où le marasme des industries de pointe comme les semi-conducteurs contraste avec la croissance vigoureuse des activités tertiaires. Dans le transport maritime, après avoir péniblement cherché à battre des records de vitesse ou à économiser du carburant par des prouesses techniques, on s'est aperçu qu'il y avait davantage à gagner par l'utilisation de conteneurs qui supprime le temps perdu après le voyage, au moment du déchargement, et ne demandaient aucune technique particulière.

L'innovation et son « environnement »

Dans la deuxième partie de l'ouvrage, P. Drucker s'interroge sur les conditions pratiques de réalisation de l'innovation au sein de l'entreprise. Là, l'exposé se fait moins systématique et on comprend bien qu'il n'y a pas de recette miracle. Il y a des « cas », des histoires vécues qui donnent à réfléchir, des mises en garde contre certains écueils.

Il faut être prudent par exemple avant de déclarer que les innovations proviennent plutôt des très grandes entreprises ou au contraire des plus petites. Pour P. Drucker, le milieu le plus favorable se trouve dans des entreprises d'une taille certaine, mais qui ne sont pas encore parvenues au niveau des multinationales. Et il indique comme référence un chiffre d'affaires de l'ordre de 500 millions de dollars. A l'échelle de la France, où cent cinquante sociétés seulement dépassent ce chiffre, il faut sans doute retenir des critères plus modestes, 500 millions à un milliard de francs peut-être. L'innovation permettra à ces entreprises d'accéder à la classe supérieure. En attendant, elles jouent le rôle de trublion, empêchant les grandes multinationales de s'endormir sur leurs lauriers.

Dans une structure en place, il y a toutes sortes de bonnes raisons de freiner les innovations que P. Drucker analyse au chapitre 17. Pour parer à l'immobilisme, il faut éviter de mêler dans l'organisation de l'entreprise les personnes et les services chargés de promouvoir l'innovation avec ceux qui ont pour tâche de gérer les anciennes activités. En outre, il convient que les services innovateurs soient placés hiérarchiquement à proximité de la direction générale et non pas quatre degrés au-dessous. On donne en exemple les méthodes d'entreprises comme *Procter & Gamble, Johnson & Johnson*, et *3M* considérées comme des modèles de diversification permanente.

Pour mettre en œuvre une politique d'innovation, il convient d'utiliser les techniques bien connues de la planification d'entreprise, telles que le contrôle de gestion. Mais il faudra se garder d'un travers propre aux contrôleurs de toutes obédiences qui consiste à ne mettre en avant que les résultats négatifs et les difficultés, les succès remportés étant présentés comme naturels et allant de soi. On n'a jamais lu dans un rapport de la Cour des comptes des félicitations adressées à un service public pour l'efficacité de sa gestion. Il est bon de s'interroger sur les raisons des échecs, mais aussi de tirer le leçon des innovations réussies.

Dans la crise actuelle, beaucoup de nos faiseurs d'opinion se contentent d'appeler de leurs vœux l'innovation bienfaisante, comme lors d'une sécheresse on fait des prières pour qu'il pleuve. Un livre comme celui de Peter Drucker a le mérite de rompre avec ces litanies.

Roland GHEZ, *Commentaire*, n° 36, Hiver 1986-87.

Table des matières

Mieux que des rééditions,

Pluriel

propose de nouvelles
éditions de titres « classiques »
ou récents dans une
présentation éditoriale
de qualité – préfaces, notes,
revues de presse, etc. –
qui en facilite l'accès
et en renouvelle l'intérêt.
Des inédits font le point
sur les grandes questions d'actualité.

« ... « Pluriel » marque incontestablement une date dans l'édition des sciences humaines, car cette collection, loin de se cantonner dans la simple réimpression d'ouvrages rares ou épuisés, vise à rivaliser avec l'édition grand format, voire à faire mieux qu'elle... »

Nicole Zand, *Le Monde des Livres*, Le Monde.

Histoire

Jean-Pierre Azéma et Michel Winock

La Troisième République

La République qui, pour la troisième fois, s'installe en France à la faveur de la défaite de 1870 durera jusqu'à celle de 1940. Comment est-elle née ? Une fois établie, par quels moyens parvint-elle, contrairement aux républiques qui la précédèrent et à celle qui lui succéda, à durer ? Quels furent les secrets de sa longévité ? Où en est aujourd'hui le procès de sa chute ?

Refusant les déterminismes à la mode, Jean-Pierre Azéma et Michel Winock répondent à ces questions avec une honnêteté vigoureuse, dans une synthèse d'une concision et d'un brio exemplaires. 8426

Alain Besançon

Présent soviétique et passé russe *Inédit*

Comment l'U.R.S.S. se relie-t-elle à son passé russe ? Cette question domine toute interprétation du phénomène soviétique. Si on conclut à une rupture, est-elle entre le « capitalisme » et le « socialisme » ? Entre une « société archaïque » et une société industrielle ? Si on conclut à la continuité, est-elle entre le « despotisme asiatique » et le despotisme stalinien ? Entre l'Empire des tsars et l'Empire soviétique ? Ce livre critique ces rapprochements comme ces oppositions à partir d'une réflexion historique rigoureuse et d'une permanente actualité. Car, plus difficile encore à comprendre que l'Union soviétique est l'incompréhension dont elle continue de faire l'objet en Occident. 8487

Olivier Blanc

La Dernière Lettre

Préface de Michel Vovelle

1793 : La Terreur s'installe en France, féroce, implacable. Pendant plusieurs mois, Paris va vivre au rythme sinistre des charrettes qui se succèdent place de la Révolution ou place du Trône renversé. Ceux qui sont ainsi conduits à l'échafaud n'ont souvent été jugés que quelques heures plus tôt par le Tribunal révolutionnaire. La dernière lettre est celle qu'ils trouvaient la force d'écrire à leurs proches dans ces derniers instants, mais qui était automatiquement interceptée par la bureaucratie révolutionnaire et n'atteignait jamais son destinataire. Ces lettres n'avaient encore jamais été utilisées et demeuraient inédites.

Voici un document exceptionnel, qui marquera l'histoire de la Révolution, et un témoignage auquel il sera difficile de rester insensible. 8465

François Bluche

Le Despotisme éclairé

Dans la seconde moitié du XVIIIe siècle, une douzaine de pays, à l'économie stagnante et aux institutions rudimentaires, s'efforcent de combler leur retard. Les princes ou les ministres qui les gouvernent usent, dans cette intention, du langage philosophique, de la complicité des écrivains de Paris; ils imitent la monarchie absolue, si bien obéie, de Louis XIV; ils introduisent quelques recettes économiques anglaises. Telle est la réalité bigarrée que désigne la bizarre expression de « despotisme éclairé », et que dominent les figures de Frédéric II de Prusse et de l'empereur Joseph II.

François Bluche nous donne ici une synthèse brillante, fidèle aux grandes lignes d'une publication déjà classique, mais revue et augmentée à l'intention des lecteurs de « Pluriel ». 8442

Pierre Chaunu

La France

De quoi est donc faite la sensibilité des Français à la France ?

Pourquoi la carte, sur le mur de la classe, fait-elle jaillir une image gratifiante de la réalité française, associée aux idées d'unité, de mesure, d'équilibre ? Mais pourquoi, simultanément, dans toutes les mémoires et à tout propos, l'obsession de l'affrontement, de la « rupture », la hantise de la guerre civile ? Pourquoi est-ce dans cette nation très ancienne, mais foncièrement hétérogène, éclatée en une multitude de cultures locales et de particularismes, qu'est née la Déclaration universelle des Droits de l'Homme ? Mais en vérité : qu'est-ce que la France ?

Pierre Chaunu répond, et ce grand livre d'histoire est aussi une méditation passionnée sur notre destin. 8398

Guy Chaussinand-Nogaret

Mirabeau, entre le roi et la Révolution *Inédit*

Notes à la cour et Discours

La pensée politique et constitutionnelle de Mirabeau n'est guère connue que par ses discours, largement diffusés. Les notes secrètes qu'il rédigea à l'intention du roi et de la reine nous livrent ses intentions les plus profondes, mais posent une question : le langage qu'il tient à la cour est-il complémentaire de son discours public ou, au contraire, les deux textes se contredisent-ils ? La présente publication met à la disposition du public les deux pièces du dossier. Chacun pourra désormais, au-delà des querelles partisanes, motiver sa conviction en connaissant mieux celui qui tenta de sauver la Révolution des excès et des ruines. 8428

Jean-Claude Chesnais

Histoire de la violence

Contrairement à ce que prétend la rumeur ambiante, amplifiée par les médias et la classe politique, nos sociétés ne sont pas menacées par une irrésistible ascension de la violence. L'idée d'une poussée continue de la grande criminalité est fausse : seules la petite et la moyenne délinquance ont augmenté. Mais plus un mal diminue, plus insupportable paraît ce qui en reste. D'où le sentiment d'insécurité qui semble croître aujourd'hui dans nos sociétés et qui témoigne, paradoxalement, de cette progressive civilisation des mœurs, partie, du temps de la Renaissance, des foyers de modernisation de l'Europe du nord-ouest, pour se diffuser lentement à travers tout l'Occident et atteindre toutes les sphères de la vie quotidienne. 8386

Louis Chevalier

Classes laborieuses et classes dangereuses

Le Paris de Balzac, de Victor Hugo et d'Eugène Sue est un Paris pathologique, qui souffre du déséquilibre des sexes, qui pullule d'enfants trouvés et de naissances illégitimes, que terrorise la peur des maladies vénériennes. Le crime y pousse en terrain privilégié comme la fleur empoisonnée d'une civilisation.

Un « classique » capital de l'histoire des mœurs et des mentalités.

8445

Les Parisiens

Postface de Jean-Pierre Garnier

Il n'y a pas si longtemps, les Parisiens ne différaient guère, pour l'essentiel, dans leur âme et dans leur corps, de ceux qui les avaient précédés au cours des siècles : tels que les ont décrits Hugo, Balzac, Mercier, Marivaux, Molière... et sur leurs traces, Louis Chevalier dans ce livre né d'un enseignement au Collège de France, mais qui doit sa couleur et sa pénétration à une pratique buissonnière de la rue pendant près d'un demi-siècle. Après les bouleversements, qu'a connus « la ville des villes » depuis une vingtaine d'années, peut-on encore parler de Parisiens ? A peine d'habitants de Paris, répond J.-P. Garnier : des êtres de nulle part s'agitant dans une sous-culture « médiatique » à la fois planétaire et provinciale. Et ce livre que son auteur croyait promis à une perpétuelle actualité est devenu un irremplaçable document d'histoire. 8463

Robert Darnton

Le Grand Massacre des chats

Un grand massacre de chats : d'après un témoin, voilà bien l'épisode le plus comique qui se soit jamais déroulé dans l'imprimerie de Jacques Vincent, rue Saint-Séverin à Paris. Qu'y avait-il pourtant de si drôle ? Pour quelles raisons un groupe d'artisans parisiens trouvait-il là un inoubliable sujet d'hilarité ?

C'est ainsi que Robert Darnton commence son exploration des attitudes et des croyances dans la France du XVIIIe siècle. Avec passion, il fait revivre la façon dont les Français de l'Âge des Lumières concevaient le monde, nous libérant d'un faux sentiment de familiarité avec le passé. 8468

Jean Delumeau

La Peur en Occident

Non seulement les individus, mais les collectivités et même les civilisations, sont engagés dans un dialogue permanent avec la peur. Pourtant les historiens n'ont guère jusqu'à présent étudié le passé sous cet angle. Un vide restait à combler que ce livre s'efforce de remplir en nous faisant découvrir une civilisation – la nôtre – dans son intimité et ses cauchemars. 8457

Georges Duby

Le Chevalier, la femme et le prêtre

Pas d'année, presque de mois, voire de semaine où la « crise du mariage » n'agite les « médias », où l'on n'annonce l'imminente dissolution de la famille. Mais que sait-on des origines et de l'histoire de cette institution matrimoniale à la fois si menacée et si endurante? C'est entre l'an mil et le début du XIIIe siècle, nous montre Georges Duby, qu'elle s'est mise en place, imposée par les dirigeants de l'Église qui rêvaient d'enfermer le peuple laïque dans la cellule conjugale, cadre consacré, contrôlé par le clergé. Une synthèse magistrale qui a d'ores et déjà pris rang de « classique ». 8376

Norbert Elias

La Civilisation des mœurs

Quoi de plus naturel que nos façons de vivre, que l'on considère la table, l'hygiène ou le lit? Quoi de plus naturel... ou de plus culturel? Les contacts que nous avons avec d'autres civilisations nous montrent, en effet, que notre comportement quotidien constitue un trait culturel parmi d'autres. Norbert Elias, lui, va encore plus loin. En se fondant sur des sources aussi savoureuses que déroutantes, il démontre que nos habitudes se placent à un stade déterminé d'une évolution séculaire. Du Moyen Âge, où le contrôle des pulsions est réduit, jusqu'à nos jours, les classes dirigeantes ont été lentement modelées par la vie de cour, et la spontanéité a fait place à la règle, au refoulement et au rejet dans la vie privée. Et les mœurs évoluent toujours...

Nouvelle édition, augmentée d'une revue de presse détaillée qui recense les commentaires nombreux que ce livre souvent surprenant a suscités.
8312

Deux Siècles de révolution industrielle

Une enquête de *L'Expansion*

Il y a deux siècles, partie d'Angleterre, la révolution industrielle déclenchait la croissance économique et sociale d'où est né le monde moderne.

Ces deux siècles d'innovations et de bouleversements ininterrompus, le magazine *L'Expansion* les a retracés pour ses lecteurs dans un numéro spécial qui a connu un très grand retentissement en raison de son originalité et de sa qualité. Grâce à sa publication dans « Pluriel », ce « dossier » impressionnant, qui était devenu introuvable, est désormais, durablement, à la disposition du public. 8413

Jean Fourastié

Les Trente Glorieuses

Les Trente Glorieuses ce sont les trente années – de 1945 à 1975 – pendant lesquelles le peuple français a été affranchi des grandes contraintes de la rareté millénaire, a triplé son niveau de vie et profondément transformé son mode d'existence. C'est l'histoire économique, sociale et culturelle de cette période clef que retrace ici Jean Fourastié, qui l'a vécue en témoin attentif et informé.

Un livre capital sur la France contemporaine et qui aide à comprendre les désillusions et les inquiétudes qui sont aujourd'hui les nôtres. 8458

François Furet et Denis Richet

La Révolution française

Peut-on comprendre la Révolution française sans faire la critique des tabous et des mythes qu'elle a engendrés ? Tel est le défi lancé par ce livre qui, devenu rapidement un classique, n'en continue pas moins de susciter débats et polémiques. Récusant à la fois les nostalgiques du roi et les sectateurs de Robespierre, il montre l'extrême diversité du phénomène révolutionnaire : à la fois fondateur des libertés politiques et de l'État moderne, et guerre civile dont la violence et les atrocités n'ont pas fini de diviser notre mémoire. 8485

Raoul Girardet

Histoire de l'idée coloniale en France

L'idée coloniale a tenu trop de place et pendant trop longtemps dans l'esprit des Français pour que son histoire les laisse aujourd'hui indifférents. Comment s'est développée en France, après 1870, une volonté cohérente d'expansion coloniale ? Comment s'est-elle affirmée ? Autour de quels thèmes la vision impériale française s'est-elle progressivement définie ? A quelles résistances s'est-elle heurtée ? Quelle place le fait et le débat colonial ont-ils eue, en définitive, dans la conscience nationale française ? C'est à ces questions presque jamais abordées que Raoul Girardet répond dans ce livre d'histoire des mentalités, des sentiments et des croyances qui est aussi le roman d'une idée. 8482

Pierre Goubert

Louis XIV et vingt millions de Français

Avant de devenir un classique, ce livre, œuvre de vulgarisation en même temps qu'essai, a choqué les courtisans posthumes du Roi Soleil et les amateurs de révélations neuves et de détails croustillants. Confrontant le monarque à son royaume et à son temps, Pierre Goubert présente une autopsie de la France du « grand et tragique XVIIe siècle ».

Nouvelle édition augmentée d'une grande préface où l'auteur fait le point des recherches en cours sur le XVIIe siècle, et d'une revue de presse détaillée qui recense les réactions passionnées que ce livre a suscitées. 8460

Jean Guilaine

La France d'avant la France

Entre le temps des derniers chasseurs et les premières civilisations de l'écriture – soit entre le VIIe millénaire et les derniers siècles avant le Christ – s'étend une période capitale et longtemps méconnue de notre histoire. C'est alors qu'apparaissent les premières communautés agricoles, les plus anciens villages : l'homme se fixe au sol, défriche, plante, cultive, élève des animaux ; puis la connaissance de la métallurgie accentue la spécialisation des individus, la stratification sociale, l'ascension de pouvoirs politiques. Jean Guilaine, l'un des meilleurs spécialistes de notre préhistoire, nous fait revivre cette mutation décisive – la plus importante que l'humanité ait connue avant la Révolution industrielle. Un livre essentiel sur les origines de la France. 8451

François Guizot

Histoire de la civilisation en Europe

Guizot ? « Enrichissez-vous ! » Ce célèbre débris d'apostrophe suffit à résumer le personnage dans la plupart des mémoires. Guizot reste le vague symbole de l'affairisme triomphant, de la médiocrité des ambitions et de l'aveuglement politique qui caractérisent à gros traits la monarchie de Juillet. On a fini par oublier qu'il fut l'un des historiens et des théoriciens les plus prolifiques et les plus importants au XIXe siècle.

Présentée par P. Rosanvallon, et augmentée d'un texte inédit sur la souveraineté, cette réédition d'un de ses livres longtemps les plus justement célèbres, devrait permettre de remettre Guizot à sa vraie place, éminente, d'historien et de philosophe politique. 8427

Jacques Julliard

La Quatrième République

Pourquoi ce régime qui a suscité tant d'espoirs à sa naissance s'est-il effacé onze ans plus tard dans l'indifférence ? Pourquoi a-t-il duré si peu ? Le bilan est-il aussi négatif qu'on a coutume de le dire ?

Essai sur les causes de la décadence de la Quatrième République, ce livre alerte et vigoureux est aussi l'écho d'une génération, le témoignage d'un homme engagé dans les affrontements et les luttes de l'époque. 8362

Yvonne Knibiehler et Catherine Fouquet

Histoire des mères

Les mères ont une histoire, même si jusqu'à présent les historiens ne se sont guère occupés d'elles. A de rares exceptions près – Blanche de Castille ou Marie de Médicis – les mères appartenaient à la vie quotidienne, à l'intimité familiale : elles n'étaient pas dans l'histoire. Mais, de nos jours, la vie privée tombe par grands pans dans le domaine de l'historien, la condition maternelle également. D'où l'importance et l'intérêt de ce livre, au moment où l'institution familiale connaît une crise décisive d'adaptation et où les mères entrent dans un nouvel âge de leur histoire. 8388

Annie Kriegel

Réflexion sur les questions juives *Inédit*

Non pas *la* question juive – comme on disait jadis la question sociale – abstraite, quasi métaphysique ; mais les questions que pose la présence juive dans l'histoire : la vie communautaire, le sionisme, Israël, et leurs corollaires : l'antisémitisme, l'antisionisme, le terrorisme, la guerre et la paix au Proche-Orient.

A la fois témoin, historienne et journaliste, Annie Kriegel nous livre ici le fruit d'une réflexion dont l'actualité baigne dans l'eau vive d'une histoire immémoriale. 8423

Jacques Lacarrière

En cheminant avec Hérodote

Voyageur infatigable, Jacques Lacarrière a choisi cette fois de mettre ses pas dans ceux d'un voyageur célèbre du Ve siècle avant J.-C., l'historien et géographe Hérodote, dont il présente ici les fameuses « enquêtes » en Perse et dans les pays du Proche-Orient. Grâce au génie du conteur, le monde « barbare » revit sous nos yeux. Hérodote nous tient littéralement sous le charme. Et l'émotion nous gagne peu à peu, lorsque apparaissent en filigrane « le mouvement du visage, la silhouette de la tendresse » de ceux qui demeurent pour nous l'enfance de l'humanité. 8379

En suivant les dieux

Alors que nous faisons appel au rationnel et à la science pour résoudre les énigmes de l'univers, les peuples d'autrefois n'avaient que le seul recours à l'imaginaire. Ils expliquaient le monde en créant son histoire ou plutôt ses histoires ; elles décrivent aussi bien la formation de l'univers ou la création de l'homme que la domestication des animaux, l'origine des céréales, la découverte du feu, de la musique et de la poésie.

Avec ces récits, Jacques Lacarrière a composé le légendaire des premiers moments de l'humanité. De Sumer à la Scandinavie et de l'Inde à l'Irlande, voici l'histoire de notre naissance et de notre aventure, en réponse aux interrogations essentielles. 8484

Hervé Le Bras et Emmanuel Todd

L'Invention de la France *Inédit*

La France n'est pas une nation comme les autres; elle n'est pas un peuple mais cent, qui ont décidé de vivre ensemble. Or, du nord au sud, de l'est à l'ouest de l'hexagone, les mœurs varient aujourd'hui comme en 1750. Chacun des pays de France a sa façon de naître, de vivre et de mourir.

L'Invention de la France est un atlas qui cartographie cette diversité en révélant le sens caché de l'histoire nationale : hétérogène, la France avait besoin pour exister de l'idée d'homme universel, qui nie les enracinements et les cloisonnements ethniques. Produit d'une cohabitation réussie, la Déclaration universelle des Droits de l'Homme jaillit d'une conscience aiguë mais refoulée de la différence. 8365

François Lebrun

Histoire des catholiques en France

Phénomène culturel et politique autant que religieux, la présence des catholiques français dans l'Histoire constitue une réalité qui n'avait jamais été analysée pour elle-même dans l'ensemble de ses diverses composantes, comme le fait ce livre. Que ce soit dans ses rapports avec le Vatican, sa confrontation à l'époque révolutionnaire ou l'épreuve de la laïcité, la communauté catholique ne cesse de défendre, de mettre en question et de redécouvrir son identité.

Les catholiques découvriront dans ce livre non seulement leur passé mais aussi la signification de leurs incertitudes présentes. Chrétien ou non, le lecteur y trouvera une dimension inédite et pourtant essentielle de l'Histoire. 8408

Maurice Lever

Le Sceptre et la marotte

D'abord authentique débile mental, objet de collection des ménageries royales, le fou de cour devient, au fil des siècles, le double du roi, sa contrefaçon grotesque. Somptueusement entretenu, il assume la lourde tâche d'égayer le souverain ; surtout – privilège inouï – il a seul le droit de lui dire la vérité. Il est l'envers du pouvoir, la figure de l'irrévérence et du désordre, le symbole de la fête avec ses dérèglements et ses turbulences.

C'est l'histoire à la fois réelle et mythique de ces bouffons que Maurice Lever fait revivre, à travers une galerie de personnages pittoresques qui prouvent, s'il en était besoin, qu'aucune société n'a jamais pu se passer de perturbateurs. 8453

Pierre Morel et Claude Quetel

Médecines de la folie

Contrairement à une idée solidement ancrée, on a toujours soigné les fous – ce qui ne veut pas dire, bien sûr, qu'on les a guéris... Vingt ans après le célèbre livre de Michel Foucault, cette étude sur l'histoire des thérapeutiques des maladies mentales jette sur la folie un regard nouveau. Le « grand renfermement » ? Ce n'est pas au XVIIe siècle qu'il a eu lieu, mais deux cents ans plus tard. La tragique ? Certes, il surgit sans cesse de cet étonnant voyage au pays des mille drogues et machines à guérir la folie, mais le burlesque aussi. 8455

Régine Pernoud

Lumière du Moyen Âge

Le Moyen Âge, ère de ténèbres : telle est l'image que l'on garde généralement de ses études. Longtemps les bâtisseurs de cathédrales ont été présentés comme des barbares et les auditeurs de saint Thomas d'Aquin comme des naïfs. C'est contre ces jugements préfabriqués que se dresse Régine Pernoud. Elle révèle le Moyen Âge dans sa « lumière » et nous invite à la découverte fabuleuse d'un temps encore mal connu où se mêlent le profane et le sacré, où se développent le commerce, les sciences et les arts : les XIIe et XIIIe siècles sont sans doute les vrais « Grands Siècles » de notre histoire. 8394

Béatrice Philippe

Être juif dans la société française

Comment depuis quinze siècles, au gré des événements, les juifs, tolérés, exclus, persécutés, intégrés, ont vécu en France et comment les autres Français les ont perçus.

Historienne, membre de la Commission française des archives juives, Béatrice Philippe jette un éclairage nouveau sur l'évolution des esprits et des mœurs. 8372

Léon Poliakov

Histoire de l'antisémitisme (I et II)

De l'Antiquité à l'Europe contemporaine, voici les métamorphoses de l'aberration la plus tenace et la plus sanglante de l'histoire de l'Occident. Comment, enfermé dans sa « différence », le « peuple témoin » devint le peuple émissaire des malheurs de la chrétienté. Comment, ensuite, à l'universalisme émancipateur de la Révolution française et aux progrès de la « modernité », répondit la réaction raciste qui, à partir de l'Allemagne et de la Russie, s'étendit à tout le continent en manifestant la tentation suicidaire de l'Europe. 8370/8371

Hermann Rauschning

Hitler m'a dit

Publié en 1939 comme un cri d'alarme, ce livre est un document d'histoire d'un intérêt capital. C'est un Hitler en liberté qui se livre ici : à la fois politicien retors et visionnaire titubant, messianique et sentimental, fasciné par l'abîme qui le délivrera de son fardeau d'anxiété.

Nouvelle édition complétée et présentée par Raoul Girardet. 8341

Jean-François Revel

Un festin en paroles

Autant que la sexualité, la nourriture est inséparable de l'imagination. C'est la raison pour laquelle, reprenant une expression d'Athénée, le présent livre s'intitule : *Un festin en paroles.* Tout autant et plus que les livres de cuisine proprement dits, ce sont donc les textes littéraires en général qui ont servi de trame à ce livre. D'Aristophane à Zola, de Juvénal à Gogol en passant par Fielding ou Goldoni, la poésie, le roman ou le théâtre nous livrent pour chaque société un reflet de la sensibilité gastronomique courante, d'autant plus crédible qu'il est le plus souvent involontaire et marginal. 8378

Actuelles

Après la détente *Inédit*

Un dossier de la revue *Politique internationale* présenté par Hélène Carrère d'Encausse et François de Rose

La « détente » a-t-elle jamais existé? Dans l'affirmative qu'en reste-t-il? Et s'il n'en reste rien, par quoi la remplacer?

C'est à ces trois interrogations essentielles que tente de répondre ce dossier présenté par la revue *Politique internationale* et réunissant analyses et réflexions des meilleurs experts occidentaux des relations Est-Ouest. A l'heure de l'Afghanistan et de la Pologne, *Après la détente* ne cherche pas à rassurer, mais à faire réfléchir et à mettre en garde. 8382

La Nouvelle Asie *Inédit*

Un dossier de la revue *Politique internationale* présenté par Patrick Wajsman et François Joyaux

La « Nouvelle Asie », c'est la Chine, le pays le plus peuplé de l'univers, mais aussi Taïwan, dont les 18 millions d'habitants exportent autant que le milliard de Chinois communistes. C'est le Japon, seconde puissance industrielle du monde libre; la Corée et l'Indochine déchirées par les deux plus grands conflits de l'après-guerre. C'est enfin le Pacifique, l'un des plus colossaux enjeux stratégiques du monde actuel. Comment cet ensemble mouvementé n'aurait-il pas une influence déterminante sur la vie internationale, et sur le destin de l'Occident ?

Ce volume comporte notamment des contributions de Jacques Guillermaz, Henri Kissinger, Norodom Sihanouk et Alexandre Soljenitsyne.

8416

Pour une nouvelle politique étrangère *Inédit*

Un dossier de la revue *Politique internationale* présenté par Patrick Wajsman et François Joyaux

Vingt-quatre experts, parmi les meilleurs de notre pays, expliquent, concrètement, ce que pourrait ou devrait être une nouvelle politique étrangère française, du Golfe persique à l'Amérique latine, de l'Indochine à l'Afghanistan. Une politique qui ne se contenterait plus de « coups » spectaculaires, renoncerait à l'œcuménisme flou et aurait le courage de choisir son camp : celui de la liberté.

Ce volume comporte des contributions, notamment, de Alain Besançon, Hélène Carrère d'Encausse, Pierre H. Gallois, Alfred Grosser, Alain Juppé, Guy Méry, Pierre Milza, François de Rose, Michel Tatu et Charles Zorgbibe. 8456

André Babeau

La Fin des retraites? *Inédit*

De la Libération à la fin des années 1970, les retraites ont connu un âge d'or, notamment en France. Avec l'entrée dans « la crise », le chômage et les pré-retraites, l'environnement a beaucoup changé ; le « rendement » des régimes de retraite est en baisse et les cotisations augmentent. Les retraites risquent donc de ne plus être ce qu'elles étaient : un nouvel équilibre devra être trouvé entre les dispositions obligatoires et les choix individuels. Surtout, une cessation d'activité souple et progressive entre 55 et 70 ans devra se substituer à la retraite-couperet qui est actuellement imposée.

Alors que, d'après les sondages, 70 % des Français ignorent comment sont financées leurs retraites, le livre d'André Babeau a été salué, par l'ensemble de la presse, comme « une somme à lire d'urgence ». 8439

Raymond Barre

Réflexions pour demain *Inédit*

La politique mise en œuvre depuis 1981 a profondément modifié le paysage économique, social, mais également intellectuel, de la France. Raymond Barre analyse la signification et la portée de ces changements, les contradictions qu'ils révèlent, leurs incidences sur les capacités de la société française à relever les défis du monde contemporain. Il s'interroge sur la valeur de certains remèdes proposés pour guérir les maux suscités par un socialisme qui n'en finit pas de se chercher. Il indique les voies d'un redressement possible. Tandis que s'achève l'ère des illusions et des malentendus, d'ores et déjà s'affirment les forces du renouveau. 8432

Christian Baudelot, Roger Establet,
Jacques Toiser, P.-O. Flavigny

Qui travaille pour qui?

Qui travaille pour qui ? A quels usages économiques et sociaux sont consacrés les différents produits du travail de la population active française ? Combien de travailleurs et quels travailleurs sont nécessaires pour assurer à chacun de quoi refaire ses forces, jour après jour ?

A partir des données de la comptabilité nationale et grâce à une utilisation originale des méthodes de comptabilité sociale en temps de travail, ce livre novateur met à jour les rapports obscurs mais profonds qui relient l'appareil de production au sens large et les classes sociales, telles qu'elles existent en France aujourd'hui. 8375

Pierre Beckouche et Michel Savy

Atlas des Français *Inédit*

Jamais, sans doute, le besoin n'a été aussi grand de connaître la France dans ses régions. A l'heure de la décentralisation, les moyennes nationales ne suffisent plus. La diversité culturelle, les disparités de développement, d'encadrement scolaire ou sanitaire, l'inégalité devant la mort ne peuvent plus être envisagées seulement à travers les classes sociales, mais décrites et analysées dans l'espace. Ce livre est donc un atlas qui présente et ordonne notre mosaïque nationale de traditions, de savoir-faire, de crises aussi. D'une lecture facile, on y trouvera tous les éléments essentiels d'information et de réflexion sur les vingt-deux régions françaises et sur nos déséquilibres territoriaux, actuels et à venir. 8402

Vladimir Boukovsky

Cette lancinante douleur de la liberté

On se souvient : en décembre 1976, Brejnev et Pinochet échangeaient Vladimir Boukovsky contre le chef communiste chilien Luis Corvalan. Depuis lors, Boukovsky vit donc ici, en Occident. Comment cet homme qui, à trente-quatre ans, avait passé douze ans dans les prisons et hôpitaux psychiatriques d'U.R.S.S. voit-il et juge-t-il le « monde libre » ? Il nous répond dans ce livre témoignage, incisif, sans indulgence pour nos travers, nos lâchetés, nos illusions. Les camps n'avaient pu briser Boukovsky. Le douillet confort du monde occidental et la notoriété ne l'ont pas entamé. C'est une leçon de rigueur qu'il nous donne ici, en nous apprenant qui nous sommes. Et comment résister. 8377

Yves Cannac

Le Juste Pouvoir

Une réponse neuve, décapante, parfois cruelle mais toujours constructive à cette question fondamentale : que doivent être dans une démocratie le rôle, les moyens et les responsabilités du Pouvoir ?

Au modèle *hégémonique* de la démocratie, prédominant en France, selon lequel le pouvoir est tout, Yves Cannac oppose la conception d'une *démocratie civile,* faisant place à des logiques non politiques, admettant que la société a aussi ses droits. Le pouvoir ne peut être juste que s'il est mesuré juste – s'il est le *juste Pouvoir.*

Édition revue et augmentée. 8412

Caton

De la reconquête

S'il cachait son nom, Caton ne cachait pas son jeu. C'est avec une verve souvent féroce qu'il dénonce l' « héritage » des vaincus du 10 mai 1981 : lâcheté intellectuelle, « affairisme auto-satisfait », et surtout, socialisation et bureaucratisation à outrance, fabrication d'une société d'assistés de l'État providence... L'arrivée de la gauche au pouvoir a donné à la droite, pour la première fois depuis vingt-cinq ans, la chance de se transformer. Seule une opposition nouvelle, armée d'idées et de stratégies neuves, pourra mener victorieusement la « reconquête ».

Édition revue et augmentée. 8409

M. Cicurel, J. Klein, C. A. Michalet, F. Rachline, C. Stoffaës

Une économie mondiale *Inédit*

Un espace économique mondial est en train de se constituer : les marchés ne sont plus locaux, régionaux ou nationaux ; ils ont désormais la dimension planétaire. Dans cette situation nouvelle, caractérisée par une incertitude accrue, il faut, plus que jamais, s'adapter ou disparaître. Ouverte sur l'extérieur, la France n'a plus le choix. Mais de plus en plus, les conditions du succès sont l'intelligence et l'imagination : deux matières premières qu'elle n'a pas besoin d'importer. Malgré de graves faiblesses, la France a donc plus de chances pour les vingt années à venir qu'elle n'en a eues dans les vingt années passées. 8470

Michel Crozier

Le Mal américain

Depuis l'assassinat de John F. Kennedy, les États-Unis sont en crise. Il y avait une faille dans le modèle américain : le pays de la liberté et de la poursuite du bonheur ne voulait pas reconnaître l'existence du mal. « Le mal américain » n'est, au fond, rien d'autre que la réapparition de ce Mal que l'Amérique avait voulu oublier. Avec Ronald Reagan, elle a retrouvé le calme et reprend confiance. « Le mal américain » ne sera pas facilement guéri. Mais on sait que, désormais, quelque chose, de nouveau, bouge en Amérique.

Édition revue et augmentée. 8406

Michel Drancourt

La Fin du travail *Inédit*

Dans tous les pays développés, le travail se transforme, le temps de travail se réduit. A quoi consacrer la vie en dehors du travail ? Aux loisirs ? A la formation ? A sa famille ? A soi-même ? Et si les citoyens s'occupaient enfin de leurs affaires ?

Parti de l'analyse des révolutions et des défis du travail, cet essai incisif invite à une nouvelle organisation du temps et à de nouvelles formes de participation politique. 8403

Les Sept Crises : 1973-1983 *Inédit*

Une enquête de *L'Expansion*

1973-1983, dix ans de crises. Mais quelles crises ? *L'Expansion* en a isolé sept, et chacune a un symbole : l'Opep, l'endettement, l'informatique, le Japon, le chômage, la baisse du niveau de vie, les nouvelles mentalités. Sept crises qui s'enchevêtrent en un formidable processus de réajustement sur lequel pèse la double menace d'un krach financier ou d'une guerre. Voici une enquête impressionnante devenue un ouvrage de référence. 8430

Le Nouveau Nouveau Monde *Inédit*

Une enquête de *L'Expansion*

Une reprise économique dont l'ampleur et la durée ont déjoué les prévisions, un vigoureux rétablissement psychologique : *America is back,* l'Amérique est de retour. Elle a pansé ses plaies, liquidé sa mauvaise conscience, retrouvé avec avidité les valeurs « positives » que l'histoire a inscrites dans son acte de naissance, renoué avec l'esprit d'aventure, devenu pari sur la technologie et qui se traduit par un pullulement d'entreprises nouvelles et l'explosion des médias.

C'est un nouveau Nouveau Monde que cette enquête de *L'Expansion* nous fait découvrir, en nous incitant à y puiser de nouvelles idées et de nouveaux enthousiasmes. 8452

Demain la France *Inédit*

Une enquête de *L'Expansion*

En quarante ans, depuis la fin de la guerre, la France s'est transformée plus vite et plus profondément qu'elle ne l'avait jamais fait. Mais le présent est marqué par la crise, l'avenir par l'incertitude. Que sera notre pays en l'an 2000 ? Les Français ont-ils encore du ressort ? Demain, la France va-t-elle rebondir, ou retomber dans l'ornière de la décadence ?

Les rédacteurs de l'*Expansion* ont relu un demi-siècle d'histoire, sondé les forces qui nous restent. Au bout d'une très vaste enquête, ils livrent leur pronostic : c'est gagnable. 8476

Jean Fourastié et Béatrice Bazil

Le Jardin du voisin, *Les inégalités en France* *Inédit*

La France présente-t-elle réellement le spectacle d'inégalités excessives et choquantes ? plus choquantes, par exemple, que celles des pays voisins ? Est-elle plus ou moins inégalitaire qu'au cours des siècles passés de son histoire ? Omniprésentes dans le débat politique, ces questions sont examinées ici à la lumière des faits. Salaires, revenus, fortunes sont minutieusement disséqués et analysés. Les conclusions ménagent plus d'une surprise. 8359

Faire gagner la France *Inédit*

Sous la direction de Henri Guillaume
Préface de Pierre Massé

Renouant avec une grande tradition prospective, le Commissariat général du Plan explore les quinze années qui nous séparent de l'horizon 2000. Il dénonce les pentes dangereuses qu'il est encore temps de remonter, comme le retard technologique de l'Europe face au dynamisme du Japon et des États-Unis ; il décrit sans complaisance les risques de déclin : vieillissement démographique, réticences devant l'innovation, montée du chômage et repli sur soi.

Faire gagner la France donne surtout des raisons d'espérer, en dévoilant le potentiel de progrès que recèlent les innovations techniques. Une nouvelle conception du travail et de l'activité productive va s'imposer, entraînant un changement profond des métiers, des statuts sociaux et des mentalités. La société française est-elle prête à tirer toutes les conséquences de ces mutations ? Comment va-t-elle les assumer ? Questions décisives qu'exprime un langage direct inhabituel dans un texte administratif. 8477

Serge-Christophe Kolm

Sortir de la crise *Inédit*

Les impôts ne doivent pas augmenter, mais être diminués. Les pouvoirs d'achat doivent cesser de tomber pour s'élever de nouveau, durablement. Le chômage forcé peut être supprimé. La crise que nous traversons est, en France, le fruit des politiques économiques absurdes menées par les gouvernements successifs. Les politiques dites « de rigueur » provoquent un des plus gros gaspillages d'hommes et de moyens jamais vus. Elles résultent d'une erreur de raisonnement élémentaire. Les prétendus spécialistes ne savent rien, se trompent, nous trompent et nous rançonnent. Un vigoureux plaidoyer anti-crise par un économiste de gauche iconoclaste.
8419

Hubert Landier

Demain quels syndicats? *Inédit*

Toutes tendances confondues, les organisations syndicales ne rassemblent, en France, guère plus de 20 pour 100 de salariés. Encore cette proportion était-elle en diminution ces dernières années. Cette « crise » du syndicalisme ne tient pas seulement au chômage, mais aussi à la sclérose intellectuelle des appareils et de leurs dirigeants, au poids des arrière-pensées politiques, à l'évolution intervenue dans l'organisation des entreprises.

La présence de la gauche au pouvoir s'est traduite par un renforcement des appareils et des intérêts corporatistes, mais sans pour autant que les salariés soient mieux représentés. Pour cela il faudrait que les syndicats remettent fortement en question leurs objectifs et leurs méthodes.
8368

Jacques Lesourne

Les Mille Sentiers de l'avenir

A l'heure de la crise, de l'inflation et du chômage dans les pays occidentaux, il apparaît plus nécessaire que jamais de s'interroger sur l'avenir. Non pour s'étonner ou se rassurer, mais pour rendre intelligibles les possibles dans leur diversité. Fruit d'années de recherches, ce livre tente de décrire les différentes images de ruptures et de continuités. Il ne se contente pas d'analyser, mais propose une synthèse et suggère des politiques.

Nouvelle édition mise à jour.
8397

Bruno Lussato

Le Défi informatique

Notre avenir dépend de la révolution informatique. Or, dans ce domaine, se déroule actuellement une véritable « révolution dans la révolution ». D'un côté, ce que Bruno Lussato appelle le « grand chaudron » : l'informatique lourde, centralisée, qu'on nous vante sous le nom de télématique. De l'autre, le « petit chaudron » : micro-informatique, privatique, ordinateurs individuels, outils proportionnés aux problèmes à résoudre : une informatique légère, souple, dès aujourd'hui rentable, et qui se révèle un incomparable instrument de décentralisation, de démassification – en un mot : de liberté.
8387

Maurice T. Maschino

Voulez-vous vraiment des enfants idiots? *précédé de* Vos enfants ne m'intéressent plus

Les deux livres réunis dans ce volume ont fait du bruit, et continuent d'en faire à mesure que se multiplient analyses et témoignages qui en confirment le diagnostic accablant : l'éducation est en faillite, l'école ne fabrique plus que des cancres. Une critique féroce et lucide qui n'épargne pas plus les élèves « joyeusement incultes », les représentants de l'administration, complices, que les professeurs, passifs ou délirants.

Édition revue et augmentée. 8437

Jean Mizrahi

L'Échiquier de l'électronique *Inédit*

De la conquête de l'espace à la réservation de billets en passant par la musique haute fidélité, la carte de crédit et les armements, il n'est guère de domaine que l'électronique ne soit en train de transformer et même de révolutionner. On sait moins les énormes enjeux industriels, politiques et stratégiques de cette révolution qui bouleverse le paysage économique mondial. A la traditionnelle supériorité américaine répond l'offensive spectaculaire du Japon; quant à l'Europe, balkanisée, son déclin n'est peut-être pas irrésistible.

Voici, pour la première fois, une vision géopolitique de l'électronique mondiale, dénouant l'écheveau des alliances et des conflits dans un domaine en perpétuelle évolution. 8480

La France socialiste *Inédit*

Préface de Michel Massenet

Il est désormais possible de porter un jugement d'ensemble sur l'expérience politique inaugurée le 10 mai 1981. L' « État de grâce » s'est, en effet, rapidement dissipé, et ses promesses n'ont fait qu'aggraver les effets d'une crise mondiale que les socialistes ont été les derniers à reconnaître. Les grands équilibres économiques ont cédé sous le poids d'une gestion aventureuse excédant les moyens financiers de la nation. Les prélèvements fiscaux et sociaux se sont accrus, le pouvoir d'achat a baissé...

Les analyses et les réflexions des auteurs réunis dans ce livre, dont Béatrice Bazil, José Frèches, Bertrand Jacquillat, Annie Kriegel et Jean Fourastié, forment un premier bilan de l'expérience socialiste, nécessairement incomplet, mais qui permet d'en comprendre l'évolution. 8392

La Liberté à refaire *Inédit*

Présenté par Michel Prigent

Du renouveau des institutions civiles à la dénationalisation, en passant par la libération de l'éducation et de l'information, et la réforme de la justice, vingt auteurs de disciplines différentes – dont Florin Aftalion, Yves Cannac, Pierre Chaunu, Bertrand Jacquillat, Michèle-Laure Rassat, Stéphane Rials, Pascal Salin, Charles Zorgbibe, etc. – présentent pour la première fois une somme de réflexions et de propositions définissant ce que devrait être le programme d'un gouvernement libéral bien décidé à ne pas se contenter de gérer l'après-socialisme. 8401

Jean-François Revel

Comment les démocraties finissent

Et si les démocraties, ces régimes bénis, n'apparaissaient bientôt que comme de minces et précaires parenthèses à la surface de notre Histoire ? Et si la démocratie n'était qu'une infime péripétie ? Si l'Occident n'était qu'un accident ? Et si, non point par la force seule, mais par un lent glissement qui nous fait consentir à l'impérialisme soviétique, le totalitarisme devenait le destin même de la planète ?

Édition revue et augmentée de cet essai politique capital qui est aussi une profonde méditation sur notre destin. 8422

Guy Sorman

La Solution libérale

Le *libéralisme,* dont on se dispute aujourd'hui l'étiquette à droite comme à gauche, peut-il être autre chose qu'un discours ? En quoi s'oppose-t-il au « social-étatisme » qui nous gouverne depuis quarante ans ? Comment, surtout, se traduit-il *concrètement* dans les pays où de vrais libéraux ne se contentent pas d'invoquer le mot, mais font passer dans les faits des solutions libérales ?

Cette évaluation réaliste du libéralisme part d'un récit de voyage à travers douze pays. De New York à Tokyo, en passant par Bonn, Londres, Rome, Guy Sorman esquisse un projet de société fondé dans tous les domaines sur le libre choix des individus et sur une autonomie méfiante de chacun à l'égard du pouvoir politique quel qu'il soit. 8454

Alain Touraine

L'Après-socialisme

Le socialisme n'appartient ni au présent ni à l'avenir, mais au passé. Le socialisme est mort. Il fut, sans nul doute, la meilleure expression du mouvement ouvrier dans la société industrielle capitaliste; mais il se décompose quand apparaît la société post-industrielle, et se pervertit lorsqu'il devient l'idéologie d'un État industrialisateur. La gauche ne se maintiendra au pouvoir, ou n'y reviendra, que si, dans le respect de l'héritage socialiste, elle sait entrer dans l'après-socialisme. Si elle s'y refuse, l'après-socialisme prendra la forme de l'anti-socialisme.

Édition revue, mise à jour et augmentée d'une revue de presse détaillée recensant les réactions souvent surprenantes que ce livre a provoquées. 8395

IMPRIMÉ EN FRANCE PAR BRODARD ET TAUPIN
Usine de La Flèche (Sarthe).
HACHETTE/PLURIEL - 79, bd Saint-Germain - Paris.
ISBN : 2-01-012853-2
ISSN : 0296-2063

27.8502.0